Michael Krimmer und Anton Ochsenkühn

iPad – Das Internet in Ihren Händen

amac BUCH VERLAG

iPad – Das Internet in Ihren Händen

Michael Krimmer und Anton Ochsenkühn

ISBN 978-3940285-49-2

Konzeption/Koordination:	amac-buch Verlag
Layout und Cover:	Simone Ochsenkühn, Obergriesbach
Satz:	Johann Szierbeck, Aichach
Lektorat und Korrektorat:	Kreativstudio Gaugigl, kreativstudio@gaugigl.de
Druck und Bindung:	Eitzenberger – Media Druck Logistik, Augsburg

Trotz sorgfältigen Lektorats schleichen sich manchmal Fehler ein. Autoren und Verlag sind Ihnen dankbar für Anregungen und Hinweise!

amac-buch Verlag
Erlenweg 6
D-86573 Obergriesbach
E-Mail: info@amac-buch.de
http://www.amac-buch.de
Telefon +49(0) 82 51/82 71 37
Telefax +49(0) 82 51/82 71 38

Inhaltsverzeichnis

Vorwort 12

Kapitel 1 – Erste Schritte mit dem iPad 14

Es kann losgehen 16
- iTunes herunterladen und installieren 16
- iPad aktivieren 19
- Auf neue Software überprüfen 22
- iPad-Sicherung erstellen 22
- Vorhandene Sicherung aufspielen 23
- Wi-Fi konfigurieren 25
- Wi-Fi- oder MAC-Adresse in Erfahrung bringen 27
- Den Akku des iPads laden 28

iPad und iPad 2: Die Unterschiede 29

iPad mit 3G-Funktionalität 31

Kapitel 2 – Die Bedienung des iPads 38

Die Tastaturbelegung des iPads 40

Multitasking am iPad 45
- Multitaskingleiste aufrufen 48
- iPod-Steuerung aufrufen 49
- Rotationssperre aktivieren 49
- Programme beenden 49

Die Softwaretastatur 50

Das Tippen, Scrollen und Wischen 58

Das iPad kann auch Querformat. Automatisch 61

Skalieren durch Aufziehen mit zwei Fingern 63

Ausschneiden, Kopieren und Einsetzen 64

Fehler korrigieren 66

Text aus Webseiten oder Mails kopieren 67

Fotos kopieren und einsetzen 70

Kapitel 3 – Importieren & Anpassen von Inhalten 72

Das iPad mit Inhalten befüllen und anpassen 74
- Der erste Datenabgleich mit iTunes 74
- Verfügbaren Speicherplatz im Auge behalten 75
- Unterstützte Dateitypen 75
- Programme und Medien auf das iPad übertragen 76

Fotos synchronisieren am Mac 76
Fotos vom Windows-PC synchronisieren 78
Das iPad manuell verwalten 78
Mail-Account-Einstellungen abgleichen 80
Kalender und Kontakte synchronisieren 80
iWork-Dateien für das iPad synchronisieren 81
Automatischen Abgleich unterbinden 82
Desktop und Dock individuell anpassen 82
Anwendungen vom Desktop löschen 84
Icons verschieben und weitere Screens hinzufügen 85
Zwischen den Homescreens wechseln 86
App-Ordner erstellen 87
App-Ordner umbenennen 88
App-Ordner anpassen 89
App-Ordner im Dock platzieren 90
Hinweise von Programmen im App-Ordner 90
Desktop mit iTunes anpassen 90
App-Ordner in iTunes erstellen 93
Verlorene Apps wiederfinden 94
Hintergrundbild wechseln 94
Das iPad mit Spotlight durchsuchen 96
Die systemweite Suche aufrufen 97
Suche im Web und bei Wikipedia starten 98
Webseiten durchsuchen 100
Spotlight konfigurieren 101
Suche auf bestimmte Anwendungen beschränken 103
Was genau durchsucht wird 106
Anwendungen suchen mit Spotlight 106
Ruhemodus vs. Ausschalten 107

Kapitel 4 – Die Standard-Apps des iPad 108

Produktiv sein: Kalender, Kontakte, Notizen, Mail, Karten 110
Die Kalender-Ansichten 110
Kalender auswählen und durchsuchen 113
Neuen Termin anlegen 114
Termin bearbeiten oder löschen 116

Die Kontakte 120
Neuen Kontakt erstellen 121
Kontakte bearbeiten und löschen 123
Kontaktdaten weiterverwenden 124
Videotelefonie mit FaceTime 125
Das iPad als Notizblock 129
Mail: Das iPad als digitales Postfach 136
E-Mail-Accounts einrichten 136
MobileMe-Account einrichten 137
MobileMe-Inhalte synchronisieren 138
IMAP- und POP-Accounts einrichten 140
Exchange-Zugang konfigurieren 143
Mit dem Programm Mail arbeiten 147
Mails im Hoch- oder Querformat anzeigen 148
Maileingang zusammengefasst oder einzeln ansehen 149
Weitere E-Mails vom Server laden 157
Mehrere E-Mails gleichzeitig löschen und verschieben 160
Dateianhänge mit anderen Apps öffnen 168
E-Mails mit AirPrint drahtlos drucken 169
Karten: Der digitale Stadtplan 170
Optionen ändern 179
Stecknadel setzen 180
Verschiedene Kartentypen 181
Verkehrsinformationen einblenden 182
Street View nutzen 182
Spaß haben: Videos, Fotos, iPod, Safari, YouTube, Kamera, Photo Booth, Game Center 185
Videos, TV-Sendungen und Podcasts am iPad ansehen 185
Details zu Filmen aufrufen 186
Kapitel direkt anwählen 186
Folgen von TV-Sendungen und Podcasts auswählen 188
Filmwiedergabe steuern 188
Erweiterte Untertitel aktivieren 189
Videos per AirPlay streamen 189
Fotos am iPad anzeigen 190
Bilderstapel aufziehen 192
Bilder vergrößern und drehen 194
Fotos weiterverwenden 195

Diashow anzeigen 195
Bilder und Diashows über AirPlay an Apple TV senden 198
Das iPad als digitaler Bilderrahmen 199
Musik, Hörbücher, Podcasts: Der iPod im iPad 200
Zugriff auf alle iTunes-Titel mit der Privatfreigabe 205
Podcasts abspielen 210
Musik per AirPlay streamen 211
Webseiten betrachten mit Safari 212
Kabellos drucken mit AirPrint 219
YouTube im iPad 222
Die Foto- und Videokamera des iPads 226
Photo Booth: Spaßfotos am iPad 2 erstellen 234
Game Center: Immer einen Spielpartner haben 237

Kapitel 5 – Die Einstellungen des iPads 246

Mobile Daten, Flugmodus, Netzbetreiber 248
Benachrichtigungen 248
Ortungsdienste 250
Helligkeit und Hintergrund anpassen 251
Bilderrahmen 253
Allgemeine Einstellungen 255
iPad-Informationen (Info) 255
Benutzung (nur iPad Wi-Fi + 3G) 258
Töne 258
Netzwerk 259
Bluetooth 259
Spotlight-Suche 262
Automatische Sperre 263
Code-Sperre 263
Einschränkungen 266
Ausrichtungssperre & Ton aus 268
Datum & Uhrzeit 268
Tastatur, Landeseinstellungen 268
Bedienungshilfen 269
Batterieladung in Prozent 273
Das iPad zurücksetzen 274
Mail, Kontakte, Kalender 275
Safari 278

iPod 280
Video 282
Fotos 283
FaceTime 284
Notizen 285
Store 286
App-spezifische Einstellungen 288

Kapitel 6 – Einkaufen gehen 290

iTunes Account erstellen 292
Einkaufen gehen 295
- iTunes Store: Musik, Filme und Podcasts laden 295
- Musik kaufen am iPad 296
- Filme kaufen oder leihen 298
- Die Regeln des Filmverleihs 300
- Podcasts ansehen 300

App Store: Unzählige Apps für das iPad 301
- Der App Store am iPad 301
- Den App Store durchsuchen 303
- Einkaufen im App Store 303
- Einschränkung beim Kauf über 3G/Edge 305
- Apps über den App Store up-to-date halten 306
- Auf verfügbare Downloads überprüfen 306
- iTunes-Gutscheine einlösen 307
- Apps verschenken 309
- Ping – Facebook für Musik 312

iBooks Store: Futter für Leseratten 314
- Das digitale Bücherregal 314
- Sammlungen anlegen 315
- Nach Büchern im iBook Store suchen 316
- Buch aussuchen und kaufen 317
- Ein Buch am iPad lesen 318
- Helligkeit und Schriftart ändern 319
- Das Buch durchsuchen 320
- Das Inhaltsverzeichnis des Buchs 320
- Lexikon, Markieren, Notizen und weitere Stellen suchen 321
- Im Buch blättern 324
- Wo die gekauften Bücher landen 325

Vorhandene Bücher in iBooks kopieren 326
Das Bücherregal anpassen 326
PDF-Dateien und iBooks 329
Vom Mac oder PC aus einkaufen 331
Einkäufe manuell sichern 333
Apps für das iPad 335
iPhone-Apps am iPad darstellen 335
Woran Sie iPad-Apps erkennen 337
Empfehlenswerte iPad-Apps 339
1Password for iPad (5,49 Euro) 339
Easy Task for iPad (gratis) 340
iKiosk (App gratis, Inhalte kostenpflichtig) 340
Feeddler RSS Reader Pro (3,99 Euro) 341
Real Racing 2 HD (7,99 Euro) 343
Office²HD (5,99 Euro) 344
PCalc Lite (gratis) 346
Plants vs. Zombies HD (7,99 Euro) 347
SoundHood (3,99 Euro) 348
AirVideo (2,39 Euro) 349
Air Sharing HD (7,99 Euro) 350
IM+ (7,99 Euro) 354
Amazon Kindle (gratis) 354
Beatwave (gratis) 355

Kapitel 7 – Darf's etwas mehr sein? 356

Daten up to date halten mit MobileMe 358
Daten synchronisieren mit der „Online-Wolke“ 358
Die Konfiguration von MobileMe 359
MobileMe einrichten am Windows-PC 363
Daten synchronisieren 365
MobileMe einrichten am iPad 366
MobileMe-Mail-Account einrichten 367
Das Webinterface von MobileMe unter www.me.com 368
Mein iPad suchen 370
Die iDisk nutzen 376
Hilfe! Die Daten sind weg. Was nun? 381
Die Preise von MobileMe 382

VPN-Zugang einrichten 383
VPN konfigurieren: Zugang zum Firmen- 383
oder Hochschulnetzwerk 383
VPN-Zugang am Beispiel des LRZ in München 384
Datenabgleich mit Google 387
Google E-Mails an Mail weitergeben 388
Googles Kalenderdaten mit dem iPad synchronisieren 390
Datenabgleich via Exchange 393

Kapitel 8 – Die besten Tools fürs iPad 398

Ergänzungen für das iPad 400
Sinnvolles Zubehör 400
Ersatzakku: Just Mobile Gum PRO 400
Apple iPad 2 Dock 401
Apple iPad Camera Connection Kit 402
iPad Dock Connector-zu-VGA-Adapter 404
Digital AV-Adapter 405
MiFi 2352 von Novatel Wireless 406
launch2net Version 2 413
Mit dem iPhone 4 einen WLAN-Hotspot erstellen 414
Taschen, Hüllen und mehr 416
Apple iPad Smart Cover 416
booq Booqpad 417
Griffin Technology Elan Folio Slim 418
Dismaq qCase silicone iPad 2 419
Artwizz ScratchStopper 420
Just Mobile Slide 421

Kapitel 9 – iTunes und Apple TV steuern per Remote-App 422

iTunes und Apple TV steuern per Remote-App 424
App aus dem Store laden 424
Neues Gerät hinzufügen 425
Apple TV über das iPad steuern 427
Apple TV mit den Fingern steuern 428
Zwischen den Geräten wechseln 430

Kapitel 10 – Energie sparen und Troubleshooting 434

Goldene Regeln, um die Akkulaufzeit des iPads zu erhöhen 436
Was tun, wenn das iPad nichts mehr tut? 438
Ohne Strom geht nix 438
iPad neu starten 438
App gewaltsam beenden 439
iPad zurücksetzen 439
Rotationssperre lösen 440
iPad in den Wartungszustand versetzen 440
iPad-Software neu installieren 441
Backup aufspielen 441
Bildschirmfoto machen 442

Index 443

Vorwort

Steve Jobs stellte das iPad der ersten Generation im Jahr 2010 als Bindeglied zwischen dem iPhone und einem mobilen Mac vor. Und genau diese Funktion übernimmt das iPad zu 100 Prozent.

Gut ein Jahr nachdem das erste iPad der Öffentlichkeit vorgestellt wurde, ist nun das iPad 2 auf dem Markt. Und Apple hat noch einmal deutliche Verbesserungen vorgenommen: Das neue iPad hat zwei Kameras, einen leistungsstärkeren Prozessor, mehr Arbeitsspeicher und eine deutlich bessere Grafikleistung. Von bis zu neun Mal mehr Power spricht Apple. Dabei konnte die Akkulaufzeit des Geräts beibehalten, gleichzeitig aber das Gehäuse spürbar verkleinert werden. Und auch das Gewicht wurde reduziert. Alles in allem bietet das iPad 2 Verbesserungen, die sich sehen lassen können.

Was die Funktionen angeht, können sich Besitzer eines iPads 2 über Videotelefonie per FaceTime freuen und auch die Aufnahme von Fotos und Videos ist jetzt möglich. Auch die bereits vom Mac bekannte Fotosoftware Photo Booth hat Einzug gehalten in das aktuelle iPad-Betriebssystem.

Aber das sind auch schon die einzigen Aspekte, die die beiden iPads voneinander unterscheiden. Alle anderen Funktionen, die iOS bietet, laufen auf dem neuen iPad ebenso, wie auf dem bisherigen. Das Buch, das Sie in Händen halten, ist also eine mächtige Bedienungsanleitung für alle verfügbaren iPad-Varianten.

iPad, das Internet in Ihren Händen.

Und Sie können sich freuen. Das iPad ist ein sensationelles Gerät, denn es eignet sich ganz hervorragend für eine große Anzahl an Dingen. Das iPad ist:

- Computer für unterwegs,
- mobile Surfstation,
- Spielekonsole,
- eBook-Reader,
- digitaler Bilderrahmen,
- VoIP-Telefon,
- mobiles Office,
- Präsentationsgerät
- und vieles mehr.

Äußerst attraktiv ist auch der Preis, der den Vergleich mit der Konkurrenz nicht scheuen muss. So gesehen wird auch das neue Modell rasch seine Käufer und Liebhaber finden und ganz bestimmt Stoff für ein weiteres Kapitel im IT-Zeitalter liefern.

Das vorliegende Buch bietet Ihnen – dem interessierten Leser – einen Rundgang durch alle Funktionen und beschreibt Tipps & Tricks, damit Sie noch einfacher und effektiver mit Ihrem iPad arbeiten können.

Viel Spaß beim Lesen und Ausprobieren wünschen Ihnen die Autoren!

Michael Krimmer

Anton Ochsenkühn

April 2011

Erste Schritte mit dem iPad

Es kann losgehen

Zur Aktivierung Ihres iPads benötigen Sie das Programm iTunes. Da dem iPad kein Datenträger beiliegt, ist iTunes auch nicht im Lieferumfang enthalten. Das Programm ist aber kostenlos und Sie können es aus dem Internet herunterladen.

iTunes herunterladen und installieren

Wir erklären Ihnen die iTunes-Installation exemplarisch am Beispiel von Windows, unter Mac OS X funktioniert sie analog.

Sollten Sie einen Mac besitzen, ist iTunes bereits im Programme-Ordner vorinstalliert. Sie sollten jedoch über den Menüpunkt iTunes den Eintrag Nach Updates suchen ... verwenden, um sicherzugehen, dass Sie die aktuellste Version von iTunes installiert haben.

Rufen Sie die Internetseite *www.itunes.de* oder gleich *www.apple.com/de/itunes/* auf. Sie landen auf einer Webseite, die identisch oder so ähnlich aussieht wie der folgende Screenshot.

*Auf der Webseite von Apple können Sie iTunes herunterladen. Klicken Sie dazu auf den Link **Jetzt laden**.*

Klicken Sie auf *Jetzt laden* oder *iTunes laden*, um zur Downloadseite zu gelangen. Hier können Sie sich für einen Newsletter und die Benachrichtigung über News und Aktualisierungen anmelden. Der Download funktioniert aber auch, wenn Sie beide Kästchen deaktivieren. Dann ist auch die Eingabe einer Mailadresse nicht nötig. Klicken Sie auf *Jetzt laden*, um den Download zu starten.

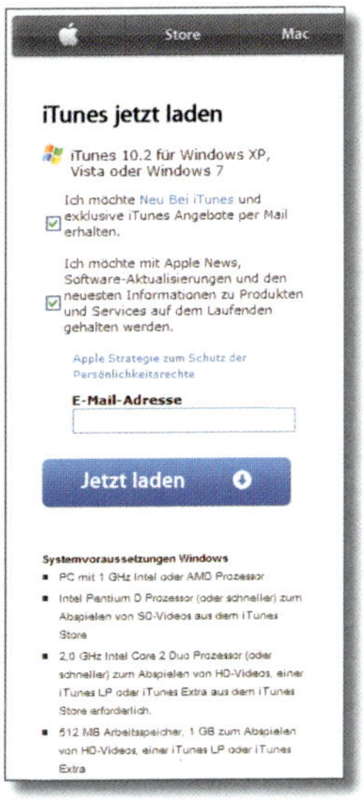
Store
Mac
iTunes jetzt laden
iTunes 10.2 für Windows XP, Vista oder Windows 7
Ich möchte Neu Bei iTunes und exklusive iTunes Angebote per Mail erhalten.
Ich möchte mit Apple News, Software-Aktualisierungen und den neuesten Informationen zu Produkten und Services auf dem Laufenden gehalten werden.
Apple Strategie zum Schutz der Persönlichkeitsrechte
E-Mail-Adresse
Jetzt laden
Systemvoraussetzungen Windows

Die beiden Optionen zur E-Mail-Benachrichtigung können Sie annehmen, der Download lässt sich aber auch ohne starten.

Mac OS X lädt die Datei direkt in den *Downloads*-Ordner herunter, Windows meldet sich mit der gewohnten Frage, ob die Datei erst gespeichert oder nach dem Download sofort ausgeführt werden soll. Klicken Sie auf *Ausführen*, um den Download zu starten und im Anschluss daran mit der Installation zu beginnen. Möchten Sie die Datei erst auf der Festplatte ablegen, wählen Sie *Speichern*, geben einen Pfad an und starten die Installationsdatei anschließend von diesem Ort aus.

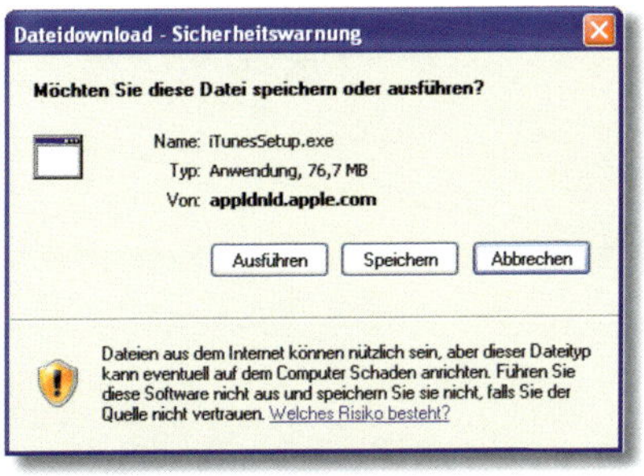
Dateidownload - Sicherheitswarnung
Möchten Sie diese Datei speichern oder ausführen?
Name: iTunesSetup.exe
Typ: Anwendung, 76,7 MB
Von: appldnld.apple.com
Ausführen
Speichern
Abbrechen
Dateien aus dem Internet können nützlich sein, aber dieser Dateityp kann eventuell auf dem Computer Schaden anrichten. Führen Sie diese Software nicht aus und speichern Sie sie nicht, falls Sie der Quelle nicht vertrauen. Welches Risiko besteht?

Entscheiden Sie, ob Sie die Datei erst speichern oder gleich ausführen möchten.

Sie können die Datei erst abspeichern oder gleich ausführen. iTunes in der Version 10 ist ca. 76,7 MByte groß (Stand: März 2011). Abhängig von der Internetanbindung Ihres Rechners kann der Download in wenigen Minuten fertig sein. Bei einer langsamen Verbindung ins Internet wird er deutlich länger dauern.

Sobald der Download beendet ist, erscheint die nächste Meldung. Wählen Sie *Ausführen*.

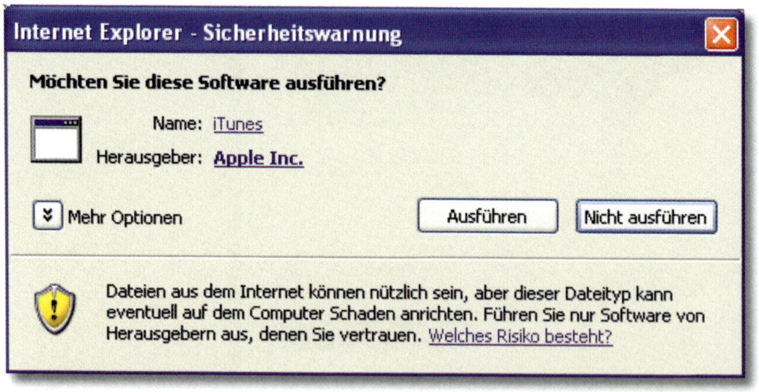
Internet Explorer - Sicherheitswarnung
Möchten Sie diese Software ausführen?
Name: iTunes
Herausgeber: Apple Inc.
Mehr Optionen
Ausführen
Nicht ausführen
Dateien aus dem Internet können nützlich sein, aber dieser Dateityp kann eventuell auf dem Computer Schaden anrichten. Führen Sie nur Software von Herausgebern aus, denen Sie vertrauen. Welches Risiko besteht?

Da Sie das Ausführen ausdrücklich in die Wege geleitet haben, können Sie diese Abfrage bestätigen.

Da der Name des Programms laut Meldung „iTunes" lautet, können Sie getrost auf *Ausführen* klicken. Folgen Sie nun den Anweisungen des Installationsprogramms, bis iTunes vollständig installiert ist.

iTunes + QuickTime
Willkommen beim iTunes-Installationsprogramm
Mit iTunes können Sie Ihre Lieblingsmusik, -filme, -fernsehsendungen und mehr auf Ihrem PC, iPhone, iPad oder iPod genießen.
iTunes enthält den iTunes Store, in dem Sie alles finden, was Sie für Ihre Unterhaltung benötigen – rund um die Uhr.
Mit dem neuen Ping können Sie Ihren Lieblingsinterpreten und Freunden einfach folgen und sehen, über welche Musik sie sprechen, welche Musik sie hören und laden.
Um iTunes und QuickTime, ein benötigter Teil von iTunes, zu installieren, klicken Sie auf „Weiter".
10.2.0.34
< Zurück
Weiter >
Abbrechen

Folgen Sie nun den Anweisungen auf dem Bildschirm, bis iTunes fertig installiert ist.

Jetzt kann die Aktivierung Ihres iPads beginnen. Sowohl unter Mac OS X als auch unter Windows wird das für iTunes erforderliche QuickTime mitinstalliert.

iPad aktivieren

Schalten Sie das iPad an, indem Sie die *Standby*-Taste an der rechten Oberseite des Geräts gedrückt halten bis das Display aufleuchtet.

Oben rechts befindet sich die Standby-Taste, mit der Sie das iPad ein- und wieder ausschalten können.

Beim ersten Start meldet das iPad, dass es eine Verbindung mit iTunes benötigt.

Zu Beginn verlangt das iPad nach einer Verbindung mit iTunes.

Starten Sie iTunes und verbinden Sie das iPad über das im Lieferumfang befindliche Datenkabel mit dem Rechner. Daraufhin startet die Aktivierung über iTunes.

Verbinden Sie das mitgelieferte Kabel mit dem iPad.

Wenn Sie bereits ein iPad oder iPhone mit dem Rechner konfiguriert haben, meldet sich iTunes mit einer entsprechenden Meldung und bietet an, das iPad mit einem Backup wiederherzustellen. Dazu später mehr. Wir gehen davon aus, dass Sie das Gerät *Als neues iPad konfigurieren* möchten. Wählen Sie in diesem Fall die entsprechende Option aus. Haben Sie bisher keines der beiden Geräte an Ihrem Rechner konfiguriert, brauchen Sie die erste Auswahl nicht zu treffen. iTunes wechselt dann sofort zum richtigen Schritt.

Wurde bereits ein iPad mit dem Rechner synchronisiert, bietet iTunes die Möglichkeit an, ein Backup einzuspielen.

Zuallererst fragt Sie iTunes nach einem Namen für das iPad. Dieser Name wird später auch immer in der Geräteliste von iTunes erscheinen, wenn Sie das Gerät an den Rechner anschließen. Grundsätzlich ist es egal, welchen Namen Sie vergeben. Sollten Sie an einem Rechner aber später einmal mehr als ein iPad verwalten, ist ein eindeutiger Name wie *iPad von Michael Krimmer* hilfreich.

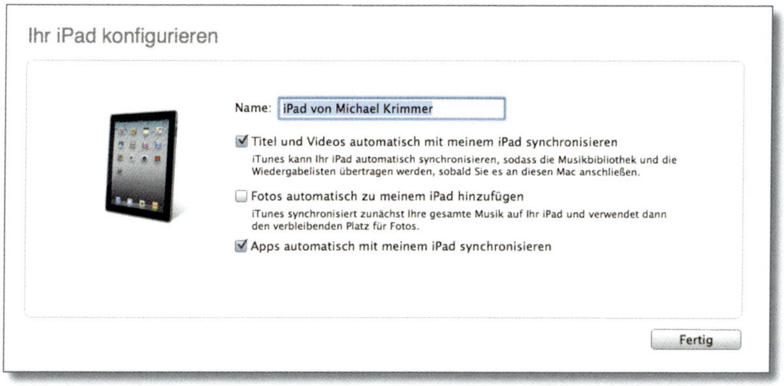
Ihr iPad konfigurieren
Name: iPad von Michael Krimmer
Titel und Videos automatisch mit meinem iPad synchronisieren
iTunes kann Ihr iPad automatisch synchronisieren, sodass die Musikbibliothek und die Wiedergabelisten übertragen werden, sobald Sie es an diesen Mac anschließen.
Fotos automatisch zu meinem iPad hinzufügen
iTunes synchronisiert zunächst Ihre gesamte Musik auf Ihr iPad und verwendet dann den verbleibenden Platz für Fotos.
Apps automatisch mit meinem iPad synchronisieren
Fertig

Los geht's mit der Aktivierung. Geben Sie einen Namen an und legen Sie die ersten Regeln für die Synchronisierung fest.

Außer dem Namen des iPads können Sie in diesem ersten Schritt auch festlegen, wie Musik, Videos, Fotos und Programme auf das iPad kommen sollen.

Aktivieren Sie den ersten Punkt, beginnt iTunes sofort nach Anschluss des iPads mit der Aktualisierung der Daten. Dann werden nicht mehr vorhandene Dateien gelöscht und neu hinzugekommene auf das iPad kopiert.

Die zweite Option sieht auf den ersten Blick sinnvoll aus. Haben Sie aber mehr Musik, als Kapazität auf dem iPad vorhanden ist, kommt kein einziges Bild mehr auf das Apple-Gerät, weil im ersten Schritt der komplette Platz mit Musik gefüllt wurde.

Der dritte Punkt sorgt dafür, dass die auf dem iPad installierten Anwendungen, die sogenannten Apps, immer auf dem aktuellen Stand bleiben. Das bedeutet zum einen, dass neu heruntergeladene Anwendungen auch gleich auf das iPad kopiert werden. Zum anderen werden Versionen bereits vorhandener Apps ebenfalls automatisch auf das iPad kopiert und aktualisiert, wenn Sie in iTunes eine Aktualisierung vorgenommen haben und die neuer ist als die auf dem iPad vorhandene Version. Kurz: Möchten Sie, dass neue Programme in iTunes automatisch installiert werden, aktivieren Sie den dritten Punkt.

Haben Sie Ihre Einstellungen festgelegt, klicken Sie auf *Fertig*.

Fertig! Ihr iPad ist aktiviert. Herzlichen Glückwunsch und viel Spaß mit Ihrem neuen ständigen Begleiter.

Auf neue Software überprüfen

Jetzt sollten Sie gleich noch überprüfen, ob es eine neue iPad-Software gibt, die auf Ihrem Gerät noch nicht installiert ist. Dabei geht es nicht um eine neue Version von iTunes. Es handelt sich hierbei um das Betriebssystem des iPads, das unabhängig von iTunes aktualisiert wird. Dabei werden beispielsweise neue Funktionen hinzugefügt oder Fehler bereinigt.

iTunes informiert Sie im Reiter *Übersicht* darüber, ob es eine neue Software gibt. Erscheint die Meldung, dass eine neuere Version der iPad-Software verfügbar ist, sollten Sie sie gleich herunterladen und installieren. Klicken Sie in diesem Fall auf *Aktualisieren* und folgen Sie den Anweisungen auf dem Bildschirm.

iTunes überprüft in regelmäßigen Abständen selbst, ob es eine neue Software gibt, und meldet sich bei Bedarf. Möchten Sie das schon vor dem nächsten wiederkehrenden Termin testen, klicken Sie auf Nach Update suchen.

iPad-Sicherung erstellen

Jedes Mal, wenn Sie das iPad mit dem Rechner verbinden, erstellt iTunes im Hintergrund eine Sicherung. Diese Sicherung kann dann benutzt werden, wenn Sie das iPad neu installieren möchten oder wenn Sie ein neues iPad kaufen und es auf den gewohnten Stand gebracht werden soll.

Die Sicherung lässt sich aber auch manuell starten. Klicken Sie unter *GERÄTE* mit der rechten Maustaste auf das iPad und wählen Sie *Sichern*.

Die Sicherung des iPads lässt sich ebenso manuell starten wie die Wiederherstellung aus einem Backup. Aus diesem Menü heraus können Sie das iPad auch auswerfen oder Einkäufe übertragen.

Vorhandene Sicherung aufspielen

Hatten Sie vorher bereits ein iPad in Betrieb und möchten Sie die Daten dieses Geräts auf das neue iPad kopieren, so können Sie das problemlos tun, indem Sie vorhandene Backup-Daten einspielen. Damit werden viele Grundeinstellungen übernommen. Das spart Ihnen viel Zeit bei der erneuten Einrichtung.

Diese Daten werden bei einem Backup gespeichert und wiederhergestellt:

- Safari-Bookmarks, Cookies, der Verlauf und die derzeit geöffneten Seiten
- Bookmarks in den Karten, die letzten Suchen und der zuletzt angezeigte Standort
- die Einstellungen für iPad-Anwendungen
- Kontakte
- Kalender
- CalDAV- und abonnierte Kalender
- YouTube-Favoriten
- Hintergründe
- Notizen
- Mail-Accounts
- Wörterbücher für die Rechtschreibprüfung
- abgespeicherte Fotos
- die Anordnung des Home-Bildschirms sowie dort gespeicherte Webseiten
- Netzwerk-Einstellungen (gespeicherte WLANs, VPN-Einstellungen)
- Informationen über das Pairing mit Bluetooth-Geräten. Diese Daten lassen sich allerdings nur auf das iPad zurückspielen, von dem sie kamen.
- Der Schlüsselbund (inklusive Passwörter für E-Mail-Konten; Wi-Fi-Passwörter; Kennwörter, die auf Webseiten oder in Apps eingegeben wurden; auch diese Daten lassen sich nur auf dasselbe iPad zurückspielen. Bei einem neuen Gerät müssen diese Infos neu eingegeben werden.)
- Konfigurationen für Exchange und MobileMe
- Daten zu Applikationen, die zur Freigabe für den AppStore eingereicht wurden. Lediglich die Anwendung selbst und die temporären Dateien fehlen.
- Informationen über Apps, die auf die Ortsbestimmung zugreifen dürfen
- Daten zur automatischen Eintragung auf Webseiten
- Infos zu Webseiten, die den Standort des iPads abfragen dürfen
- Einkäufe innerhalb von Apps

Verbinden Sie das neue Gerät mit dem Rechner, an dem Sie in der Vergangenheit bereits das vorhandene iPad synchronisiert hatten, begrüßt Sie iTunes gleich mit der entsprechenden Option.

Möchten Sie ein neues iPad auf den letzten Stand Ihres bisherigen Geräts bringen, können Sie ein Backup wiederherstellen.

Diese Möglichkeit existiert, weil iTunes bei jeder Verbindung mit dem iPad ein Backup anlegt. Wie aktuell das Backup ist, sehen Sie in der letzten Zeile des Fensters. Gibt es mehr als eine Sicherung, können Sie den gewünschten Eintrag in der Liste wählen. Wählen Sie *Fortfahren*, um die Daten wieder auf das iPad zu spielen. Möchten Sie das neue iPad ganz frisch installieren, wählen Sie *Als neues iPad konfigurieren*.

Das iPad wird mit den gesicherten Daten wiederhergestellt.

Nach wenigen Augenblicken ist das iPad wieder auf dem gewohnten Stand. Sie müssen unter Umständen lediglich die gewünschten Medien wie Musik und Filme sowie die Programme wieder auf das Gerät kopieren. Wie das geht, erfahren Sie im folgenden Kapitel.

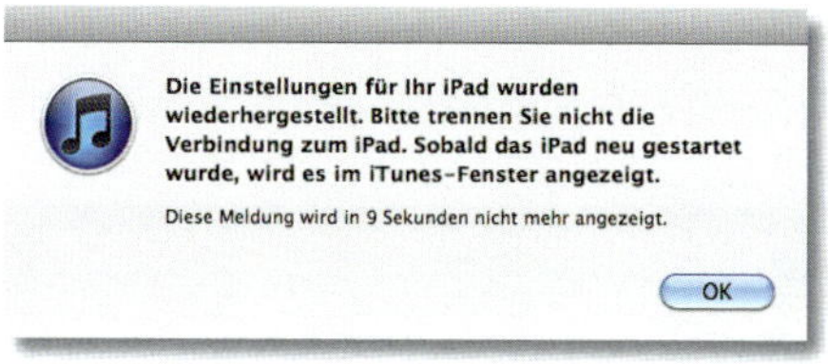

Erledigt! Die iPad-Sicherung wurde erfolgreich auf das neue Gerät kopiert.

Wenn Sie später einmal ein vorhandenes Backup einspielen möchten, klicken Sie mit der rechten Maustaste auf den iPad-Eintrag unter *GERÄTE* und wählen Sie *Aus Backup wiederherstellen ...*

Wi-Fi konfigurieren

Damit das iPad Daten aus dem Internet empfangen kann, müssen Sie es erst einmal mit Ihrem WLAN verbinden. Starten Sie im ersten Home-Bildschirm die *Einstellungen*, indem Sie einmal darauf tippen.

*Das **Einstellungen**-Symbol bringt Sie zu allen relevanten Konfigurationsmöglichkeiten Ihres iPads.*

Wählen Sie dann in der Spalte *Einstellungen* den Eintrag *Wi-Fi* und schalten Sie den Schieberegler rechts ein, so dass die linke Seite blau hinterlegt ist. Unter *Netzwerk wählen ...* werden Ihnen alle verfügbaren kabellosen Netzwerke angezeigt.

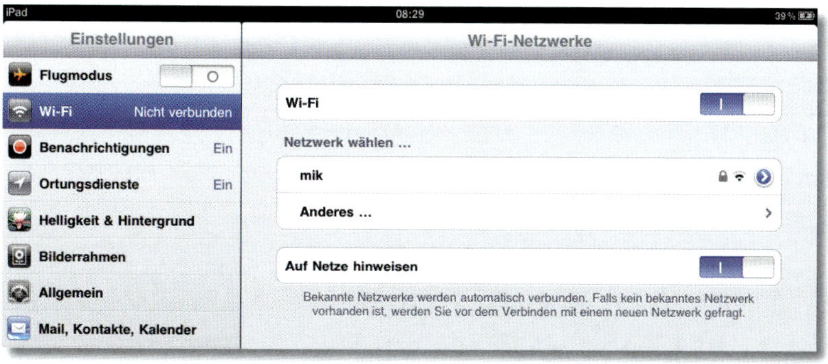

In der Übersicht sehen Sie alle verfügbaren WLANs. Tippen Sie auf das gewünschte, um es auszuwählen.

Wählen Sie das gewünschte WLAN aus, indem Sie darauf tippen. Ist es mit einem Kennwort gesichert, erscheint die entsprechende Eingabemaske.

*Dieses WLAN ist durch ein Kennwort gesichert. Geben Sie es ein und tippen Sie auf **Verbinden**.*

Sobald Sie das richtige Kennwort eingegeben und mit *Verbinden* bestätigt haben, ist das iPad online.

Am Häkchen vor dem Eintrag erkennen Sie, dass das iPad mit dem WLAN verbunden ist.

Sie können zu jeder Zeit erkennen, ob Ihr iPad mit einem WLAN verbunden ist oder nicht. Links oben neben dem Schriftzug „iPad" ist rechts daneben ein kleines WLAN-Icon zu erkennen, wenn eine Verbindung hergestellt ist. Fehlt das Icon, ist das iPad nicht mit dem Netz verbunden.

Zeigt das iPad dieses Zeichen an, ist es mit einem WLAN verbunden.

Wi-Fi- oder MAC-Adresse in Erfahrung bringen

Einige WLAN-Router bieten die Möglichkeit an, dass sich nur bereits bekannte Geräte mit dem Router verbinden lassen. Ob ein Gerät bekannt ist oder nicht, wird durch eine Zeichenfolge bestimmt, die für jedes Gerät einzigartig ist. Diese sogenannte Wi-Fi- oder MAC-Adresse können Sie direkt am iPad ablesen.

Gehen Sie dazu wieder in die ***Einstellungen***, wählen Sie ***Allgemein*** und dann ***Info***. Hier finden Sie relativ weit unten die benötigte Information.

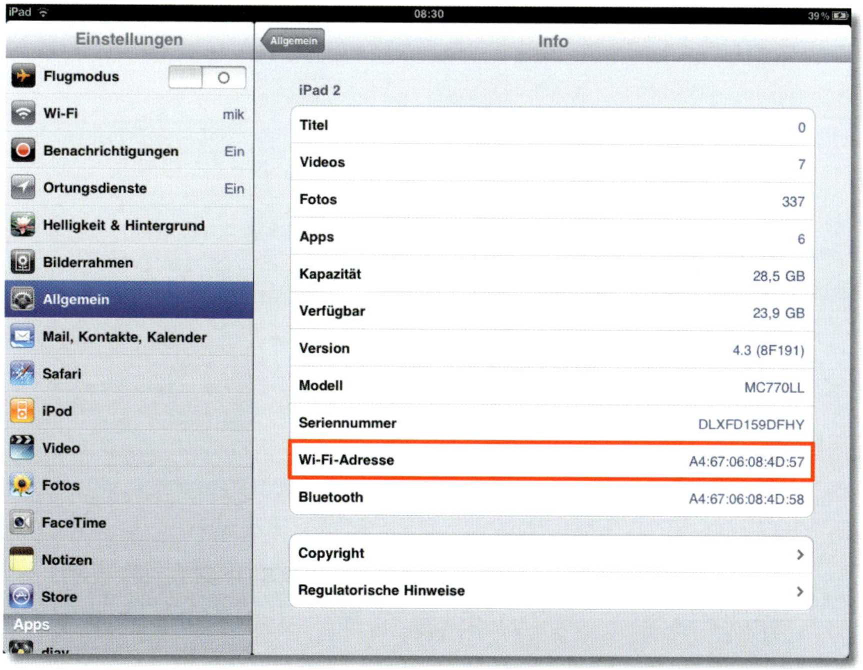

Anhand der Wi-Fi-Adresse kann Ihr iPad eindeutig identifiziert werden. Das ist unter Umständen für die Zugangskontrolle am WLAN-Router erforderlich.

Den Akku des iPads laden

Das Aufladen des iPads geht mit dem mitgelieferten Zehn-Watt-Adapter am schnellsten. Es kann aber auch ein iPhone-Adapter mit einer Leistung von fünf Watt verwendet werden. Das iPad-Kabel passt an beide Geräte und Sie können auch das iPhone-Kabel mit dem iPad nutzen. Die einzige Einschränkung ist die längere Ladezeit mit dem iPhone-Netzteil, weil die Leistung nur halb so groß ist. Daher dauert es deutlich länger.

Auch der USB-Anschluss eines Computers über das dem iPad beigelegten USB-Kabel klappt prima, um den Akku mit Strom zu versorgen. Jedoch kann hierbei die Ladezeit sehr lang sein. Das hängt vom jeweiligen Rechnermodell und dessen USB-Leistung ab. In der Summe ist also der mitgelieferte Ladeadapter des iPads zu bevorzugen. Sollten Sie zusätzlich ein iPhone besitzen, genügt aber für den Urlaub oder andere Reisen die Mitnahme eines Ladegeräts völlig aus.

Der Netzadapter des iPads unterscheidet sich äußerlich nicht von dem des iPhones. Aber die Leistung ist mit zehn Watt doppelt so hoch wie beim Apple-Telefon.

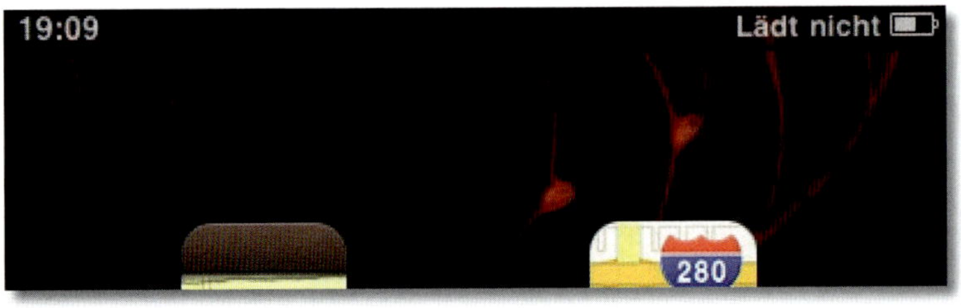

Wenn die USB-Stromversorgung des Computers zu gering ist, wird das iPad nicht geladen und zeigt dies auch an.

iPad und iPad 2: Die Unterschiede

Ende Januar 2010 wurde das iPad der ersten Generation vorgestellt. Ein Jahr später ist das zweite iPad bereits auf dem Markt. Aber worin unterscheiden sich die beiden Modelle? Und vielleicht lohnt es sich, wenn Sie sich ein iPad der ersten Generation zu einem günstigen Preis besorgen.

Seitens der Software unterscheiden sich die beiden Modelle nicht. Beide Geräte laufen mit derselben Version von iOS. Im März 2011 ist es iOS 4.3. Bei der Hardware hat sich aber schon einiges getan. Das neue iPad ist deutlich schneller geworden, weil es einen neuen Prozessor und mehr Speicher bekommen hat. Und auch sonst hat sich seitens der Hardware einiges getan. So verfügt das neue iPad über zwei Kameras, mit denen sich unter anderem die Videotelefonie FaceTime nutzen lässt. Das geht beim ersten iPad nicht. Weiterhin gibt es das iPad 2 in den Farben Schwarz und Weiß. Das iPad der 1. Generation hingegen gibt es nur in Schwarz.

	iPad	iPad 2
Modelle:	Wi-Fi / Wi-Fi + 3G	Wi-Fi / Wi-Fi + 3G
Prozessor:	A4, 1 GHz	A5, 1 GHz, Dual-Core
Arbeitsspeicher:	256 MByte	512 MByte
Kapazität:	16, 32, 64 GByte	16, 32, 64 GByte
Displaytyp:	9,7", IPS-Technologie, LED-Hintergrundbeleuchtung	9,7", IPS-Technologie, LED-Hintergrundbeleuchtung
Auflösung:	1024 × 768 Pixel, 132 ppi	1024 × 768 Pixel, 132 ppi
Kamera:	keine	**Rückkamera:** Video (1280 × 720 Pixel), Foto (960 × 720 Pixel) mit 5-fach Digitalzoom **Frontkamera:** Video (640 × 480 Pixel), Foto (740 × 480 Pixel) für FaceTime
Sensoren:	Beschleunigungssensor, Umgebungslichtsensor	3-Achsen-Gyrosensor, Beschleunigungssensor, Umgebungslichtsensor
Ortungsfunktion:	Wi-Fi: digitaler Kompass. Wi-Fi + 3G: Assisted GPS, Mobilfunknetz, digitaler Kompass.	Wi-Fi: digitaler Kompass. Wi-Fi + 3G: Assisted GPS, Mobilfunknetz.
Größe (H x B x T)	242,8 × 189,7 × 13,4 mm	241,2 × 185,7 × 8,8 mm
Gewicht	680 g (Wi-Fi + 3G: 730 g)	601 g (Wi-Fi + 3G: 613 g)

Was der 3-Achsen-Gyrosensor bringt

Der Gyrosensor versetzt das iPad in die Lage zu messen, wie das iPad gehalten wird. Das ist beispielsweise bei Spielen wichtig, bei denen man durch das Drehen und Kippen des iPads eine Richtung vorgeben kann. Etwa bei Rennspielen werden diese Daten abgefragt. Zusammen mit dem Beschleunigungssensor kann das iPad sehr exakt bestimmen, wie es gehalten wird und wie stark und mit welcher Geschwindigkeit man es dreht und kippt.

Unterschiede in den Einstellungen

Dass auf dem neuen iPad FaceTime läuft und auf dem anderen nicht, hat auch kleine Auswirkungen auf die Einstellungsmöglichkeiten. In den Einstellungen des iPad 2 findet sich nämlich ein FaceTime-Eintrag, der beim iPad der ersten Generation fehlt.

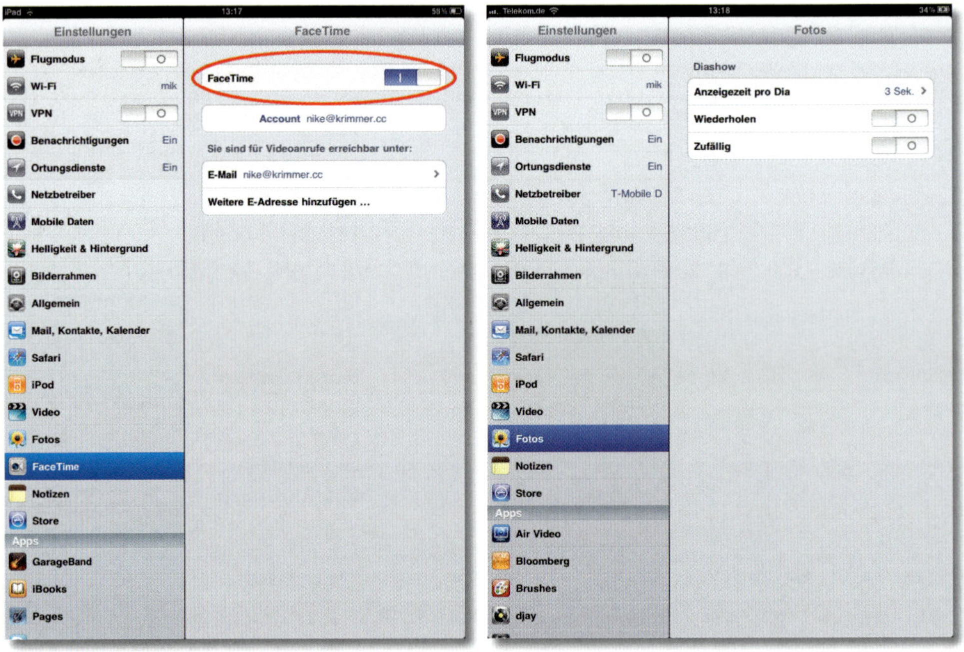

Das Betriebssystem auf dem alten und neuen iPad Wi-Fi + 3G ist weitestgehend identisch. Nur in den Einstellungen hat das neue FaceTime und das ältere nicht.

Aber von den kleinen Abweichungen (Kamera, Photo Booth, FaceTime) abgesehen, unterscheidet sich iOS 4.3 auf beiden iPads nicht voneinander. Dieses Buch ist also gleichermaßen gut für das iPad der ersten Generation und das iPad 2 geeignet.

iPad mit 3G-Funktionalität

Das iPad mit 3G unterscheidet sich nur wenig vom Wi-Fi-iPad: Zum einen ist da auf der linken Gehäuseseite der Schlitz zum Einlegen der Micro-SIM-Karte.

SIM-Karten-Einschub beim 3G-Modell des iPads.

Und zum zweiten ist auf der Oberseite des Geräts Kunststoff statt Aluminium verbaut, um ein gute Sende- und Empfangsleistung für die SIM-Karte zu gewährleisten.

Für das iPad können Micro-SIM-Karten von allen Anbietern verwendet werden. Zur Vermeidung einer Kostenexplosion sollten Sie auf eine Flatrate achten.

Rechts das 3G-Modell mit Kunststoffeinsatz, zum Vergleich links daneben das Wi-Fi-Modell.

Im Inneren des iPads Wi-Fi + 3G befindet sich zusätzlich noch ein GPS-Chip, mit dem sich die Position des Geräts deutlich genauer bestimmen lässt.

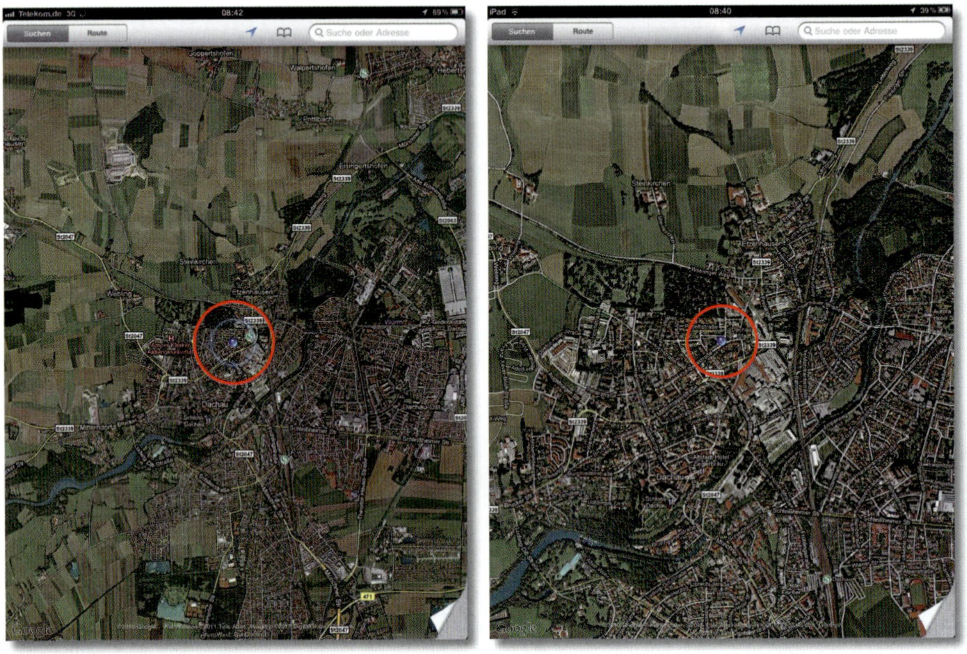

Kreisförmig auslaufende Wellen und ein pulsierender Punkt beim iPad 3G (links) zeigen den Aufenthaltsort genauer an als das iPad Wi-Fi (rechts).

Durch den Einbau der Micro-SIM-Karte kann aber nun das iPad via 3G-Netzwerk (UMTS mit bis zu 7,2 MBit/s im Download) quasi überall ins Internet gelangen. Nach Einlegen der SIM-Karte und der eventuellen PIN-Eingabe müssen möglicherweise noch Einstellungen vorgenommen werden.

Dazu wählen Sie als Erstes in den ***Einstellungen*** den Eintrag ***Mobile Daten*** aus und gelangen so zu den ***APN-Einstellungen***.

Hier können Sie die APN-Einstellungen für den Internetzugang eintragen.

Sind die vorgenommenen Einstellungen korrekt, so sollte nach wenigen Sekunden das Logo **E** für den EDGE-Zugriff oder **3G** für den schnelleren UMTS-Zugang erscheinen. Und nun können Sie nach Herzenslaune die internetfähigen Programme auf Ihrem iPad starten und lossurfen.
Hier eine Liste der Providerdaten, die einzutragen sind:

APN-Einstellungen ❸

Provider in Deutschland

Anbieter	APN	Benutzer	Passwort
Telekom (Congstar, simply, klarmobil, Penny, ja! mobil)	internet.t-mobile	tmobile	tm
Vodafone	pad1.vodafone.de	–	–
ePlus (Base, Blau)	internet.eplus.de	eplus	gprs oder internet
Simyo	internet.eplus.de	simyo	simyo
O_2 (Fonic)	internet	–	–

Provider in Österreich

Anbieter	APN	Benutzer	Passwort
A1	a1.net	ppp@a1plus.at	ppp
T-Mobile Österreich	gprsinternet	GPRS	–
Orange	web.one.at	web	web
tele.ring	WEB	web@telering.at	web
YESSS! (Hofer)	web.yesss.at	web	–

Provider in der Schweiz

Anbieter	APN	Benutzer	Passwort
Orange	internet	–	–
Sunrise	internet	–	–
Swisscom	gprs.swisscom.ch	–	–

Sollten Sie Probleme mit den Zugangsdaten haben, kann Ihnen sicher Ihr Provider weiterhelfen.

- **Eventuell bietet auch der eine oder andere Provider die Möglichkeit an, über ein zusätzliches Interface an dieser Stelle Tages- oder Volumenflatrates direkt zu erwerben.**

- **Wenn Sie die Internetnutzung wieder beenden wollen, so bringen Sie den Schieberegler Mobile Daten ❶ auf die Einstellung 0.**

Alternativ können Sie das Gerät auch in den *Flugmodus* bringen. Damit werden alle Optionen der Kommunikation (Wi-Fi, Mobile Daten, Bluetooth) deaktiviert.

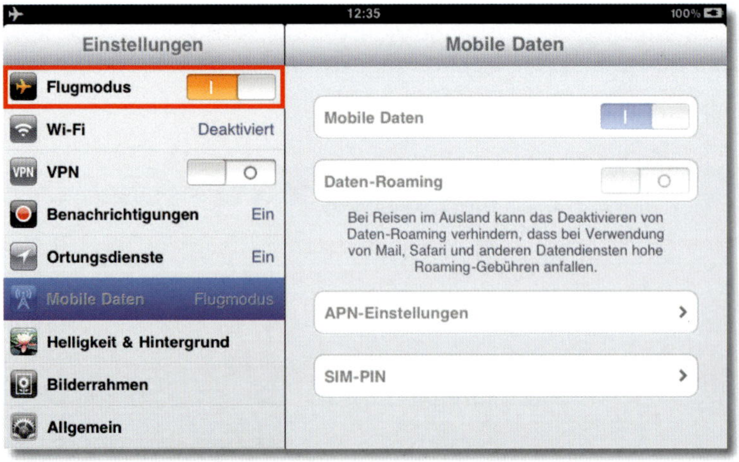

Der Flugmodus deaktiviert alle Verbindungsmöglichkeiten nach draußen.

Vielleicht haben Sie einen Tarif, der vom Datenvolumen her begrenzt ist. Dann lohnt sich ab und an ein Blick in die Einstellungen Ihres 3G-iPads unter *Allgemein –> Benutzung*. Dort werden die bislang übertragenen Daten aufsummiert. Allerdings werden hier nur die Daten berücksichtigt, die Sie über das Telefonnetz geladen haben. WLAN-Abrufe zählen nicht.

Statistische Daten für Ihren mobilen Internetzugang.

Beginnt ein neuer Abrechnungszeitraum, so könnten Sie via *Statistiken zurücksetzen* das auch Ihrem Gerät mitteilen.

Sollten Sie häufig im Ausland unterwegs sein, dann könnten Sie das *Daten-Roaming* ❷ aktivieren, um auch dort auf das Internet zugreifen zu können.

Bitte seien Sie hier sehr vorsichtig, denn oftmals sind die Roaming-Gebühren enorm hoch. Sie sollten sich vor dem Auslandsaufenthalt über die Preise Ihres Providers informieren, um keine bösen Überraschungen zu erleben.

Schlussendlich kann auch die SIM-PIN-Anfrage aktiviert bzw. deaktiviert werden. Wählen Sie dazu unter *Mobile Daten* den Eintrag *SIM-PIN* ❹ aus.

Weiterhin sind auf dem iPad Wi-Fi + 3G noch der Eintrag *Netzbetreiber* (sofern *Mobile Daten* eingeschaltet ist) sowie in den *Einstellungen –> Allgemein* weitere Details zum Provider und dem Telefonnetz zu sehen.

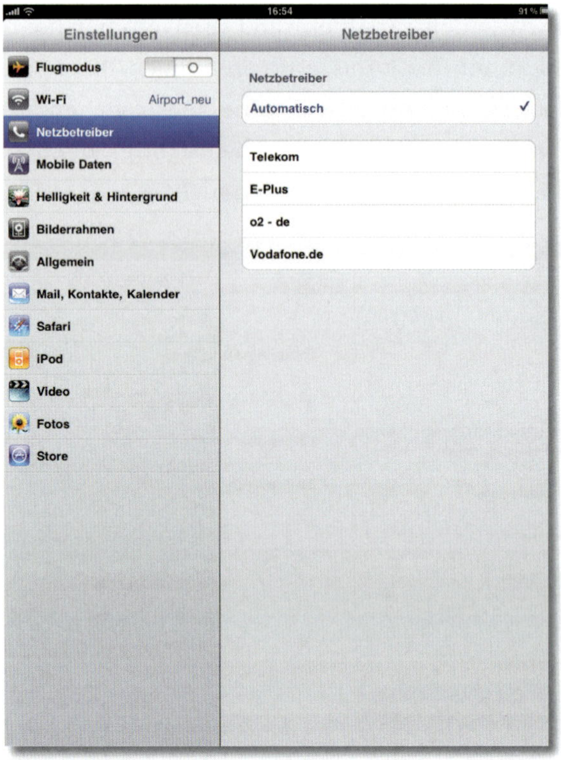

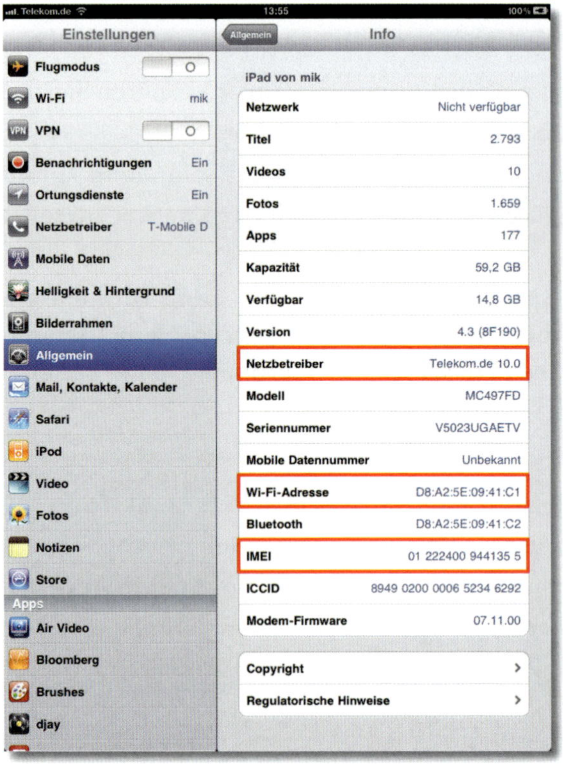

*Netzbetreiber und Detailinformationen unter **Allgemein –> Info.***

Das iPad Wi-Fi + 3G wechselt nahtlos vom 3G- zum Wi-Fi-Netzwerk, sobald dieses verfügbar ist. Sind beide Netzwerke verfügbar, so verwendet das iPad standardmäßig Wi-Fi.

Die Bedienung des iPads

Die Bedienung des iPads

Bevor wir uns mit der Bedienung des iPads befassen, klären wir kurz die Tasten. Die gute Nachricht gleich vorweg: Es gibt nicht viele Knöpfe, die man erlernen muss. Genau genommen sind es nur vier.

Die Tastaturbelegung des iPads

Die vier Tasten heißen *Standby, Ausrichtungssperre/Lautlosschalter, Laut/Leiser* und *Home*-Taste. Wie schon beim iPhone, besteht das Bedienkonzept des iPads darin, dass man mit möglichst wenigen Tasten auskommt.

Das iPad kommt mit sehr wenigen Tasten aus: ❶ Standby, ❷ Home, ❸ Laut/Leiser und ❹ Ausrichtungssperre/Lautlosschalter.

Die einzelnen Tasten und deren Funktionen im Schnelldurchlauf:

❶ *Standby:* Halten Sie diese Taste gedrückt, um das iPad einzuschalten. Sobald das Apfel-Symbol auf dem Display zu sehen ist, können Sie die Taste wieder loslassen. Um das iPad auszuschalten, halten Sie die Standby-Taste gedrückt, bis der *Ausschalten*-Slider erscheint. Der Slider ist eine Art Schieberegler, der auf dem Display eingeblendet wird und der mit dem Finger von links nach rechts geschoben werden muss.

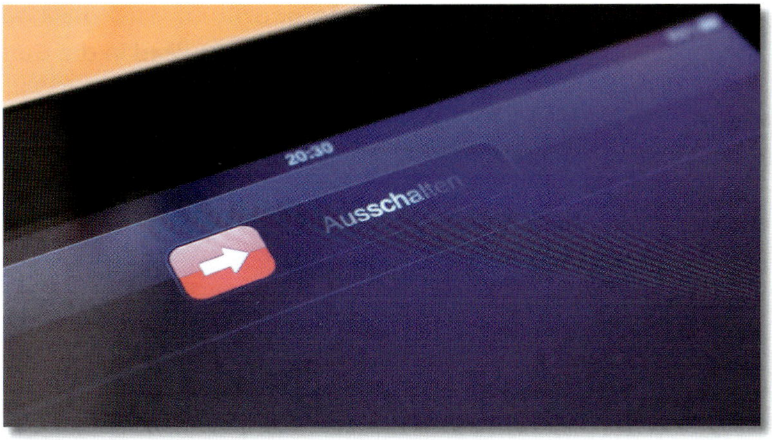

Schieben Sie den Regler nach rechts, schaltet sich das iPad aus. Wenn Sie warten, springt es zurück zum Home-Bildschirm.

Möchten Sie das iPad doch nicht ausschalten, drücken Sie den *Abbrechen*-Button oder warten Sie ein paar Sekunden, bis das Display wieder zurück zum Home-Bildschirm springt. Drücken Sie den Standby-Knopf einmal kurz, wechselt das iPad in den Ruhemodus. Der spart Strom und verhindert ein versehentliches Drücken der Tasten. Zurück aus dem Ruhezustand holen Sie das Gerät entweder durch einen erneuten Druck auf den Standby-Knopf oder über den Home-Button. Damit man die Tastensperre nicht irrtümlich aufhebt, ist es in beiden Fällen erforderlich, dass Sie danach den *Entriegeln*-Slider betätigen. Erst dann wird das Display wieder freigegeben.

❷ *Home:* Das ist die wahrscheinlich wichtigste Taste. Sie bringt Sie aus jedem erdenklichen Menü oder Programm wieder zurück zum Hauptbildschirm und beendet dabei das gestartete Programm. Diese Taste können Sie auch mit einer Funktion belegen, aber dazu später mehr im Kapitel 5.

Tipp: Wenn Sie mehrere Bildschirme mit Programmen haben, genügt ein einmaliges Drücken, um stets zum ersten und damit zum Hauptbildschirm zu gelangen. Drücken Sie nochmals, wechseln Sie zur Spotlight-Suche. Drücken Sie erneut, kehren Sie zum Hauptbildschirm zurück.

❸ *Laut/Leiser:* Der Name sagt's schon: Darüber lässt sich die Lautstärke des iPads regeln. Drücken Sie den Kippschalter an der oberen Hälfte, wird der Ton lauter. Sie können entweder pro Tastendruck die Lautstärke um eine Stufe erhöhen oder die Taste gedrückt halten. Dann kommen Sie zur maximalen Lautstärke.

Halten Sie die untere Hälfte der Taste gedrückt, wird die Lautstärke erst um eine Stufe reduziert. Danach springt das iPad in die Einstellung „lautlos".

❹ *Ausrichtungssperre/Lautlosschalter:* Mit diesem Schalter können Sie zwei unterschiedliche Funktionen aufrufen. Welche der beiden Funktionen mit dieser Taste verbunden ist, lässt sich in den *Einstellungen* festlegen. Im Bereich *Allgemein* können sie entweder *Ausrichtungssperre* oder *Ton aus* aktivieren.

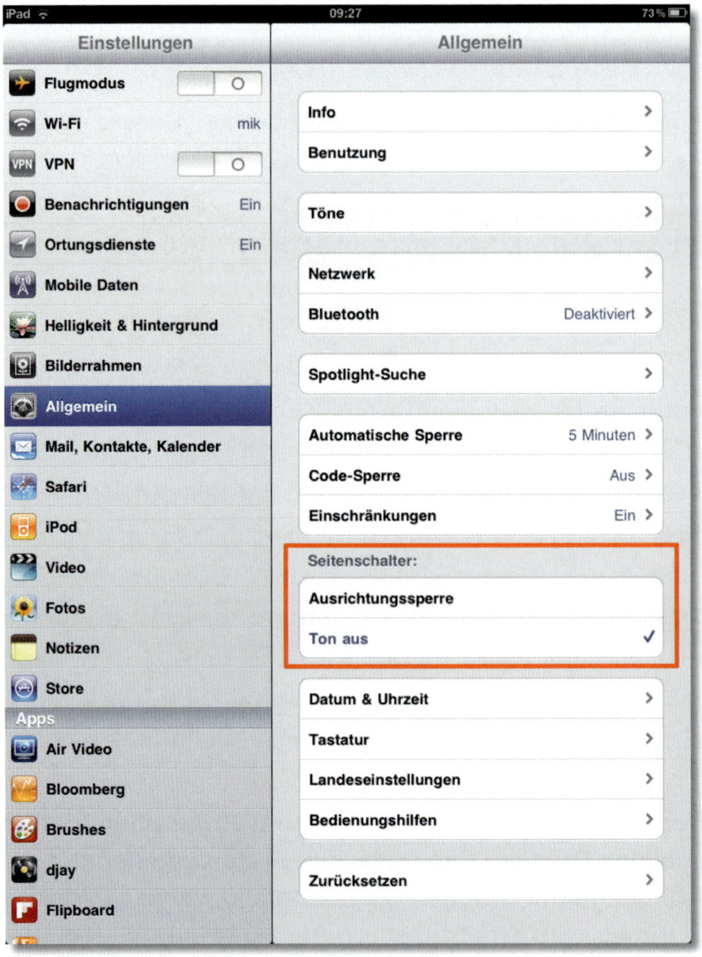

In den Einstellungen des iPads können Sie festlegen, welche Funktion der Seitenschalter haben soll.

Wählen Sie hier die *Ausrichtungssperre* aus, verhindern Sie, dass sich die Anzeige am Display automatisch vom Hoch- ins Querformat oder umgekehrt dreht, wenn Sie das iPad entsprechend halten. Das kann beispielsweise dann sinnvoll sein, wenn Sie im Liegen lesen möchten und die Anzeige nicht ins Querformat wechseln soll. Das Ein- oder Ausschalten der Ausrichtungssperre quittiert das iPad durch das Einblenden eines kleinen Icons.

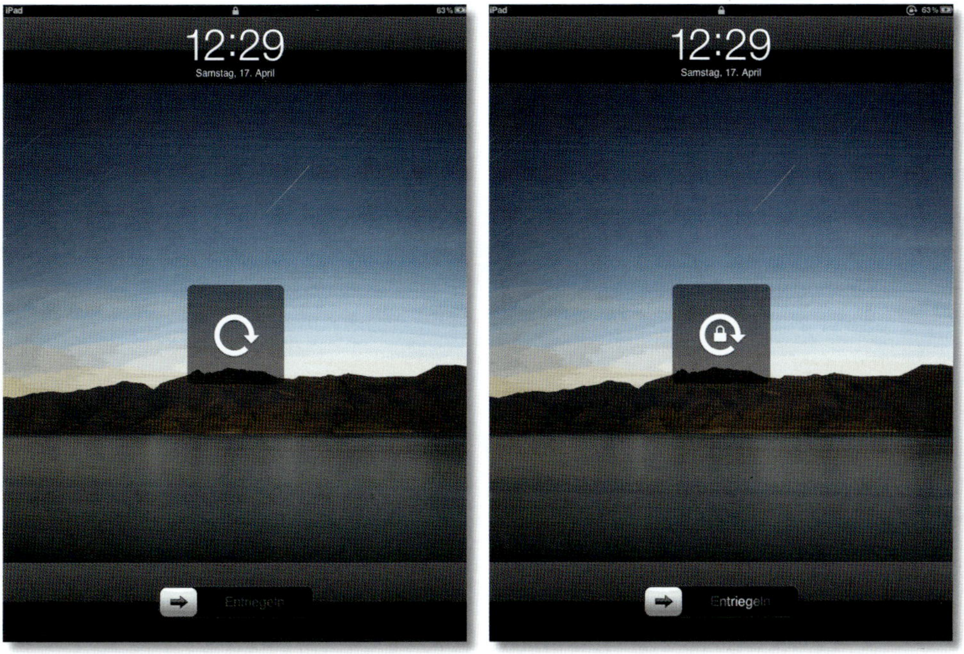

Wird das Rotations-Icon ohne Schloss angezeigt (links), dreht sich der Inhalt des Displays automatisch. Mit Schloss (rechts) ist die Rotationsfunktion gesperrt.

Das iPad lässt sich in alle Richtungen halten. Egal, ob der Home-Knopf nach oben ausgerichtet ist, nach unten, nach links oder rechts. Sie können das iPad so halten, wie Sie es möchten. Lediglich bei Anwendungen von Drittanbietern kommt es häufig vor, dass die Applikation nur „in eine Richtung“ funktioniert.

Entscheiden Sie sich für die Option *Ton aus*, dann können Sie das iPad im Handumdrehen stumm schalten und so verhindern, dass Sie beispielsweise einen Signalton erhalten, wenn eine neue Mail angekommen ist oder ein Kalenderereignis aktiviert wurde.

Dass die Signaltöne aktiviert sind, erkennen Sie am Lautsprechersymbol (links). Schalten Sie das iPad stumm, erhalten Sie ein durchgestrichenes Zeichen (rechts).

Alternative Ausrichtungssperre

Es gibt noch einen weiteren Weg, wie Sie die Ausrichtungssperre ein- und ausschalten können. Das geht zwar nicht ganz so schnell, wie über den Seitenschalter, aber es stellt eine fast ebenso komfortable Möglichkeit dar, wenn Ihnen für den Seitenschalter die *Ton an/aus*-Funktion wichtiger ist. Um die alternative Ausrichtungssperre zu erreichen, müssen Sie den Weg über die Multitasking-Leiste des iPads gehen. Die Funktion des Multitaskings und die alternative Ausrichtungssperre zeigen wir Ihnen gleich im Anschluss nach dem Start einer Anwendung.

Das war's schon, was Sie vorab über die Steuerung des iPads wissen müssen. Alle anderen Dinge steuern Sie direkt über das Display und die integrierte Softwaretastatur. Jetzt kann es losgehen.

Eine Sache sollten Sie noch wissen: Wie man eine Anwendung startet. Nichts einfacher als das. Wenn Sie ein Programm starten möchten, tippen Sie einfach mit dem Finger auf das entsprechende Symbol.

So sieht ein mit Anwendungen gefüllter Home-Bildschirm aus. Möchten Sie eine der Apps starten, tippen Sie mit dem Finger auf das Symbol.

Multitasking am iPad

Jede Anwendung (oder: App), die Sie am iPad starten, landet in der Multitaskingleiste. Über diese Leiste können Sie zwischen allen derzeit aktiven Apps wechseln. So ist es nicht erforderlich, dass Sie eine bereits gestartete App erst in einem der Home-Bildschirme suchen müssen, um sie zu starten. Mit der Betriebssystemversion iOS 4 hat die Multitasking-Funktion Einzug gehalten, die von den Anwendern von Anfang an gefordert wurde. Wobei man das ja so nicht sagen kann, „Einzug gehalten". Multitasking oder die Möglichkeit, mehrere Programme gleichzeitig ausführen zu können, beherrschen iPad und iPhone schon von Beginn an. Nur hat sich Apple zu Beginn das Recht herausgenommen, dass nur die Standard-Apps das dürfen. Ein Beispiel: Eine E-Mail-Nachricht wurde schon immer auch dann empfangen und angezeigt, wenn die Mail-App nicht aktiv im Vordergrund war.

Aber jetzt dürfen auch die Programmierer aller anderen Apps Multitasking verwenden. Ein Beispiel: Die Navigationslösung Navigon select Telekom Edition muss jetzt nicht immer aktiv laufen, damit man akustische Anweisungen erhält. Die kommen auch, wenn der Beifahrer beispielsweise Nachrichten liest oder ein Spiel spielt.

So bleibt jede App, die man bisher durch das Drücken der Home-Taste beendet hat, weiterhin im Speicher. So kann eine explizite Multitasking-App wie Navigon select Telekom Edition auch im Hintergrund Ihre Funktion erfüllen, etwa Anweisungen erteilen. Ansonsten bleibt sie im Speicher und startet beim nächsten Mal schneller – auch ein Vorteil von Multitasking.

Die Navigationslösung Navigon select Telekom Edition läuft am iPad und unterstützt Multitasking. Das bedeutet, dass sie auch dann Anweisungen geben kann, wenn sie nicht aktiv im Vordergrund ist.

Ein weiteres Beispiel für eine Anwendung, die Multitasking beziehungsweise den Betrieb im Hintergrund erlaubt, ist Alarm Clock Radio. Wenn Sie dort die Wiedergabe starten und das Programm per Home-Taste in den Hintergrund schicken, läuft die Musik weiter.

Die Musik von Alarm Clock Radio läuft auch dann weiter, wenn die Anwendung per Home-Taste in den Hintergrund gebracht wurde.

Es gibt sieben verschiedene Möglichkeiten, was ein Programm im Hintergrund tun könnte:

Background Audio: Das ist beispielsweise für Radio-Apps interessant, die trotzdem weiterhin das Radioprogramm senden sollen, obwohl man bereits in einer anderen App arbeitet. Beispiel: Last.fm.

Voice over IP: Die App meldet sich zurück, wenn eine Nachricht eingegangen ist. Bis es so weit ist, muss die App aber nicht im Vordergrund laufen. Ein Beispiel hierfür wäre Skype.

Background Location: Gut für Navigationslösungen. Wenn man keine Kartenanzeige benötigt, reicht es, wenn die Navi-App nur die Anweisungen über den Lautsprecher ausgibt. Das kann die App aber auch im Hintergrund tun. Beispiel: TomTom.

Push-Notification: Sie möchten darüber informiert werden, wenn eine Facebook-Freundschaftsanfrage beantwortet wird? Das läuft im Hintergrund und das Programm meldet sich erst, wenn es Neuigkeiten vom Server im Web gibt. Beispiel: Facebook.

Local Notification: Im Grunde wie Push, nur ist dazu kein Ereignis nötig, das per Internet übermittelt wird. Ein Beispiel hierfür wäre eine Kalender- oder To-do-App, die an Termine und Aufgaben erinnert.

Task Finishing: Die App meldet sich, wenn eine Aufgabe erledigt wurde. Das kann zum Beispiel der Download eines Kinotrailers sein.

Fast App Switching: Dateien werden beim Versetzen in den Hintergrund im aktuellen Status gehalten. Wechselt man zu ihnen zurück, kann man sofort dort weitermachen, wo man aufgehört hat.

Multitaskingleiste aufrufen

Wenn Sie sehen möchten, welche Programme gerade sozusagen standby warten, drücken Sie zwei Mal die Home-Taste. Daraufhin erscheint am unteren Bildschirmrand die Multitaskingleiste mit allen derzeit geöffneten Programmen. Neue Apps werden links an erster Stelle angeordnet. Wischen Sie mit dem Finger nach links, um die Fortsetzung der Leiste zu bekommen. Das funktioniert so lange, bis alle Apps angezeigt wurden. Pro Bild sehen Sie immer maximal vier Anwendungen.

Drücken Sie die Home-Taste zweimal hintereinander, gelangen Sie in die Multitaskingleiste. Erneutes Drücken der Home-Taste oder tippen oberhalb der Multitasking-Leiste blendet die Leiste wieder aus.

iPod-Steuerung aufrufen

Über die Multitaskingleiste lassen sich auch die iPod-Steuerung erreichen und die Rotationssperre aktivieren.

Wischen Sie vom ersten Multitaskingbildschirm aus nach rechts, gelangen Sie zur iPod-Steuerung. Dort können Sie in der Mitte die Wiedergabe starten ❶ und zum vorherigen oder nächsten Titel wechseln ❷. Ganz rechts befindet sich das Symbol für die iPod-App ❸. Tippen Sie darauf und der iPod startet. Hier lassen sich auch die Lautstärke regeln ❹ sowie die Helligkeit des Bildschirms einstellen ❺.

Rotationssperre aktivieren

Ganz links können Sie noch die Rotationssperre ❻ aktivieren. Das verhindert, dass das iPad automatisch vom Hoch- ins Querformat wechselt.

Programme beenden

Derzeit gibt es keine Möglichkeit, ein aktives Programm direkt zu beenden. Drücken Sie in der Anwendung die Home-Taste, wird es zwar geschlossen. Allerdings wandert es dann direkt in die Multitaskingleiste. Zwar ist das neue iPad-Betriebssystem so konzipiert, dass die Programme dann kaum Speicher und Rechenleistung verbrauchen, wenn aber ein Programm beispielsweise Daten aus dem Internet lädt, tut es das eventuell auch im Hintergrund weiter. Wenn das nicht nötig ist, kostet es nur unnötig Datenvolumen. Daher ist es durchaus sinnvoll, wenn man bestimmte Programme manuell vollständig beendet.

Um ein Programm zu beenden, wechseln Sie zur Multitaskingleiste und dort zu der Seite, auf der sich die zu beendende App befindet. Tippen Sie darauf und belassen Sie den Finger darauf, bis das Symbol der App zu wackeln beginnt. Tippen Sie dann auf das Minus am linken oberen Eck des Icons. Daraufhin wird die Anwendung geschlossen. Die App erscheint erst dann wieder in der Leiste, wenn Sie sie das nächste Mal starten und wieder beenden.

Programme aus der Multitaskingleiste müssen manuell beendet werden.

Die Softwaretastatur

Das Erste, was beim iPad auffällt, ist die Tastatur oder – besser gesagt – das Fehlen selbiger. Das iPad verfügt über eine Softwaretastatur, die immer dann an der Unterseite des Displays eingeblendet wird, wenn es etwas zu tippen gibt. Das können Mails, Notizen oder Webadressen sein oder das Suchfenster bei Google. Immer dann, wenn das iPad eine Eingabe erwartet, erscheint die Tastatur. Betrachten wir die Funktionsweise der Softwaretastatur anhand einer Standardapplikation, den *Notizen*. Klicken Sie dazu einmal mit dem Finger auf das gelbe linierte Blatt und schon taucht am unteren Rand die Tastatur auf. Diese kann sowohl im Hoch- als auch im Querformat dargestellt werden.

Links sehen Sie die iPad-Anwendung ***Notizen*** *ohne, rechts mit Tastatur. Durch das Tastatursymbol rechts unten lassen sich die Tasten manuell wieder ausblenden.*

Ein- und Ausblenden der Tastatur

Lesen Sie eine E-Mail oder surfen Sie auf Ihrer bevorzugten Internetseite, wird keine Tastatur eingeblendet. Wozu auch? Sie möchten ja nichts eintippen. Sobald Sie aber eine Mail beantworten oder weiterleiten beziehungsweise eine neue Webadresse eingeben, ein Kontaktformular ausfüllen oder eine Suche starten möchten, ist die Tastatur da. Nachdem die benötigten Eingaben gemacht wurden, schicken Sie sie mit *Öffnen* oder einem Klick auf den entsprechenden Button der Webseite ab.

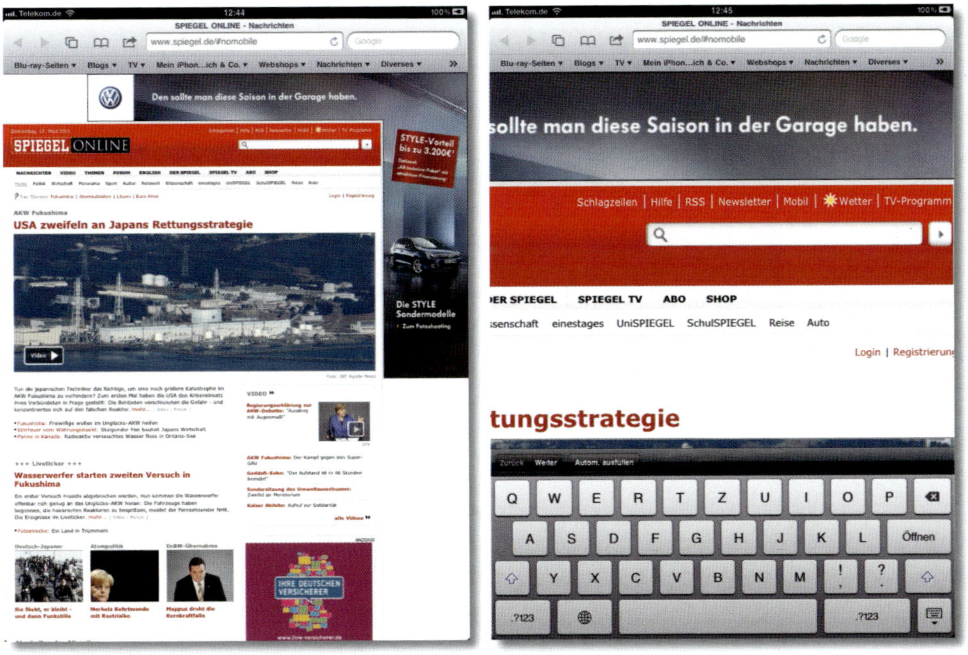

Während des Surfens (links) bleibt die Tastatur ausgeblendet. Erfordert die Seite eine Eingabe (rechts), etwa bei der Suchmaske von SPIEGEL ONLINE, erscheint die iPad-Softwaretastatur. Die Taste ganz rechts unten blendet sie wieder aus.

Groß- und Kleinbuchstaben verwenden

Sie können zwischen Groß- und Kleinschreibung wechseln, indem Sie auf die Hochstelltaste tippen. Anhand der Farbe sehen Sie, welche Zeichen aktiviert sind. Der graue Pfeil steht für Kleinbuchstaben, der blaue für ein Zeichen in Großschreibung und das blaue Feld mit weißem Pfeil für die Feststelltaste.

Die Funktion der Feststelltaste ist von Beginn an deaktiviert, Sie können sie aber unter *Einstellungen –> Allgemein –> Tastatur –> Feststelltaste* ein- und bei Bedarf wieder ausschalten.

Von links: Kleine Buchstaben, große Buchstaben, Feststelltaste.

Satzzeichen und Ziffern

Wird die Tastatur gestartet, können Sie Buchstaben eintippen. Benötigen Sie ein Satzzeichen, Sonderzeichen oder eine Ziffer, tippen Sie auf die Taste *.?123*.

Tippen Sie auf ***.?123****, erhalten Sie Zugriff auf Satzzeichen, Sonderzeichen und Ziffern.*

Mit der *#+=*-Taste gelangen Sie zu Klammern, Währungen und anderen Zeichen, die man vielleicht nicht ganz so oft benötigt. Widerrufen und Wiederholen nehmen die letzte Eingabe zurück oder wiederholen sie.

Abkürzungen zu den Satzzeichen

Ein wenig umständlich wird es, wenn Sie Abkürzungen schreiben möchten und dazu beispielsweise viele Punkte benötigen. Für jeden Punkt müssen Sie *.?123* tippen, den Punkt auswählen, mit *ABC* wieder zurück zu den Buchstaben und gegebenenfalls wieder mit *.?123* zum Punkt, mit *ABC* zurück und so weiter.

Ein paar Eingaben lassen sich sparen, wenn Sie für die Punkte .?123 tippen, dann aber nicht den Finger vom Display nehmen, sondern auf dem Display zum Punkt fahren. Dann springt die Tastatur automatisch wieder zu den Buchstaben zurück und Sie sparen sich den manuellen Wechsel.

Cursor im Text verschieben

Sie können die Eingabemarke im Text auf zwei Arten verschieben. Tippen Sie auf ein Wort im Text und der Cursor wird an das Ende des Worts verschoben. Sie können aber auch mit dem Finger auf dem Display bleiben, bis eine Lupe erscheint. Jetzt können Sie sich frei im Text bewegen und auch Stellen innerhalb eines Worts erreichen.

Die Bildschirmlupe hilft dabei, die Markierung an eine bestimmte Textstelle zu bewegen.

Mehrfach belegte Tasten

Es gibt Tasten wie das „D", die einfach nur den darauf abgebildeten Buchstaben oder ein Zeichen darstellen. Dann gibt es Tasten wie das „S", das zusätzlich Sonderzeichen darstellen kann. So kann es neben dem „S" auch noch „ß", „Ś" oder „Š" abbilden. Um zu den Sonderzeichen zu gelangen, halten Sie den Buchstaben gedrückt, bis die alternativen Zeichen erscheinen. Fahren Sie dann mit dem Finger auf das gewünschte Zeichen, um es auszuwählen. Im Vergleich zum iPhone wurde beim iPad jedoch eine kleine Änderung vorgenommen:

Halten Sie eine mehrfach belegte Taste gedrückt, etwa das „S", und lassen Sie sie wieder los, wird das bereits markierte Zeichen eingesetzt. Eine Auswahl mit dem Finger ist nur dann erforderlich, wenn Sie eines der anderen Zeichen benötigen.

Beispiel: Brauchen Sie ein „Ü“, tippen Sie auf das „U“, bleiben mit dem Finger für etwa eine Sekunde auf der Taste und nehmen den Finger wieder runter. Es erscheint ein „Ü“ im Text. Für ein „Ö“ machen Sie dasselbe mit der „O“-Taste.

Auch hinter dem „S” verbirgt sich eine Vielzahl an Zeichen, die man erst sieht, wenn man die Taste länger gedrückt hält.

Bei Webseiten ist es nicht erforderlich, die Domainart wie „.com“ einzutippen. Hierfür gibt es eine entsprechende Taste. Und auch diese Taste ist mehrfach belegt. Halten Sie sie gedrückt, um außerdem zu „.net“, „.edu“, „.org“ und „.de“ zu gelangen.

Zugriff auf die Domain-Endungen.

Weitere Sondertasten

Die Tastatur des iPads verfügt über weitere Sondertasten:

Return: Führt einen Zeilenumbruch aus.

Öffnen: Startet beispielsweise eine Google-Abfrage in Safari, ohne auf den Suchen-Knopf auf der Webseite zu drücken.

Eine Tabulator-Taste gibt es dagegen nicht. Ebenso fehlen Tasten für z. B. hochgestellte Zeichen wie 2 oder 3.

❶ Großschreibung am Satzanfang

In den iPad-*Einstellungen* unter *Allgemein* und *Tastatur* gibt es einige Konfigurationsmöglichkeiten für die Softwaretastatur, etwa den Punkt *Auto-Großschreibung*. Ist der aktiviert, schreibt das iPad Wörter am Satzanfang automatisch groß.

Die möglichen Einstellungen für die Tastatur.

❷ Die Auto-Korrektur

Eine Autokorrektur für das Erstellen von Mails, SMS oder Notizen ist nicht neu. Auch Apple hat dem iPad eine solche Auto-Korrektur spendiert. Sie funktioniert ganz einfach: Sobald Sie ein Wort tippen, das offensichtlich falsch geschrieben ist, wie zum Beispiel „ipad“, entdeckt die iPad-Software den Tippfehler und bietet – sofern vorhanden – einen Vorschlag an. An dieser Stelle hat der Benutzer zwei Möglichkeiten: Bemerkt er seinen Fehler und möchte den Alternativvorschlag annehmen, muss er nur weiter tippen. Die Korrektur wird akzeptiert und das falsche Wort durch das neue ersetzt. Soll die eingetippte Variante erhalten bleiben, können Sie die Alternative dadurch ablehnen, indem Sie auf den Vorschlag tippen. Dann wird das neue Wort auch gleich in das Wörterbuch aufgenommen. Das hat zur Folge, dass das iPad dieses neue Wort in Zukunft kennt und es sogar vorschlägt, wenn Sie ein ähnliches Wort eingeben. Die Korrektur erfordert anfangs ein Umdenken, weil man den Vorschlag nicht durch Antippen annimmt, sondern ablehnt.

Die Auto-Korrektur erleichtert das Schreiben von Mails oder Notizen. Hier schlägt sie automatisch die richtige Schreibweise für das Wort iPad vor.

❸ Korrektur

Die Korrektur dagegen verfolgt einen anderen Ansatz, als die Auto-Korrektur: Jedes in ein beliebiges Eingabefeld eingetippte Wort wird von der iPad-Software überprüft. Wenn es okay ist und das iPad keine anderen Vorschläge hat, dann ist das nächste Wort an der Reihe. Hat man sich vertippt und das iPad bemerkt den Fehler und bietet eine Alternative an, dann wird das Wort rot unterstrichen.

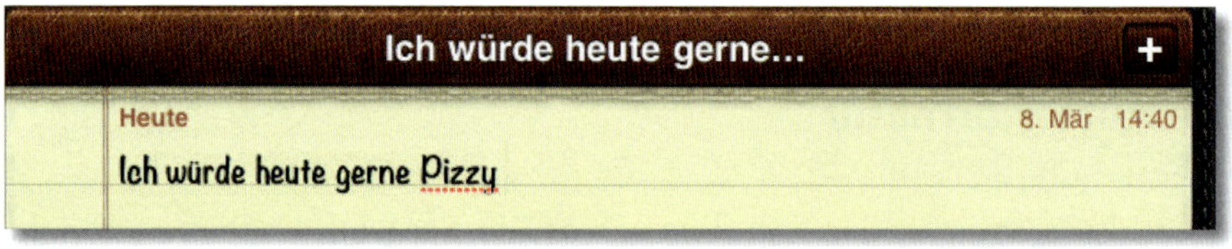

Der Fehler wurde erkannt und das betreffende Wort rot unterstrichen.

Tippt man dann auf das Wort, bietet das iPad die möglichen Vorschläge an, die man dann bequem auswählen kann.

In diesem Fall bietet das iPad drei Vorschläge an, darunter auch den gewünschten: „Pizza“.

Im Fall der Notiz auf dem Screenshot habe ich mich bei dem Wort „Pizza“ vertippt und nehme den Vorschlag gerne an. Dazu muss ich ihn lediglich mit der Leertaste bestätigen. Möchte ich einen Vorschlag einmal nicht annehmen, lehne ich die Korrektur ab, indem ich auf den Vorschlag tippe.

Die Auto-Korrektur lässt sich auf Wunsch auch ausschalten. Die entsprechende Option finden Sie in den Tastatur-Einstellungen. Dann wird die Korrektur ebenfalls deaktiviert. Andersherum ist es aber möglich, die Auto-Korrektur aktiv zu lassen und die Korrektur auszuschalten.

❹ Feststelltaste aktivieren

Die vierte Option in den *Einstellungen* unter *Allgemein* und *Tastatur* ist *Feststelltaste*. Ist dieser Schalter an, können Sie mit der doppelt angetippten Hochstelltaste Wörter komplett in GROSSBUCHSTABEN schreiben. Sie erkennen das daran, dass die Hochstelltaste blau eingefärbt ist. Tippen Sie sie danach erneut an, um wieder normal zu schreiben.

❺ „."-Kurzbefehl: Punkt am Satzende

Wie der kurze Hilfetext sagt, können Sie durch Verwenden eines zweimaligen Leerschritts einen Punkt inklusive Leerschritt generieren. Probieren Sie das mal aus und Sie werden feststellen, dass dies eine sehr nützliche Funktion ist.

Internationale Tastaturen

Darüber hinaus können Sie in den Einstellungen bei *Internationale Tastaturen* weitere Sprachen aktivieren.

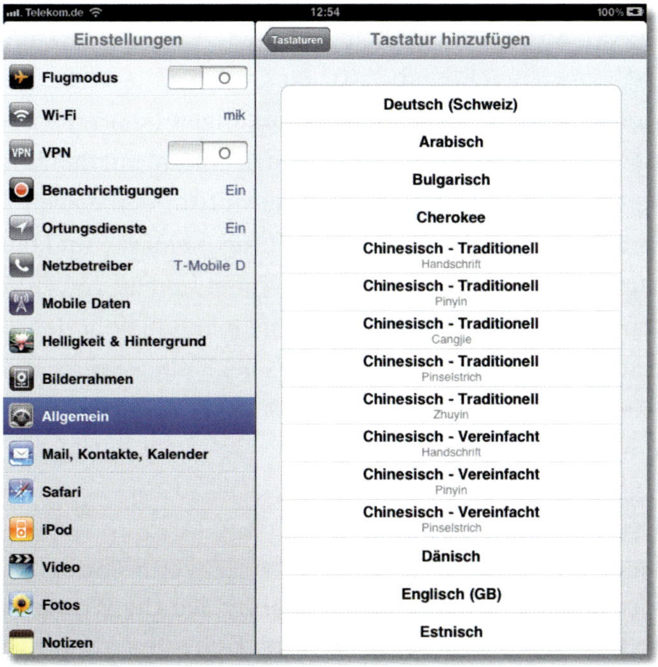

Am iPad lassen sich Tastaturlayouts für verschiedene Sprachversionen einschalten.

Ab sofort werden Sie bei jedem Erscheinen der Tastatur links neben der Leertaste ein Globus-Icon erkennen. Sobald Sie darauf klicken, wechselt das iPad sofort in das andere Tastaturlayout. Die aktive Sprache wird hierbei kurz auf der Leertaste eingeblendet.

Schneller Tastaturwechsel durch Anklicken des Globus-Icons.

Das Tippen, Scrollen und Wischen

Das iPad hat im Vergleich zum iPhone ein deutlich größeres Display, trotzdem findet oft nicht alles darauf Platz. Nehmen wir als Beispiel eine umfangreiche Internetseite. Da es am iPad keinen Scrollbalken wie im Internet Explorer oder Safari und auch keine Maus mit Scrollrad gibt, kommen wir zu den beiden nächsten Säulen des iPad-Bedienkonzepts: Der Touchscreen des iPads lässt sich durch einfaches Tippen und Scrollen bedienen. Auch das ist sinnvoll am iPad: Sie benötigen dazu keinen Eingabestift, das Gerät ist für die Bedienung mit den Fingern optimiert. Möchten Sie einem Link folgen oder eine Suchanfrage in Google starten, tippen Sie mit der Fingerspitze einmal auf den Link oder in das Eingabefenster von Google. Safari öffnet daraufhin den gewählten Link, lädt also die verknüpfte Seite oder aktiviert die Eingabemaske und blendet automatisch die Tastatur ein. Die Tastatur verschwindet im Fall von Google entweder durch den Start der Suche oder wenn man sie manuell über den Tastaturknopf rechts unten ausblendet. Dann ist allerdings noch ein weiterer Klick auf *Google-Suche* nötig, damit die Suchanfrage gestartet wird. Schneller geht's, wenn man gleich auf den Tastaturknopf *Öffnen* drückt.

Möchten Sie auf einer umfangreichen Webseite den Teil sehen, der sich aktuell nicht im Anzeigebereich des Displays befindet, tippen Sie mit dem Finger auf das Display und schieben Sie die Webseite nach oben oder nach unten. Mit mehr oder weniger Schwung steuern Sie dabei die Geschwindigkeit. Im Adressbuch des iPads können Sie beispielsweise

mit einem langsamen Verschieben der Liste innerhalb eines Buchstabens einen bestimmten Eintrag suchen. Wenn Sie aber von „A“ nach „N“ wechseln möchten und dazwischen mehrere Hundert Einträge liegen, sollten Sie mit mehr Schwung scrollen. Das funktioniert in so gut wie allen Anwendungen – auch in den Karten, dem iPod und so weiter.

Superschnelles Scrollen

Wenn Sie mit dem Finger auf die Uhrzeit oben in der Mitte des Bildschirms tippen, springt Safari sofort ganz nach oben zum Anfang der Webseite. Dieser Tipp funktioniert in vielen Programmen.

In Fotos beispielsweise flitzt die Darstellung ruck, zuck nach oben zu den ersten Bildern. Oder beim iPod: Einmal in der Titelleiste auf die Uhrzeit tippen und Sie landen direkt am Anfang der Liste.

Probieren Sie es einfach mal aus, das spart eine Menge Zeit.

Achten Sie darauf, dass das iPad mit dem Finger bedient werden möchte, nicht mit dem Fingernagel. Im Gegensatz zu anderen Touchscreens wird kein Stylus-Stift benötigt.

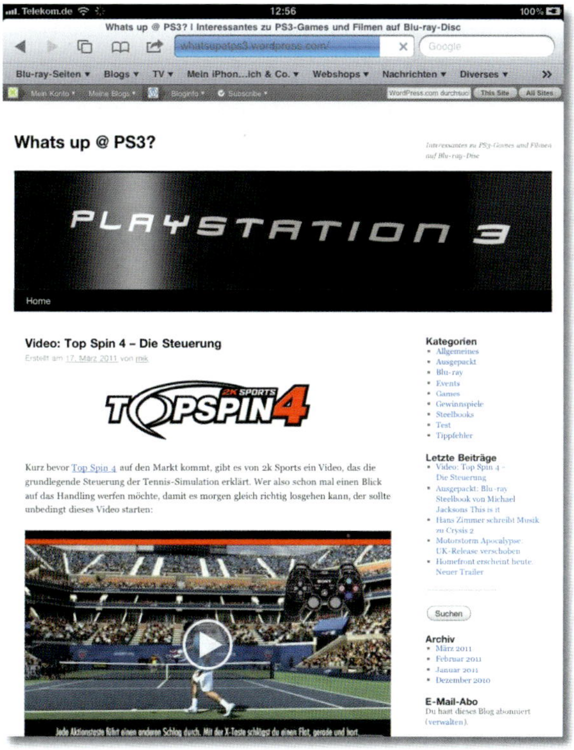
Telekom.de
12:56
100%
Whats up @ PS3? I Interessantes zu PS3-Games und Filmen auf Blu-ray-Disc
Google
Blu-ray-Seiten
Blogs
TV
Mein iPhon...ich & Co.
Webshops
Nachrichten
Diverses
Whats up @ PS3?
PLAYSTATION 3
Home
Video: Top Spin 4 – Die Steuerung
TOPSPIN4
Kurz bevor Top Spin 4 auf den Markt kommt, gibt es von 2k Sports ein Video, das die grundlegende Steuerung der Tennis-Simulation erklärt. Wer also schon mal einen Blick auf das Handling werfen möchte, damit es morgen gleich richtig losgehen kann, der sollte unbedingt dieses Video starten:
Kategorien
Letzte Beiträge
Suchen
Archiv
E-Mail-Abo

Umfangreiche Webseiten lassen sich durch einfaches Scrollen auch bequem nach oben oder unten verschieben.

Im Falle der *Notizen* haben wir von einem einmaligen Tippen mit der Fingerspitze auf die Eingabemaske gesprochen. Es gibt noch eine weitere Möglichkeit des Tippens, mit der sich die Anzeige von Webseiten zum Lesen optimieren lässt. Nehmen wir als Beispiel den Screenshot des Blogs von oben. Wir haben uns für diese Seite als Anschauungsmodell entschieden, weil Sie aufgrund des Seitenlayouts auch dann noch alles nachvollziehen können, wenn die Inhalte auf dem Screenshot längst überarbeitet sind.

Der Doppelklick

Wir sehen die Seite in der gesamten Breite und es sieht im Grunde aus wie am Mac oder PC. Das ist gut, weil es zeigt, dass man am iPad auch unterwegs alle Seiten so betrachten kann wie zu Hause oder im Büro. Da wir aber nicht den 20-Zöller mit dabei haben, wird die Anzeige sehr klein und schwer zu lesen, Bilder sind teilweise kaum zu erkennen. Deshalb gibt es eine Funktion, die dieses Problem löst: den Doppelklick. Angenommen, Sie möchten die erste Überschrift beziehungsweise den Text dazu lesen, dann tippen Sie mit dem Finger zweimal auf den Textblock und das iPad zieht den Text in der vollen Breite des Bildschirms auf. Die Randspalte mit den Links und dem Kalender wird dabei ausgeblendet und der dadurch gewonnene Platz für das Wesentliche genutzt. Das sieht dann so aus:

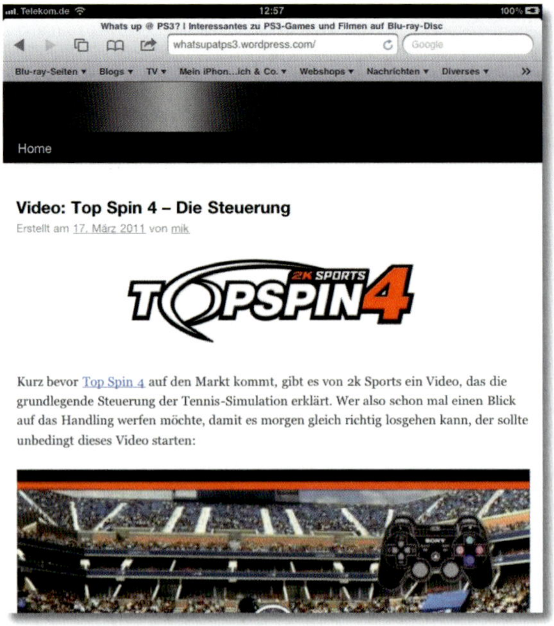
Telekom.de
12:57
100%
Whats up @ PS3? | Interessantes zu PS3-Games und Filmen auf Blu-ray-Disc
whatsupatps3.wordpress.com/
Google
Blu-ray-Seiten ▾ Blogs ▾ TV ▾ Mein iPhon...ich & Co. ▾ Webshops ▾ Nachrichten ▾ Diverses ▾
Home
Video: Top Spin 4 – Die Steuerung
Erstellt am 17. März 2011 von mik
2K SPORTS
TOPSPIN4
Kurz bevor Top Spin 4 auf den Markt kommt, gibt es von 2k Sports ein Video, das die grundlegende Steuerung der Tennis-Simulation erklärt. Wer also schon mal einen Blick auf das Handling werfen möchte, damit es morgen gleich richtig losgehen kann, der sollte unbedingt dieses Video starten:

Jetzt lässt sich der Vorspann des Artikels bedeutend besser lesen. Ein erneuter Doppelklick wechselt wieder in die Übersicht.

Ein weiterer Doppelklick auf den Text bringt Sie wieder in die ursprüngliche Ansicht. Sie möchten jetzt eine der Rubriken am rechten Rand der Webseite größer sehen? Auch hier bringt Sie der Doppelklick weiter: Tippen Sie zweimal auf den gewünschten Bereich und er wird vergrößert.

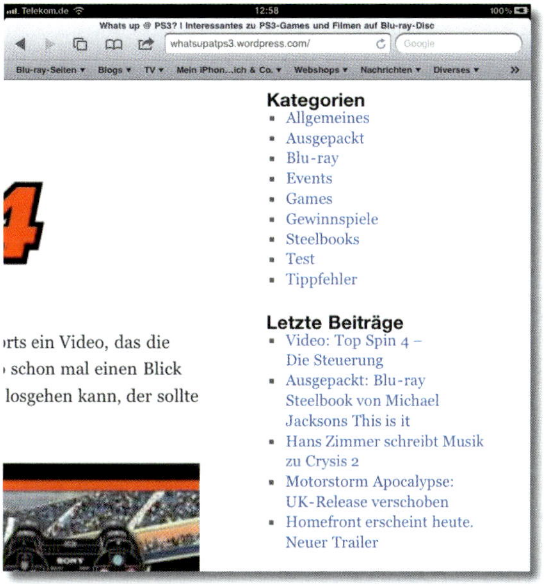

So lassen sich andere Objekte auf der Webseite anzeigen. Selbst der Text ist noch zu entziffern.

Ihnen reicht die Größe der Anzeige noch nicht? Okay, wie wäre es mit einem Härtetest?

Das iPad kann auch Querformat. Automatisch

Sie werden sehen, es kommt noch besser. Tippen Sie erneut zweimal hintereinander auf die Linkliste, um wieder in die ursprüngliche Anzeige zu wechseln. Wir bleiben beim Beispiel des ersten Artikels und tippen auf eine mit dem Artikel verknüpfte Überschrift, etwa „Laufen am Morgen ...", um den ganzen Artikel zu sehen. Danach tippen wir zweimal auf den gewünschten Text und bekommen eine stark verbesserte Ansicht. Reicht das noch immer nicht aus, kippen wir das iPad in das Breitformat und der Text wird erneut angepasst.

Der Knaller: Durch einen integrierten Sensor erkennt das iPad automatisch, ob Sie es aufrecht oder quer halten. Und im Querformat ist alles extrem gut zu sehen. All die Dinge wie Doppelklick und das Drehen des Displays können rückgängig gemacht werden, indem Sie sie einfach wiederholen. Ein Tipp am Rande:

Der Quer- oder Landscapemodus eignet sich ganz besonders gut zur Anzeige von Bildern im Querformat und ist zudem auch in anderen Programmen wie Mail, Notizen etc. einstellbar.

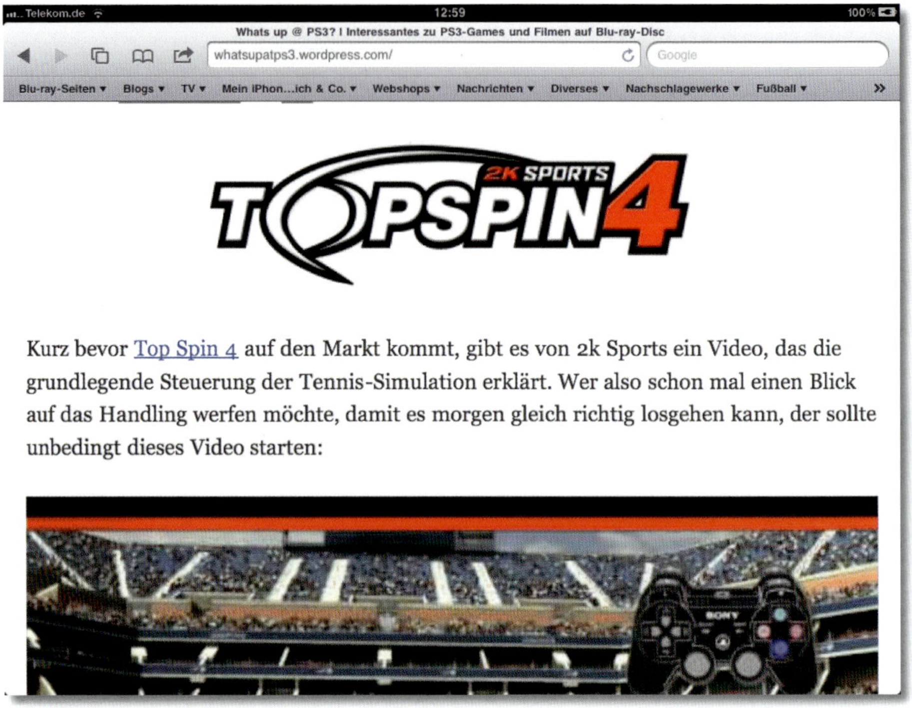
Telekom.de
12:59
100%
Whats up @ PS3? I Interessantes zu PS3-Games und Filmen auf Blu-ray-Disc
whatsupatps3.wordpress.com/
Google
Blu-ray-Seiten ▾ Blogs ▾ TV ▾ Mein iPhon...ich & Co. ▾ Webshops ▾ Nachrichten ▾ Diverses ▾ Nachschlagewerke ▾ Fußball ▾
2K SPORTS
TOPSPIN 4
Kurz bevor Top Spin 4 auf den Markt kommt, gibt es von 2k Sports ein Video, das die grundlegende Steuerung der Tennis-Simulation erklärt. Wer also schon mal einen Blick auf das Handling werfen möchte, damit es morgen gleich richtig losgehen kann, der sollte unbedingt dieses Video starten:

Nach der Vergrößerung des Textes und dem Drehen des Displays ist der Text sehr gut zu sehen. Auch andere Programme wie Notizen verstehen sich auf das Querformat.

Die Änderung der Ansicht durch das doppelte Antippen ist eine gute Möglichkeit, um beispielsweise Nachrichten oder Blogs zu lesen. Der Vorteil ist, dass es recht schnell geht, der Nachteil, dass es keine stufenlose Verkleinerung oder Vergrößerung gibt. Die Anzeige ist entweder kleinteilig und dafür übersichtlich oder so vergrößert, dass Textblöcke oder Bilder an die Breite des Bildschirms angepasst werden. Sie ahnen es vielleicht schon: Auch für dieses Problem haben die Apple-Techniker eine Lösung gefunden. Und auch dieses Mal brauchen wir dafür keinerlei Tasten.

- **Sollte sich die Displayausrichtung des iPads nicht automatisch verändern, wenn Sie es vom Hoch- in das Querformat drehen oder umgekehrt, ist vielleicht die Rotationssperre aktiviert.**

Skalieren durch Aufziehen mit zwei Fingern

Nehmen wir als Beispiel ein Bild von der Apple-Webseite im Querformat. Wenn wir das Display in den Landscapemodus drehen und doppelt auf das Bild klicken, bekommen wir dieses Ergebnis:

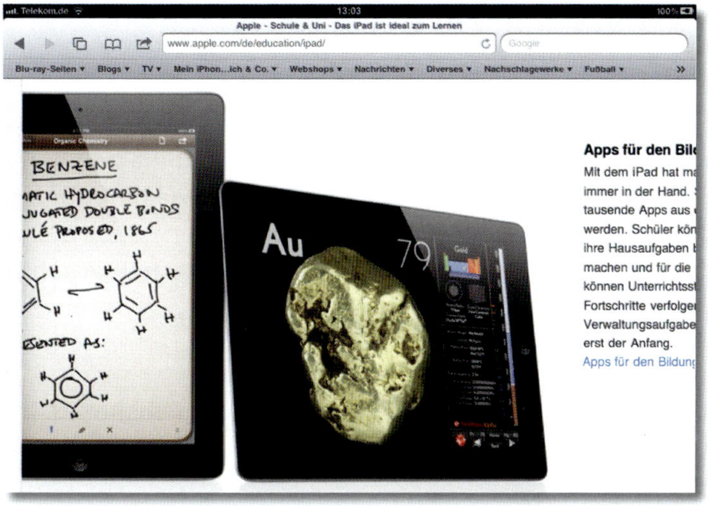

In der Übersicht sind die Bilder mit den Apps zu sehen.

Das sieht gut aus und es ist auch alles zu sehen. Aber was, wenn wir ein Detail betrachten möchten? Dann berühren wir das Display mit Daumen und Zeigefinger einer Hand gleichzeitig so, dass die Fingerspitzen sich berühren. Wenn wir jetzt die beiden Finger voneinander weg bewegen (und damit auf dem Display verschieben), vergrößert sich die Anzeige stufenlos. Führen wir die Finger wieder zusammen, verkleinert sich das Bild.

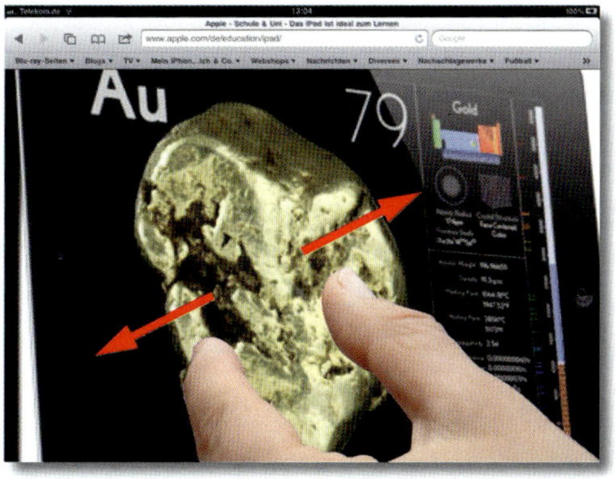

Möchte man einen Ausschnitt gezielt vergrößern oder verkleinern, geschieht das über das Aufziehen mit zwei Fingern.

Ausschneiden, Kopieren und Einsetzen

Wer einmal versucht hat, aus einer Mail eine UPS-Trackingnummer in das entsprechende Formular der UPS-Webseite einzutragen, wird spätestens nach dem fünften Wechsel zwischen Mail und Safari in den Wahnsinn getrieben. Dieses Problem und viele andere löst die Zwischenablage des iPads. Die Zauberworte lauten: Copy und Paste.

Das iPad hat genauso wie ein Computer eine Zwischenablage, die mit Kopieren bzw. Ausschneiden befüllt wird. Via Einsetzen kommt der „gemerkte" Inhalt an die aktuelle Cursorposition. Das funktioniert, wie auch beim Computer, programmübergreifend. Wird ein neues Element kopiert, wird das vorherige in der Zwischenablage einfach überschrieben.

Und da das simple Kopieren einer Zahlen- oder Ziffernkolonne Kinderkram ist, bearbeiten wir gleich einmal einen richtigen Text.

Wir beginnen mit einer Notiz, die einen beliebigen Text enthält. Wichtig ist nur, dass uns natürlich erst hinterher einfällt, dass ein Text, der am Ende steht, mittendrin viel besser aufgehoben wäre.

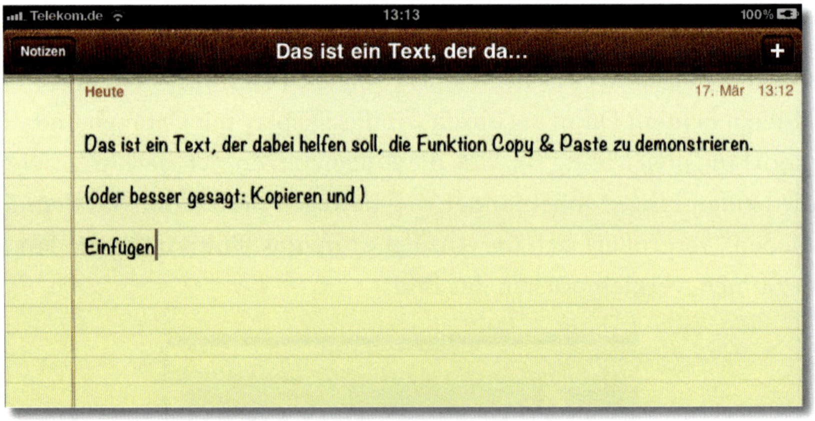
Telekom.de
13:13
100%
Notizen
Das ist ein Text, der da...
+
Heute
17. Mär 13:12
Das ist ein Text, der dabei helfen soll, die Funktion Copy & Paste zu demonstrieren.
(oder besser gesagt: Kopieren und)
Einfügen

Ausgangslage: Dieser Text ist nicht ganz so, wie wir ihn haben wollen.

Als Erstes fällt auf, dass das Wort *Einfügen* nicht da steht, wo es hingehört. Das könnte man jetzt löschen und neu eingeben, aber es geht auch viel einfacher. Wir tippen also doppelt auf das Wort *Einfügen* und sehen ein neues Menü. Alternativ kann man auch doppelt neben das gewünschte Wort tippen. Dann markiert *Auswählen* das nächste Wort. *Alles* markiert den gesamten Text; bei einem längeren Text durchaus hilfreich. Da wir das Wort verschieben möchten, wählen wir *Ausschneiden*.

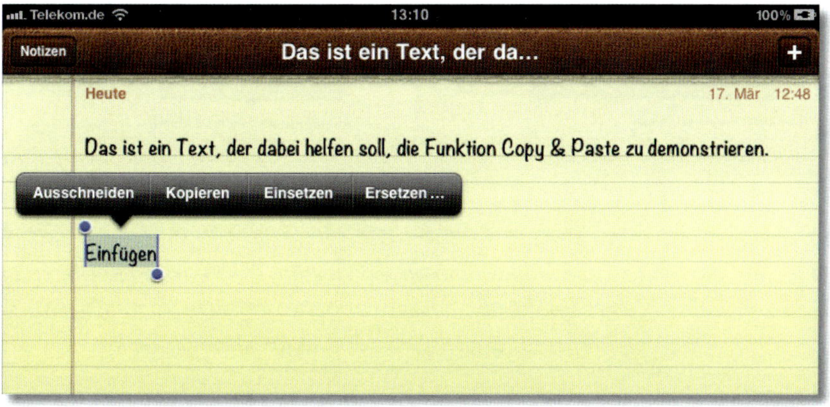

Soll das Wort verschoben werden, ist ***Ausschneiden*** *die richtige Wahl. Soll es stehen bleiben und zusätzlich woandershin verfrachtet werden, wählen Sie* ***Kopieren****.*

Jetzt positionieren wir den Cursor an der Stelle, an die das Wort hingehört, indem wir mit dem Finger darauf tippen; in unserem Fall an das Ende vor die Klammer. Sie können auch die Lupenfunktion verwenden, das geht in der Regel einfacher. Sofort erscheint wieder das Menü. Wir wählen *Einsetzen*.

Positionieren Sie die Eingabemarke dort, wo das Wort hin soll, und tippen Sie doppelt auf das Display. Wählen Sie dann ***Einsetzen****. Jetzt ist das Wort da gelandet, wo wir es immer schon haben wollten.*

Nun ist der Text zwar stimmig. Trotzdem hätte ich die Klammer mit der Erklärung gerne dort, wo sie am meisten Sinn ergibt. Dazu will ich nicht ein Wort markieren und auch nicht den gesamten Text. Es geht mir nur um eine bestimmte Passage. Tippen Sie dazu auf ein beliebiges Wort des zu kopierenden Textes. Es wird markiert und am Anfang und am Ende erscheint je ein Marker. Über diesen Marker lässt sich einstellen, wo die Markierung beginnt (Punkt oben) und wo sie endet (Punkt unten). Verschieben Sie die beiden Marker jetzt entsprechend und wählen Sie wieder *Ausschneiden* oder *Kopieren*. Bewegen Sie den Cursor anschließend an die Stelle, an der der Text eingefügt werden soll, und tippen Sie auf *Einsetzen*. Jetzt ist der Text so, wie er schon immer sein sollte.

Jetzt sieht der Text so aus, wie wir ihn haben wollten. Die Funktion Kopieren und Einsetzen kann für einzelne Wörter (links) oder ganze Absätze (rechts) verwendet werden und spart bei längeren Passagen deutlich Zeit.

Auch wenn in unserem Beispiel eine Notiz bearbeitet wurde, lässt sich Text in anderen Anwendungen markieren, kopieren, ausschneiden und an anderen Stellen wieder einsetzen. Mit dem iPad-System lassen sich auch Telefonnummern aus den Kontakten oder aus einer E-Mail kopieren und einsetzen. So können Sie z. B. die Adresse in einer E-Mail auswählen, kopieren und in einer Notiz wieder einsetzen.

Fehler korrigieren

Haben Sie den Text einmal an einer falschen Stelle platziert, ist es nicht erforderlich, dass Sie das manuell korrigieren. Schütteln Sie Ihr iPad kurz, erscheint ein Dialog, der den Fehler sofort wieder behebt. Das erste Schütteln macht das Einfügen rückgängig, ein weiteres Schütteln das Ausschneiden.

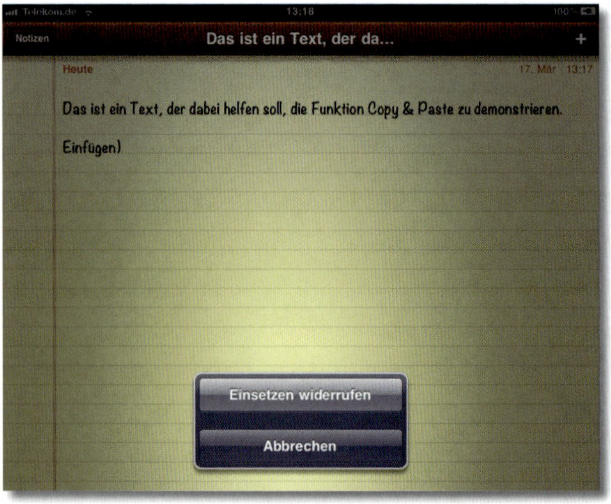

Indem Sie das iPad schütteln, lassen sich irrtümlich verschobene Texte wieder in den Urzustand bringen.

Das Schütteln des iPads hat die gleiche Funktion wie das Rückgängigmachen am Computer. Haben Sie beispielsweise ein Wort eingetippt und schütteln Sie anschließend Ihr Gerät, wird diese Eingabe verworfen. Schütteln Sie nochmals, wird das Widerrufen rückgängig gemacht und das Wort erscheint wieder.

Text aus Webseiten oder Mails kopieren

Webseiten: Rufen Sie die Webseite auf und tippen Sie mit dem Finger auf das Wort, das kopiert werden soll. Wichtig ist jetzt, dass Sie den Finger so lange auf dem Display belassen, bis die Lupe erscheint. Haben Sie neben das gewünschte Wort getippt, bewegen Sie die Lupe an die richtige Stelle. Nehmen Sie jetzt den Finger wieder weg, ist das Wort markiert. Die Textpassage kann dann noch über die beiden Marker erweitert oder verkleinert werden und es erscheint die Option *Kopieren*. Tippen Sie darauf, um den Text in die Zwischenablage zu kopieren. Jetzt lässt sich der Text beispielsweise in eine Mail oder Notiz einfügen.

Telekom.de
13:22
100%
Streit mit Schalke: Magath besteht auf einer Abfindung - SPIEGEL ONLINE - Nachrichten - Sport
www.spiegel.de/sport/fussball/0,1518,751...
Google
Blu-ray-Seiten
Blogs
TV
Mein iPhon...ich & Co.
Webshops
Nachrichten
Diverses
dapd
Trainer Magath: Anspruch auf Abfindung bleibt bestehen
Der Rosenkrieg bei Schalke 04 geht in die nächste Runde: Ex-Trainer Felix Magath hat seinen Angestelltenvertrag bei Schalke 04 zwar gekündigt - auf eine Abfindung will er jedoch nicht verzichten. Magath beruft sich dabei auf eine Klausel in seinem Vorstandsvertrag.
Empfehlen
1
Tweet
4
Kopieren
Hamburg - Felix Magath hat mit seiner Kündigung beim Fußball-Bundesligisten Schalke 04 nicht auf seinen Anspruch auf Abfindung verzichtet. Das stellte der 57-Jährige im Gespräch mit dem "Kicker" klar. "Mein Vertrag beinhaltet ein Sonderkündigungsrecht, das ich unter diesen Umständen nutzen konnte", sagte Magath. Sein Anspruch auf eine Abfindung bleibe unberührt.
Beim Verein, der sich am Mittwoch mit sofortiger Wirkung von Magath getrennt hatte, sieht man dies offensichtlich anders. "Unsere Erklärung, dass es sehr gute Gründe für unsere Kündigung gibt, ist mit Bedacht gewählt. Durch das Verhalten von Felix Magath fühlen wir uns bestätigt und stellen fest, dass er keine Ansprüche mehr gegen Schalke 04 hat", sagte der Aufsichtsratschef Clemens Tönnies.
ANZEIGE
präsentiert von SPIEGEL ONLINE
Den vollständigen SPIEGEL jetzt auf dem iPad™ lesen
Mit zusätzlichen Inhalten, Bildern und Videos
Schon ab samstags 22.00 Uhr
App Store
Telekom.de
13:24
100%
Abbrechen
Neue E-Mail
Senden
An:
Kopie/Blindkopie, Von: mkrimmer@me.com
Betreff:
Felix Magath hat mit seiner Kündigung beim Fußball-Bundesligisten Schalke 04 nicht auf seinen Anspruch auf Abfindung verzichtet. Das stellte der 57-Jährige im Gespräch mit dem "Kicker" klar. "Mein Vertrag beinhaltet ein Sonderkündigungsrecht, das ich unter diesen Umständen nutzen konnte", sagte Magath. Sein Anspruch auf eine Abfindung bleibe unberührt.
Q W E R T Z U I O P
A S D F G H J K L Return
Y X C V B N M ! ?
.?123
.?123

Copy und Paste funktioniert auch anwendungsübergreifend. Links: Safari, rechts: Mail.

Über die Anfasser kann man die Markierung erweitern oder auch reduzieren. Legen Sie dazu einfach einen Finger auf den vorderen oder hinteren Anfasser und verschieben Sie ihn.

Mail: Bei E-Mails kann Text getippt werden, ohne auf die Lupe zu warten. Dann folgen die Optionen *Ausschneiden* und *Kopieren*. Wartet man aber auf die Lupe, erscheinen die Optionen *Auswählen* und *Alles*. *Auswählen* markiert wieder das Wort mit der Möglichkeit, über die Regler mehr oder weniger Text auszuwählen. *Alles* markiert die gesamte Mail.

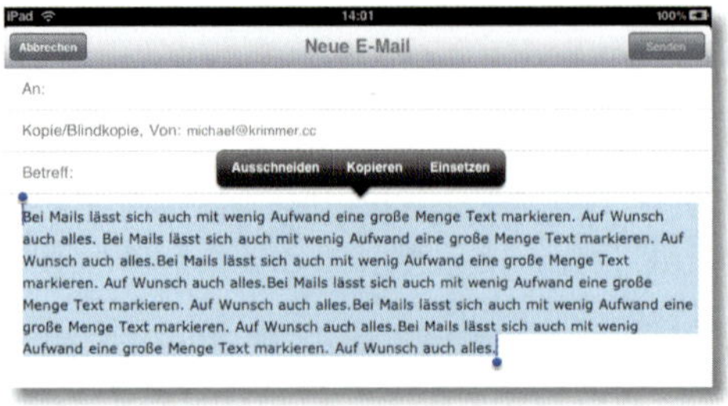
iPad
14:01
100%
Abbrechen
Neue E-Mail
Senden
An:
Kopie/Blindkopie, Von: michael@krimmer.cc
Betreff:
Ausschneiden
Kopieren
Einsetzen
Bei Mails lässt sich auch mit wenig Aufwand eine große Menge Text markieren. Auf Wunsch auch alles. Bei Mails lässt sich auch mit wenig Aufwand eine große Menge Text markieren. Auf Wunsch auch alles.Bei Mails lässt sich auch mit wenig Aufwand eine große Menge Text markieren. Auf Wunsch auch alles.Bei Mails lässt sich auch mit wenig Aufwand eine große Menge Text markieren. Auf Wunsch auch alles.Bei Mails lässt sich auch mit wenig Aufwand eine große Menge Text markieren. Auf Wunsch auch alles.Bei Mails lässt sich auch mit wenig Aufwand eine große Menge Text markieren. Auf Wunsch auch alles.

iPad
14:01
100%
Abbrechen
Neue E-Mail
Senden
An:
Kopie/Blindkopie, Von: michael@krimmer.cc
Betreff:
Auswählen
Alles
Einsetzen

Bei E-Mails kann der gesamte Text markiert werden. Trotzdem lässt sich auch ein Wort oder eine etwas größere oder kleinere Textpassage auswählen.

Telekom.de
13:25
100%
Streit mit Schalke: Magath besteht auf einer Abfindung - SPIEGEL ONLINE - Nachrichten - Sport
www.spiegel.de/sport/fussball/0,1518,751...
Google
Blu-ray-Seiten
Blogs
TV
Mein iPhon...ich & Co.
Webshops
Nachrichten
Diverses
dapd
Trainer Magath: Anspruch auf Abfindung bleibt bestehen
Der Rosenkrieg bei Schalke 04 geht in die nächste Runde: Ex-Trainer Felix Magath hat seinen Angestelltenvertrag bei Schalke 04 zwar gekündigt - auf eine Abfindung will er jedoch nicht verzichten. Magath beruft sich dabei auf eine Klausel in seinem Vorstandsvertrag.
Empfehlen 1
Tweet 4
Hamburg - Felix Magath hat mit seiner Kündigung beim Fußball-Bundesligisten Schalke 04 nicht auf seinen Anspruch auf Abfindung verzichtet. Das stellte der 57-Jährige im Gespräch mit dem "Kicker" klar. "Mein Vertrag beinhaltet ein Sonderkündigungsrecht, das ich unter diesen Umständen nutzen konnte", sagte Magath. Sein Anspruch auf eine Abfindung bleibe unberührt.
Beim Verein, der sich am Mittwoch mit sofortiger Wirkung von Magath getrennt hatte, sieht man dies offensichtlich anders. "Unsere Erklärung, dass es sehr gute Gründe für unsere Kündigung gibt, ist mit Bedacht gewählt. Durch das Verhalten von Felix Magath fühlen wir uns bestätigt und stellen fest, dass er keine Ansprüche mehr gegen Schalke 04 hat", sagte der Aufsichtsratschef Clemens Tönnies.
ANZEIGE
präsentiert von SPIEGEL ONLINE
Den vollständigen SPIEGEL jetzt auf dem iPad™ lesen
Mit zusätzlichen Inhalten, Bildern und Videos
Schon ab samstags 02.00 Uhr
Erhältlich im App Store

Beim Kopieren reagiert das iPad clever: Wenn es merkt, dass Ihre Markierung beinahe einen gesamten Textabsatz umfasst, wird dieser komplett markiert und mit einem blauen Rahmen versehen.

Das Kopieren und Einsetzen von Text kann nicht nur dafür genutzt werden, eine Textpassage von einem Programm ins andere zu bringen. Auch komplette Webseiten inklusive der Bilder lassen sich so beispielsweise per E-Mail versenden.

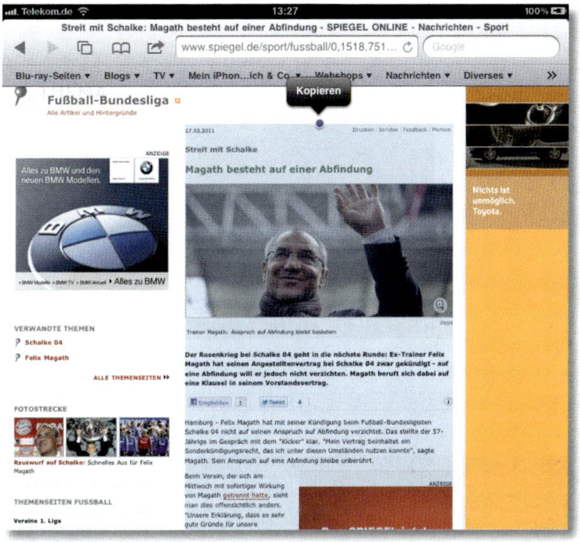

Telekom.de
13:27
100%
Streit mit Schalke: Magath besteht auf einer Abfindung - SPIEGEL ONLINE - Nachrichten - Sport
www.spiegel.de/sport/fussball/0,1518,751...
Google
Blu-ray-Seiten
Blogs
TV
Mein iPhon...ich & Co
Webshops
Nachrichten
Diverses
Kopieren
Fußball-Bundesliga
Alle Artikel und Hintergründe
Alles zu BMW und den neuen BMW Modellen.
Alles zu BMW
17.03.2011
Streit mit Schalke
Magath besteht auf einer Abfindung
Nichts ist unmöglich. Toyota.
VERWANDTE THEMEN
Schalke 04
Felix Magath
ALLE THEMENSEITEN
Trainer Magath: Anspruch auf Abfindung bleibt bestehen
Der Rosenkrieg bei Schalke 04 geht in die nächste Runde: Ex-Trainer Felix Magath hat seinen Angestelltenvertrag bei Schalke 04 zwar gekündigt - auf eine Abfindung will er jedoch nicht verzichten. Magath beruft sich dabei auf eine Klausel in seinem Vorstandsvertrag.
FOTOSTRECKE
THEMENSEITEN FUSSBALL

Möchte man diesen Artikel von SPIEGEL ONLINE direkt in eine Mail packen, markiert man die Textpassage inklusive der Bilder und kopiert alles.

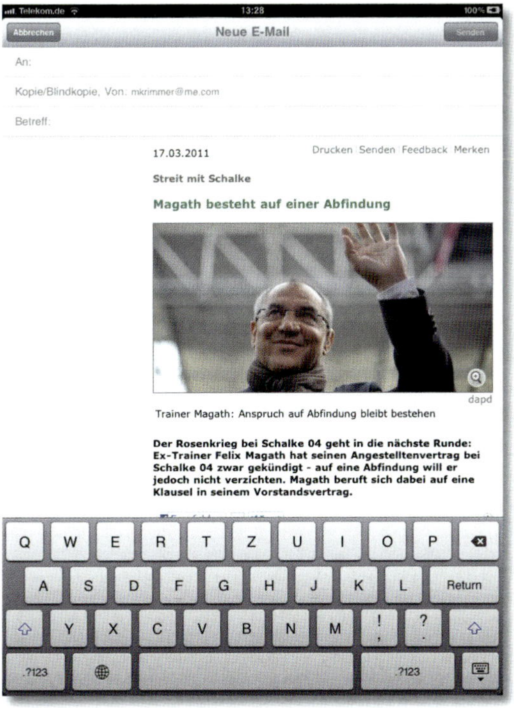

Telekom.de
13:28
100%
Abbrechen
Neue E-Mail
Senden
An:
Kopie/Blindkopie, Von: mkrimmer@me.com
Betreff:
17.03.2011
Drucken Senden Feedback Merken
Streit mit Schalke
Magath besteht auf einer Abfindung
dapd
Trainer Magath: Anspruch auf Abfindung bleibt bestehen
Der Rosenkrieg bei Schalke 04 geht in die nächste Runde: Ex-Trainer Felix Magath hat seinen Angestelltenvertrag bei Schalke 04 zwar gekündigt - auf eine Abfindung will er jedoch nicht verzichten. Magath beruft sich dabei auf eine Klausel in seinem Vorstandsvertrag.
Q W E R T Z U I O P
A S D F G H J K L Return
Y X C V B N M ! ?
.?123
.?123

Dann wechselt man in die Mail-Anwendung und fügt dort alles ein.

Fotos kopieren und einsetzen

Oder aber Sie wollen mehrere Fotos gleichzeitig per E-Mail versenden. Starten Sie dazu das *Fotos*-Programm, wählen Sie ein Album aus und tippen Sie auf das Symbol ganz oben rechts.

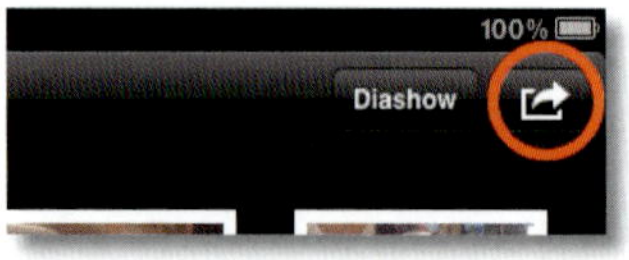

Über die Taste rechts oben starten Sie die Auswahl mehrerer Fotos.

Jetzt können Sie alle gewünschten Bilder durch einmaliges Antippen auswählen. Dass ein Foto ausgewählt ist, erkennen Sie am dem Häkchen rechts unten im Bild. Tippen Sie es erneut an, um die Markierung wieder aufzuheben.

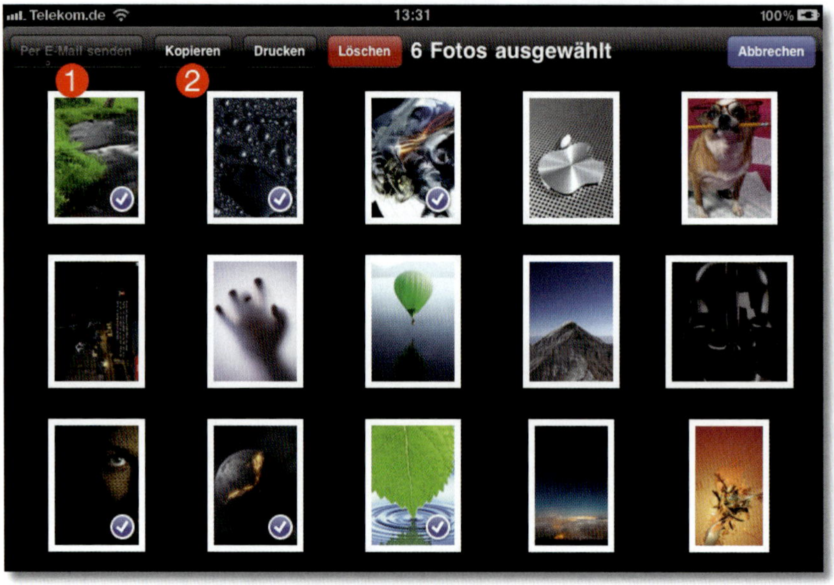

Mehrere Fotos gemeinsam markieren, um sie über Kopieren z. B. in eine neue E-Mail zu übernehmen. Auch das Drucken oder Löschen von Bildern ist hier möglich.

Während Sie die Bilder markieren, werden Sie bemerken, dass der ***Per E-Mail senden***-Button ❶ bis zum fünften Bild aktiv bleibt. Wenn Sie weitere Bilder markieren, wird der Button deaktiviert. Jetzt nur nicht nervös werden: Via ***Kopieren*** ❷ befördern Sie die Bilder in die Zwischenablage und erstellen dann eine neue E-Mail. Über ***Einsetzen*** holen Sie alle Bilder heran und können diese versenden.

Importieren & Anpassen von Inhalten

Das iPad mit Inhalten befüllen und anpassen

In den vorangegangenen Kapiteln haben Sie erfahren, wie Sie das iPad in Betrieb nehmen und wie die Steuerung über den Touchscreen funktioniert. Jetzt ist es an der Zeit, Daten auf das iPad zu kopieren und diese auf dem Gerät Ihren persönlichen Wünschen anzupassen.

Wir beginnen damit, Musik, Videos und Fotos auf das iPad zu kopieren. Danach gehen wir per iTunes im App Store einkaufen und bringen die neu erworbenen Anwendungen, die „Apps“, ebenfalls auf das iPad.

Sollten Sie neben dem iPad auch ein iPhone/iPod touch besitzen, so können Sie diese unabhängig voneinander mit Daten via iTunes befüllen.

Der erste Datenabgleich mit iTunes

Ein großer Vorteil des iPads im Vergleich zu anderen Geräten ist die Art, in der Daten abgeglichen werden. Vorbei sind die Zeiten, in denen man manuell alles eintippen oder in denen man mit schlecht programmierter Software die Verbindung zu einem mobilen Gerät herstellen musste. In Zukunft übernimmt iTunes über die USB-Verbindung den Datenabgleich.

Als zusätzlichen Service bietet Apple MobileMe an. MobileMe ist ein Internetservice, über den sich kabellos Kontakte, Termine und vieles mehr mit allen Ihren Windows- und Mac-OS-X-Rechnern und dem iPad abgleichen lassen. Musik, Videos, Podcasts und so weiter lassen sich nicht darüber kopieren. Das geht nach wie vor nur per Kabel. Alle nötigen Informationen zu MobileMe finden Sie in Kapitel 7.

Starten Sie iTunes, stecken Sie das iPad an und klicken Sie links unter *Geräte* auf Ihr iPad. Sie sehen im rechten Teil des Bildschirms allerhand Daten. Interessant für die Synchronisation ist der untere Abschnitt. Dort können Sie beispielsweise angeben, ob Sie das iPad automatisch synchronisieren möchten, sobald Sie es anschließen.

Verfügbaren Speicherplatz im Auge behalten

Bevor Sie dem iPad neue Daten hinzufügen, werfen Sie am besten einen Blick auf die „Füllstandsanzeige" des Geräts. Wählen Sie das iPad in iTunes aus, sehen Sie rechts unten die entsprechende Anzeige. Dort wird angezeigt, über wie viel Speicherkapazität das iPad verfügt und welche Datenmenge, aufgeteilt in Datentypen, sich bereits darauf befindet. Klicken Sie mit der Maus auf die Leiste, um zwischen der Anzeige in GByte, der Anzahl und (bei Audio und Video) der Zeit zu wechseln.

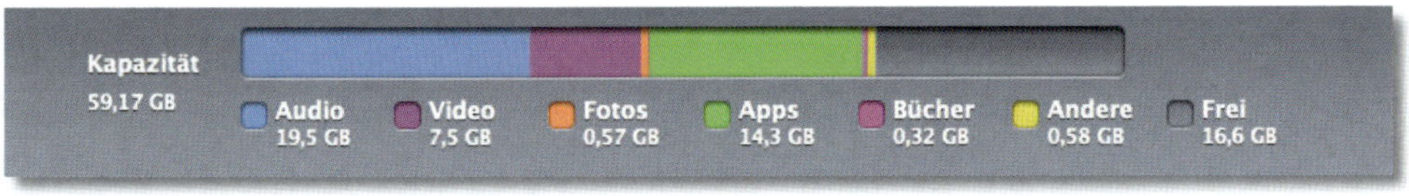

Der Balken und die Daten darunter informieren über den belegten und verfügbaren Speicherplatz des iPads.

Unterstützte Dateitypen

iTunes und das iPad unterstützen eine Vielzahl an Medientypen. Die verbreitetsten Dateitypen für Audio sind .MP3 und .AAC. Bei Video sind es .MP4 und .MOV. Aber es gibt noch viel mehr Dateitypen, die unterstützt werden.

Audiowiedergabe	• Frequenzbereich: 20 Hz bis 20.000 Hz • Unterstützte Audioformate: HE-AAC (V1 und V2), AAC (8 bis 320 Kbit/s), Protected AAC (aus dem iTunes Store), MP3 (8 bis 320 Kbit/s), MP3 VBR, Audible (Formate 2, 3, 4, Audible Enhanced Audio, AAX und AAX+), Apple Lossless, AIFF und WAV • Maximale Lautstärke vom Benutzer festlegbar • Dolby Digital 5.1 Surround Sound Durchschleifen mit Apple Digital AV Adapter (separat erhältlich)
TV und Video	• Unterstützung für Bildschirmsynchronisation und Videoausgabe: bis zu 1080p mit dem Apple Digital AV Adapter oder dem Apple VGA-Adapter (Kabel separat erhältlich) • Unterstützung für die Videoausgabe mit 576p und 480p mit dem Apple AV-Kabel (Komponentenvideo), mit 576i und 480i mit dem Apple AV-Kabel (Composite-Video) • Unterstützte Videoformate: H.264 Video: bis zu 720p, 30 Bilder pro Sekunde, Main Profile Level 3.1 mit AAC-LC Audio mit bis zu 160 Kbit/s, 48 kHz, Stereo-Audio in den Formaten .m4v, .mp4 und .mov; MPEG-4 Video: bis zu 2,5 Mbit/s, 640 x 480 Pixel, 30 Bilder pro Sekunde, Simple Profile mit AAC-LC Audio mit bis zu 160 Kbit/s, 48 kHz, Stereo-Audio in den Formaten .m4v, .mp4 und .mov; Motion JPEG (M-JPEG): bis zu 35 Mbit/s, 1280 x 720 Pixel, 30 Bilder pro Sekunde, Audio im Format .ulaw, PCM Stereo-Audio im Format .avi

Audio- und Videodateien, die diese Merkmale aufweisen, werden von iTunes unterstützt und können auf das iPad kopiert werden.

Programme und Medien auf das iPad übertragen

Um *Apps, Musik, Filme, Fernsehsendungen, Podcasts, iTunes U, Bücher* oder *Fotos* auf das iPad zu kopieren, wechseln Sie in den entsprechenden Reiter. Das Vorgehen ist in allen Fällen identisch. Geben Sie erst an, ob der Datentyp überhaupt synchronisiert werden soll, indem Sie beispielsweise den Haken vor *Musik synchronisieren* setzen. Danach können Sie festlegen, ob alle Lieder (*Die ganze Musikmediathek*) auf das iPad kopiert werden sollen oder nur *Ausgewählte Wiedergabelisten, Interpreten und Genres*. Bei *Podcasts* und *Fernsehsendungen* können Sie noch zusätzlich angeben, ob *Alle ungespielten* oder beispielsweise *Die 5 letzten* Episoden kopiert werden sollen.

In diesem Fall wird Musik synchronisiert. Allerdings finden nur die ausgewählten Wiedergabelisten und Interpreten den Weg auf das iPad.

Fotos synchronisieren am Mac

Am Mac lassen sich ganz bequem die Bilder über iPhoto mit dem iPad abgleichen. Das hat nicht nur den Vorteil, dass die Fotos immer up-to-date sind. Per iPhoto '11 werden auch *Alben, Ereignisse* und *Gesichter* mit abgeglichen. Das bedeutet: Sie können unter anderem festlegen, dass alle Bilder synchronisiert werden, auf denen eine bestimmte Person zu sehen ist. Einzige Voraussetzung: Die Gesichterfunktion von iPhoto muss das Gesicht erkannt haben.

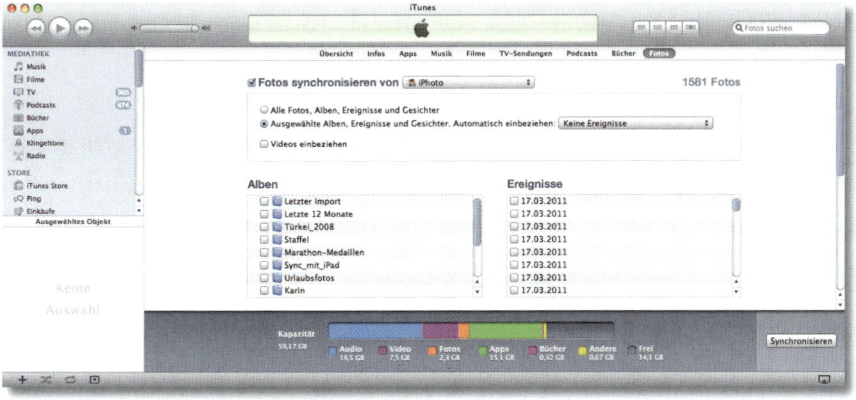

Der Abgleich am Mac läuft über die Fotoorganisation von iPhoto.

Sie können auch angeben, dass Sie einen Ordner abgleichen möchten. Den Funktionsumfang von iPhoto dadurch aufzugeben, nimmt Ihnen jedoch viele Funktionen.

Auch ein Ordner lässt sich am Mac als Synchronisationsort angeben.

Neben iPhoto kann der Datenabgleich am Mac ebenso mit Aperture oder Adobe Photoshop Elements stattfinden.

Enthalten Ihre digitalen Bilder zusätzlich GPS-Informationen in ihren Metadaten, so ist in iPhoto '11 zusätzlich die Sortierung nach Ortsangaben möglich. Diese Funktion überträgt iTunes dann auch auf das iPad, so dass Sie dort die Bilder auch nach Orten sortiert anschauen können.

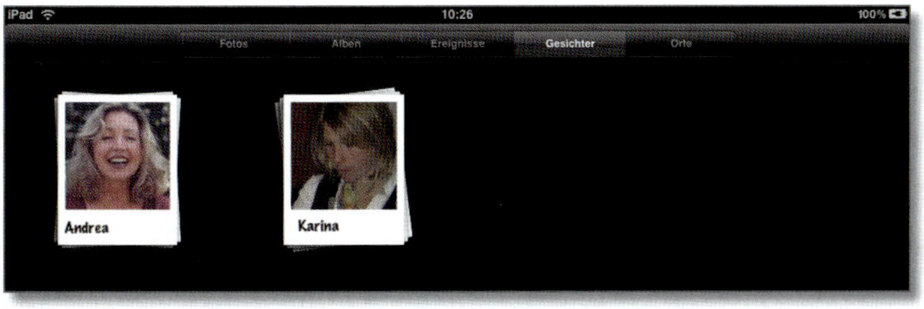

Haben Sie sowohl Alben als auch Gesichter und Ereignisse übertragen und zusätzlich noch Fotos mit GPS-Daten, dann können Sie am iPad diese Funktionen ebenfalls einsetzen.

Fotos vom Windows-PC synchronisieren

Auch unter Windows können Sie Ihre Fotos mit dem iPad abgleichen und auch hier läuft das über iTunes. Allerdings haben Sie durch das Fehlen des Programms iPhoto auf dieser Plattform nur die Möglichkeit, einen Ordner anzugeben. Aber dessen Inhalt wird dann ganz automatisch mit dem iPad abgeglichen.

Unter Windows lässt sich als Synchronisationsort lediglich ein Ordner auf der Festplatte angeben. Funktionen wie Alben oder Gesichter funktionieren hier nicht.

Alternativ dazu könnten Sie am PC Ihre digitalen Bilder mit Adobe Photoshop Elements oder Photoshop Album verwalten und via iTunes auf das iPad übertragen.

Das iPad manuell verwalten

Möchten Sie Medien wie Musik, Filme und Fernsehsendungen manuell verwalten, aktivieren Sie die entsprechende Funktion im Reiter *Übersicht*.

Mit dieser Einstellung werden Titel nicht mehr automatisch, sondern manuell auf das iPad kopiert. Des Weiteren können Sie für die automatischen Backups der iPad-Einstellungen (Sicherungskopie) hier noch ein Kennwort angeben.

Die Erklärungen für alle verfügbaren Optionen:

❶ Sobald Sie das iPad mit dem Computer verbinden, startet iTunes die Synchronisation automatisch.

❷ Es werden nur Musiktitel und Videos mit dem iPad abgeglichen, die Sie markiert haben, indem Sie das Kästchen davor mit einem Häkchen aktivieren.

❸ Kaufen Sie im iTunes Store ein Video in High-Definition-Auflösung (HD), bekommen Sie dasselbe Video in geringerer Auflösung mit dazu (SD-Version), beispielsweise für einen iPod, der kein HD unterstützt. Das iPad kann HD darstellen, also würde auch die HD-Version Sinn machen. Möchten Sie Platz sparen, aktivieren Sie diesen Punkt trotzdem. Zum Vergleich: Die erste Folge der sechsten Staffel von Lost ist in HD 1,5 GByte groß, in SD nicht einmal 600 MByte.

❹ Haben Sie Musik in einer höheren Datenrate als 128 KByte auf dem Rechner, kann iTunes diese Titel in eine geringere Qualität konvertieren, um damit auf dem iPad Platz zu sparen.

❺ Möchten Sie Musik manuell auf das iPad kopieren, aktivieren Sie diesen Punkt.

Von nun an können Sie die Medien aus der Mediathek einfach mit der Maus auf das iPad unter *GERÄTE* ziehen. Das klappt mit einzelnen Titeln und gesamten Playlisten. Sobald Sie die Maustaste mit den Inhalten loslassen, werden sie auf das iPad kopiert.

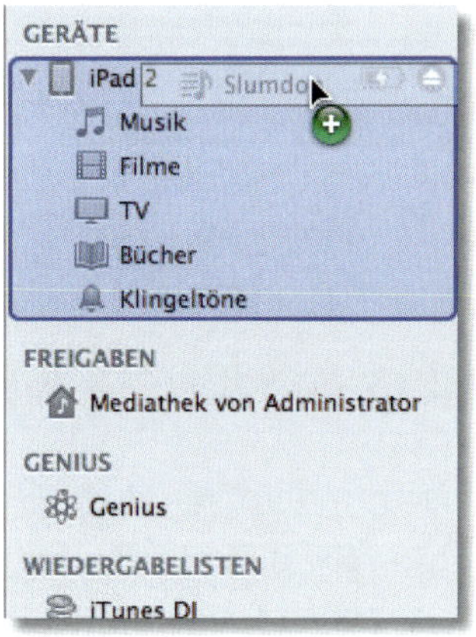

Bei der manuellen Verwaltung ziehen Sie die gewünschten Inhalte, beispielsweise eine Wiedergabeliste, mit der Maus auf den iPad-Eintrag und lassen die Taste los.

❻ Aktivieren Sie diesen Punkt, müssen Sie auch ein Passwort vergeben. Von nun an können Sie nur noch ein Backup auf das iPad aufspielen, nachdem Sie dieses Passwort eingegeben haben.

❼ Aktiviert man die Bedienungshilfen, kann man sich Text vorlesen lassen oder die Anzeige des iPads anpassen. Diese Einstellungen lassen sich auch am iPad vornehmen, daher später mehr dazu.

Mail-Account-Einstellungen abgleichen

Die Optionen für den Abgleich der *Kontakte, Termine, Mails* und Safari-*Lesezeichen* finden Sie im Reiter *Info*. Auch hier geben Sie zuerst an, was überhaupt synchronisiert werden soll, und danach, aus welchen Programmen und welche Daten. Möchten Sie E-Mail-Accounts vom Rechner auf das iPad übertragen, ist das ebenfalls möglich. Unterstützt werden Konten von Mail am Mac und Microsoft Outlook 2003 oder 2007 sowie Outlook Express von einem Windows-PC. Die Konten-Daten werden aber nur vom Rechner zum iPad synchronisiert. Änderungen, die Sie direkt am iPad vornehmen, finden den Weg zum Rechner nicht. Kennwörter werden mit übertragen.

Es werden keinerlei E-Mails kopiert, sondern lediglich die dazugehörigen Einstellungen übertragen.

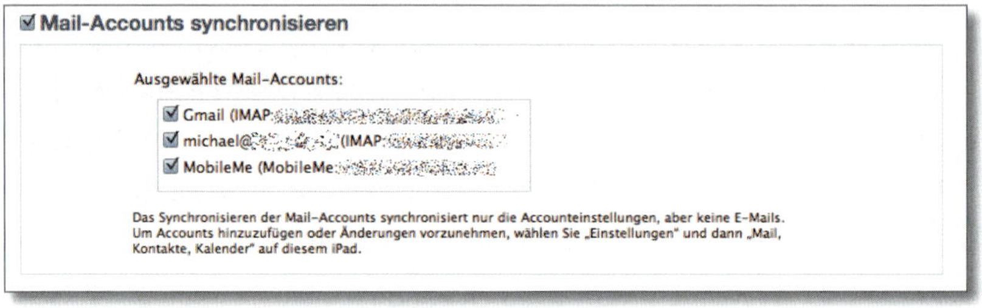
Mail-Accounts synchronisieren
Ausgewählte Mail-Accounts:
Gmail (IMAP:
michael@
(IMAP:
MobileMe (MobileMe:
Das Synchronisieren der Mail-Accounts synchronisiert nur die Accounteinstellungen, aber keine E-Mails.
Um Accounts hinzuzufügen oder Änderungen vorzunehmen, wählen Sie „Einstellungen" und dann „Mail, Kontakte, Kalender" auf diesem iPad.

In diesem Fall werden die kompletten Mail-Accounts von Mail oder Outlook auf das iPad übertragen.

Kalender und Kontakte synchronisieren

Kalenderdaten werden ebenso mit dem Windows-Rechner oder Mac synchronisiert wie Kontaktdaten. Wählen Sie dazu in iTunes unter *GERÄTE* das iPad aus und dann im Reiter *Info* unter *Kalender* die Anwendung, mit der der Abgleich stattfinden soll. Am PC kann das Outlook 2003 oder 2007 sein, am Mac Microsoft Entourage 2004 oder 2008 und iCal.

Aktivieren Sie dazu in der Sektion *iCal-Kalender synchronisieren* entweder *Alle Kalender* oder *Ausgewählte Kalender* und wählen Sie die gewünschten Kalender aus. Sie können danach auch angeben, wie alt die Einträge sein sollen, die abgeglichen werden.

iTunes synchronisiert auch Kalenderdaten. In diesem Beispiel alle iCal-Kalender, die auf dem Mac vorhanden sind.

Sie können Kontakte synchronisieren, indem Sie in iTunes unter *GERÄTE* das iPad auswählen und dann im Reiter *Infos* unter *Kontakte* das Adressbuch angeben, mit dem der Abgleich stattfinden soll. Am Mac lassen sich Kontakte mit dem Adressbuch, Yahoo!-Adressbuch, Microsoft Entourage und Google Contacts abgleichen. Unter Windows klappt das mit dem Windows-Adressbuch (Outlook Express) und Outlook 2003, 2007 und 2010. Am Mac lassen sich Daten aus mehr als einer Anwendung synchronisieren. Windows akzeptiert nur eine Auswahl.

Um ein Yahoo!-Adressbuch zu konfigurieren, aktivieren Sie den Eintrag mit einem Haken und klicken Sie auf *Konfigurieren …*. Dann können Sie die Yahoo!-ID und das Kennwort angeben. Das gilt auch für *Google-Kontakte*.

iWork-Dateien für das iPad synchronisieren

Im Reiter Apps erhalten Sie den Eintrag Dateifreigabe, womit Sie Daten vom und zum iPad transportieren können.

Eine ganze Reihe von Programmen auf dem iPad wie z. B. iWork für das iPad, Air Sharing HD etc. sind in der Lage, über iTunes Dateien mit Ihrem Computer auszutauschen. Ziehen Sie einfach per Drag and Drop die Dateien auf *Dateifreigabe* in iTunes und schon werden diese bei der nächsten Synchronisation auf das iPad übertragen.

Automatischen Abgleich unterbinden

Sie können in iTunes im Reiter *Übersicht* festlegen, dass iTunes stets gestartet wird, sobald das iPad angeschlossen ist, und damit die Synchronisation sofort starten soll. Bevor Sie diesen Punkt deaktivieren können, beginnt iTunes bereits mit dem Abgleich. Möchten Sie das unterbinden, öffnen Sie iTunes und halten Sie die Tasten *alt* und *cmd* (Mac) beziehungsweise *Umschalt* und *Strg* (PC) gedrückt, bis das iPad links angezeigt wird.

Desktop und Dock individuell anpassen

Wenn Sie Ihr iPad im Werkszustand starten, befinden sich die Standard-Apps auf der ersten Seite des Bildschirms. Dort gibt es Platz für insgesamt 20 Anwendungen plus die sechs Hauptprogramme, die sich im sogenannten Dock ganz unten befinden. Anfangs finden Sie dort nur die vier Anwendungen Safari, Mail, Fotos und iPod. Sie können aber bis zu zwei neue Icons hinzufügen. Diese insgesamt 26 Plätze sind für den Anfang ausreichend. Sobald Sie aber damit beginnen, weitere Anwendungen aus dem App Store herunterzuladen, wird der Platz schnell knapp.

So ähnlich sieht der Homescreen eines neuen iPads aus. Die 13 Hauptanwendungen sind auf den oberen und den unteren Bereich verteilt.

Aus diesem Grund gibt es die Möglichkeit, insgesamt zehn neue Homescreens mit Icons anzulegen. Dort lassen sich die Icons in beliebiger Reihenfolge ablegen und sortieren.

- **Haben Sie noch mehr Programme geladen, können Sie diese über die Spotlight-Suche auffinden und durch Antippen starten.**

Nicht vergessen werden darf an dieser Stelle, dass neben Programmen auch Safari-Webseiten als Icons auf den Homescreens abgelegt werden können und so doch sehr rasch der Platz eng werden könnte. Dazu später mehr.

- **Dreht man das iPad vom Hoch- in das Querformat, verändert sich auch die Anordnung der Icons. Im Hochformat sind es vier Icons in der Breite und fünf in der Höhe (ohne die Leiste unten), im Querformat fünf in der Breite und vier in der Höhe.**

Anwendungen vom Desktop löschen

Um die Icons zu verschieben und zusätzliche Homescreens anzulegen, wechseln Sie in den dafür zuständigen Modus. Tippen Sie hierzu auf eines der Icons und halten Sie es gedrückt. Nach etwa zwei Sekunden beginnen die Icons zu wackeln und gekaufte Anwendungen sowie auf dem Homescreen abgelegte Safari-Bookmarks (siehe dazu Kapitel 4) erhalten zusätzlich ein kleines *x* an der oberen linken Ecke. Dieser Wackelscreen ist die Ausgangsposition für das Löschen von Anwendungen und Bookmarks, das Verschieben von Icons und das Hinzufügen von weiteren Homescreens.

Halten Sie eines der Icons für zwei Sekunden gedrückt, wechseln Sie in den Editiermodus des Homescreens. Die iPad-Standard-Apps können nicht gelöscht werden. Die kleinen weißen Punkte neben der Lupe zeigen an, wie viele Homescreens angelegt sind.

Über das *x* links oben bei den Icons lassen sich geladene Anwendungen und Lesezeichen löschen. Tippen Sie darauf und bestätigen Sie die folgende Abfrage mit ***Löschen***, um sie zu entfernen. ***Abbrechen*** bringt Sie wieder zurück zum Wackelscreen, das Icon und die Anwendung beziehungsweise das Bookmark bleiben in diesem Fall erhalten.

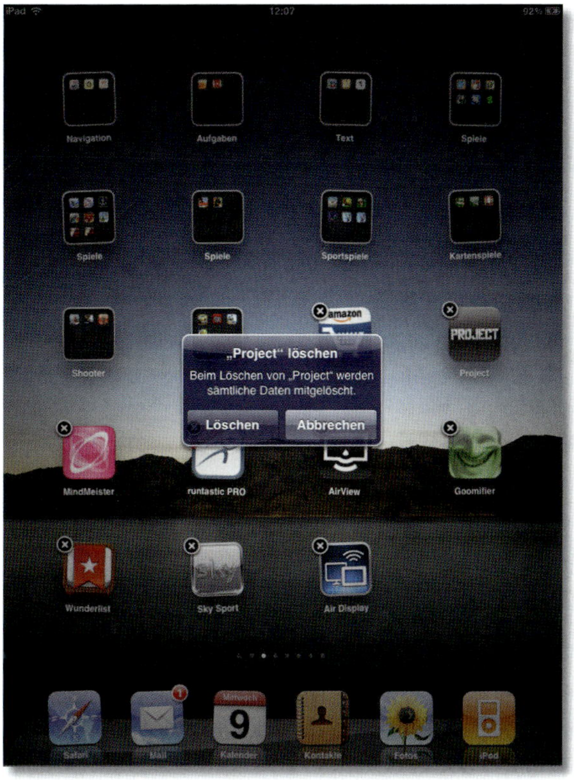

*Tippen Sie auf **Löschen**, wird die Anwendung vom Homescreen entfernt und ist damit nicht mehr am iPad zu erreichen.*

Haben Sie eine Anwendung entfernt, können Sie darauf nicht mehr zugreifen. Ihr iTunes am Rechner verfügt aber noch über die Anwendung, sie ist lediglich so markiert, dass das Programm nicht mehr automatisch synchronisiert wird. Möchten Sie das Tool unterwegs wieder mit dabei haben, setzen Sie in den Synchronisierungseinstellungen des iPads unter Apps ein Häkchen vor das entfernte Programm. Beim nächsten Abgleich ist es wieder mit an Bord. Sie können es aber auch einfach erneut aus dem App Store laden und müssen nicht noch einmal dafür bezahlen.

Icons verschieben und weitere Screens hinzufügen

Wenn Sie sich im Wackelscreen befinden, tippen Sie auf ein Icon und lassen Sie den Finger auf dem Symbol. Jetzt können Sie die Position der Anwendung verschieben. Lassen Sie das Icon los, wenn Sie die gewünschte Position erreicht haben. So können Sie Anwendungen beliebig hin und her schieben. Sie können sogar eines der vier Programme *Telefon*, *Mail*, *Safari* und *iPod* aus der silbernen

Leiste unten nach oben verschieben und auf Wunsch eine andere Anwendung an dem frei gewordenen Platz unterbringen. Der Vorteil an der Leiste: Wenn Sie gleich mehrere Homescreens erstellen, bleibt die Leiste mit den maximal sechs Programmen immer eingeblendet, egal welchen Homescreen Sie aufrufen.

Um einen neuen Homescreen zu erstellen, gibt es zwei Möglichkeiten: automatisch und manuell. Sie bekommen automatisch einen neuen Screen, wenn Sie eine Anwendung installieren oder ein Lesezeichen auf dem Homescreen ablegen möchten und die vorhandenen Homescreens bereits voll sind. Dann wird das neue Icon das erste auf der neuen Seite. Manuell können Sie einen weiteren Homescreen anlegen, indem Sie im Wackelmodus ein Icon rechts aus dem Bildschirm hinausschieben. Ihr iPad erstellt daraufhin einen neuen Bildschirm und Sie können das Icon dort loslassen.

Zwischen den Homescreens wechseln

Wie viele Homescreens Sie im Einsatz haben, sehen Sie an den Punkten über der silbernen Leiste mit den vier Hauptanwendungen. Jeder Punkt steht für einen Homescreen und anhand der weißen Einfärbung können Sie erkennen, in welchem Homescreen Sie sich gerade befinden. Um zwischen den Homescreens zu wechseln, wischen Sie mit dem Finger nach links oder rechts, um zu dem vorherigen oder nächsten Screen zu gelangen.

Die vier kleinen Pünktchen stehen für die vier Homescreens auf dem iPad. Links daneben ist die Spotlight-Suche zu erkennen.

Sie können alternativ auch leicht links oder rechts neben die kleinen Punkte tippen, um zu wechseln. Wenn Sie mehrere Screens im Einsatz haben und beim Wischen zwar ein kleines Stück nach links oder rechts verschieben können, die Anzeige aber wieder zurückspringt, haben Sie den ersten oder letzten Homescreen erreicht. Dann ist nur ein Wechsel in die jeweils andere Richtung möglich.

Wenn Sie nun auf dem vierten Screen sind, genügt ein einmaliges Drücken der Home-Taste, um sofort zum ersten Screen zu gelangen. Drücken Sie erneut einmal, wird zur Spotlight-Suche gewechselt. Ein erneutes Betätigen der Home-Taste bringt Sie wieder zum ersten Screen zurück.

App-Ordner erstellen

Sie haben auch die Möglichkeit, Apps in einen Ordner zu packen. Das bringt einige Vorteile. Zum einen können so thematisch passende Apps zentral an einem Ort abgelegt werden. Zum anderen lässt sich so viel Platz sparen. Am iPad lassen sich pro Ordner 20 Apps unterbringen, die dann keinen weiteren Platz mehr auf einem der Home-Screens verbrauchen.

Das ist unsere Ausgangssituation: Neun Apps, die wir in einem Ordner sortieren möchten.

Und so legen Sie einen App-Ordner an: Tippen Sie auf eine der Apps und behalten Sie den Finger so lange darauf, bis die Apps zu wackeln beginnen. Schieben Sie dann eine der Apps auf eine der anderen, die Sie zusammen in einem Ordner haben möchten.

Schieben Sie eine App auf eine andere. In unserem Fall zwei News-Apps.

Daraufhin wird ein Ordner erstellt, der auch automatisch einen Namen erhält. Dabei sind zwei Dinge zu beachten. Die App, die auf die andere gezogen wurde, landet als zweite App im Ordner. Alle folgenden werden hinten angereiht. Der Name des Ordners ergibt sich aus der Art der App, die auf die erste gezogen wird.

Kompliziert? Nein, ganz einfach: Sie haben ein Spiel und ein Dienstprogramm. Ziehen Sie das Spiel auf das Dienstprogramm, erscheint das Spiel an zweiter Stelle im Ordner und der Ordner bekommt den Namen Spiele. Ziehen Sie aber das Dienstprogramm auf das Spiel, ist das Spiel an erster Stelle und der Ordner heißt Dienstprogramm.

App-Ordner umbenennen

Sie können Ordner bei der Erstellung oder nachträglich umbenennen. Das iPad bietet Ihnen im weißen Eingabefeld einen Namen an. Möchten Sie den Namen ändern, tippen Sie darauf, löschen Sie die vorhandene Bezeichnung und geben Sie eine neue ein. Drücken Sie zur Bestätigung auf die Home-Taste. Möchten Sie anschließend weiter Ordner erstellen oder Apps verschieben, tippen Sie stattdessen mit dem Finger an eine Stelle des Home-Bildschirms außerhalb des Ordners.

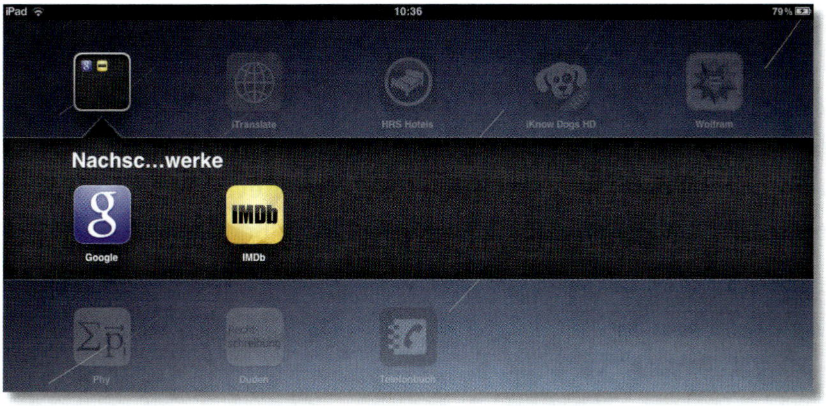

Ein Ordner ist erstellt und kann weiter befüllt werden. Ziehen Sie einfach weitere Apps darauf. Maximal sind 20 Apps pro Ordner möglich. Zu lange Ordnernamen werden abgekürzt.

Und so sieht unser Beispielordner aus, wenn alle neun Apps darin untergebracht sind. Neben der thematischen Sortierung ist ein weiterer Vorteil, dass alle neun Apps nur noch einen Platz auf dem Homescreen benötigen.

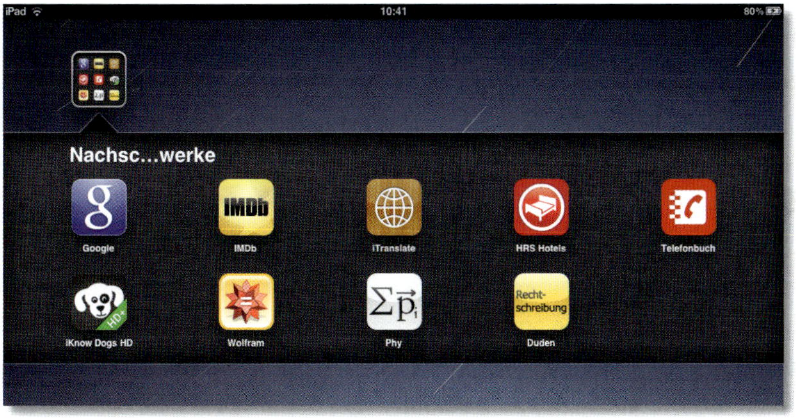

Alle neun Apps haben Platz gefunden im neuen Ordner.

App-Ordner anpassen

Sie können den Ordnernamen aber jederzeit auch nachträglich ändern. Wechseln Sie dazu in den Ordner und tippen Sie auf eine App, bis die Apps zu wackeln beginnen. Dann können Sie sie nicht nur innerhalb des Ordners verschieben oder auch wieder nach draußen ziehen. Auch die Vergabe eines neuen Namens ist so möglich. Möchten Sie einen Ordner verlassen, drücken Sie die Home-Taste.

Ein Mausklick auf das X-Symbol des ausgewählten Programms entfernt es vom Homescreen.

Auch das Anordnen der Programme auf den jeweiligen Homescreens kann mit der Maus durchgeführt werden. Sie nehmen das gewünschte Programmicon und schieben es per Drag and Drop auf einen der Homescreens. Auf diese Weise können Sie auch mehrere Anwendungen gleichzeitig verschieben. Mit gedrückter Shift-Taste werden mehrere Icons gleichzeitig ausgewählt. Um einen neuen Screen zu erstellen, schieben Sie die ausgewählten Programmicons auf den letzten grau gefärbten Screen.

Die Programme können auch per Drag and Drop auf die Homescreens verteilt werden.

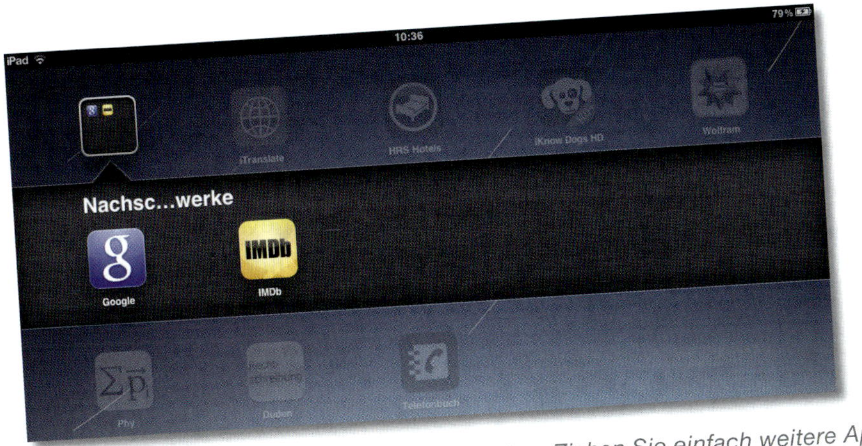

Ein Ordner ist erstellt und kann weiter befüllt werden. Ziehen Sie einfach weitere Apps darauf. Maximal sind 20 Apps pro Ordner möglich. Zu lange Ordnernamen werden abgekürzt.

Und so sieht unser Beispielordner aus, wenn alle neun Apps darin untergebracht sind. Neben der thematischen Sortierung ist ein weiterer Vorteil, dass alle neun Apps nur noch einen Platz auf dem Homescreen benötigen.

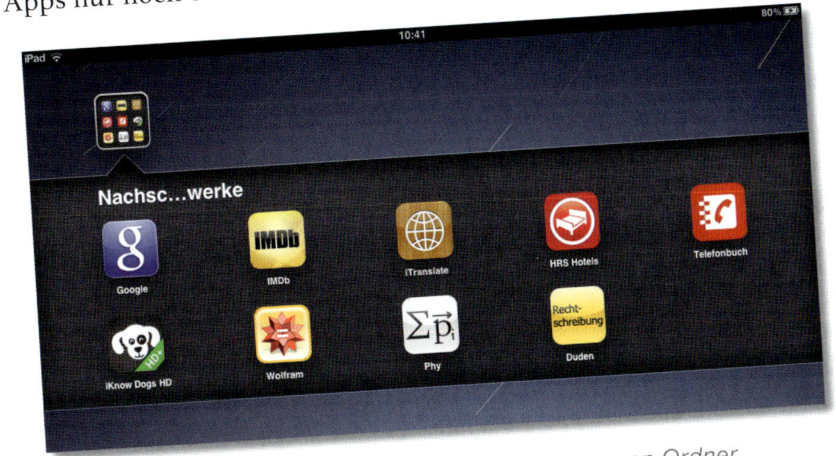

Alle neun Apps haben Platz gefunden im neuen Ordner.

App-Ordner anpassen

Sie können den Ordnernamen aber jederzeit auch nachträglich ändern. Wechseln Sie dazu in den Ordner und tippen Sie auf eine App, bis die Apps zu wackeln beginnen. Dann können Sie sie nicht nur innerhalb des Ordners verschieben oder auch wieder nach draußen ziehen. Auch die Vergabe eines neuen Namens ist so möglich. Möchten Sie einen Ordner verlassen, drücken Sie die Home-Taste.

...ziehungsweise das Sortieren der Pro-
...nfachen Sache. Besonders das leichte
...omescreens macht iTunes 10 zu einem

...en

...tellen, wenn das für Sie bequemer ist.
...ler Geräteliste aus. Klicken Sie dann im
... Sie auch hier eine App auf die andere

...len. Ziehen Sie dazu mit der Maus einfach ...as andere.

...pps hinzu und ändern Sie auf Wunsch
...ynchronisieren und so die neuen Ord-

Auch auf diesem Weg können Sie den Namen ändern und weitere Apps hinzufügen.

Verlorene Apps wiederfinden

Oft kommt es vor, dass man eine bestimmte App verschieben will, die sich aber in irgendeinem Ordner auf irgendeinem Homescreen befindet. Man kann sich die Suche sparen, indem man die bereits installierte App aus der Liste in iTunes einfach an den gewünschten neuen Platz zieht. Dann wird die App vom bisherigen Platz an die neue Position verschoben.

Hintergrundbild wechseln

Sie können auch das Hintergrundbild des iPads ändern. Wechseln Sie dazu direkt am iPad in die *Einstellungen* und dort zum Punkt *Helligkeit & Hintergrund*. Tippen Sie dann auf die beiden Bilder ❶, gelangen Sie in die Bildauswahl.

; ausgewählten Programms entfernt es vom
mescreen.

amme auf den jeweiligen Homescreens hrt werden. Sie nehmen das gewünsch- en es per Drag and Drop auf einen der se können Sie auch mehrere Anwendun- Mit gedrückter Shift-Taste werden meh- ählt. Um einen neuen Screen zu erstellen, en Programmicons auf den letzten grau

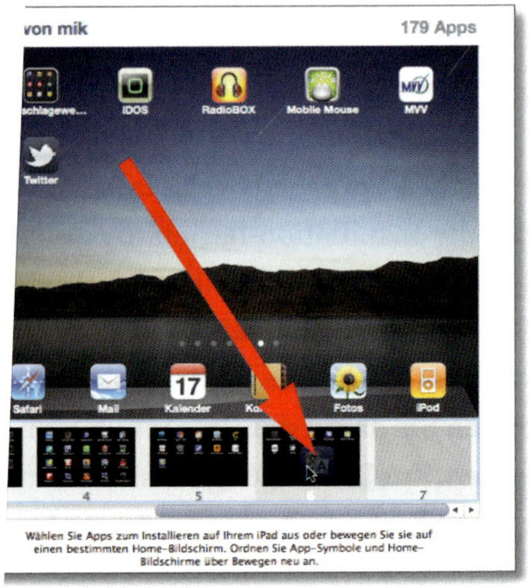

ag and Drop auf die Homescreens verteilt werden.

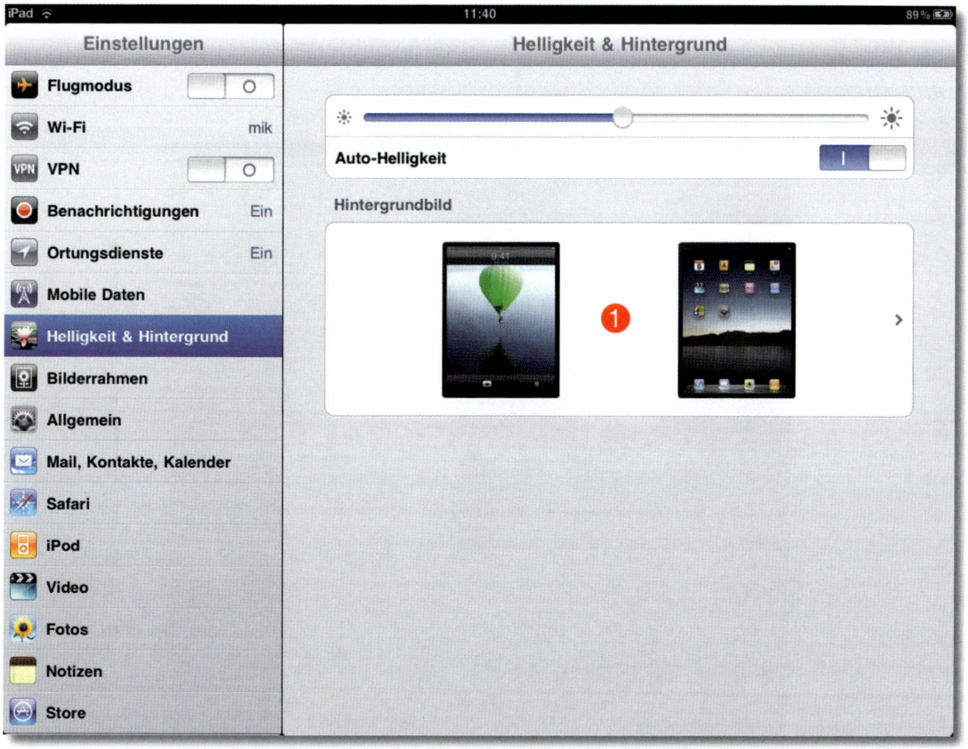

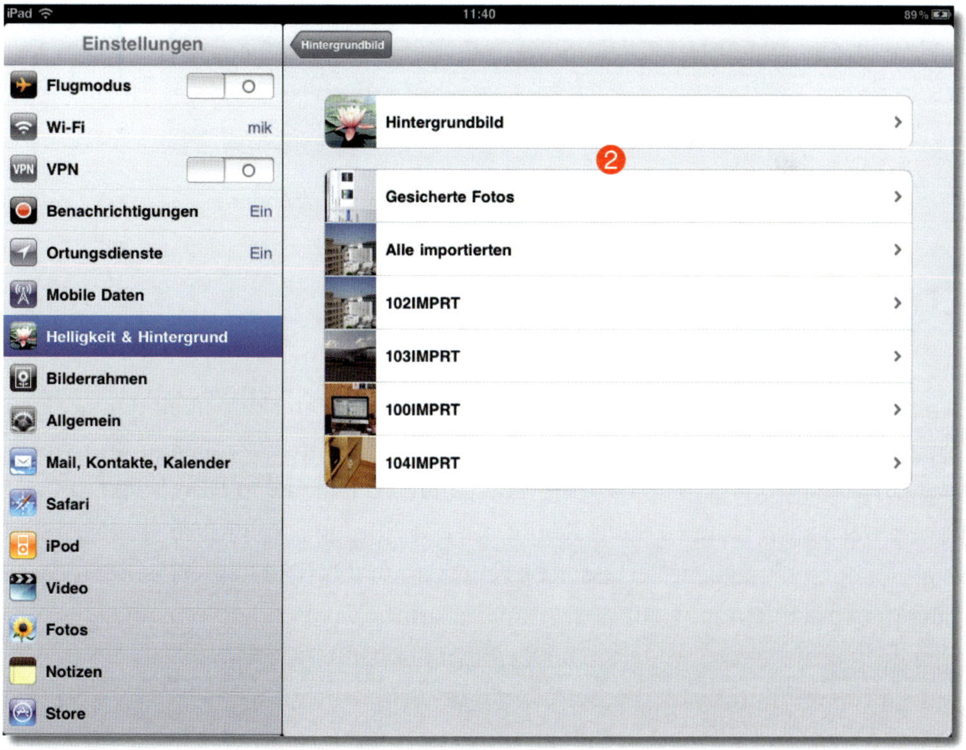

Sie können vorgefertigte iPad-Hintergründe verwenden oder eigene Bilder ❷.

Haben Sie sich für ein Bild entschieden, müssen Sie nur noch festlegen, ob das Bild für den *Sperrbildschirm* (der mit dem Schieberegler) ❶, für den *Home-Bildschirm* ❷ oder *Beide* ❸ aktiviert werden soll.

Das Hintergrundbild lässt sich flexibel verändern.

Das iPad mit Spotlight durchsuchen

Das iPad ist ein Gerät, das eine Menge Funktionen bietet und auch den nötigen Speicherplatz dafür bereitstellt. Sehr leicht verliert man zwischen den vielen Apps, Notizen, Songs, Videos und all den anderen Daten den Überblick. Auf welchem der vielen Homescreens liegt denn das Minigolf-Spiel? Wo ist das Video, das ich noch kurz vorm Verlassen des Hauses auf das iPad kopiert habe und das jetzt aus irgendeinem Grund nicht mehr auffindbar ist? Apple bringt die vom Mac bekannte systemweite Suche *Spotlight* auch auf das iPad.

Es gibt zwei unterschiedliche Arten der Suche: eine, die das gesamte System durchsucht, und die andere, die in einer bestimmten Anwendung, etwa Mail, nach den gewünschten Begriffen stöbert.

Die systemweite Suche aufrufen

Zugegeben, „systemweit" klingt ein wenig hochtrabend und eigentlich auch viel zu technisch für Spotlight. Aber es ist nun mal so. Sie können die (sorry!) systemweite Suche über zwei Wege aufrufen: Entweder Sie streichen ausgehend von der ersten Seite des Home-Bildschirms einmal nach rechts, wählen also genau genommen noch einen Home-Bildschirm vor dem ersten aus, oder drücken im ersten Home-Bildschirm einmal die Home-Taste. In beiden Fällen finden Sie eine Eingabemaske vor, die aussieht wie auf dem folgenden Bild.

Die systemweite Spotlight-Suche hilft dabei, Dateien und Informationen auf dem gesamten iPad aufzustöbern. Sie eignet sich auch hervorragend, um schnell auf installierte Apps zuzugreifen.

In das Feld mit der Lupe (***iPad durchsuchen***) kann jetzt der Begriff eingegeben werden, nach dem gesucht werden soll.

Geben wir zum Beispiel „iPad" ein, erhalten wir als Ergebnis sowohl alle Programme, die „iPad" in Titel oder Beschreibung haben. Spotlight gibt aber auch Podcasts aus, die passen, sowie Kalendereinträge oder Mails.

Dabei werden die Fundstellen schon aufgelistet, während Sie noch eintippen. Je genauer der Suchbegriff ist, desto exakter werden die Suchergebnisse ausfallen.

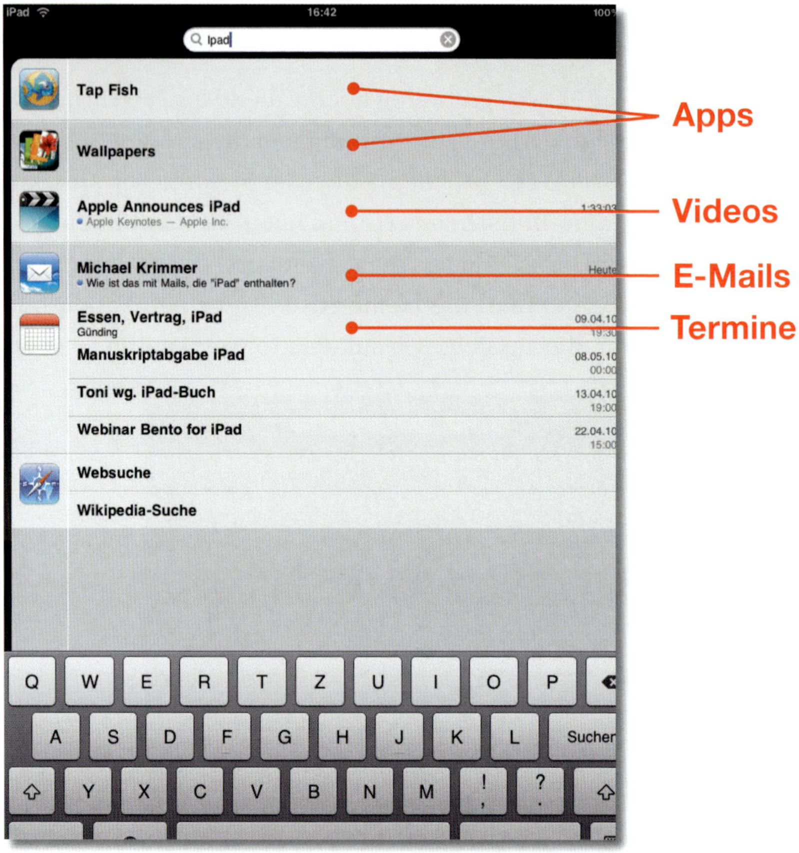

Die Suche nach „ipad“ bringt nicht nur alle Termine und Mails mit diesem Begriff ans Tageslicht. Auch viele andere Infos und Medien können so gefunden werden. In diesem Fall ein Video von Apple zur iPad-Vorstellung.

Möchten Sie eines der Elemente starten, tippen Sie darauf und es startet die entsprechende Anwendung.

Suche im Web und bei Wikipedia starten

Am Ende der Liste mit den Suchergebnissen haben Sie noch die Möglichkeit, eine *Websuche* nach dem eingetragenen Begriff zu starten. Das Ergebnis in unserem Fall sieht dann so aus:

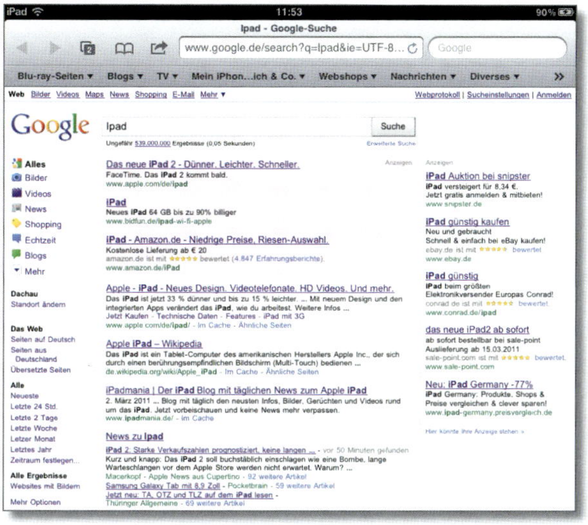

Der in Spotlight eingetragene Suchbegriff wird an Google übergeben und ein entsprechendes Safari-Fenster geöffnet.

Beachten Sie dabei, dass für die Suche die voreingestellte Suchmaschine genutzt wird. Haben Sie unter Einstellungen im Bereich Safari an Stelle von Google die Suchmaschine Yahoo! oder Bing eingegeben, wir auch die Spotlight-Websuche dort durchgeführt.

Möchten Sie lieber bei Wikipedia nachschlagen, tippen Sie in der iPad-Spotlight-Ergebnisliste auf *Wikipedia-Suche.*

Und das hat die Suche bei Wikipedia ergeben.

Webseiten durchsuchen

Wenn wir gerade bei der Anzeige von Webseiten sind, gibt es auch hier eine ausgesprochen hilfreiche Suchmöglichkeit. Mal angenommen, Sie möchten auf der Wikipedia-Seite zum iPad alle Stellen ansehen, die sich mit Apples CEO und Gründer Steve Jobs befassen. Sie können den Artikel komplett durchlesen und werden so mit hoher Wahrscheinlichkeit alle entsprechenden Textstellen finden. Es geht aber auch einfacher, wenn Sie die Webseite durchsuchen.

Die Websuche eignet sich auch dazu, Webseiten nach bestimmten Suchbegriffen zu durchforsten.

Tippen Sie in Safari rechts oben auf das Eingabefeld für die Websuche und geben Sie dort den gesuchten Begriff ein. Sie erhalten gleich Vorschläge für eine Websuche und ganz unten in der Liste auch den gewünschten Punkt für die Durchsuchung der gerade aktiven Webseite. Tippen Sie darauf, um die Treffer anzeigen zu lassen.

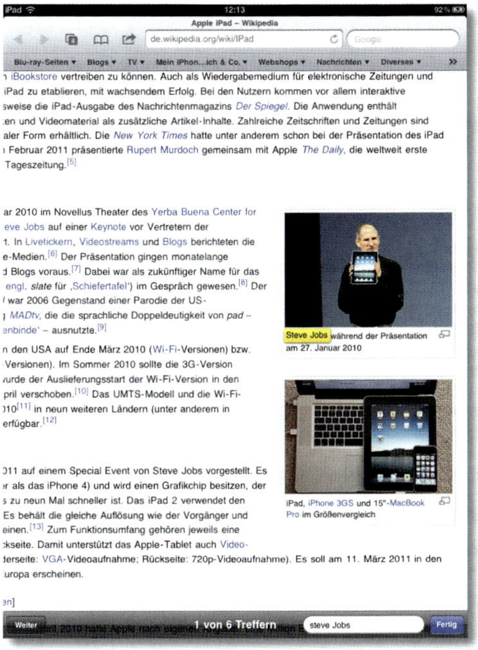

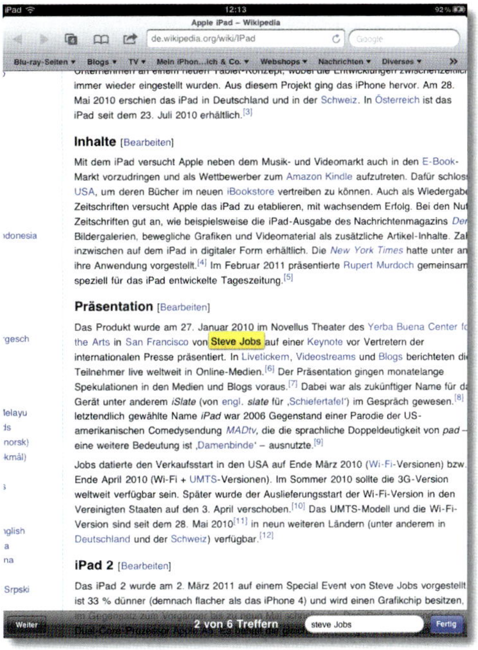

Es gibt insgesamt sechs Treffer auf der Seite (links). Sie können sich mit der Weiter-Taste durch die passenden Stellen durcharbeiten (rechts).

Ihnen werden daraufhin alle Treffer farblich markiert. Den ersten Eintrag sehen Sie auch bereits im Bild. Ganz unten an der Seite erfahren Sie, wie viele Treffer es insgesamt gab. Mit *Weiter* gelangen Sie zur nächsten Stelle.

Spotlight konfigurieren

In welcher Reihenfolge die Treffer angezeigt werden, lässt sich in den entsprechenden Einstellungen festlegen. Starten Sie die ***Einstellungen*** und wählen Sie dann ***Allgemein***, ***Home*** und ***Suchergebnisse***.

Im folgenden Bild sehen Sie alle Typen von Medien und Informationen, die über die systemweite Suche gefunden werden können. Befindet sich vor dem Eintrag ein Häkchen, ist die Suche danach aktiv. Möchten Sie beispielsweise nicht nach Podcasts und Hörbüchern suchen, tippen Sie einmal auf diese Zeile und entfernen Sie somit die Markierung. Von nun an sind Podcasts und Hörbücher von der Suche ausgeschlossen.

In dieser Einstellung können Sie auch festlegen, in welcher Reihenfolge die Treffer angezeigt werden. Möchten Sie passende Mails gleich zu Beginn der Liste sehen, tippen Sie mit dem Finger auf die drei horizontalen Linien rechts neben *Mail* und schieben Sie den Eintrag an die gewünschte Stelle.

Bei Exchange und MobileMe werden zusätzlich auch auf dem Server liegende E-Mails durchsucht.

Notizen: In den *Notizen* finden Sie die Suche auf dieselbe Art und Weise. Starten Sie die Anwendung und geben Sie in die Suchmaske den gewünschten Begriff ein. Hier werden aber nicht nur die Namen der Notizen durchsucht, sondern auch deren Inhalte.

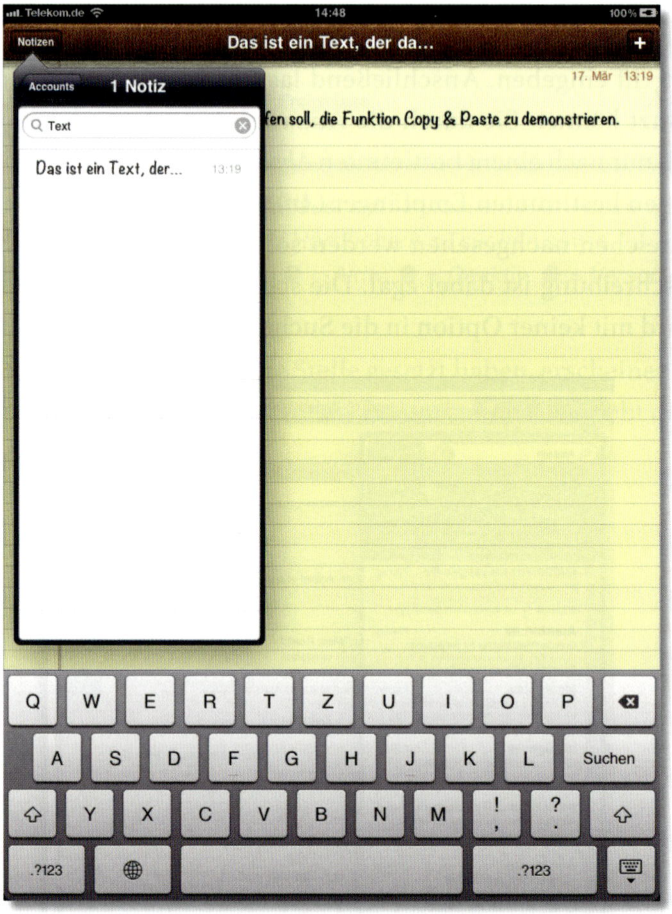

Auch die Notizen verfügen über eine eigene Suchfunktion. Glücklicherweise werden die kompletten Inhalte durchsucht und nicht nur die Titel der Übersicht.

iPod: Auch der *iPod* hat eine Suche. Wählen Sie eine der Ansichten *Titel, Interpreten, Alben, Genres* oder *Komponisten* und geben Sie rechts oben den Suchbegriff ein.

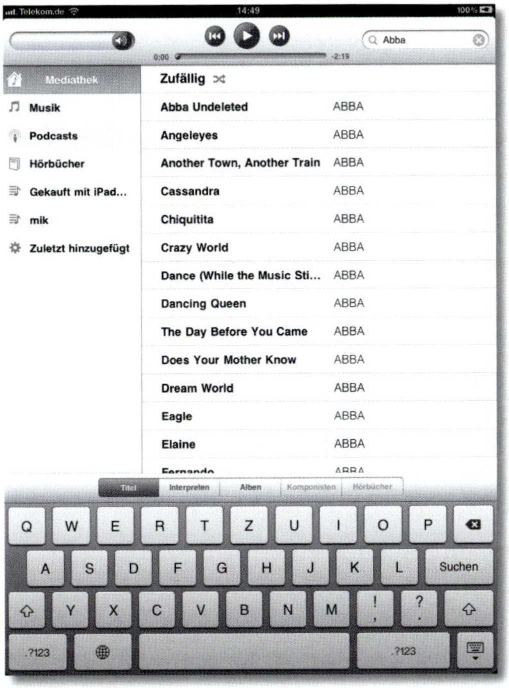

Auch der iPod lässt sich bequem durchsuchen.

Kalender: Selbstverständlich klappt das auch im Programm *Kalender*. Sie finden Sie *Suche* rechts oben.

Der Kalender erlaubt die Suche in allen Ansichten. Hier ist Woche gewählt.

Dieses Vorgehen funktioniert auch bei den Kontakten. Sie geben den gewünschten Namen ein und *Kontakte* gibt die Treffer aus.

Was genau durchsucht wird

Innerhalb der Mail-Suchfunktion haben wir bereits auf die Einschränkung hingewiesen, dass keine Mailinhalte durchsucht werden, sondern lediglich Empfänger, Absender und Betreff. Auch in den anderen Applikationen werden nur bestimmte Informationen durchsucht.

Kontakte: Vor-, Nach- und Firmennamen.

Kalender: Veranstaltungsnamen, eingeladene Personen, Veranstaltungsorte. Haben Sie Einträge mit Notizen versehen, werden diese nicht durchsucht.

iPod: Lieder beziehungsweise Titel, Interpreten und Alben bei Musik. Titel bei Videos, Hörbüchern und Podcasts.

Notizen: Inhalte. Da die erste Zeile des Inhalts der Titel ist, werden genau genommen Titel und Inhalte berücksichtigt.

Anwendungen suchen mit Spotlight

Die Suche eignet sich auch hervorragend, um auf die Schnelle eine bestimmte Anwendung zu finden. Aktuell darf man elf Home-Bildschirme mit Programmen zupflastern – und da kann es schon mal unübersichtlich werden. Schneller startet man eine Anwendung, wenn man die Spotlight-Suche dafür nutzt, einen Teil des Programmnamens eingibt und auf das Suchergebnis tippt. Schon wird die Anwendung geladen.

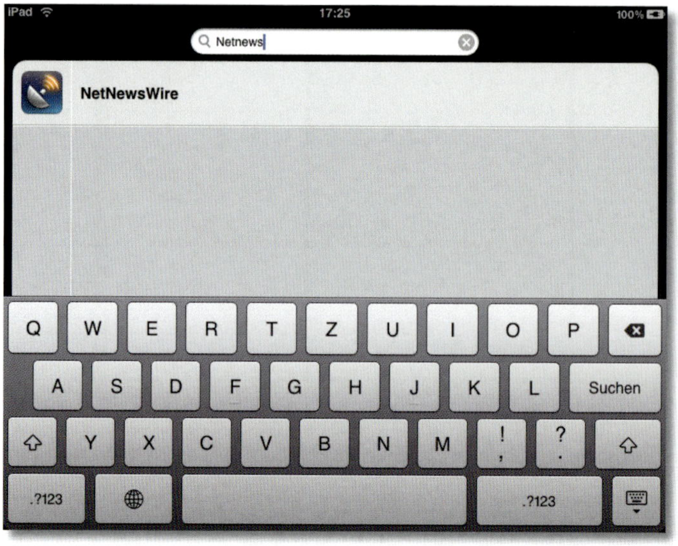

Mithilfe der Spotlight-Suche lassen sich auch installierte Programme aufstöbern.

Ruhemodus vs. Ausschalten

Nach so vielen Eindrücken zum iPad möchten Sie vielleicht erst einmal eine Pause machen. Das trifft sich gut, dann rufen wir Ihnen gleich noch einmal ins Gedächtnis, wie Sie diese Pause auch Ihrem iPad gönnen.

Drücken Sie die Taste im Hochformat rechts oben am iPad einmal kurz, um das iPad in den Ruhemodus zu versetzen. Drücken Sie die Taste erneut oder alternativ den Home-Knopf, um das iPad wieder aufzuwecken. Schieben Sie den *Entriegeln*-Regler im unteren Bereich des Displays mit dem Finger nach rechts und das iPad ist wieder einsatzbereit.

Möchten Sie das iPad ganz ausschalten, halten Sie den Knopf rechts oben so lange gedrückt, bis der *Ausschalten*-Regler im oberen Bereich des Displays erscheint. Schieben Sie ihn nach rechts, um das iPad auszuschalten. Haben Sie es sich anders überlegt, tippen Sie auf *Abbrechen* oder warten Sie, bis das Gerät wieder von allein zurückspringt.

Schieben Sie jetzt den Regler nach rechts, schalten Sie das Gerät komplett aus.

Im Unterschied zum Standby-Modus ist das Gerät dann komplett ausgeschaltet. Es verbraucht keinen Strom mehr, ist aber auch nicht ganz so schnell einsatzbereit, weil es erst wieder komplett starten muss.

Die Standard-Apps des iPads

Die Standard-Apps des iPads

Die Programme auf dem iPad werden als Apps bezeichnet. App ist die Kurzform für das englische Wort Application. Apps sind sowohl die vorinstallierten Programme als auch die, die man aus dem App Store kostenlos oder kostenpflichtig herunterladen kann.

Produktiv sein: Kalender, Kontakte, Notizen, Mail, Karten

Viele der Apps sehen im Querformat anders aus als im Hochformat. Apple hat die vom iPad bekannten Anwendungen also nicht nur auf das Display des iPads vergrößert. iPad-Benutzer kommen so in den Genuss von weitaus mehr Funktionalität.

Die Kalender-Ansichten

Beim Kalender ist es von den Funktionen her egal, ob Sie ihn im Hoch- oder Querformat nutzen. Die Anzeige variiert, aber es gibt keine weiteren formatabhängigen Funktionen. Um mehr Informationen zu einem Termin zu erhalten, tippen Sie darauf.

So sieht der Kalender in der Monatsansicht im Hochformat (links) und im Querformat (rechts) aus.

Die Kalender-Ansichten für *Tag*, *Woche*, *Monat* und *Liste* sind sehr ähnlich. Nur die Zeitleiste am unteren Bildschirmrand ändert sich entsprechend.

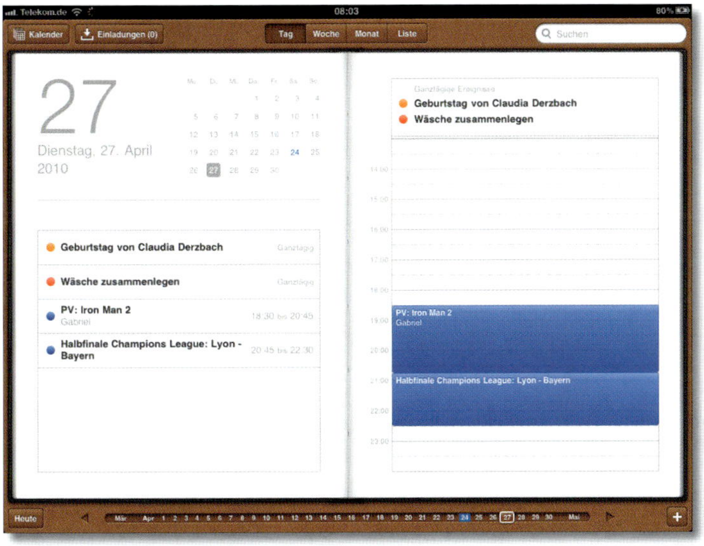

In der Tagesansicht sind in der Zeitleiste die einzelnen Tage, der aktuelle sowie der Vor- und Folgemonat auszuwählen.

Unabhängig davon, welche Bereiche in der Zeitleiste angezeigt werden, bringen Sie die Pfeile links und rechts entsprechend weiter nach hinten oder nach vorne.

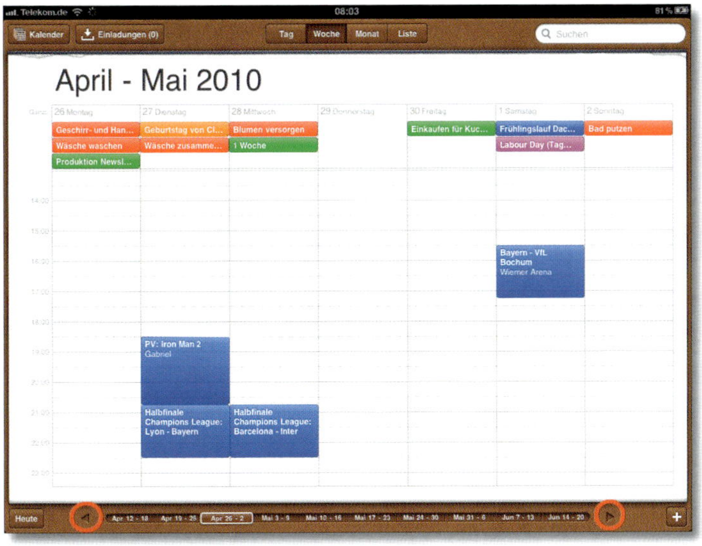

In der Wochenansicht lassen sich Zeiträume nach Kalenderwochen auswählen und anzeigen.

In der Ansicht ***Monat*** *können Sie auch das vergangene und das kommende Jahr auswählen.*

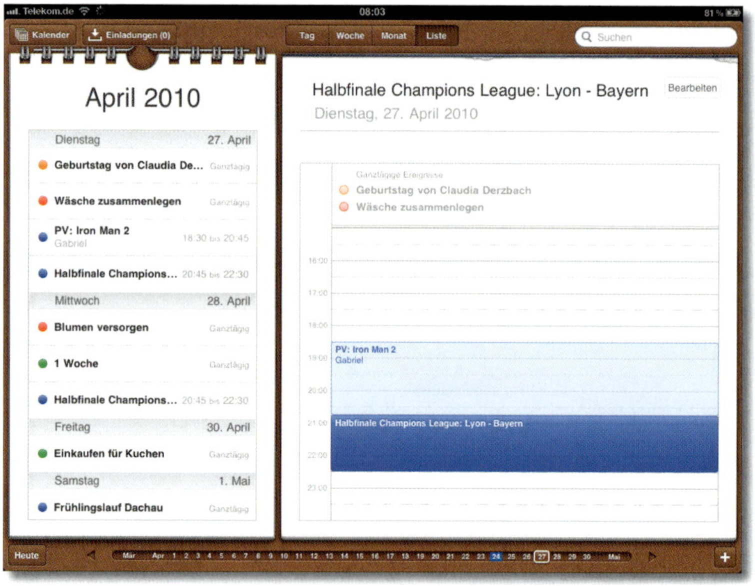

Die Liste ist im Vergleich zum iPhone erwachsen geworden und bietet mit der Übersicht im linken Bereich deutlich mehr Informationen.

Kalender auswählen und durchsuchen

Neben der Auswahl des gewünschten Zeitraums ❶ gibt es im Kalender noch einige Funktionen mehr.

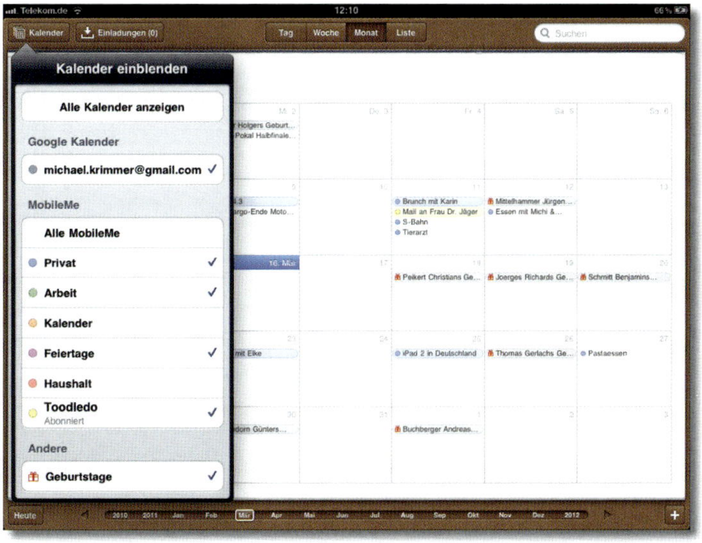

Links oben können Sie aus den verfügbaren Kalendern die auswählen, die Sie anzeigen möchten. Ein Häkchen nach dem Kalendernamen zeigt an, dass er ausgewählt ist.

❷ *Kalender* bringt Sie in die Auswahl der verfügbaren Kalender. Dort können entweder gezielt einzelne Kalender anzeigt werden oder man wählt *Alle.* Um einen Kalender auszuwählen, wiederholen Sie den Vorgang, um ihn wieder zu deaktivieren.

❸ Haben Sie Einladungen zu Terminen bekommen, können Sie diese hier zu- oder absagen.

❹ Die Suche hilft dabei, bestimmte Einträge innerhalb des gesamten Kalenders zu finden. Sie durchsucht die Namen der Termine, die eingeladenen Personen sowie die Orte. Je mehr Zeichen Sie eingeben, desto genauer werden die Ergebnisse. Tippen Sie auf einen Treffer, um den Termin anzuzeigen, oder in den Kalender, um die Suchmaske zu schließen.

❺ *Heute* bringt Sie wieder zurück zum heutigen Tag.

❻ Über das Pluszeichen legen Sie einen neuen Termin an. Das daraufhin folgende Fenster sieht dann so aus:

Neuen Termin anlegen

❶ Der *Titel* des Termins, beispielsweise „Abendessen mit Alex".

❷ Der *Ort*, an dem der Termin stattfindet, etwa „Restaurant xyz in München".

❸ Beginn und Ende des Termins. Wenn Sie die Zeiten eingeben, können Sie auch die Option *Ganztägig* aktivieren.

❹ *Wiederholung* ist bei wiederkehrenden Terminen hilfreich. Wählen Sie beispielsweise *Jährlich* bei Geburtstagen oder *Wöchentlich* für regelmäßige Meetings. Weitere Möglichkeiten sind *Täglich*, *Alle 2 Wochen* und *Monatlich. Nie* bedeutet, dass der Termin einmalig stattfindet.

❺ Wenn Sie andere *Teilnehmer* zu diesem Termin einladen möchten, geben Sie deren Adressen hier ein. Diese finden Sie entweder ganz einfach in Ihren Kontakten oder tippen die Daten direkt an dieser Stelle ein.

❻ Möchten Sie an den Termin erinnert werden, finden Sie unter *Erinnerung* eine Vielzahl an Möglichkeiten. Haben Sie eine Erinnerung eingestellt, können Sie auch noch eine zweite angeben. Das iPad meldet sich dann zu gegebener Zeit mit einer Textmeldung.

❼ Hier können Sie einstellen, in welchen Ihrer *Kalender* der Termin eingetragen werden soll.

❽ Tragen Sie hier ein, ob Sie diesen Termin als *Beschäftigt* oder *Frei* eintragen möchten.

❾ Benötigen Sie Raum für *Notizen*? Hier ist Platz dafür.

Fertig trägt den Termin ein, *Abbrechen* bringt Sie wieder zurück zum Kalender, ohne einen Termin anzulegen.

Zur Erinnerung an einen Termin gibt es noch eine weitere Option, die in den Einstellungen des iPads zu finden ist. Unter *Einstellungen –> Allgemein –> Töne* lässt sich zur optischen Erinnerung durch einen Hinweistext auch noch ein Sound einstellen.

*Ist in den **Einstellungen** unter **Allgemein** und **Töne** die Option **Kalenderhinweis** aktiviert, gibt es zum Text auch noch einen akustischen Hinweis.*

Termin bearbeiten oder löschen

Um einen Termin zu bearbeiten oder zu löschen, wählen Sie ihn aus, indem Sie darauf tippen. Es öffnet sich ein Fenster, das Sie bereits von der Erstellung eines Termins kennen. Dort können Sie nun alle gewünschten Informationen ändern. Um diesen Eintrag aus dem Kalender zu entfernen, tippen Sie unten auf *Ereignis löschen*. Nach einer Bestätigung ist der Eintrag entfernt.

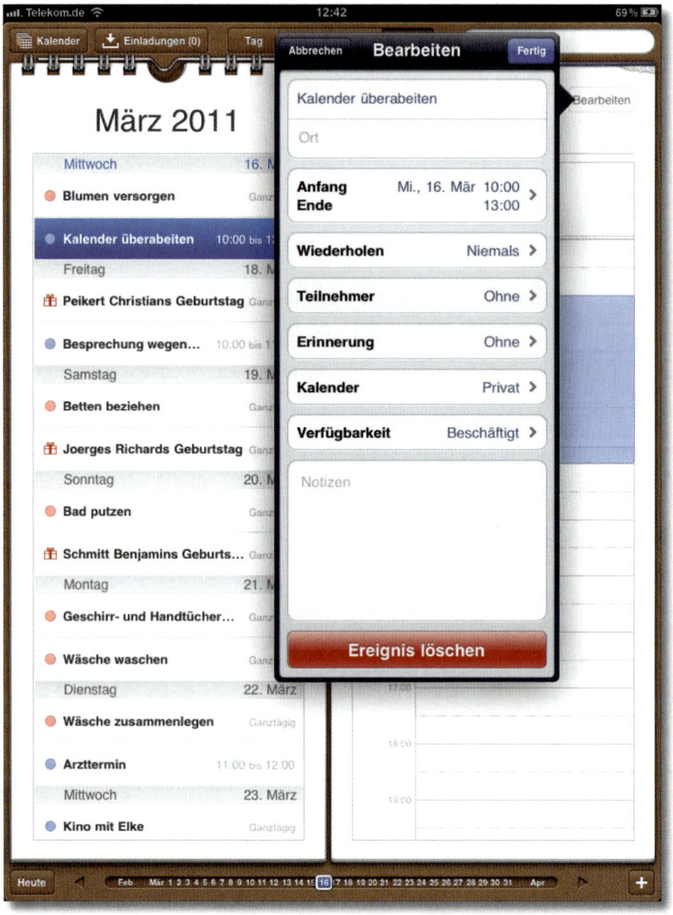

*In den Ansichten **Woche** und **Monat** ist es erforderlich, dass Sie den Termin **Bearbeiten**.*

Kalenderinformationen werden im Regelfall per USB-Kabel mit iTunes abgeglichen, können aber auch via Exchange oder MobileMe auf das iPad kommen. Und dann gibt es noch eine weitere Alternative: das Abonnement eines Kalenders, beispielsweise aus dem Internet.

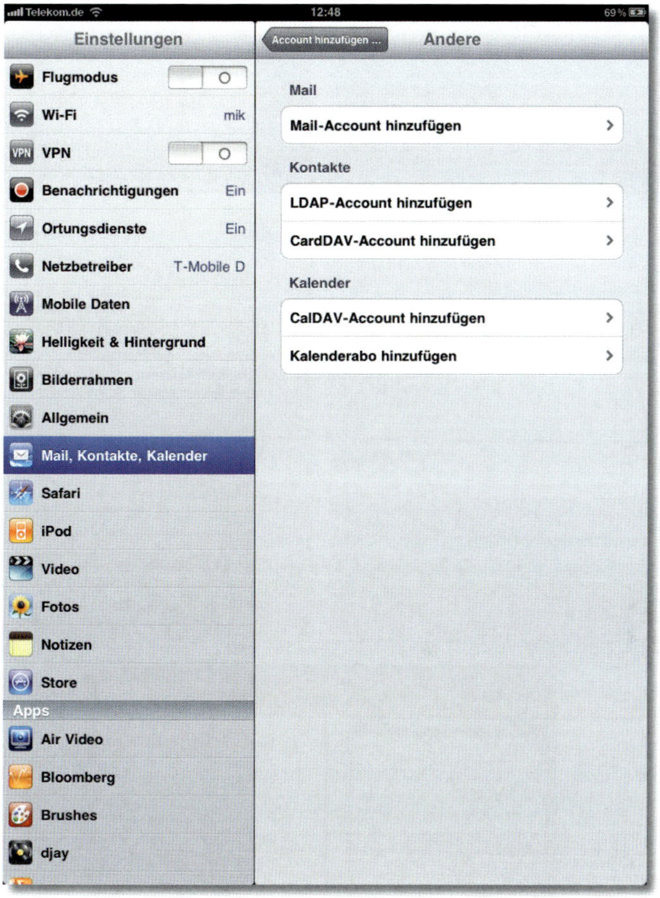

Ein Kalenderabo können Sie in den iPad-Einstellungen hinzufügen.

Tippen Sie in den *Einstellungen* auf *Mail, Kontakte, Kalender* und dort auf *Account hinzufügen*. Wählen Sie dann *Andere* aus. Dort können Sie nun die Internetadresse eintragen, nachdem Sie auf *Kalenderabo hinzufügen* geklickt haben.

Deutlich einfacher geht es, wenn Sie im Internet Webseiten ansteuern, die abonnierbare Kalender zur Verfügung stellen, z. B. http://www.icals.de/.

Sie können aber auch Google verwenden – geben Sie z. B. „Bundesliga.ics" ein und in wenigen Sekunden finden Sie zahlreiche Internetseiten, die deren Termine als Abo anbieten.

Haben Sie also den Kalender Ihrer Wahl gefunden, so tippen Sie diesen auf der entsprechenden Webseite an und schon wird er beim iPad als Abo eingetragen.

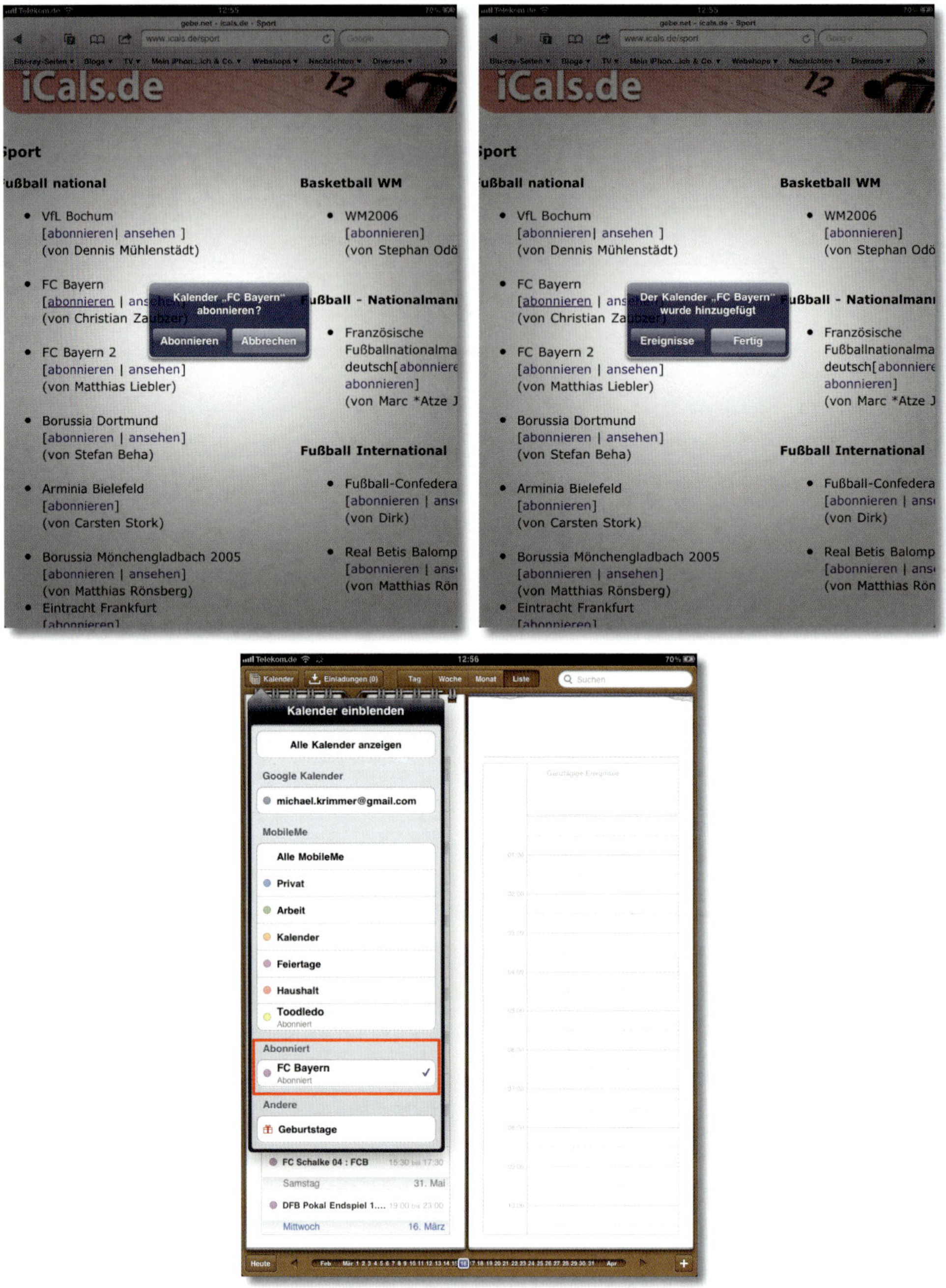

*Durch Tippen auf **Abonnieren** und anschließend auf **Ereignisse** wechselt das iPad vom Safari zum Kalender und zeigt die neuen Errungenschaften an.*

Alle abonnierten Kalender landen natürlich in den Einstellungen und können dort im Detail eingesehen, verändert oder auch gekündigt (*Account löschen*) werden.

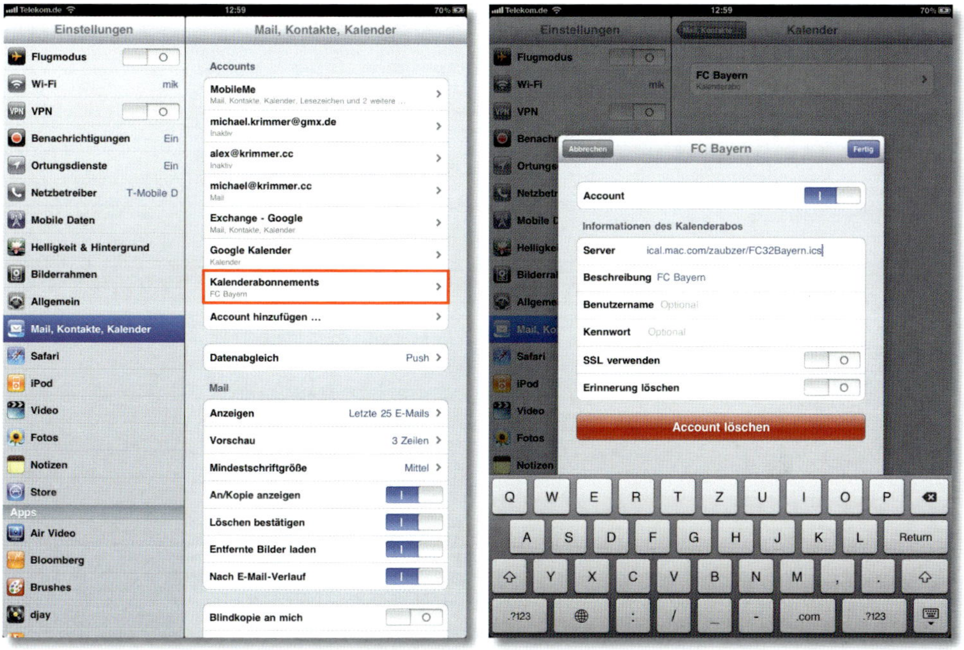

Abonnierte Kalender sind über ***Einstellungen*** *zugänglich.*

So können Sie beispielsweise Kalenderwochen abonnieren, die der iPad-Kalender standardmäßig nicht in seinem Repertoire hat.

Die Kontakte

Die Kontakte sind das Adressbuch des iPads. Tippen Sie auf das *Kontakte*-Icon, um das Adressbuch zu öffnen.

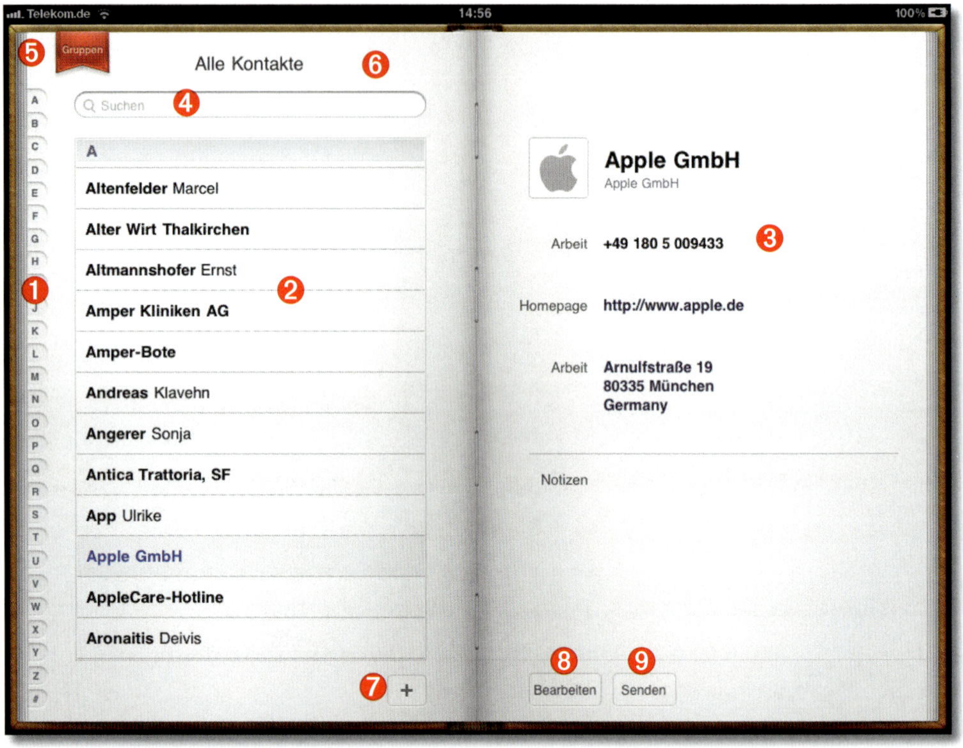

❶ Tippen Sie auf einen der Buchstaben, um die entsprechenden Einträge anzuzeigen.

❷ Hier sehen Sie die Kontakte in der Übersicht.

❸ Tippen Sie im Bereich ❷ auf einen Kontakt, um Details anzuzeigen. Wenn Sie jetzt auf eine Webadresse tippen, startet *Safari*, bei einer E-Mail-Adresse *Mail* und bei Postadressen *Karten*.

❹ Über *Suchen* lassen sich schnell bestimmte Kontakte finden. Durchsucht werden Vor-, Nach- und Firmennamen.

❺ Gibt es verschiedene Kontaktgruppen, lassen die sich unter *Gruppen* auswählen. Tippen Sie in der folgenden Auswahl auf eine Gruppe, um sie zu aktivieren. Möchten Sie keine Änderungen vornehmen, tippen Sie auf das rote Band im rechten Bereich.

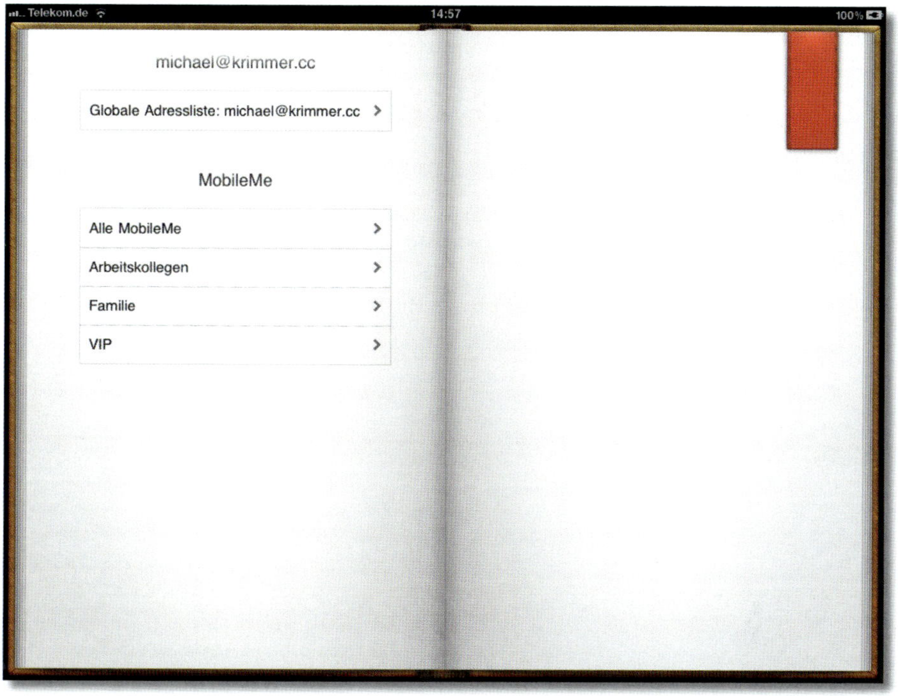

Es können verschiedene Kontaktgruppen ausgewählt werden.

❻ Hier sehen Sie die gerade aktive Gruppe von Kontakten.

❼ Das Pluszeichen legt iPad-typisch einen neuen Kontakt an.

❽ Hier können Sie einen Kontakt bearbeiten.

❾ *Senden* öffnet Mail, damit Sie die Visitenkarte im .vcf-Format per E-Mail verschicken können.

Neuen Kontakt erstellen

Tippen Sie auf das „+", um einen neuen Kontakt anzulegen.

❶ Tragen Sie die Details wie Namen, Adressen und Telefonnummern ein. Haben Sie einen Punkt ausgefüllt, kann es die Navigation erleichtern, wenn Sie über das Tastatursymbol rechts unten das Keyboard kurzfristig ausblenden.

❷ Befindet sich vor einem Eintrag ein grüner Kreis mit einem Plus in der Mitte, lässt sich dadurch ein weiterer Eintrag dieses Typs hinzufügen, beispielsweise bei der Eingabe von Privat- und Firmenadressen.

❸ Ein rotes Minus („–") löscht den entsprechenden Eintrag.

❹ Standardmäßig werden nur einige der möglichen Felder eingeblendet. Möchten Sie beispielsweise einen Geburtstag eintragen oder eine Abteilung nennen, finden Sie diese Felder unter *Kontakte –> Feld hinzufügen*.

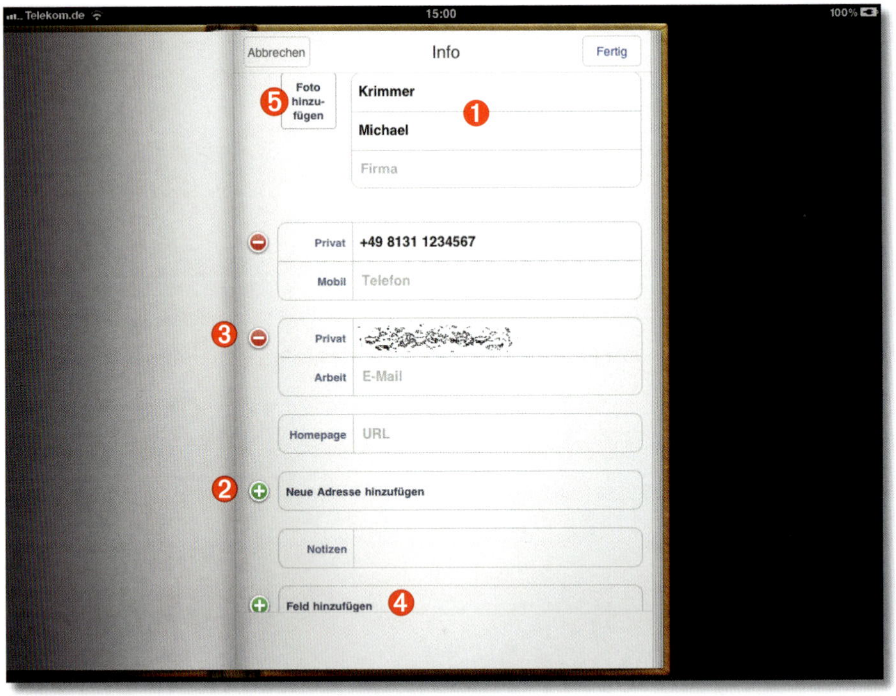

Ein neuer Eintrag im Programm ***Kontakte*** *wird erstellt.*

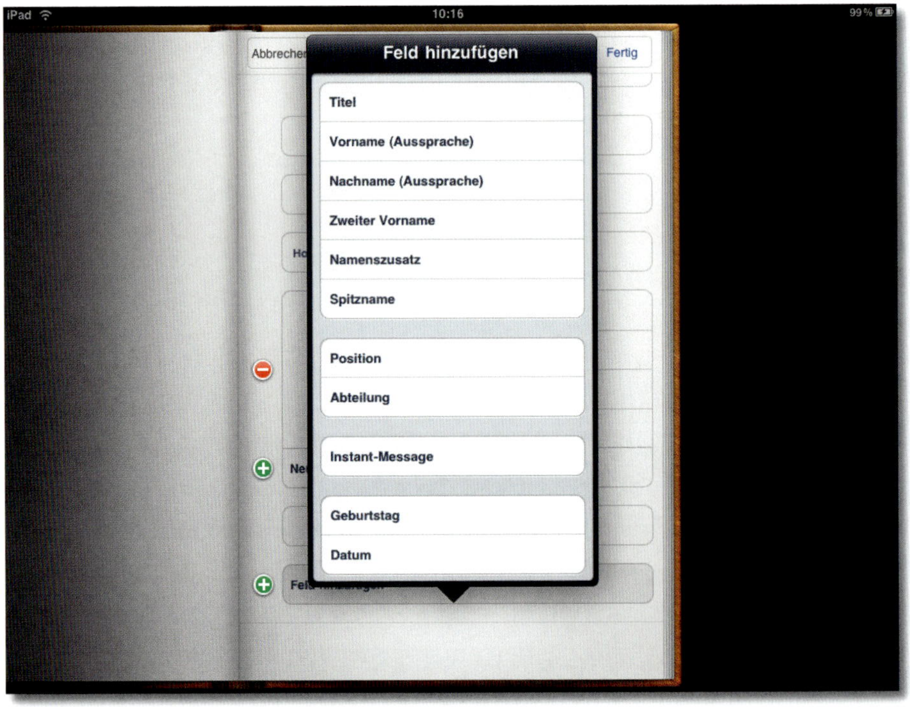

Diese zusätzlichen Optionen stehen zur Verfügung.

❺ Tippen Sie auf *Foto hinzufügen*, können Sie aus dem Bildspeicher des iPads ein Bild auswählen. Im nächsten Schritt lässt sich das Foto noch bewegen und skalieren. Mit *Verwenden* speichern Sie es ab.

Haben Sie alle Daten eingegeben, speichern Sie den Kontakt mit *Fertig* ab. Möchten Sie die Eingaben verwerfen, tippen Sie auf *Abbrechen*.

Kontakte bearbeiten und löschen

Um einen Kontakt zu bearbeiten, wählen Sie ihn aus und tippen Sie auf *Bearbeiten*. Im folgenden Fenster erhalten Sie alle Optionen, die Sie auch beim Erstellen eines Kontakts haben. Nehmen Sie Änderungen vor, fügen Sie Informationen hinzu oder löschen Sie welche. Wenn alles nach Wunsch geändert wurde, speichern Sie mit *Fertig* ab. Mit *Abbrechen* kommen Sie wieder zurück zur Übersicht.

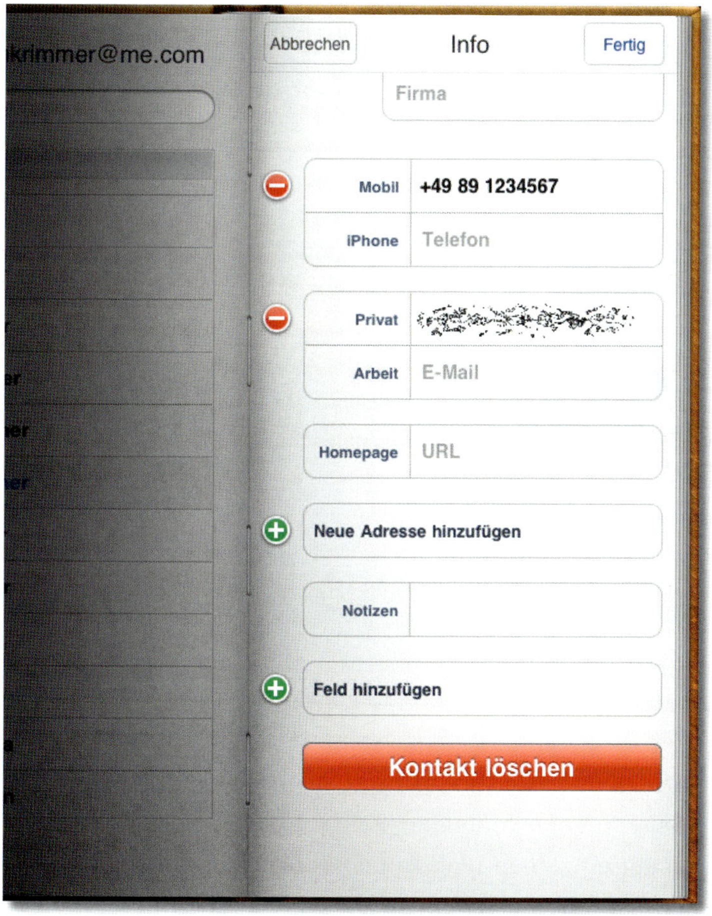

Beim Bearbeiten stehen Ihnen alle Optionen zur Verfügung, die Sie auch bei der Erstellung eines Kontakts haben.

Ganz unten gibt es zusätzlich noch die Möglichkeit, den Eintrag aus dem iPad-Adressbuch zu löschen. Tippen Sie auf *Kontakt löschen* und bestätigen Sie die darauf folgende Abfrage, um den Kontakt zu löschen.

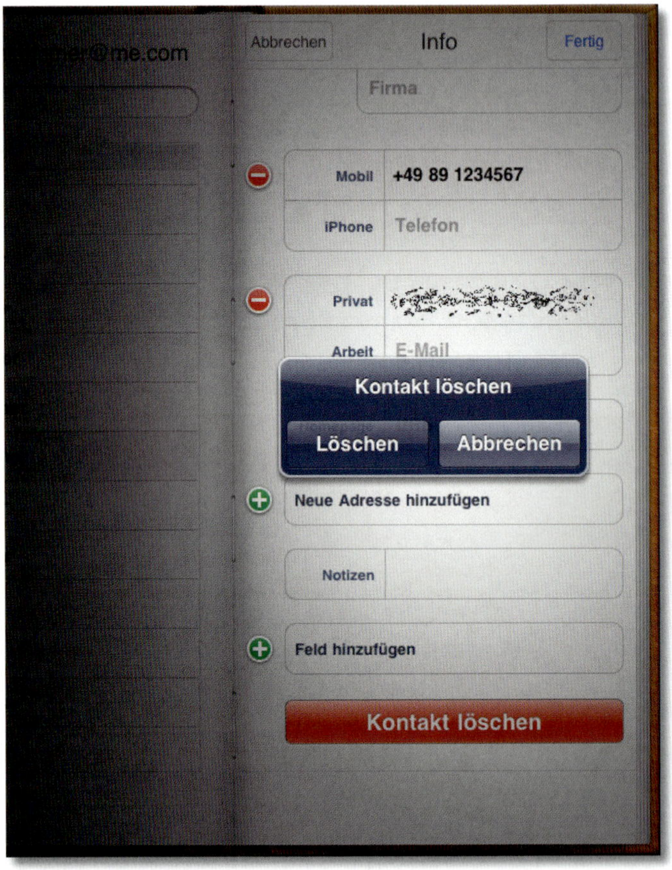

Eine abschließende Abfrage schützt vor versehentlichem Löschen von Kontakten.

Kontaktdaten weiterverwenden

Die Kontakte sind wahrscheinlich die Anwendung mit den meisten Verlinkungen zu anderen iPad-Apps. Tippen Sie eine Mailadresse an, startet *Mail mit einer neuen Nachricht.* Jede Postadresse bringt Sie direkt zu den *Karten*, Webadressen starten die Seite in *Safari*. *Kontakte* ist ein Paradebeispiel für das nahtlose Zusammenspiel der einzelnen iPad-Apps. Möglich wird dies durch die Funktion *Data Detector*. Diese ist in iOS 4 verankert und erkennt Adressen, URLs, Telefonnummern (sinnvoll beim iPhone) etc. und ruft dann das entsprechende Programm auf.

Videotelefonie mit FaceTime

Mit Ihrem iPad können Sie selbst dann nicht telefonieren, wenn Sie ein 3G-Modell und eine passende SIM-Karte eingesteckt haben. Allerdings haben Sie beim iPad 2 die Möglichkeit, über die App *FaceTime* Videotelefonate zu führen. Und dazu ist es noch nicht einmal erforderlich, dass Sie eine SIM-Karte im iPad 2 haben. Lediglich mit einem WLAN müssen Sie dazu verbunden sein.

Ihr Gesprächspartner kann ebenfalls an einem iPad 2 sitzen, FaceTime funktioniert aber auch mit dem iPhone 4 oder einem stationären Rechner, beispielsweise dem iMac. Bei FaceTime wird das integrierte Mikrofon des iPads verwendet.

FaceTime einrichten

Vor dem allerersten FaceTime-Gesprächsaufbau ist es nötig, dass Sie Ihren Account einrichten. Dazu geben Sie wieder Ihre Apple-ID und das Kennwort ein. Sollten Sie noch keine ID haben, besteht hier die Möglichkeit, eine anzulegen (siehe auch Kapitel 6). Mit *Anmelden* speichern Sie die Eingabe ab.

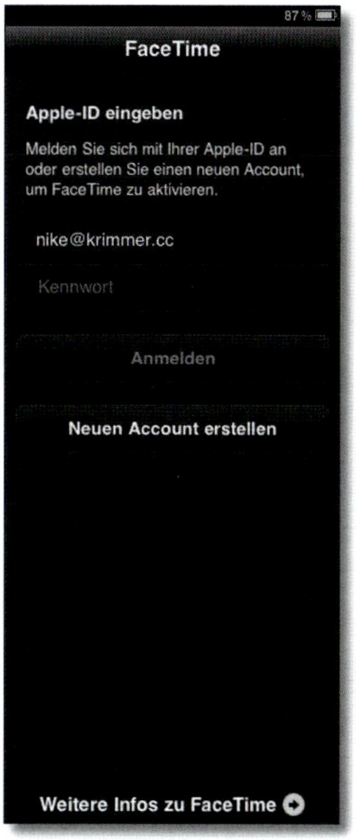

Für FaceTime ist die Anmeldung mit einer Apple-ID erforderlich.

Nach der Anmeldung lässt sich eine andere Adresse eingeben. Das bedeutet, dass Sie nicht zwangsläufig mit Ihrer Apple-ID erreichbar sein müssen.

Nehmen Sie hier die Mailadresse an oder geben Sie eine neue ein.

Diese Entscheidung können Sie in den FaceTime-Einstellungen auch nachträglich ändern.

Einen FaceTime-Anruf starten

Sie können nun entweder aus bestehenden Kontakten einen Gesprächspartner auswählen. Sie haben aber hier auch die Möglichkeit, einen neuen Kontakt einzugeben (+), einen Eintrag aus Ihrer ***Anrufliste*** zu wählen oder zu den ***Favoriten*** zu wechseln.

Aus Kontakten, Anruflisten und Favoriten lassen sich Gesprächspartner aussuchen.

Tippen Sie mit dem Finger auf den gewünschten Eintrag.

Sie erkennen einen FaceTime-kompatiblen Eintrag am FaceTime-Symbol neben der Mailadresse.

Tippen Sie auf die Mailadresse, um den Anruf zu starten.

Der Anruf wird gestartet und die Gegenseite erhält eine Information darüber, dass ein FaceTime-Gespräch in der Leitung ist.

Nehmen Sie den Anruf an oder lehnen Sie ihn ab.

Sobald Sie den Anruf angenommen haben, erhalten Sie den zweigeteilten FaceTime-Bildschirm. Dabei werden Sie im kleinen Fenster angezeigt und Ihr Gesprächspartner im großen.

Das FaceTime-Gespräch wurde angenommen und ist aktiv.

Sie haben während der Videokonferenz die Möglichkeit, das Gespräch stumm zu schalten ❶, es zu beenden ❷ oder auf die Kamera an der Gehäuserückseite umzuschalten ❸.

Das kleine FaceTime-Fenster mit dem eigenen Bild lässt sich mit dem Finger an eine andere Stelle am Bildschirm verschieben.

Kamera wechseln

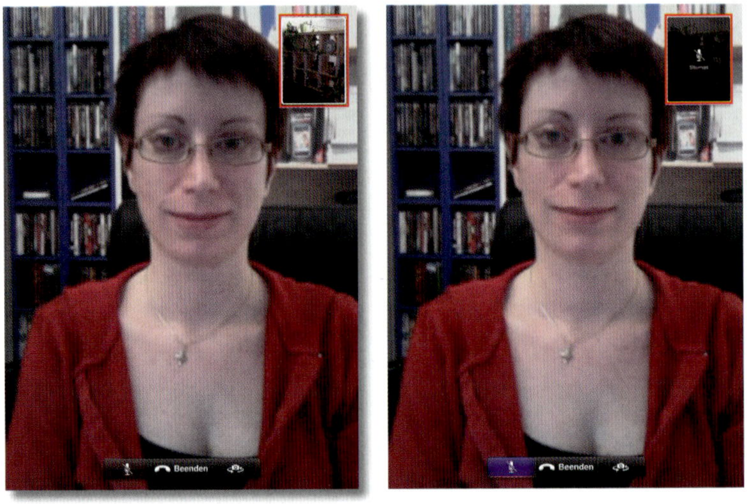

Werden die iPad-Kameras gewechselt, sieht der Gesprächspartner das, was sein Gegenüber gerade sieht (links). Deaktiviert man sein Mikrofon über die Stumm-Taste, wird das über ein entsprechendes Symbol dargestellt (rechts).

FaceTime im Quer-/Hochformat

Wie Sie an den Screenhots sehen konnten, funktioniert FaceTime auch im Hochformat. Drehen Sie das iPad während des Gesprächs, damit auch die Anzeige entsprechend wechselt.

Anrufe in Abwesenheit erkennen Sie an der Nummer über dem Icon der FaceTime-App.

Das iPad während FaceTime weiterverwenden

Sie können bei FaceTime das iPad weiterhin benutzen, beispielsweise um eine Telefonnummer nachzuschlagen oder eine Webseite aufzurufen. Drücken Sie dazu die Home-Taste und Sie gelangen zum Home-Screen. Von hier aus können Sie ganz normal eine andere App starten. Das Gespräch läuft weiter, sehen können Sie Ihren Gesprächspartner aber nicht mehr. Um wieder zu FaceTime zu wechseln, tippen Sie auf den grünen Balken an der Oberseite des Displays.

Um wieder zum Gespräch zurückzukommen, tippen Sie auf den grünen Balken ganz oben im Bild.

Das iPad als Notizblock

Die *Notizbuch*-Funktion des iPads ist dann sinnvoll, wenn man schnell und unkompliziert ein paar Zeilen aufs (digitale) Papier bringen möchte.

Bei den Notizen sollte man sich gleich zu Beginn überlegen, ob man diese App lieber im Hoch- oder Querformat bedienen möchte. Der Unterschied: Im Hochformat nimmt die aktive Notiz den gesamten Bildschirm ein. Die Übersicht der Notizen wird ein- und ausgeblendet, wenn man links oben auf *Notizen* tippt. Im Querformat wird die Anzeige geteilt. Links sehen Sie die Notizen in der Übersicht, rechts den jeweils aktiven Eintrag.

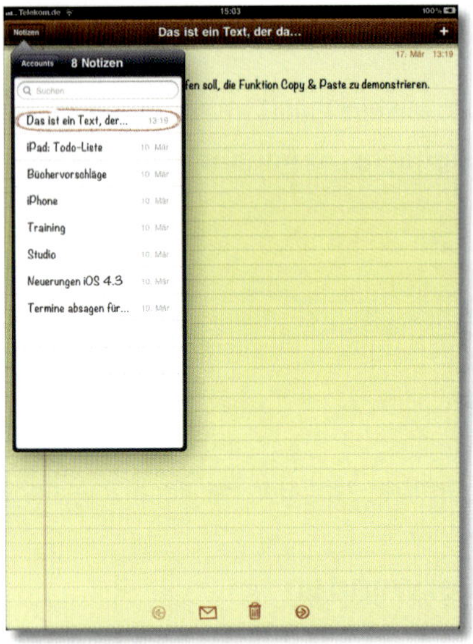

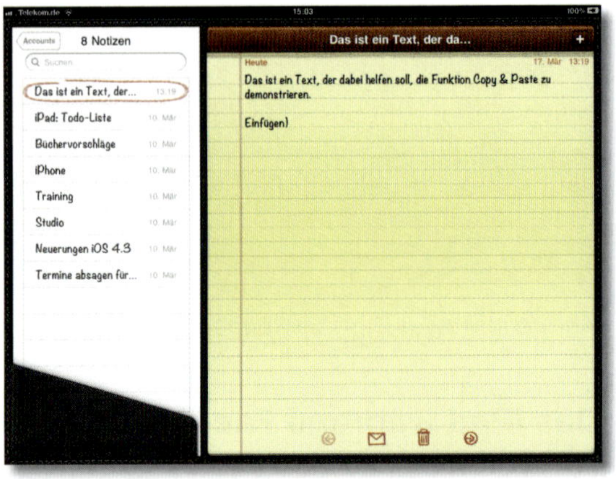

Im Hochformat nimmt die Notiz den gesamten Platz ein. Die Übersicht wird ein- und ausgeblendet. Im Querformat werden die Notizen in einer Art Ledermäppchen angezeigt. Übersicht und Notizen sind gleichzeitig zu sehen.

Die Erklärung der einzelnen Optionen findet exemplarisch am Querformat-Beispiel statt, funktioniert aber in beiden Ansichten analog.

1. Durch Tippen auf das Plussymbol erstellen Sie eine neue Notiz.
2. Hier werden alle vorhandenen Notizen angezeigt.
3. Auch innerhalb der Notizen kann gesucht werden. Da der Titel gleichzeitig die erste Zeile der Notiz ist, wird beides durchsucht.

❹ Mit den Vor- und Zurückpfeilen können Sie zwischen den Notizen hin und her wechseln.

❺ Das Kuvertsymbol öffnet Mail. Der Text wird automatisch in die E-Mail kopiert, wobei die erste Zeile den Betreff darstellt.

❻ Durch Antippen des Papierkorbs und Bestätigung (*Notiz löschen*) entfernen Sie die Notiz.

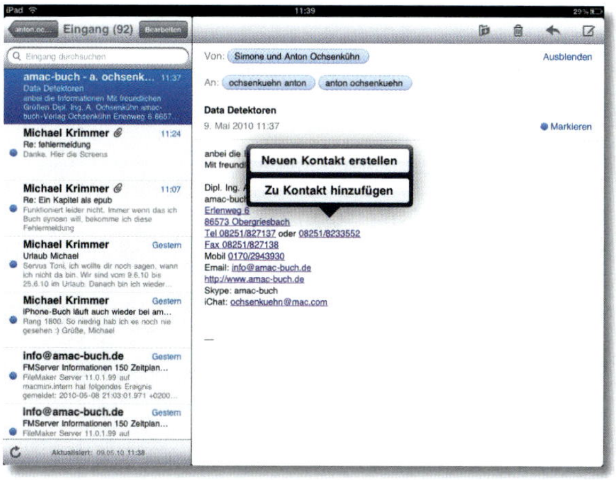

Das iPad ist clever. Nahezu in allen Programmen (Safari, Mail, Notizen, Kalender, Kontakte etc.) erkennt das iPad Adress- oder Internetinformationen. Tippt man darauf, wird sofort das dazugehörige Programm gestartet. Eine E-Mail-Adresse holt Mail heran, eine Adresse startet das Karten-Programm, eine Web-Adresse wird an Safari weitergereicht, eine Telefonnummer kann Bestandteil eines Kontaktes werden.

Notizen synchronisieren

Endlich muss man nicht mehr Angst haben, dass die sorgsam gesammelten Notizen irgendwann komplett verschwunden sind, weil man sich beispielsweise ein iPad 2 kauft und sie vorher nicht gesichert hat. Zwar kann man Notizen per Mail vom iPad aus versenden, der Weg zurück war bisher aber versperrt. Das ist jetzt anders. Auch Notizen lassen sich mit dem Rechner abgleichen.

Neben dem Versand der Notizen via E-Mail können diese ebenfalls via iTunes (Reiter Infos) auf den Rechner überspielt werden. Dabei landen diese dann am PC in Outlook und am Mac im Programm Mail. Nach der Änderung in den Programmen werden die Notizen wieder auf das iPad zurück übertragen.

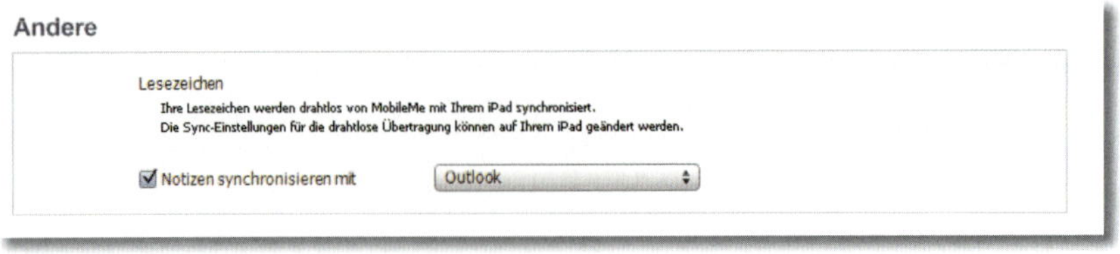

In iTunes lässt sich einstellen, dass neben Mailkonten, Kalendern und Kontakten auch Notizen synchronisiert werden.

Nach einem Abgleich von iPad und Rechner, in diesem Fall Windows mit Outlook, liegen alle Notizen auch in Outlook vor.

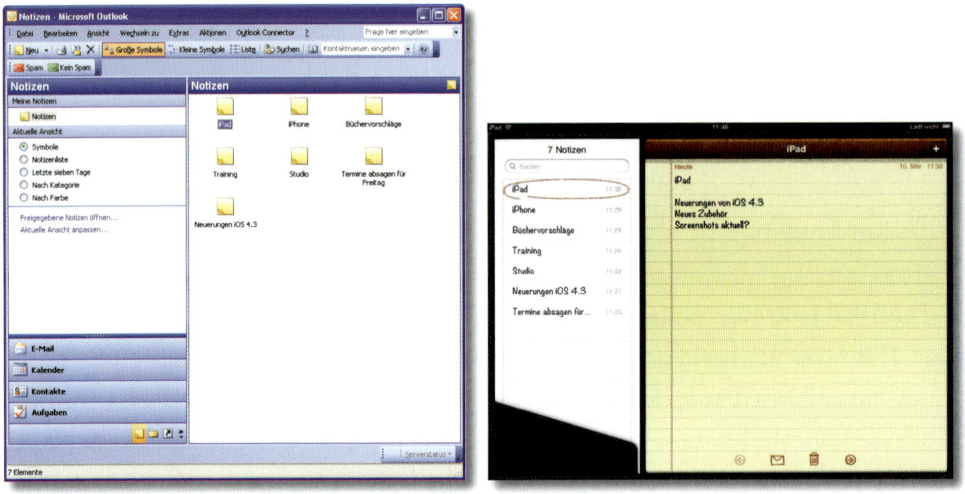

Die Notizen aus dem iPad finden sich eins zu eins in Outlook wieder.

Mit Änderungen verhält es sich wie mit allen anderen Daten. Ändern Sie eine Notiz am iPad, wird sie beim nächsten Abgleich auch auf dem Mac oder PC aktualisiert. Ändert man beispielsweise eine Notiz in Outlook, kommt sie auch mit neuem Inhalt am iPad an. Das gilt auch für das Löschen oder Verfassen von Texten.

Sofern Sie einen Mac besitzen, werden die Notizen anschließend im Programm Mail auf Ihrem Apple-Rechner erscheinen und können dort editiert und wieder zurück übertragen werden.

Notizen per MobileMe und IMAP synchronisieren

Notizen lassen sich jetzt auch mit MobileMe oder einem IMAP-Server synchronisieren. Wie schon beim E-Mail-Eingang können Sie sich entweder alle Notizen anzeigen lassen oder nur die eines bestimmten Servers.

Starten Sie die App Notizen und tippen Sie links oben auf *Accounts*.

Tippen Sie auf Accounts, um zur Übersicht aller zu synchronisierenden Server zu gelangen.

Daraufhin erhalten Sie eine Liste mit allen Servern, mit denen sich Notizen abgleichen lassen.

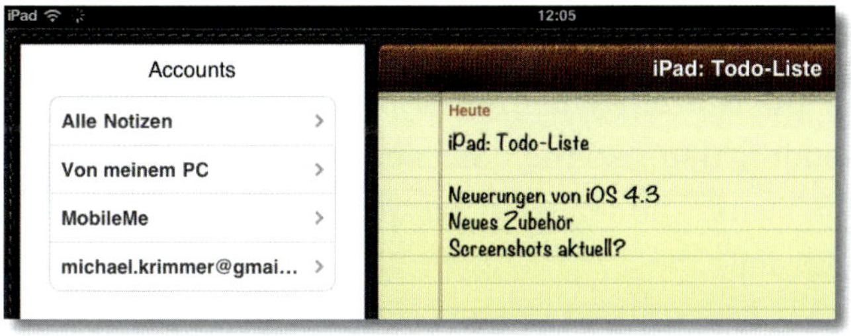

Mit diesen Servern lassen sich Notizen synchronisieren.

Sie können sich nur *Alle Notizen* anzeigen lassen oder Sie wählen einen bestimmten Eintrag aus und sehen dann nur die Notizen, die auf diesem Server gespeichert werden.

Sie können Notizen auf IMAP- oder MobileMe-Servern synchronisieren. Welche der bei Ihnen installierten Server den Abgleich von Notizen erlauben, können Sie ganz einfach nachprüfen. Wechseln Sie in die *Einstellungen* und dort zu *Mail, Kontakte, Kalender*. Unter *Accounts* sehen Sie alle installierten Server. Werden Notizen bereits synchronisiert, sehen Sie das Wort *Notizen* in der Zeile unter dem Servernamen. Halten Sie das iPad im Hochformat, kann es sein, dass beispielsweise bei MobileMe nichts von Notizen zu sehen ist, obwohl sie aktiviert sind. Das liegt daran, dass die Zeile zu kurz ist, um alle Synchronisationsdienste anzuzeigen. Wechseln Sie in das Querformat, ist genug Platz da, um auch die Notizen anzeigen zu können.

Tippen Sie auf einen der Server, um zu sehen, ob Notizen angeboten wird. Dort können Sie die Option dann aktivieren oder wieder deaktivieren.

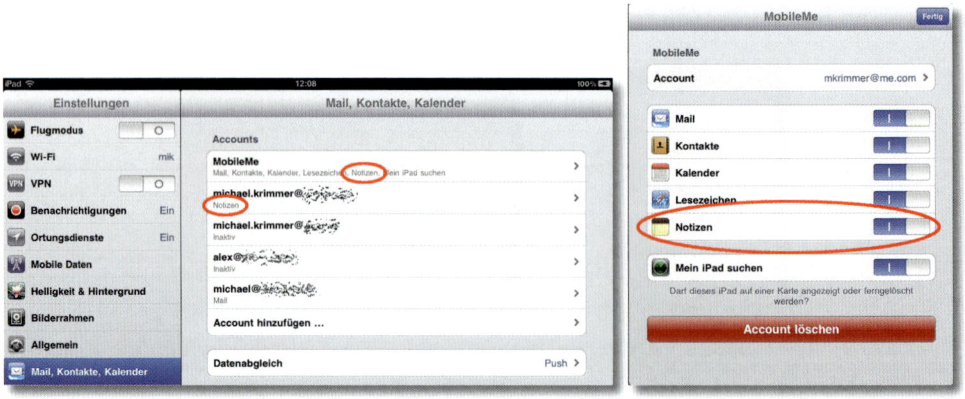

IMAP und MobileMe erlauben den Abgleich von Notizen. Schalten Sie die Option ein oder aus, um die Synchronisation zu starten oder zu beenden. Leider wird die Synchronisation von Notizen bei der Verwendung von Exchange-Accounts derzeit noch nicht unterstützt.

Möchten Sie die Notizensynchronisation ebenso in Zusammenarbei mit Exchange verwenden, dann können Sie sich im AppStore das Programm iMExchange 2 laden. Damit können ab sofort Noitzen und auch To-dos mit Exchange abgeglichen werden.

iMExchange 2 – einfache Exchange-Synchronisation für iPhone und iPad.

Bereits bestehende Notizen mit einem Trick synchronisieren

Alle Notizen, die Sie angelegt haben, bevor das iPad die Synchronisierung ermöglichte, liegen nur auf Ihrem iPad vor und lassen sich nicht abgleichen. Leider unterstützt das iPad nicht die Möglichkeit, Notizen nachträglich mit einem Account zu verknüpfen und so in den Sync-Prozess einzugliedern. Über einen kleinen Umweg geht es aber doch. Öffnen Sie eine der älteren Notizen und kopieren Sie den Text in die Zwischenablage. Wechseln Sie dann in den synchronisierbaren Account, in dem Sie die neue Notiz ablegen möchten. Erstellen Sie eine neue Notiz und fügen Sie den Text aus der Zwischenablage ein. Über diesen kleinen Umweg bekommen Sie alle Notizen auf den aktuellen Stand und alle können gesichert werden.

Notizen von einem Account in einen anderen verschieben

Sie können am iPad keine Notizen von einem Account in einen anderen verschieben. Haben Sie beispielsweise eine Notiz unter MobileMe abgespeichert, können Sie sie nicht einfach zu Google verschieben.

Am Rechner geht das aber im Handumdrehen. Nehmen wir das Beispiel Mail unter Mac OS X. Dort werden alle Notizen abgeglichen, wenn die entsprechenden Accounts konfiguriert sind. Klicken Sie auf den Notizen-Ordner, in dem sich die zu verschiebende Notiz befindet.

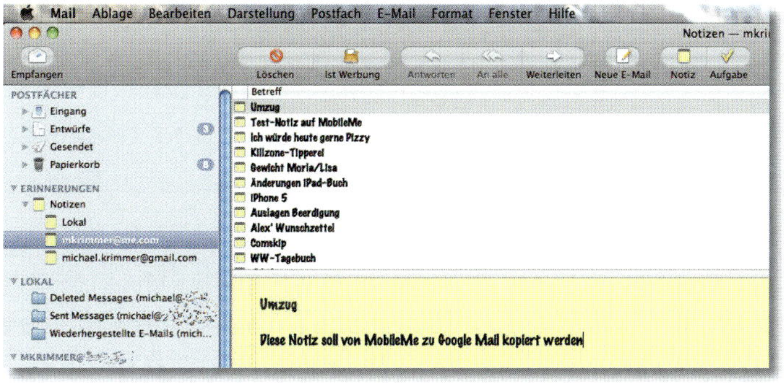

Ziehen Sie die Notiz im rechten Bereich mit der Maus auf den anderen Server im linken Bereich des Fensters.

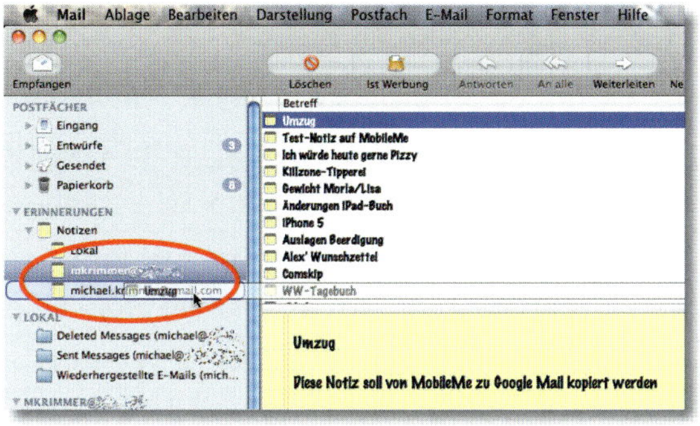

Und schon befindet sich die Notiz auf dem zweiten Server.

Mail: Das iPad als digitales Postfach

Neben dem Surfen ist das Mailen eine der wichtigsten Funktionen des iPads. Voraussetzung für die folgenden Schritte ist das Einrichten von mindestens einem E-Mail-Account.

E-Mail-Account-Einstellungen mit iTunes synchronisieren

Der schnellste und einfachste Weg, wie man die Einstellungen für Mailserver auf das iPad bringt, ist die Synchronisation über iTunes. Wenn Sie das iPad an den Rechner angesteckt und iTunes gestartet haben, finden Sie im Reiter *Info* die dafür nötige Option. Setzen Sie unter *Mail-Accounts synchronisieren* das Häkchen vor diejenigen Accounts, die Sie synchronisieren möchten. Unterstützt werden alle Mail-Accounts, die in Outlook 2003, 2007 und 2010, Outlook Express und Windows Mail unter Windows oder Entourage und Mail in Mac OS X eingetragen sind. Synchronisieren Sie das iPad, werden die Infos zu den Mail-Accounts übertragen. Achtung: iTunes synchronisiert lediglich die Einstellungen der Accounts. Den Mail-Account selbst müssen Sie manuell am iPad eingeben. Sie finden die entsprechende Option unter *Einstellungen –> Mail, Kontakte, Kalender*.

E-Mail-Accounts einrichten

Im ersten Schritt müssen Sie angeben, welche Art von Account Sie einrichten möchten. Mögliche Optionen sind beispielsweise *MobileMe* oder *Microsoft Exchange*. Möchten Sie einen IMAP- oder POP-Account erstellen, finden Sie diese Möglichkeit unter *Andere*. Wir richten exemplarisch im ersten Schritt einen MobileMe-Account ein und danach einen IMAP-Account.

Bei POP-Accounts werden E-Mails einmalig abgerufen. Überprüft man einen POP-Account danach an einem anderen Rechner, ist eine bereits abgerufene E-Mail nicht noch einmal sichtbar. Bei IMAP ist das anders, Posteingang und Ordner werden an allen Rechner synchronisiert, an denen die E-Mail abgerufen werden kann. Der große Vorteil eines Exchange-Accounts ist es, dass E-Mails nicht extra abgerufen werden müssen. Kommt eine neue Nachricht an, wird der jeweilige Rechner, auch das iPad, aktiv informiert. Die E-Mail wird also geschickt und nicht geholt. Man spricht von Push-E-Mail.

Sie können natürlich am iPad mehrere E-Mail-Accounts beliebiger Art einrichten. Das gilt auch für Exchange-Server, das iPad unterstützt mehrere davon gleichzeitig. Wir richten exemplarisch im ersten Schritt einen MobileMe-Account ein und danach einen IMAP-Account.

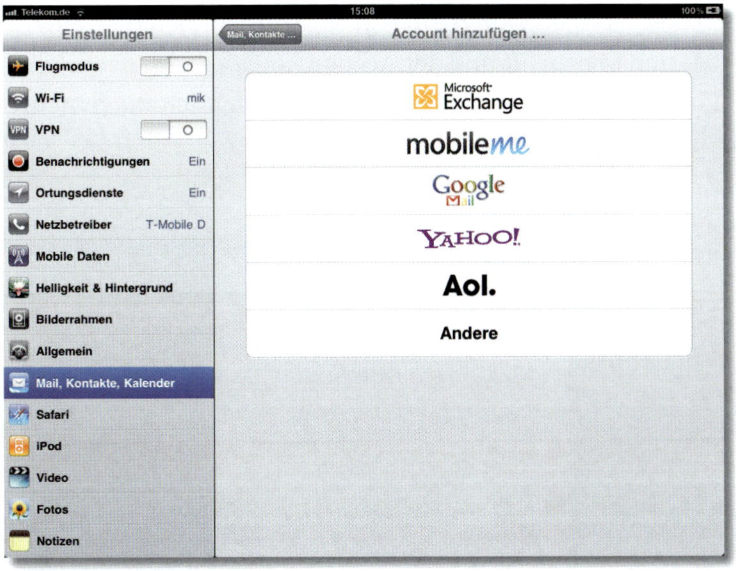

Wählen Sie im ersten Schritt aus, welche Art von Account Sie einrichten möchten.

MobileMe-Account einrichten

MobileMe ist ein Online-Service von Apple, bei dem man die Möglichkeit erhält, Daten wie Kalender und Kontakte drahtlos über das Internet abzugleichen. Das geht an beliebig vielen Rechnern, iPads und iPhones. Sie bekommen auch eine E-Mail-Adresse im Format name@me.com. In Kapitel 7 erklären wir Ihnen MobileMe, das 79 Euro pro Jahr kostet, im Detail. Wenn Sie schon MobileMe haben, können Sie so die Einstellungen am iPad vornehmen:

Wir wählen also MobileMe und geben im nächsten Fenster die erforderlichen Daten ein.

Geben Sie nun die erforderlichen Daten ein. Sie können entweder Ihre Apple-ID oder die MobileMe-Mailadresse eingeben.

Haben Sie alle nötigen Daten eingegeben, tippen Sie auf *Weiter*. Daraufhin werden die Daten überprüft und der Account angelegt. Im nächsten Schritt gibt es einige Einstellungsmöglichkeiten, die hauptsächlich die Synchronisierung von Daten betreffen.

MobileMe-Inhalte synchronisieren

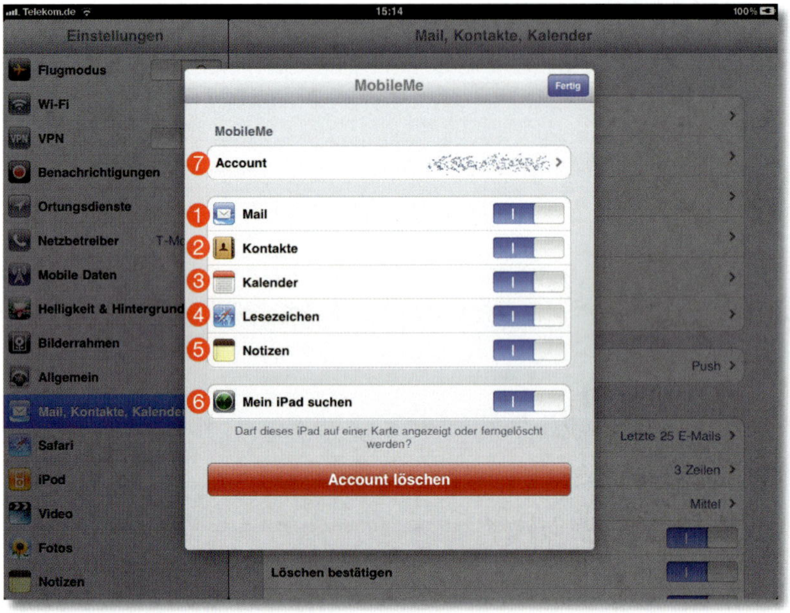

Detaillierte Einstellungen mit dem Abgleich von MobileMe.

Alle Mails ❶ werden mit dem MobileMe-Server abgeglichen. Gelöschte E-Mails sind sowohl am iPad als auch auf der MobileMe-Webseite gelöscht. Vorhandene sind an beiden Stellen abrufbar.

Wie bei den Mails werden auch Kontakte ❷, Kalendereinträge ❸, Lesezeichen ❹ und Notizen ❺ synchron gehalten. Legen Sie hier auch fest, ob Sie die Funktion *Mein iPad suchen* ❻ aktivieren möchten. Mit *Account* ❼ gelangen Sie in die Einstellungen. Dort lässt sich beispielsweise ein Name für den Account vergeben, damit man ihn von eventuell anderen auf dem iPad eingerichteten Mailaccounts unterscheiden kann.

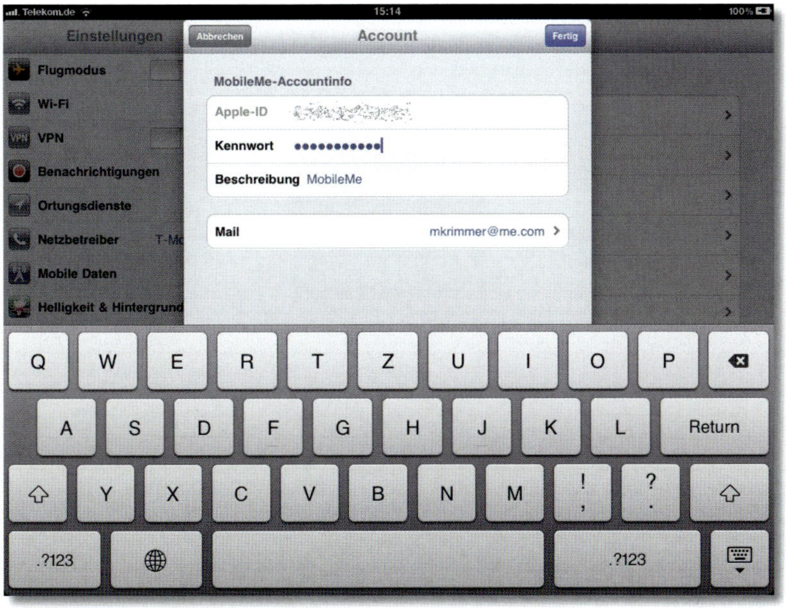

Hier können Sie zur besseren Unterscheidung eine Beschreibung eingeben.

Wenn bei Ihnen der Punkt *Kontakte* nicht aktiv ist, kann das daran liegen, dass auf dem iPad bereits Kontakte vorhanden waren. So wird verhindert, dass Daten verloren gehen oder doppelt abgespeichert werden. Möchten Sie eine vom iPad inaktiv gesetzte Option aktivieren oder deaktivieren, erhalten Sie eine Abfrage über das weitere Vorgehen.

Sollen Daten zusammengeführt werden, bleiben die vorhandenen Infos erhalten, Doppelungen drohen.

Für den Fall, dass Sie ausschließlich die MobileMe-Kontakte auf dem iPad haben möchten, wählen Sie *Nicht zusammenführen*. Auch das hat eine Sicherheitsabfrage zur Folge, die sehr wichtig ist.

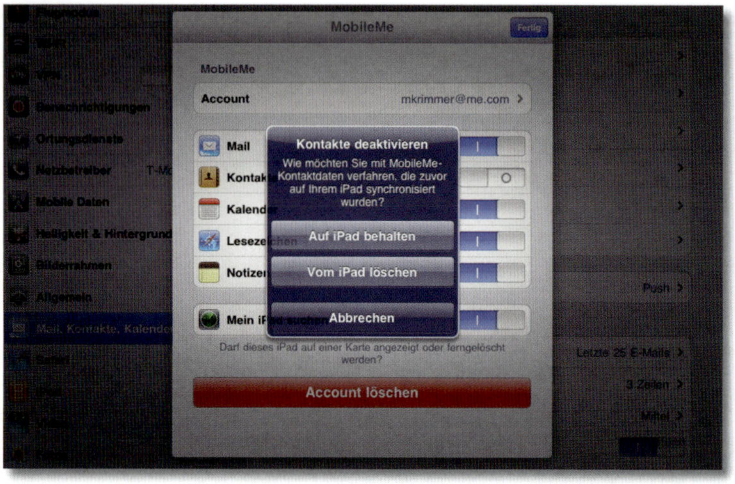

Jetzt gilt es gut zu überlegen. Sollen die vorhandenen Infos behalten oder gelöscht werden?

Wählen Sie jetzt *Löschen*, ist noch eine weitere Sicherheitsabfrage erforderlich. Normalerweise nerven allzu viele Abfragen, aber wenn es um das Löschen von mühsam gepflegten Daten geht, ist das okay.

MobileMe-Kunden können auch per Safari, Firefox oder Internet Explorer nach dem Verbleib ihres iPads forschen. Dazu muss die entsprechende Option ❺ aktiviert sein.

Alle weiteren Infos zu Apples Service MobileMe finden Sie in Kapitel 7.

Haben Sie alle Optionen nach Wunsch konfiguriert, tippen Sie auf *Sichern*. Danach wird der Abgleich durchgeführt und der MobileMe-Account ist installiert.

In diesem Fall ist die Eingabe von Serveradressen nicht nötig, weil diese schon hinterlegt sind. Ganz so bequem geht es nicht immer, häufig muss alles manuell eingetragen werden. Wie das geht, erfahren Sie nun am Beispiel eines IMAP-Accounts.

IMAP- und POP-Accounts einrichten

Wählen Sie in den *Einstellungen* unter *Mail, Kontakte, Kalender* wieder den Punkt *Account hinzufügen ...*. Da IMAP nicht als Option angeboten wird, tippen wir auf *Andere*. Hier können Sie auch *LDAP*-Accounts hinzufügen, wenn Sie die nötigen Infos zur Hand haben, oder Sie richten einen *CalDAV*-Kalender ein. Auch ein iCal-Kalenderabo können Sie hier hinzufügen.

Wir möchten einen *Mail-Account hinzufügen* und wählen die entsprechende Option.

Geben Sie nun Ihren Namen ❶, die Mailadresse des zu installierenden Accounts ❷, das Kennwort ❸ und eine Beschreibung zur besseren Unterscheidung ❹ ein und tippen Sie auf *Sichern*.

Jetzt geht es ans Eingemachte, Sie müssen die Serverdaten eingeben.

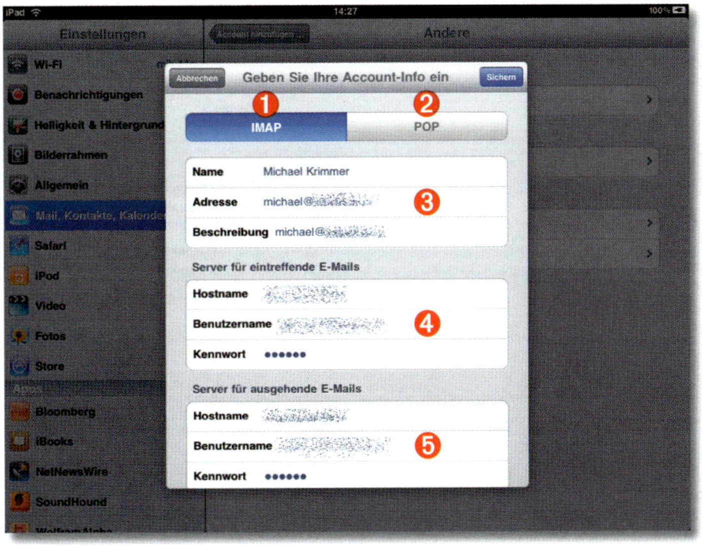

Im oberen Bereich können Sie die Server-Art wählen. Ob es sich dabei um einen IMAP- ❶ oder POP-Server ❷ handelt, erfahren Sie vom Betreiber des Mailservers. Gleich darunter ❸ können Sie die Daten aus dem vorherigen Schritt noch anpassen, wenn nötig.

Der Server für eintreffende E-Mails ❹ und der für ausgehende Nachrichten ❺ wird in den unteren beiden Abschnitten eingetragen. Der *Hostname* ist dabei eine Serveradresse wie beispielsweise mx.freenet.de oder pop.gmx.net. Der *Benutzername* ist in der Regel Ihr Benutzername, den Sie etwa bei GMX bekommen haben. Es kann aber auch die E-Mail-Adresse sein. Das *Kennwort* ist das dazugehörige Passwort. All diese Infos erhalten Sie von Ihrem Anbieter.

Haben Sie alles eingegeben, speichern Sie die Einstellungen mit *Sichern* ab. Der neue Eintrag erscheint in der Liste unter *Accounts*.

So kommen Sie an die nötigen Daten zur Einrichtung

Viele der Anbieter von E-Mail-Accounts, wie beispielsweise GMX, erlauben neben dem Senden und Empfangen der E-Mails über die Webseite auch das direkte Abfragen über E-Mail-Programme wie Outlook. Ist das der Fall, können Sie die zur Verfügung gestellten Daten auch dazu nutzen, den Account am iPad einzurichten.

Bleiben wir bei GMX. Der Anbieter gibt unter http://faq.gmx.de/messages/email/mailprogramme/imap/index.html eine Vielzahl an Informationen an, mit denen die Account-Einstellung klappt. Klicken Sie beispielsweise auf „Schritt-für-Schritt: IMAP-Einrichtung auf Ihrem mobilen Endgerät“ und dann auf „Wie kann ich IMAP mit meinem Apple iPhone nutzen?“. Dort finden Sie alle benötigten Daten, die auch für das iPad Gültigkeit haben.

Die meisten Freemailer bieten auch Zugangsdaten für POP3- und IMAP-Server an. Hier finden Sie die wichtigsten Daten im Überblick.

Anbieter	Server für eintreffende E-Mails	Server für ausgehende E-Mails
GMX	imap.gmx.net	mail.gmx.net
Freenet	mx.freenet.de	mx.freenet.de
Google Mail	imap.gmail.com	smtp.gmail.com
T-Online	secureimap.t-online.de	securesmtp.t-online.de

Die meisten der großen Mailadressen-Anbieter verfügen über solche Hilfeseiten mit den nötigen Daten. Fragen Sie zur Not nach, wenn Sie auf der Webseite des Anbieters wider Erwarten nicht fündig werden.

Exchange-Zugang konfigurieren

Um einen Exchange-Zugang einzurichten, benötigen Sie die Zugangsdaten, die Sie entweder bereits vorliegen haben oder vom Administrator Ihres Firmennetzwerks erhalten.

Wechseln Sie in die *Einstellungen* für *Mail, Kontakte, Kalender* und tippen Sie im Bereich *Accounts* auf *Account hinzufügen*. Geben Sie dann die Daten für die Exchange-Anbindung ein.

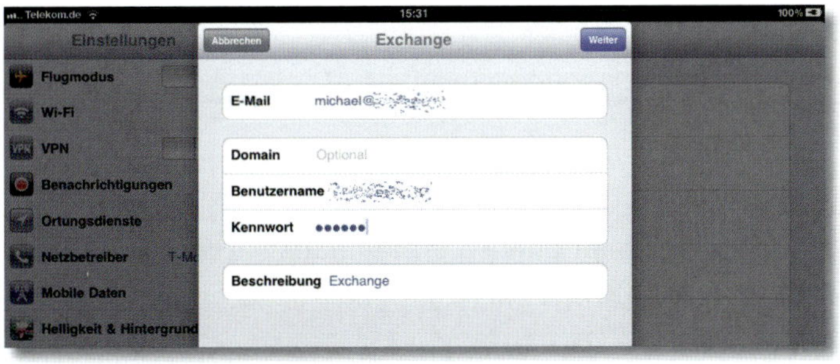

Wenn Sie die nötigen Daten für den Exchange-Server nicht vorliegen haben, bringen Sie sie vom Administrator in Erfahrung.

In den weiteren Einstellungen lässt sich festlegen, welche Daten vom Server auf das iPad geladen werden sollen. Aktivieren Sie auf Wunsch die Schalter für *Mail*, *Kontakte* und *Kalender*.

Welche Daten dürfen es sein? Wenn Sie Mails, Kontakte oder Termine abgleichen möchten, aktivieren Sie die entsprechenden Punkte.

In den Exchange-Einstellungen können Sie ebenfalls eingeben, welcher Zeitraum bei der Abfrage der Mails berücksichtigt werden soll. Wünschen Sie beispielsweise, dass alle Mails auf dem iPad landen, ist die Einstellung auf dem folgenden Screenshot genau das Richtige für Sie. Sie können aber auch *1 Tag*, *3 Tage*, *1 Woche*, *2 Wochen* oder *1 Monat* einstellen.

Hier lässt sich festlegen, wie alt die Mails sein dürfen, die auf dem iPad landen.

Die Mailordner lassen sich ebenso einfach auswählen, wie bei allen anderen POP3- oder IMAP-Mailservern auch. Tippen Sie auf einen Ordner, um auf den Inhalt zuzugreifen.

Lassen Sie Kalender und/oder Kontakte synchronisieren, dann startet sogleich der Abgleich.

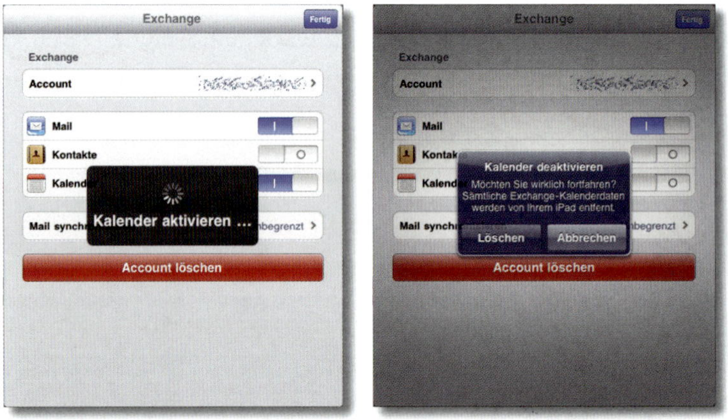

Bringen Sie den Schieberegler in die gewünschte Position. Der Kalender wird sofort aktiviert (links). Beim Deaktivieren der Verbindung erscheint sicherheitshalber eine Abfrage (rechts).

Die Verbindung zu einem Exchange-Server hat dabei eine Vielzahl an Vorteilen. So können Sie nun Ihre Termine einsehen, neue Termine erstellen, andere Personen zu diesen Terminen einladen und bei Einladungen an Ihre Adresse auf diese reagieren.

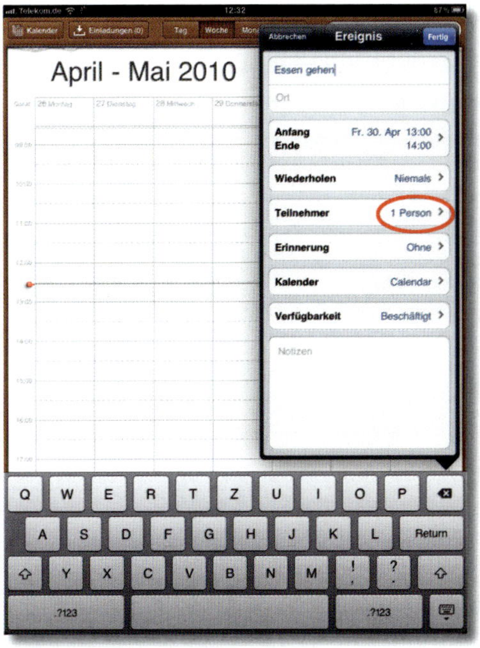

Ein neuer Kalendereintrag in der Exchange-Umgebung kann ganz einfach erstellt werden. Sobald Sie Teilnehmer dazu einladen, werden diese auch automatisch benachrichtigt.

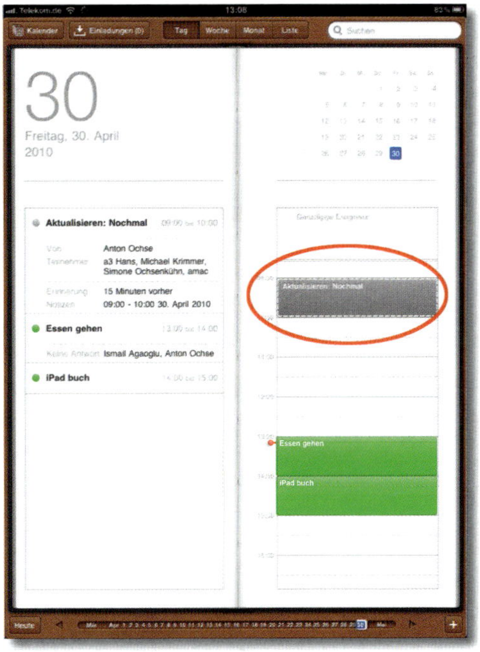

Sofern Sie Einladungen bekommen, werden diese entweder im Programm Mail oder direkt im Kalender (Termin „Nochmal" – graue Farbe) dargestellt. Abhängig davon, mit welchem System diese Einladung erstellt worden ist.

Auch die Verwendung der Kontakte-Funktion ist überaus nützlich. Sie erhalten nun im Kontakte-Programm den Eintrag *Gruppen* und können dort auf Ihre Exchange-Gruppe zugreifen oder via *Globale Adressenliste von xy* eine Suche auf dem Exchange-Server nach Personen, Telefonnummern, Orten etc. ausführen.

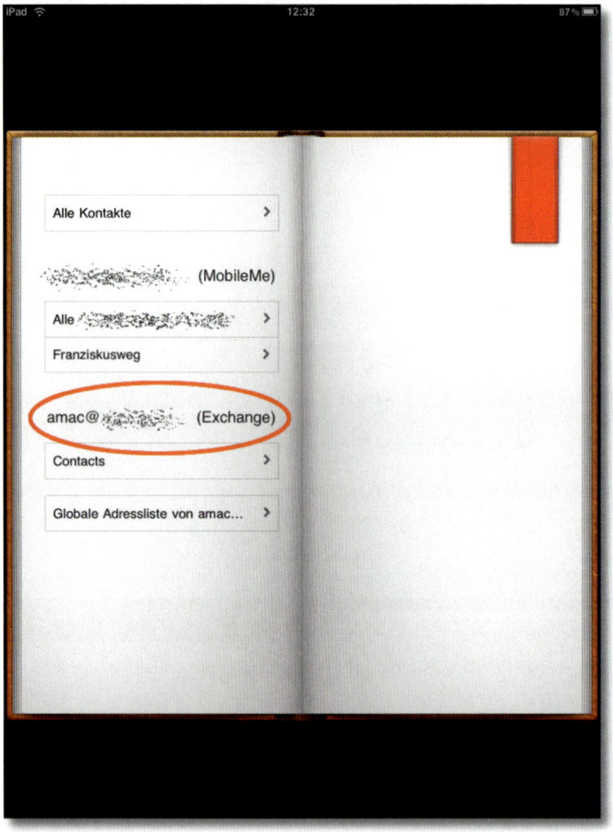

Nach Aktivierung der Kontakte können Sie den kompletten Exchange-Server danach absuchen und Personen etc. ausfindig machen.

Die Suchfunktion ist sogar noch weiterführend: Via Spotlight findet das iPad nun auch Informationen in E-Mails, die sich noch auf Ihrem Server befinden.

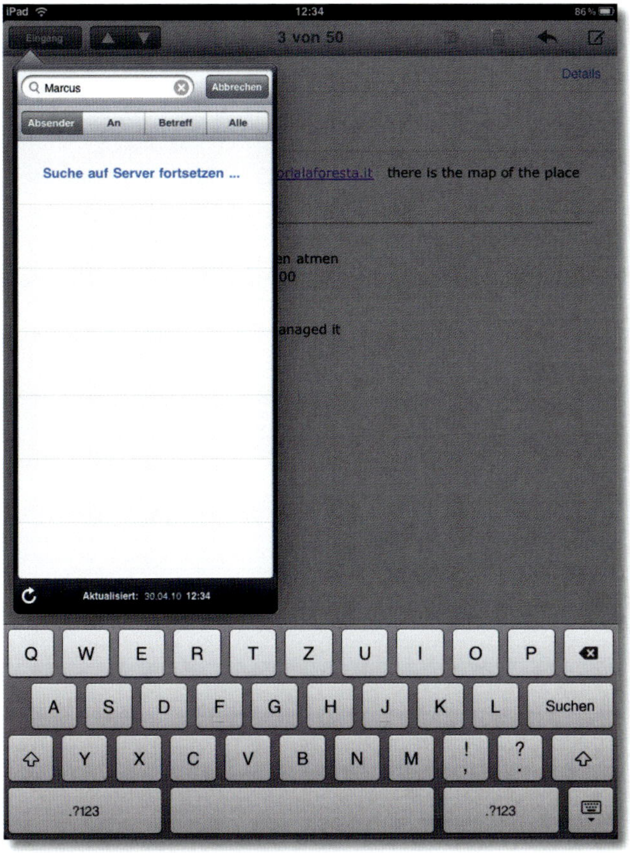

Suche auf einem Exchange-Server in dessen Posteingang.

Auch ein Google-E-Mail-Account kann via Exchange eingerichtet werden. Der Vorteil liegt klar auf der Hand: Push-Service! Wie die Einrichtung im Detail stattfindet, können Sie hier nachlesen: http://www.google.com/support/mobile/bin/answer.py?answer=138740&topic=14252 oder Sie schlagen im Kapitel 7 nach.

Mit dem Programm Mail arbeiten

Wenn die gewünschten Mailkonten eingetragen sind, bringt Sie ein Klick auf das *Mail*-Symbol beim ersten Mal zur Kontenübersicht. Ansonsten landen Sie genau in dem Ordner, in dem Sie das letzte Mal den E-Mail-Client des iPads verlassen haben. Der nach links gerichtete Pfeil links oben lässt Sie innerhalb der Ordner immer eine Ebene zurückspringen, bis Sie in der Übersicht der *Accounts* angelangt sind. Von dort aus können Sie wieder einzelne Accounts und deren Ordner auswählen.

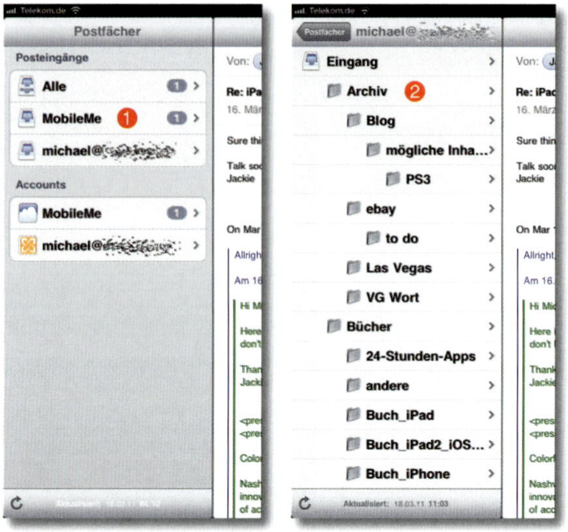

iPads Mail erlaubt das bequeme Verwalten von mehreren Mailaccounts ❶ und Ordnern innerhalb der Accounts ❷.

Mails im Hoch- oder Querformat anzeigen

In der Anwendung Mail haben Sie wieder die Möglichkeit, im Hoch- oder Querformat zu arbeiten. Beim Hochformat nimmt die E-Mail den gesamten Bildschirm ein. Das Fenster zur Server- oder Ordnerauswahl wird bei Bedarf über der E-Mail eingeblendet.

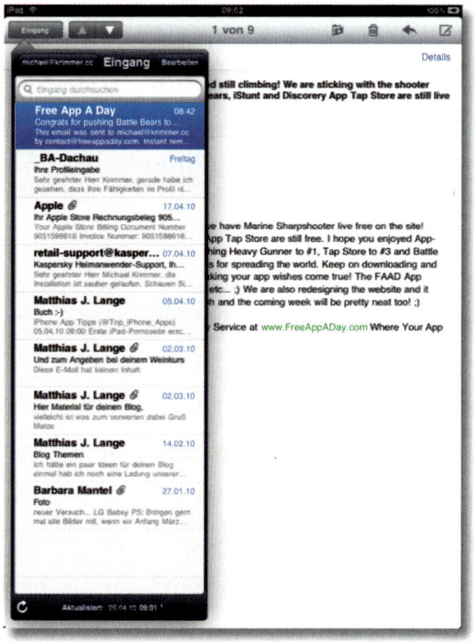

Programmfenster Mail im Hochformat mit eingeblendetem Posteingangsfach.

Im Querformat dagegen ist alles zusammen eingeblendet. Wechselt man häufig zwischen Accounts und Ordnern hin und her, empfiehlt sich diese Ansicht. Aber grundsätzlich ist es egal, wie man das iPad hält. Es lässt sich in beiden Fällen gut damit arbeiten.

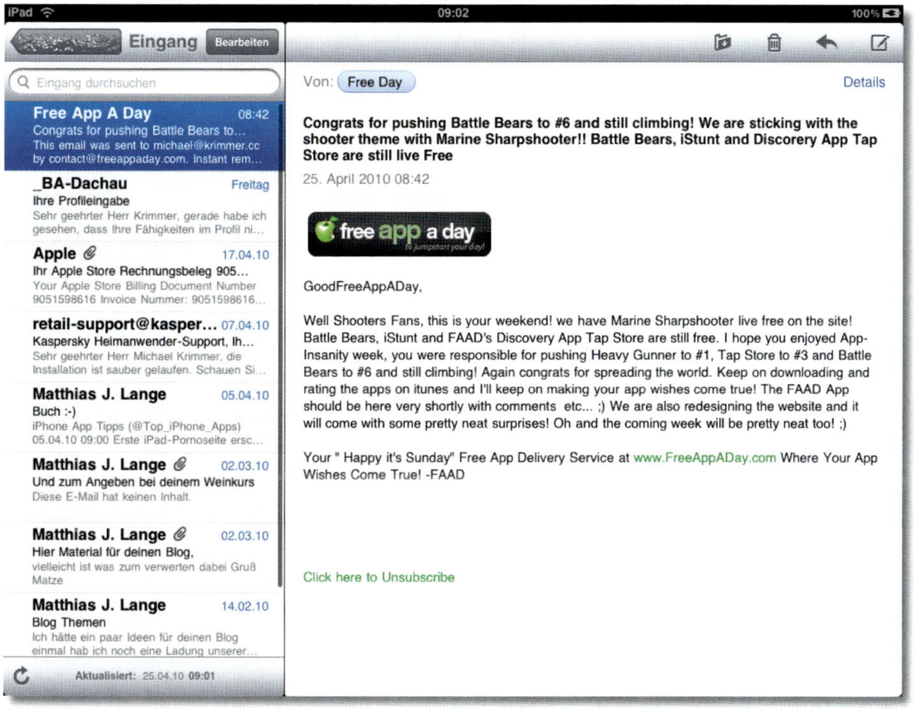
iPad
09:02
100%
Eingang
Bearbeiten
Eingang durchsuchen
Free App A Day 08:42
Congrats for pushing Battle Bears to...
This email was sent to michael@krimmer.cc by contact@freeappaday.com. Instant rem...
_BA-Dachau Freitag
Ihre Profileingabe
Sehr geehrter Herr Krimmer, gerade habe ich gesehen, dass Ihre Fähigkeiten im Profil ni...
Apple 17.04.10
Ihr Apple Store Rechnungsbeleg 905...
Your Apple Store Billing Document Number 9051598616 Invoice Nummer: 9051598616...
retail-support@kasper... 07.04.10
Kaspersky Heimanwender-Support, Ih...
Sehr geehrter Herr Michael Krimmer, die Installation ist sauber gelaufen. Schauen Si...
Matthias J. Lange 05.04.10
Buch :-)
iPhone App Tipps (@Top_iPhone_Apps) 05.04.10 09:00 Erste iPad-Pornoseite ersc...
Matthias J. Lange 02.03.10
Und zum Angeben bei deinem Weinkurs
Diese E-Mail hat keinen Inhalt.
Matthias J. Lange 02.03.10
Hier Material für deinen Blog,
vielleicht ist was zum verwerten dabei Gruß Matze
Matthias J. Lange 14.02.10
Blog Themen
Ich hätte ein paar Ideen für deinen Blog einmal hab ich noch eine Ladung unserer...
Aktualisiert: 25.04.10 09:01
Von: Free Day
Details
Congrats for pushing Battle Bears to #6 and still climbing! We are sticking with the shooter theme with Marine Sharpshooter!! Battle Bears, iStunt and Discorery App Tap Store are still live Free
25. April 2010 08:42
free app a day
GoodFreeAppADay,
Well Shooters Fans, this is your weekend! we have Marine Sharpshooter live free on the site! Battle Bears, iStunt and FAAD's Discovery App Tap Store are still free. I hope you enjoyed App-Insanity week, you were responsible for pushing Heavy Gunner to #1, Tap Store to #3 and Battle Bears to #6 and still climbing! Again congrats for spreading the world. Keep on downloading and rating the apps on itunes and I'll keep on making your app wishes come true! The FAAD App should be here very shortly with comments etc... ;) We are also redesigning the website and it will come with some pretty neat surprises! Oh and the coming week will be pretty neat too! ;)
Your " Happy it's Sunday" Free App Delivery Service at www.FreeAppADay.com Where Your App Wishes Come True! -FAAD
Click here to Unsubscribe

Im Querformat wird die E-Mail zusammen mit dem Posteingangsordner angezeigt.

Die folgenden Schritte zeigen wir anhand des übersichtlicheren Querformats.

Maileingang zusammengefasst oder einzeln ansehen

Haben Sie mehrere Mailaccounts auf Ihrem iPad konfiguriert, können Sie sich die neuen Nachrichten jeder einzelnen Adresse ansehen oder Sie wählen den kombinierten Posteingang. Dabei werden alle Mails in einem gemeinsamen Posteingang angezeigt. Das ist hilfreich, wenn man täglich viele Mails an verschiedene Adressen bekommt. Entscheidet man sich für den gemeinsamen Posteingang, muss man nicht jedes Mal zwischen den Mailservern hin- und herspringen, wenn wieder einmal eine Mail woanders ankommt.

Befinden Sie sich gerade in einem einzelnen Posteingang, tippen Sie links oben auf den Pfeil, der den Namen des Mailaccounts trägt. Daraufhin gelangen Sie in die Übersicht aller konfigurierten Mailaccounts.

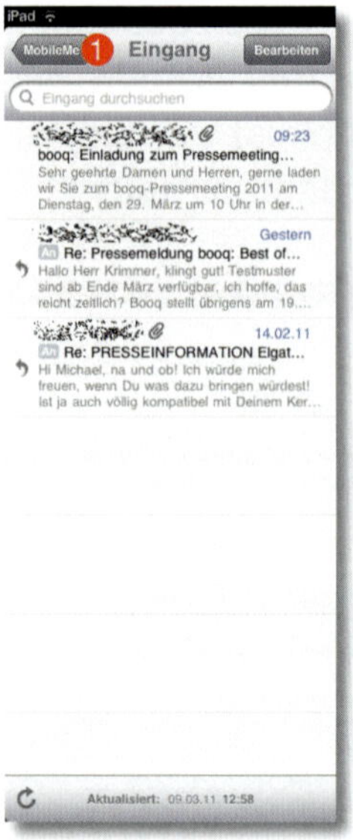
iPad
MobileMe
1
Eingang
Bearbeiten
Eingang durchsuchen
09:23
booq: Einladung zum Pressemeeting...
Sehr geehrte Damen und Herren, gerne laden wir Sie zum booq-Pressemeeting 2011 am Dienstag, den 29. März um 10 Uhr in der...
Gestern
Re: Pressemeldung booq: Best of...
Hallo Herr Krimmer, klingt gut! Testmuster sind ab Ende März verfügbar, ich hoffe, das reicht zeitlich? Booq stellt übrigens am 19....
14.02.11
Re: PRESSEINFORMATION Elgat...
Hi Michael, na und ob! Ich würde mich freuen, wenn Du was dazu bringen würdest! Ist ja auch völlig kompatibel mit Deinem Ker...
Aktualisiert: 09.03.11 12:58

Über den Pfeil links oben ❶ gelangen Sie zur Übersicht aller auf dem iPad installierten Mailserver.

Daraufhin gelangen Sie in die Liste der *Postfächer*. Dort können Sie entweder den gemeinsamen Posteingang aller installierten Mailserver wählen (*Alle*) oder aber Sie wählen einen bestimmten aus. Kommt dann eine Mail auf einem anderen Server an, müssen Sie wieder über dieses Fenster zum anderen Server wechseln. Komfortabler ist da der gemeinsame Posteingang.

iPad
Postfächer
Posteingänge
Alle
MobileMe
Accounts
MobileMe
Aktualisiert: 09.03.11 12:58

Das iPad lässt Ihnen die Wahl zwischen einem Gesamtposteingang und einem eigenen pro Server.

Möchten Sie eine E-Mail in einem Unterordner auf einem der Server ansehen, können Sie das unter *Accounts* etwas weiter unter machen. Tippen Sie dort auf den entsprechenden Eintrag und Sie sehen alle Ordner, die sich auf diesem Server befinden.

Das Fenster „Postfächer" bringt Sie auch zu Ordnern der einzelnen Server.

Mails nach Verlauf zusammenfassen

Eine weitere Hilfe dabei, prall gefüllte Posteingänge ein wenig übersichtlicher zu gestalten, sind nach E-Mail-Verlauf zusammengefasste Mails. Die entsprechende Einstellung finden Sie unter *Einstellungen* –> *Mail, Kontakte, Kalender* und dort in der Rubrik *Mail*. Aktivieren Sie den Punkt *Nach E-Mail-Verlauf*, werden künftig alle Mails, die zum selben Thema gehören, zusammengefasst und nehmen im Posteingang nur den Platz eines Eintrags ein.

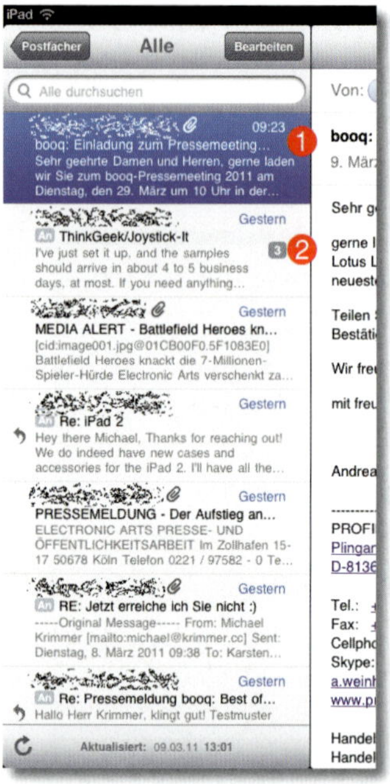
iPad
Postfächer
Alle
Bearbeiten
Alle durchsuchen
Von:
09:23
booq: Einladung zum Pressemeeting...
Sehr geehrte Damen und Herren, gerne laden wir Sie zum booq-Pressemeeting 2011 am Dienstag, den 29. März um 10 Uhr in der...
1
booq:
9. Mär
Sehr g
Gestern
ThinkGeek/Joystick-It
I've just set it up, and the samples should arrive in about 4 to 5 business days, at most. If you need anything...
3
2
gerne l
Lotus L
neuest
Gestern
MEDIA ALERT - Battlefield Heroes kn...
[cid:image001.jpg@01CB00F0.5F1083E0] Battlefield Heroes knackt die 7-Millionen-Spieler-Hürde Electronic Arts verschenkt za...
Teilen
Bestäti
Wir fre
Gestern
Re: iPad 2
Hey there Michael, Thanks for reaching out! We do indeed have new cases and accessories for the iPad 2. I'll have all the...
mit freu
Andrea
Gestern
PRESSEMELDUNG - Der Aufstieg an...
ELECTRONIC ARTS PRESSE- UND ÖFFENTLICHKEITSARBEIT Im Zollhafen 15-17 50678 Köln Telefon 0221 / 97582 - 0 Te...
PROFI
Plingar
D-8136
Gestern
RE: Jetzt erreiche ich Sie nicht :)
-----Original Message----- From: Michael Krimmer [mailto:michael@krimmer.cc] Sent: Dienstag, 8. März 2011 09:38 To: Karsten...
Tel.:
Fax:
Cellph
Skype:
a.wein
www.p
Gestern
Re: Pressemeldung booq: Best of...
Hallo Herr Krimmer, klingt gut! Testmuster
Handel
Handel
Aktualisiert: 09.03.11 13:01

Hinter den ersten beiden Einträgen der Liste verbergen sich insgesamt sechs Mails. Das spart Platz.

Angezeigt wird die Ursprungsmail sowie die Anzahl der Nachrichten, die zu dieser Unterhaltung gehören. Der erste Eintrag in der Liste ist eine Einzelmail ❶, gleich danach wurden drei Mails vom selben Absender zusammengefasst ❷. Erst wenn Sie darauf tippen, sehen Sie alle dazugehörigen Mails

iPad
3
Alle
4
3 E-Mails
Bearbeiten
3 E-Mails durchsuchen
Von:
Shane Pete
1
ThinkGeek/Joystick-It
Gestern
Shane Peterman
Gestern
2
Re: ThinkGeek/Joystick-It
I've just set it up, and the samples should arrive in about 4 to 5 business days, at most. If you need anything else, let me know! Bes...
Re: ThinkGeek/Jo
8. März 2011 22:3
I've just set it up, a
If you need anythin
Shane Peterman
Gestern
Re: ThinkGeek/Joystick-It
Ok, try it we shall! Let me know where to send it, and I'll get it set up :) Best, Shane On 3/7/11 4:07 PM, Michael Krimmer wrote: >...
Best,
Shane
Shane Peterman
Montag
ThinkGeek/Joystick-It
Hi Michael, Thanks for getting in touch, and sorry for not getting back to you before! Sometimes requests don't fully come throug...
On 3/8/11 4:25 PM
Hi there Shane,
Allright, let's try it.
Michael Krimmer
Kohlbeckstr. 33

Über den Nachrichten ❶ wird das Thema angezeigt. Darunter die dazugehörigen Nachrichten ❷. Oben in der Mitte erscheint noch einmal die Anzahl der Nachrichten ❸. Der Pfeil links oben ❹ bringt Sie wieder zurück zum Posteingang. Sie können alles machen, was Sie auch bei einzelnen Mails können: Nachrichten lesen, löschen, verschieben und neue Nachrichten verfassen.

Zusammengefasste Themen löschen

Beim Löschen von Mails in zusammengefassten Themen ist Vorsicht geboten. Löschen Sie die Mail im Posteingang selbst, wenn also die kleine Zahl der Nachrichten rechts angezeigt wird, werden auch alle dazugehörigen Nachrichten entfernt. Möchten Sie einzelne Nachrichten löschen, müssen Sie vorher zum Thema wechseln, indem Sie auf die Hauptmail der Unterhaltung tippen.

POP3- und IMAP-E-Mails manuell oder automatisch abrufen

Sie können ein Postfach dadurch manuell abrufen, indem Sie den Kreis mit dem Pfeil links unten in der Ecke drücken, der sich an der linken Seite des Screens befindet. Daraufhin werden die Konten abgefragt und neue E-Mails angezeigt. Es geht aber auch automatisch. Drücken Sie vom Home-Bildschirm aus *Einstellungen* und danach *Mail, Kontakte, Kalender –> Datenabgleich*.

- **Hier können Sie nun angeben, ob aktualisierte Informationen sofort (Push) oder in festgelegten Intervallen (Alle 15 Minuten, Alle 30 Minuten, Stündlich) oder Manuell geladen werden sollen. Push gilt nur für Dienste, die diese Funktion auch anbieten. Ein Beispiel dafür ist Microsoft Exchange oder Apples Service MobileMe, auf den wir in Kapitel 7 noch detailliert eingehen werden.**

Wie viele ungelesene Mails warten, zeigt die Ziffer über dem Mail-Symbol. Die Anzahl bezieht sich auf alle eingetragenen E-Mail-Postfächer des iPads.

Das Menü *Erweitert* gibt einen Überblick darüber, welche Dienste mit welchen Einstellungen abgefragt werden. Dort ist es auch möglich, für verschiedene Server unterschiedliche Einstellungen zu wählen.

*Hier ist zu sehen, welche Daten per Push-Funktion ankommen und welche manuell abgeholt werden (**Laden**).*

Das Problem mit POP-Accounts und die Lösung

Im Gegensatz zu IMAP-Accounts lassen sich E-Mails von einem POP-Server nur einmal herunterladen, weil keine Synchronisation mit dem Mailserver stattfindet. Zum Problem wird das, wenn beispielsweise zu Hause der Rechner und das Mailprogramm noch laufen, während Sie unterwegs sind und Ihre E-Mails per iPad abrufen möchten. Lädt nun der Heim-PC eine Nachricht herunter, wird diese E-Mail auf dem iPad nicht mehr berücksichtigt. Schließlich wurde die E-Mail ja ordnungsgemäß geladen. Handelt es sich dabei um eine Nachricht, die ein schnelles Handeln erfordert, ist das schlecht, weil man sie erst zu Hause lesen kann.

Das Problem lässt sich aber umgehen, indem man iPad und Desktop-PC vorschreibt, dass E-Mails zwar geladen werden, eine Kopie aber auf dem Server verbleiben soll. Dann kann der zweite Rechner ebenfalls diese E-Mail laden.

iPad: Wechseln Sie zu den *Einstellungen –> Mail, Kontakte, Kalender* und wählen Sie den betreffenden Account aus. Unter *Erweitert* gibt es die Option *Einstellungen für eintreffende E-Mails*, *Vom Server löschen*. Wählen Sie hier *Niemals*.

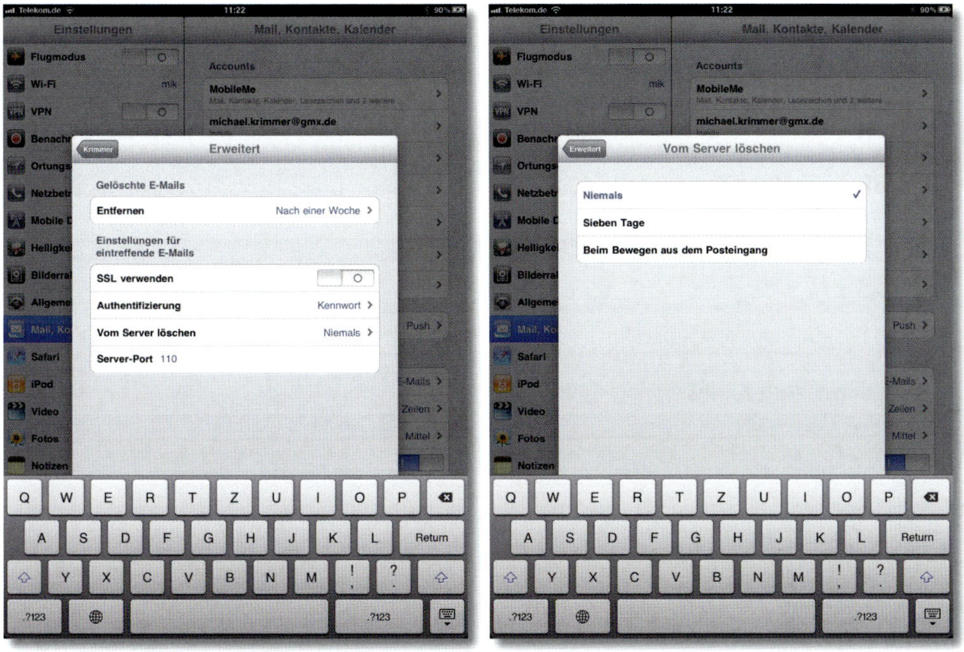

Damit wird das iPad keine E-Mails von Ihrem Mailserver entfernen.

Das löst das Problem, dass das iPad als einziges Endgerät von der Existenz der Nachricht erfährt. Den zweiten Fall lösen Sie, indem Sie dem Mail-Client am Desktop-Rechner oder Notebook ebenfalls auftragen, Nachrichten auf dem Server zu behalten. Wo Sie diese Option finden, hängt vom Mailprogramm ab:

Entourage (Mac): Wählen Sie *Extras –> Konten...* Klicken Sie doppelt auf den entsprechenden Account und aktivieren Sie im Reiter *Optionen* den Eintrag *Kopien der Nachrichten auf dem Server belassen.*

Mail (Mac): Wählen Sie *Mail –> Einstellungen* und tippen Sie im Reiter *Accounts* auf das entsprechende Mailkonto. Die Einstellung finden Sie unter *Erweitert.* Hier müssen Sie lediglich die Option *Nach Erhalt einer E-Mail Kopie vom Server löschen* deaktivieren.

Outlook (Win): Wechseln Sie zu *Extras –> Kontoeinstellungen* und klicken Sie doppelt auf den POP-Account. Klicken Sie dann auf *Weitere Einstellungen* und dort auf *Erweitert.* Setzen Sie jetzt das Häkchen vor *Kopie aller Nachrichten auf dem Server belassen.*

Outlook 2011 (Mac): Unter *Extras –> Konten* ist das jeweilige Konto anzuklicken und dann rechts daneben der Begriff *Erweitert.* Sodann ist im Reiter *Server* die Eigenschaft *Eine Kopie jeder Nachricht auf dem Server belassen* zu aktivieren.

Damit ist das Problem in beide Richtungen gelöst.

Durch E-Mails blättern

Möchten Sie durch E-Mails blättern, gibt es im Hoch- und Querformat unterschiedliche Vorgehensweisen. Im Hochformat nutzen Sie dazu die beiden Pfeile nach oben und unten, um eine E-Mail nach vorne oder hinten zu springen.

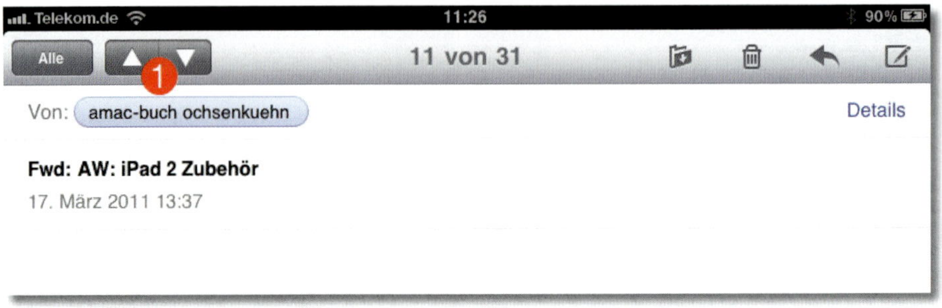

Durch die fehlende E-Mail-Übersicht im Hochformat bietet Mail Pfeile zur Navigation durch E-Mails an.

Im Querformat lässt sich eine neue E-Mail ganz einfach anwählen, indem Sie im linken Übersichtsbereich darauf tippen.

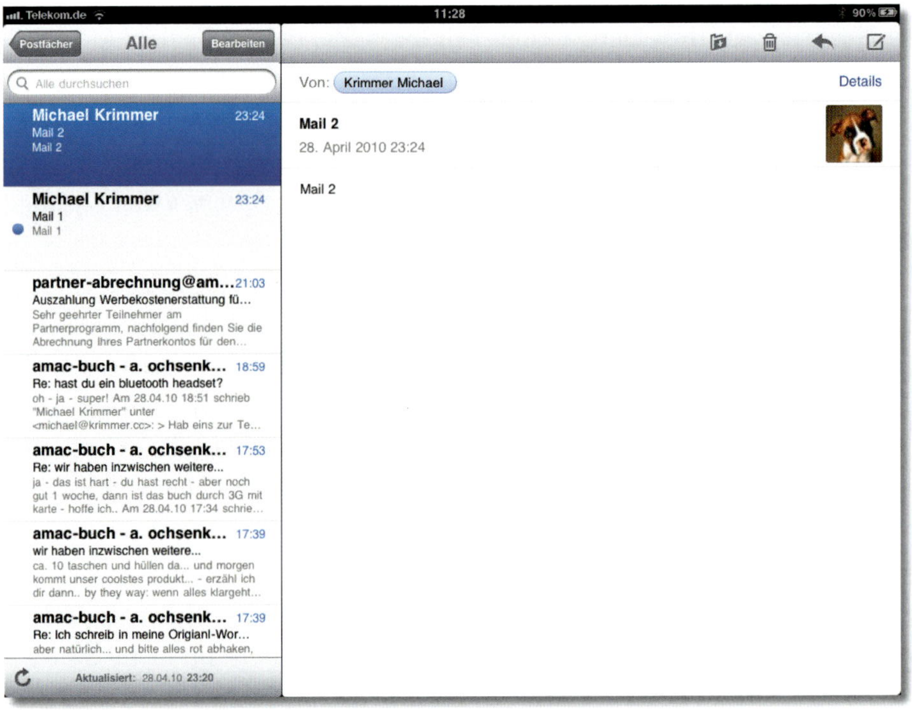

Das Querformat bietet beim Programm Mail mehr Übersicht.

Weitere E-Mails vom Server laden

Sind innerhalb eines Ordners noch nicht alle E-Mails auf das iPad geladen, erhalten Sie am Ende der Liste einen entsprechenden Hinweis. Tippen Sie darauf, um den Download der restlichen Nachrichten zu starten.

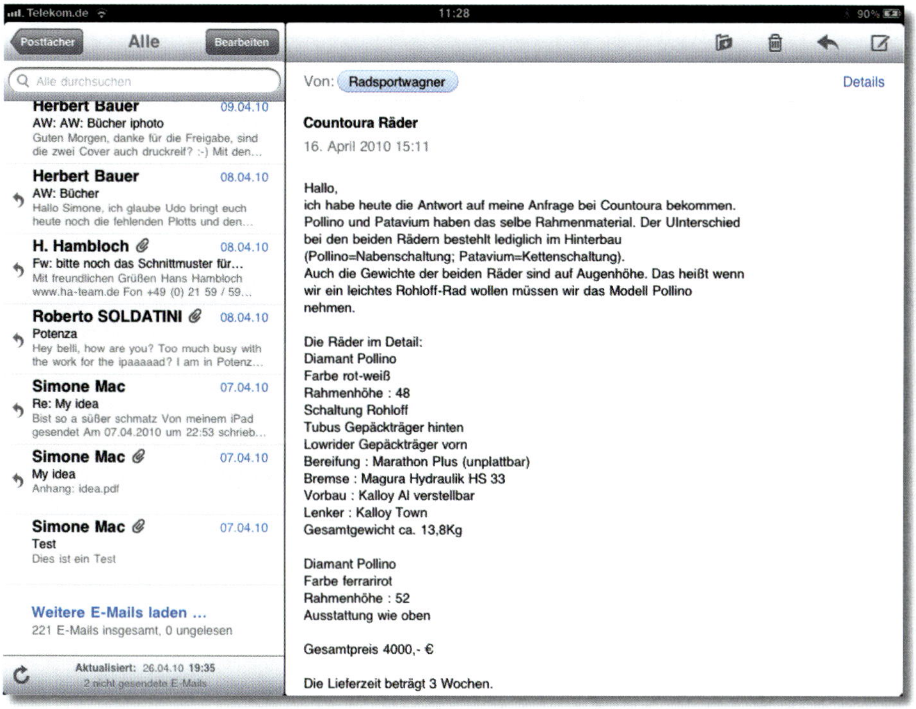

Telekom.de
11:28
90%
Postfächer
Alle
Bearbeiten
Alle durchsuchen
Herbert Bauer 09.04.10
AW: AW: Bücher iphoto
Guten Morgen, danke für die Freigabe, sind die zwei Cover auch druckreif? :-) Mit den...
Herbert Bauer 08.04.10
AW: Bücher
Hallo Simone, ich glaube Udo bringt euch heute noch die fehlenden Plotts und den...
H. Hambloch 08.04.10
Fw: bitte noch das Schnittmuster für...
Mit freundlichen Grüßen Hans Hambloch www.ha-team.de Fon +49 (0) 21 59 / 59...
Roberto SOLDATINI 08.04.10
Potenza
Hey belli, how are you? Too much busy with the work for the ipaaaaad? I am in Potenz...
Simone Mac 07.04.10
Re: My idea
Bist so a süßer schmatz Von meinem iPad gesendet Am 07.04.2010 um 22:53 schrieb...
Simone Mac 07.04.10
My idea
Anhang: idea.pdf
Simone Mac 07.04.10
Test
Dies ist ein Test
Weitere E-Mails laden ...
221 E-Mails insgesamt, 0 ungelesen
Aktualisiert: 26.04.10 19:35
2 nicht gesendete E-Mails
Von: Radsportwagner
Details
Countoura Räder
16. April 2010 15:11
Hallo,
ich habe heute die Antwort auf meine Anfrage bei Countoura bekommen.
Pollino und Patavium haben das selbe Rahmenmaterial. Der Ulnterschied
bei den beiden Rädern bestehlt lediglich im Hinterbau
(Pollino=Nabenschaltung; Patavium=Kettenschaltung).
Auch die Gewichte der beiden Räder sind auf Augenhöhe. Das heißt wenn
wir ein leichtes Rohloff-Rad wollen müssen wir das Modell Pollino
nehmen.
Die Räder im Detail:
Diamant Pollino
Farbe rot-weiß
Rahmenhöhe : 48
Schaltung Rohloff
Tubus Gepäckträger hinten
Lowrider Gepäckträger vorn
Bereifung : Marathon Plus (unplattbar)
Bremse : Magura Hydraulik HS 33
Vorbau : Kalloy Al verstellbar
Lenker : Kalloy Town
Gesamtgewicht ca. 13,8Kg
Diamant Pollino
Farbe ferrarirot
Rahmenhöhe : 52
Ausstattung wie oben
Gesamtpreis 4000,- €
Die Lieferzeit beträgt 3 Wochen.

Tippen Sie auf die Meldung, um weitere Nachrichten zu laden.

Einzelne E-Mails löschen und E-Mails verschieben

Einzelne E-Mails löschen Sie dadurch, dass Sie in der Übersicht aller E-Mails eines Ordners mit dem Finger nach rechts über die E-Mail „wischen". Bestätigen Sie den Vorgang dadurch, dass Sie auf ***Löschen*** tippen. Haben Sie es sich anders überlegt, brechen Sie den Vorgang ab, indem Sie in einen anderen Bereich tippen.

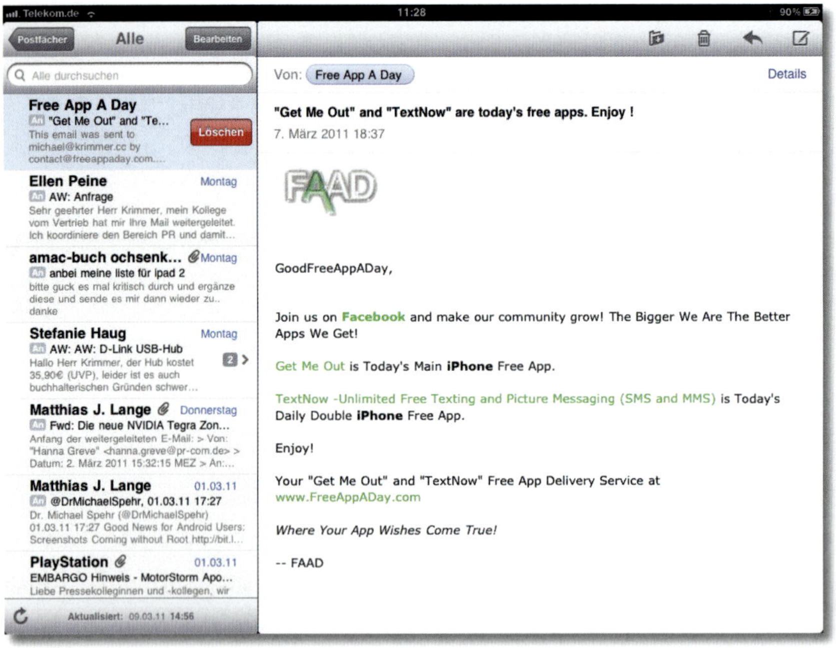
Telekom.de
11:28
90%
Postfächer
Alle
Bearbeiten
Alle durchsuchen
Free App A Day
"Get Me Out" and "Te...
This email was sent to michael@krimmer.cc by contact@freeappaday.com....
Löschen
Ellen Peine
Montag
AW: Anfrage
Sehr geehrter Herr Krimmer, mein Kollege vom Vertrieb hat mir Ihre Mail weitergeleitet. Ich koordiniere den Bereich PR und damit...
amac-buch ochsenk...
Montag
anbei meine liste für ipad 2
bitte guck es mal kritisch durch und ergänze diese und sende es mir dann wieder zu.. danke
Stefanie Haug
Montag
AW: AW: D-Link USB-Hub
Hallo Herr Krimmer, der Hub kostet 35,90€ (UVP), leider ist es auch buchhalterischen Gründen schwer...
Matthias J. Lange
Donnerstag
Fwd: Die neue NVIDIA Tegra Zon...
Anfang der weitergeleiteten E-Mail: > Von: "Hanna Greve" <hanna.greve@pr-com.de> > Datum: 2. März 2011 15:32:15 MEZ > An:...
Matthias J. Lange
01.03.11
@DrMichaelSpehr, 01.03.11 17:27
Dr. Michael Spehr (@DrMichaelSpehr) 01.03.11 17:27 Good News for Android Users: Screenshots Coming without Root http://bit.l...
PlayStation
01.03.11
EMBARGO Hinweis - MotorStorm Apo...
Liebe Pressekolleginnen und -kollegen, wir
Aktualisiert: 09.03.11 14:56
Von: Free App A Day
Details
"Get Me Out" and "TextNow" are today's free apps. Enjoy !
7. März 2011 18:37
FAAD
GoodFreeAppADay,
Join us on Facebook and make our community grow! The Bigger We Are The Better Apps We Get!
Get Me Out is Today's Main iPhone Free App.
TextNow -Unlimited Free Texting and Picture Messaging (SMS and MMS) is Today's Daily Double iPhone Free App.
Enjoy!
Your "Get Me Out" and "TextNow" Free App Delivery Service at www.FreeAppADay.com
Where Your App Wishes Come True!
-- FAAD

*Indem Sie mit dem Finger nach rechts über die E-Mail wischen und danach auf **Löschen** tippen, entfernen Sie die E-Mail.*

Sie können aber auch eine E-Mail löschen, die Sie gerade ansehen. Tippen Sie dazu auf den Papierkorb in der Menüleiste rechts oben.

1
2
3
4

Die Menüleiste in Mail. Mit ❶ verschieben Sie E-Mails in einen anderen Ordner, ❷ löscht die Nachricht, mit ❸ antworten Sie darauf, leiten eine E-Mail weiter oder drucken Sie per AirPrint. ❹ erstellt eine neue Nachricht.

Das Ordnersymbol mit dem Pfeil nach unten ermöglicht das Verschieben einer E-Mail in einen anderen Ordner. Tippen Sie darauf und wählen Sie im folgenden Bild den gewünschten Ordner. Die E-Mail wird daraufhin in diesen Ordner verschoben.

Seit iOS 4 können E-Mails auch in Ordner anderer Mail-Accounts verschoben werden.

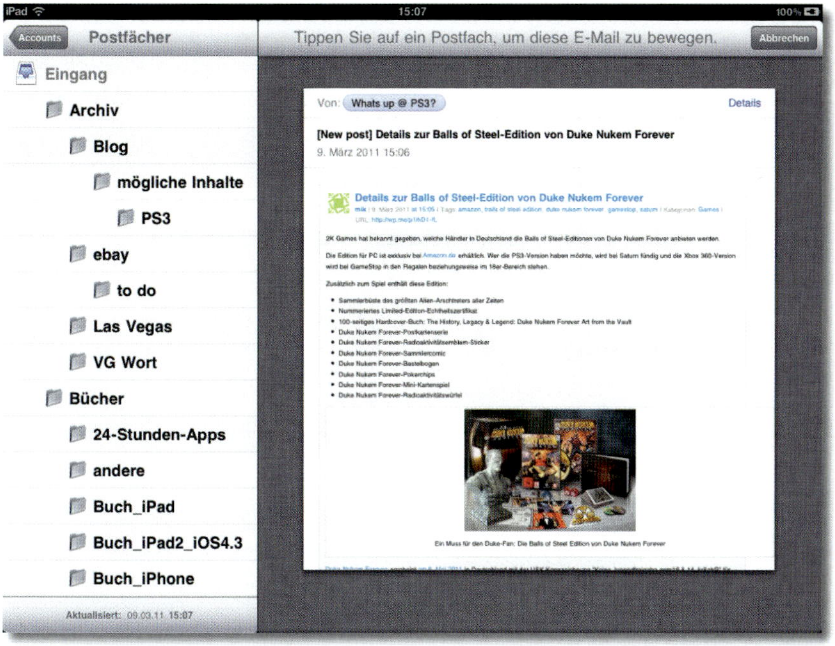

Wählen Sie einen anderen Ordner aus, um die E-Mail dorthin zu verschieben.

Mails in einen Ordner auf einem anderen Server verschieben

Sie können eine Mail auch in einen Ordner verschieben, der sich auf dem Server eines anderen Mailaccounts befindet. Sie tippen dazu ebenfalls auf das Symbol für das Verschieben einer Mail. Sie gelangen dann erneut in das Menü mit den verfügbaren Ordnern des aktuellen Servers.

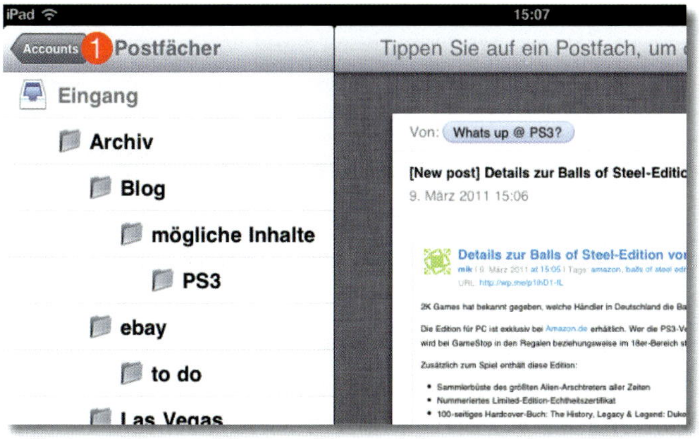

Über die Accounts-Taste links oben ❶ gelangen Sie zu Ordnern auf anderen Mailservern.

Wählen Sie dann aber nicht einen Ordner auf dem aktuellen Server aus, sondern tippen Sie auf den Knopf *Accounts* links oben ❶. Daraufhin gelangen Sie in die Übersicht aller auf dem iPad installierten Mailaccounts. Wählen Sie einen aus, um zur Ordnerübersicht zu gelangen. Tippen Sie dann auf den gewünschten Ordner und die Mail wird dorthin verschoben.

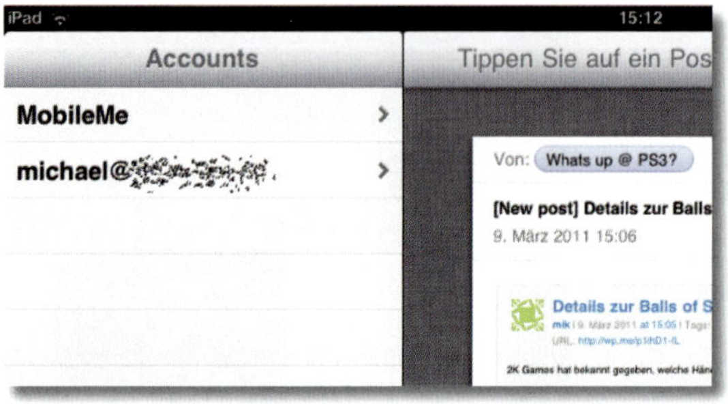

Jetzt können Sie auf alle eingerichteten Mailaccounts und die dazugehörigen Ordner zugreifen und Nachrichten dorthin verschieben.

Mehrere E-Mails gleichzeitig löschen und verschieben

Löschen und Verschieben funktionieren auch mit mehreren Nachrichten gleichzeitig. Tippen Sie dazu in der Ansicht aller E-Mails eines Ordners über der Suchmaske auf *Bearbeiten*.

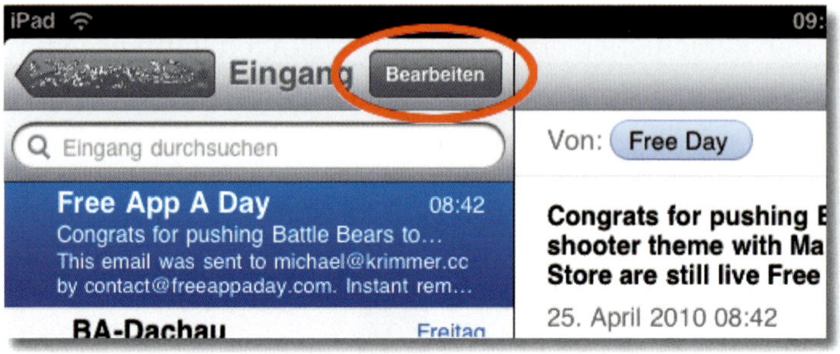

*Die Markierung mehrerer E-Mails ermöglicht der Knopf **Bearbeiten**.*

Jetzt können Sie alle gewünschten E-Mails dadurch auswählen, indem Sie in den leeren Kreis davor tippen. Eine markierte E-Mail ist dadurch erkennbar, dass der Kreis rot eingefärbt und mit einem Häkchen versehen wird. Tippen Sie erneut in den Kreis, heben Sie die Markierung wieder auf.

Tippen Sie nun auf *Löschen*, um die E-Mails zu entfernen, oder auf *Bewegen*, um sie in einen anderen Ordner zu verschieben. Die Ziffer in Klammern gibt an, wie viele Nachrichten markiert sind.

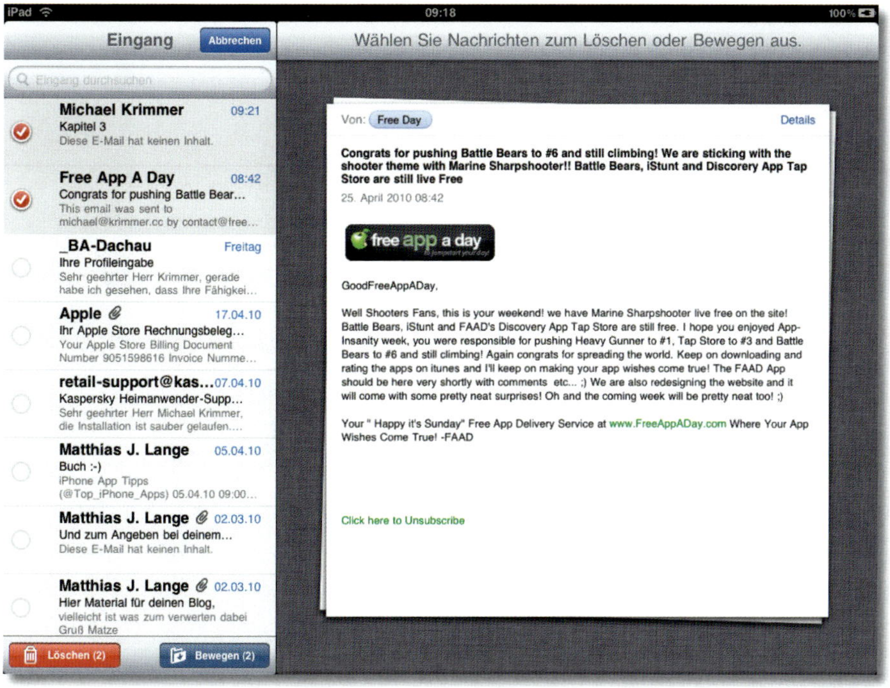
iPad
09:18
100%
Eingang
Abbrechen
Wählen Sie Nachrichten zum Löschen oder Bewegen aus.
Michael Krimmer 09:21
Kapitel 3
Diese E-Mail hat keinen Inhalt.
Free App A Day 08:42
Congrats for pushing Battle Bear...
This email was sent to michael@krimmer.cc by contact@free...
_BA-Dachau Freitag
Ihre Profileingabe
Sehr geehrter Herr Krimmer, gerade habe ich gesehen, dass Ihre Fähigkei...
Apple 17.04.10
Ihr Apple Store Rechnungsbeleg...
Your Apple Store Billing Document Number 9051598616 Invoice Numme...
retail-support@kas... 07.04.10
Kaspersky Heimanwender-Supp...
Sehr geehrter Herr Michael Krimmer, die Installation ist sauber gelaufen....
Matthias J. Lange 05.04.10
Buch :-)
iPhone App Tipps (@Top_iPhone_Apps) 05.04.10 09:00...
Matthias J. Lange 02.03.10
Und zum Angeben bei deinem...
Diese E-Mail hat keinen Inhalt.
Matthias J. Lange 02.03.10
Hier Material für deinen Blog,
vielleicht ist was zum verwerten dabei
Gruß Matze
Löschen (2)
Bewegen (2)
Von: Free Day
Details
Congrats for pushing Battle Bears to #6 and still climbing! We are sticking with the shooter theme with Marine Sharpshooter!! Battle Bears, iStunt and Discorery App Tap Store are still live Free
25. April 2010 08:42
free app a day
GoodFreeAppADay,
Well Shooters Fans, this is your weekend! we have Marine Sharpshooter live free on the site! Battle Bears, iStunt and FAAD's Discovery App Tap Store are still free. I hope you enjoyed App-Insanity week, you were responsible for pushing Heavy Gunner to #1, Tap Store to #3 and Battle Bears to #6 and still climbing! Again congrats for spreading the world. Keep on downloading and rating the apps on itunes and I'll keep on making your app wishes come true! The FAAD App should be here very shortly with comments etc... ;) We are also redesigning the website and it will come with some pretty neat surprises! Oh and the coming week will be pretty neat too! ;)
Your " Happy it's Sunday" Free App Delivery Service at www.FreeAppADay.com Where Your App Wishes Come True! -FAAD
Click here to Unsubscribe

Aktuell sind zwei Nachrichten markiert und können zusammen gelöscht oder verschoben werden.

Wenn Sie das rote Häkchen erneut anklicken, wird die E-Mail wieder aus der Auswahl entfernt. Dazu gibt's eine hübsche Animation.

Weitere Funktionen in der Mailansicht

Wenn Sie eine E-Mail geöffnet haben, können Sie sich oben über den Punkt *Details* alle Empfänger anzeigen lassen. *Ausblenden* verbirgt die Empfängerliste. Tippen Sie auf *Markieren*, um die E-Mail in der Übersicht wieder als ungelesen zu markieren.

Neue E-Mail erstellen

Wenn Sie sich im Mail-Programm des iPads befinden, können Sie eine neue Nachricht erstellen, indem Sie auf das Quadrat mit dem Bleistift tippen, das sich am rechten oberen Bildschirmrand befindet. Daraufhin öffnet sich eine leere E-Mail, die Sie wie gewohnt mit Daten wie *An:*, *Kopie:*, *Blindkopie:*, *Betreff:* und Nachrichtentext füllen können.

Eine neue E-Mail entsteht – in dieser Ansicht im Querformat.

Während Sie Namen oder Mailadressen eingeben, überwacht das Adressbuch des iPads die Eingabe und macht passende Vorschläge. Ein Klick auf das +-Symbol öffnet ein kleines Fenster mit den Kontakten und erlaubt die Auswahl eines Kontakts oder die Suche danach. Während für *An:*, *Betreff:* und den Nachrichtentext eigene Felder reserviert sind, sind die Optionen für *Kopie* und *Blindkopie* erst einmal zusammengefasst. Tippen Sie einmal auf die Zeile *Kopie/Blindkopie, Von: xyz*, um an diese Felder zu gelangen. Dort können Sie auch festlegen, mit welcher Mailadresse die Nachricht verschickt werden soll. Anfangs ist immer der Account ausgewählt, von dem aus Sie den Button für die neue E-Mail gedrückt haben. Wenn Sie das ändern möchten, tippen sie auf *Account:*.

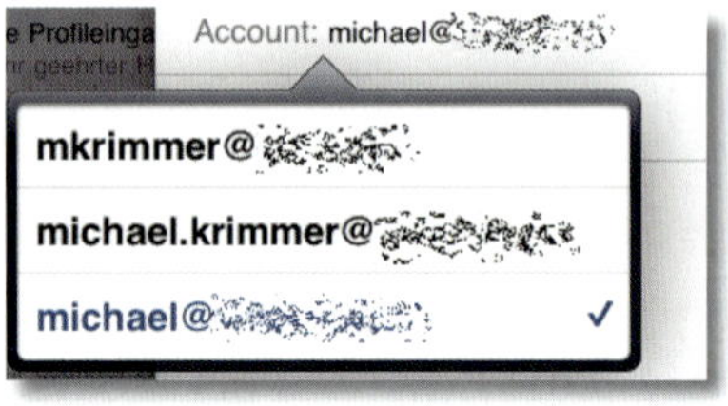

Neben den Empfängern kann auch noch während der Erstellung der Nachricht der Mailserver ausgewählt werden, von dem aus die Nachricht verschickt werden soll.

Automatische Blindkopie, Signatur

Sie möchten sichergehen, dass eine verschickte E-Mail auch wirklich rausging? Sie haben die Möglichkeit, eine automatische Blindkopie an Ihre eigene E-Mail-Adresse zu versenden. Die nötige Einstellung finden Sie vom Home-Bildschirm aus unter *Einstellungen -> Mail, Kontakte, Kalender* und dort unter der Rubrik *Mail*. Legen Sie den Schalter *Blindkopie an mich* auf aktiviert und Sie bekommen von diesem Zeitpunkt an von jeder E-Mail eine Kopie zugestellt.

Für den Fall, dass Sie gerne eine Signatur eingeben möchten, die an das Ende jeder Ihrer Nachrichten gesetzt wird, können Sie das auch gleich in der Rubrik *Mail* tun. Tippen Sie auf *Signatur* und geben Sie einen Text ein, wie beispielsweise Ihren Namen und die Kontaktdaten. Dann sparen Sie sich das Eintippen dieser Informationen bei jeder neuen Nachricht.

Eine Signatur kann kurz sein, wie diese hier, oder umfangreiche Infos wie Name, Adresse, Firmeninfos und so weiter enthalten. In jedem Fall spart sie viel Tipparbeit.

E-Mail abbrechen und Entwurf sichern oder löschen

Wenn Sie während des Verfassens einer E-Mail auf *Abbrechen* tippen, haben Sie zwei Möglichkeiten: Sie können den *Entwurf löschen* und damit alle Eingaben unwiderruflich verwerfen. Möchten Sie später an der Mail weiterarbeiten, wählen Sie *Entwurf sichern*.

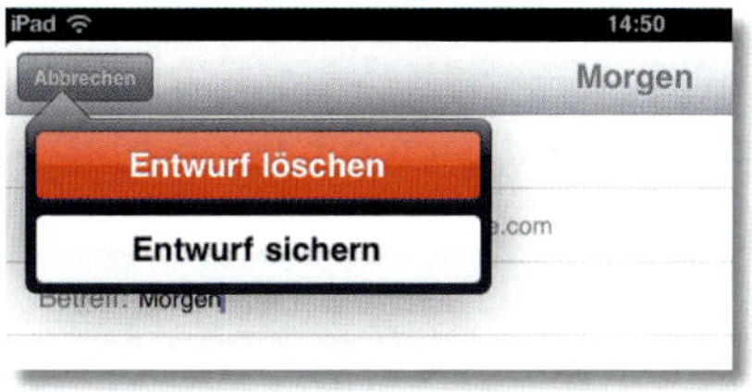

Sie können eine angefangene Mail speichern oder löschen.

Daraufhin wird die Mail nicht verschickt und stattdessen in den Entwürfe-Ordner des jeweiligen Mailservers kopiert. Dort können Sie die Mail erneut öffnen, verändern und abschicken oder wieder als neuen Entwurf sichern.

Entwürfe werden im jeweiligen Ordner auf dem Server abgelegt und können dort weiterbearbeitet werden.

Abbrechen bringt Sie wieder zurück zur E-Mail.

E-Mails an Gruppen versenden

Das iPad unterstützt keinen Mailversand an eine Gruppe von Empfängern. Sie können zwar manuell mehrere Empfänger eingeben, fest definierte Gruppen gibt es jedoch nicht.

Yahoo!Groups bringt diese Funktion auf einem kleinen Umweg aufs iPad. Unter groups.yahoo.de lassen sich eigene Gruppen erstellen. Jede Gruppe bekommt eine Mailadresse. Wenn Sie eine E-Mail an diese Adresse schicken, erhält jedes Mitglied der Gruppe die Nachricht zugestellt.

Haben Sie alles eingegeben, schickt *Senden* die Nachricht ab.

Nachricht erneut senden

Das iPad hat keine *Mail erneut senden*-Funktion. Mit einem Trick geht es aber doch. Wechseln Sie in den *Sent-* bzw. *Gesendet*-Ordner. Dort werden alle verschickten E-Mails aufgehoben. Öffnen Sie die E-Mail, die Sie noch einmal verschicken möchten, tippen Sie auf das Pfeilsymbol, wählen Sie dort *Weiterleiten* aus und geben Sie erneut den gleichen Empfänger an.

Per Weiterleitung kann eine E-Mail erneut an die gleiche Person versendet werden.

Dateianhänge öffnen und speichern

Bekommen Sie einen Dateianhang, etwa ein Foto oder ein Word-Dokument, können Sie ihn innerhalb der E-Mail betrachten. Bei umfangreicheren Dateien müssen Sie erst den Download starten. Ist die Datei komplett heruntergeladen, lässt sie sich öffnen. Um den Download zu starten, tippen Sie auf das Icon. Sobald die Datei heruntergeladen ist, wird sie angezeigt. Diese Dateianhänge unterstützt Mail im iPad: Bilder (.JPEG, .GIF und .TIFF), Videodateien, Audiodateien (.MP3, .AAC, .WAV und .AIFF), PDFs, Webseiten, Textdateien sowie Dateien der Programme Pages, Keynote, Numbers, Word, Excel und PowerPoint. Um in Dateierweiterungen zu sprechen: Das iPad unterstützt neben Bildern und Sounds auch Dateien des Typs *.c, *.ccp, *.diff, *.doc, *.docx, *.h, *.hpp, *.htm, *.html, *.m, *.mm, *.patch, *.pdf, *.txt, *.xls und *.xlsx.

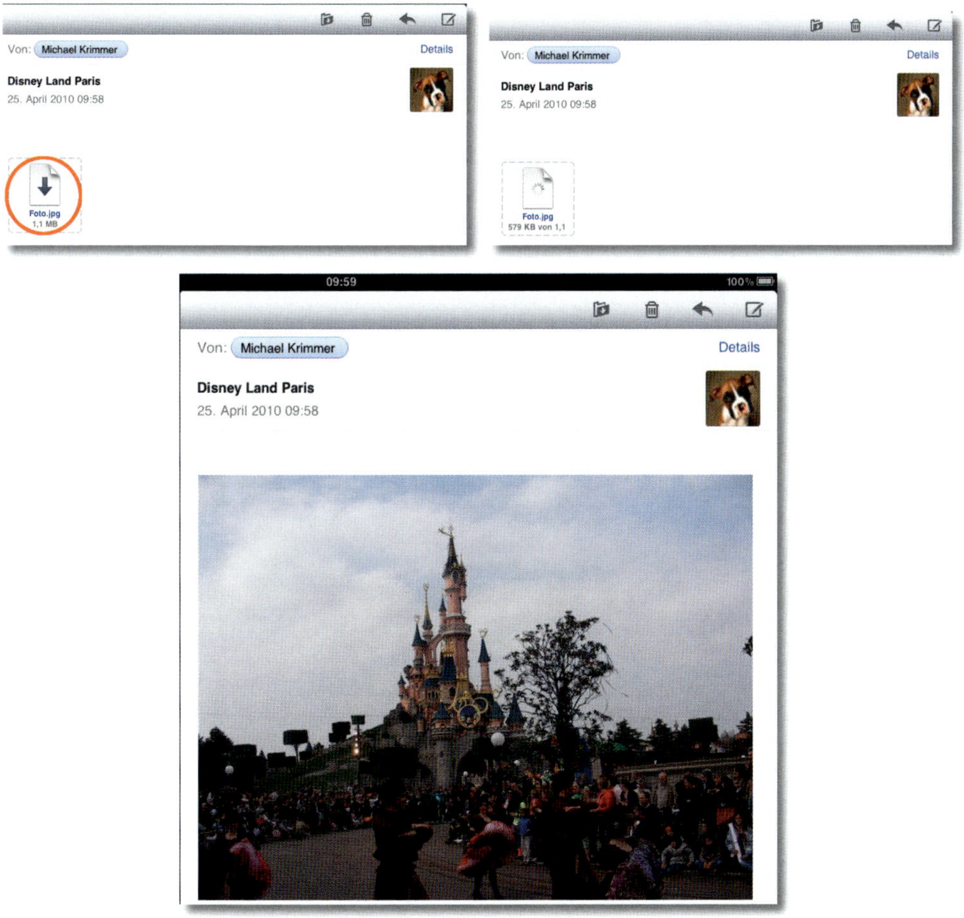

In der Mail befindet sich eine große Datei. Wenn Sie auf das Icon (oben links) tippen, wird die Datei heruntergeladen (oben rechts) und anschließend angezeigt (unten).

Auch andere Dateiformate wie Word, Excel oder PDF zeigt das Mail-Programm des iPads an.

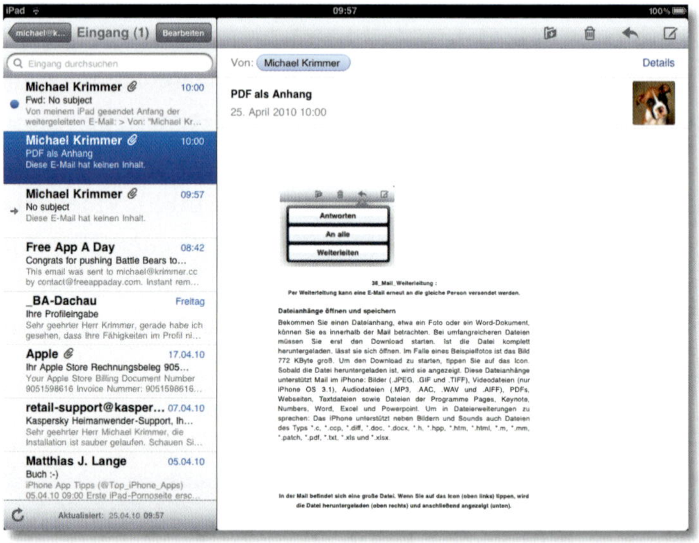

Auch Word-, Excel- und PDF-Dateien lassen sich direkt aus der E-Mail heraus ansehen.

Um ein Foto oder ein Video aus einer E-Mail abzuspeichern, tippen Sie mit dem Finger darauf und belassen ihn auf dem Display. Es erscheint ein Dialog, der es Ihnen erlaubt, das Bild bzw. Video zu sichern. Wenn Sie diese Schaltfläche drücken, wird das Bild bzw. Video im Fotospeicher des iPads abgelegt.

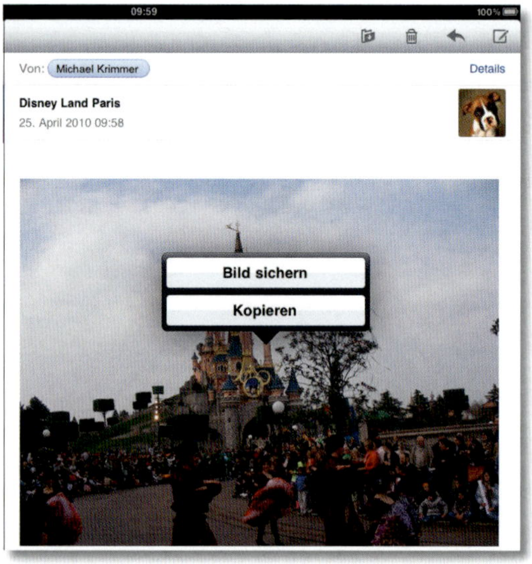

*Mit **Bild sichern** bzw. **Video sichern** wird das Bild/Video in den Fotospeicher abgelegt. **Kopieren** legt das Bild in die Zwischenablage.*

Der Dialog zum Speichern eines Fotos verbirgt sich zusätzlich auch im Weiterleiten-Menü, das Sie rechts oben zwischen dem Papierkorb und dem Symbol für eine neue E-Mail finden.

PDF-Dateien aus E-Mails in iBooks speichern

Wenn Sie PDF-Dateien als E-Mail-Attachements erhalten, so können Sie diese direkt an iBooks übergeben, sofern iBooks auf Ihrem iPad installiert ist. Das hat den Vorteil, dass Sie dann in Zukunft die Datei direkt in iBooks öffnen und betrachten können. Außerdem bleibt die PDF-Datei auch dann erhalten, wenn Sie die Mail löschen.

Um eine PDF-Datei abzuspeichern, tippen Sie sie in der E-Mail an, die PDF-Datei wird geöffnet. Rechts oben wählen Sie *In iBooks öffnen* aus. Alternativ dazu können Sie auch direkt in der Mail den Finger auf der Datei belassen, bis der entsprechende Punkt erscheint.

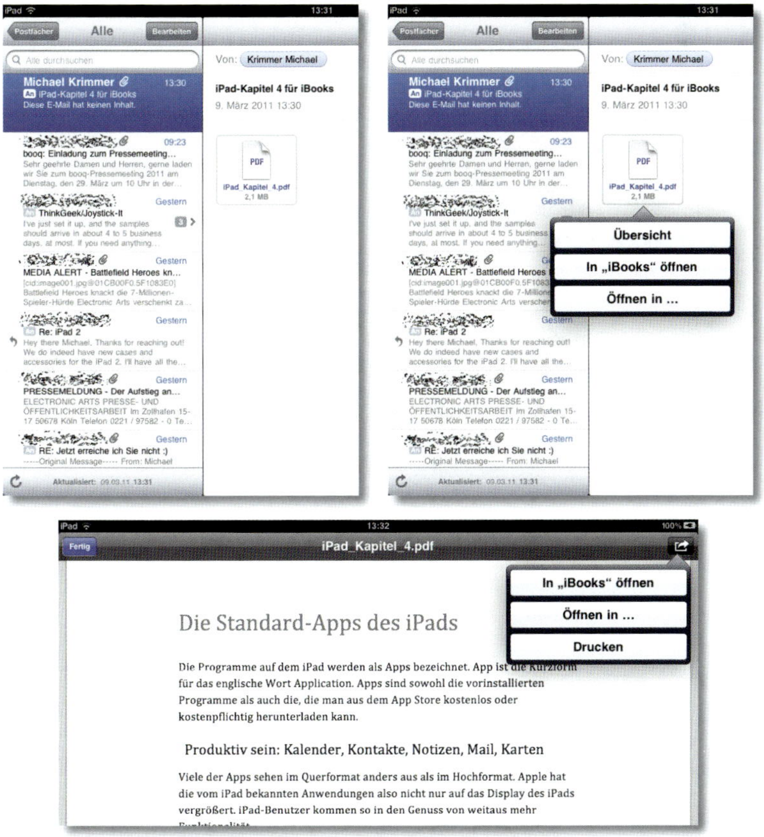

PDF-E-Mail-Anhänge (links oben) können entweder direkt aus der Mail heraus (rechts oben) oder in der Ansicht (unten) zu iBooks übertragen werden. Bei der nächsten Synchronisation landen diese dann in der Kategorie „Bücher“ innerhalb von iTunes.

Dateianhänge mit anderen Apps öffnen

Beim Beispiel PDF ergeben sich neben iBooks noch andere Möglichkeiten, wie sich die Datei öffnen lässt. Wenn Sie mit dem Finger auf den Anhang tippen und den Finger darauf belassen, öffnet sich das eben angesproche Menü mit der Möglichkeit, das PDF an iBooks weiterzureichen. Unter dem Punkt *Öffnen in ...* können Sie aber auch eine der anderen Apps auswählen, die mit diesem Dateityp umgehen können. Beim PDF sieht das beispielsweise so aus:

Neben iBooks sind auch noch die Apps Evernote, Air Sharing und Office²HD in der Lage, das PDF zu verarbeiten.

Das gilt auch für alle anderen Dateitypen, die eine kompatible App auf dem iPad vorfinden. Beispiele dafür sind Pages und Keynote.

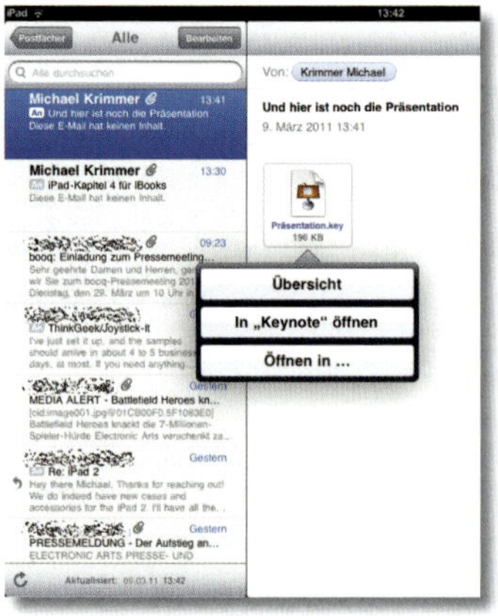

Auch bei einer Keynote-Datei findet das iPad sofort die passende App – sofern sie installiert ist.

Bei Keynote ist das zum einen natürlich die Kenote-App auf dem iPad. Aber auch in diesem Fall gibt es noch eine Vielzahl anderer Apps, die mit dem Dateiformat zurechtkommen. Und die werden dann ebenfalls unter *Öffnen in ...* angeboten.

Auch für andere Dateien, wie hier Keynote, gibt es neben der eigentlich passenden App noch andere kompatible Anwendungen.

E-Mails mit AirPrint drahtlos drucken

Aus dem Weiterverwenden-Menü heraus können Sie eine E-Mail auch drahtlos über einen AirPrint-kompatiblen Drucker ausgeben.

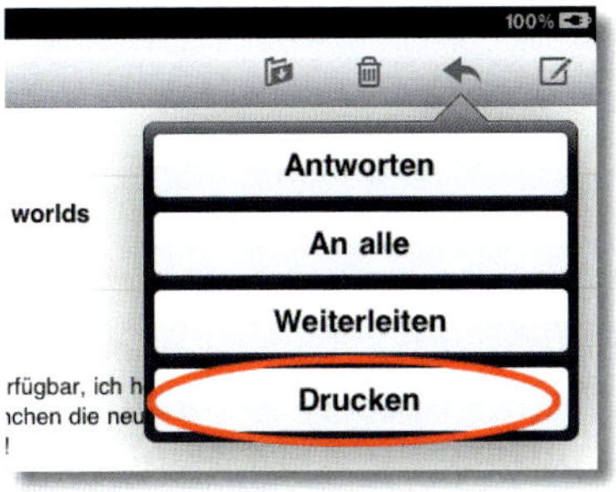

Im Weiterverwenden-Dialog von Mail gibt es auch die Druckfunktion.

Eine detaillierte Erklärung zu AirPrint finden Sie im Anschluss an das Kapitel zu Safari.

Karten: Der digitale Stadtplan

Karten ist eine sehr gut gelungene Integration von Google Maps im iPad. Starten Sie die Anwendung, um in die Kartenansicht zu gelangen. Sie können nun eine Adresse suchen (*Suchen* ❶), eine Route berechnen (*Route* ❷), Ihren aktuellen Standort ermitteln ❸ und einige Optionen einstellen.

Prüfen Sie in den Einstellungen im Bereich Allgemein, ob die Ortungsdienste aktiv sind. Weiterhin benötigt das iPad Wi-Fi eingeschaltetes WLAN, damit die Ortungsdienste funktionieren. Das iPad Wi-Fi + 3G hat ein integriertes GPS-Modul eingebaut und kann so die Lage noch exakter bestimmen.

Adresse suchen

Tippen Sie auf das Suchfeld ❹ und geben Sie den gewünschten Suchbegriff ein. Das kann beispielsweise eine postalische Adresse oder ein Ort sein. Ihr iPad bietet automatisch passende Einträge an, die sich in Ihrem Adressbuch befinden oder die Sie früher schon einmal gesucht haben. Das Symbol des aufgeschlagenen Buchs ❺ links von der leeren Eingabemaske führt Sie direkt zu Ihren Kontakten. Dort lässt sich die Adresse zu einem Eintrag in den Kontakten auswählen. Gibt es zu diesem Eintrag mehrere Adressen, muss in einem Zwischenschritt noch die richtige ausgewählt werden. Sie können aber auch eine komplett neue Adresse in die Suchmaske ❹ eingeben und mit *Suchen* abschließen. Daraufhin wird der passende Kartenausschnitt gewählt und die Adresse mit einer roten Stecknadel markiert.

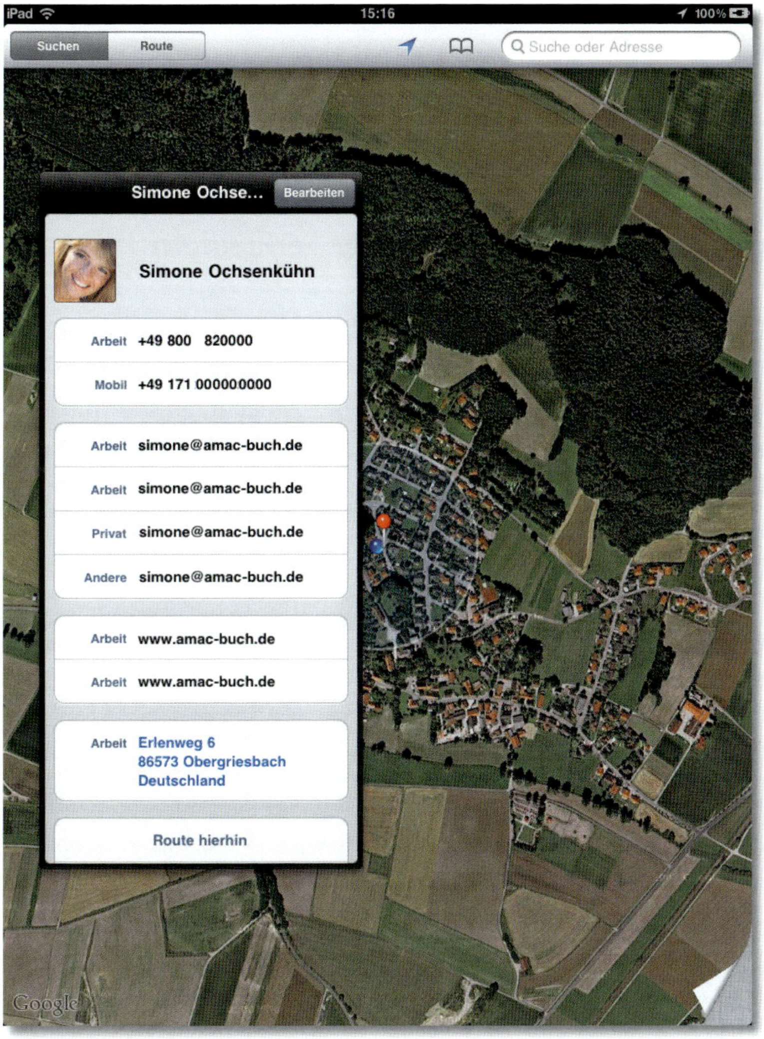

Innerhalb der Karten lassen sich auch Kontakte des iPads nutzen.

Wenn sich das iPad in der Nähe von störenden Geräten wie beispielsweise einem Monitor befindet, kann eine Fehlfunktion auftreten. Dann entfernen Sie das iPad entweder von dieser Störquelle oder bewegen Sie es in Form einer liegenden 8, so wie es auf dem Bildschirm dargestellt wird.

Auch der Kompass des iPads ist nicht immun gegen Störquellen.

Kartenausschnitt vergrößern oder verkleinern

Tippen Sie mit einem Finger zweimal auf die Karte, erhalten Sie einen genaueren Plan der Umgebung. Tippen Sie mit zwei Fingern gleichzeitig auf das Display, zoomen Sie heraus. So können Sie von einer Ansicht, auf der nur das Land zu erkennen ist, bis hin zu einer auf die Hausnummer genauen Darstellung zoomen. Wie bei Fotos oder Webseiten funktioniert auch hier die Vergrößerung oder Verkleinerung über das Aufziehen mit zwei Fingern. Die Karte lässt sich auch in alle Richtungen verschieben.

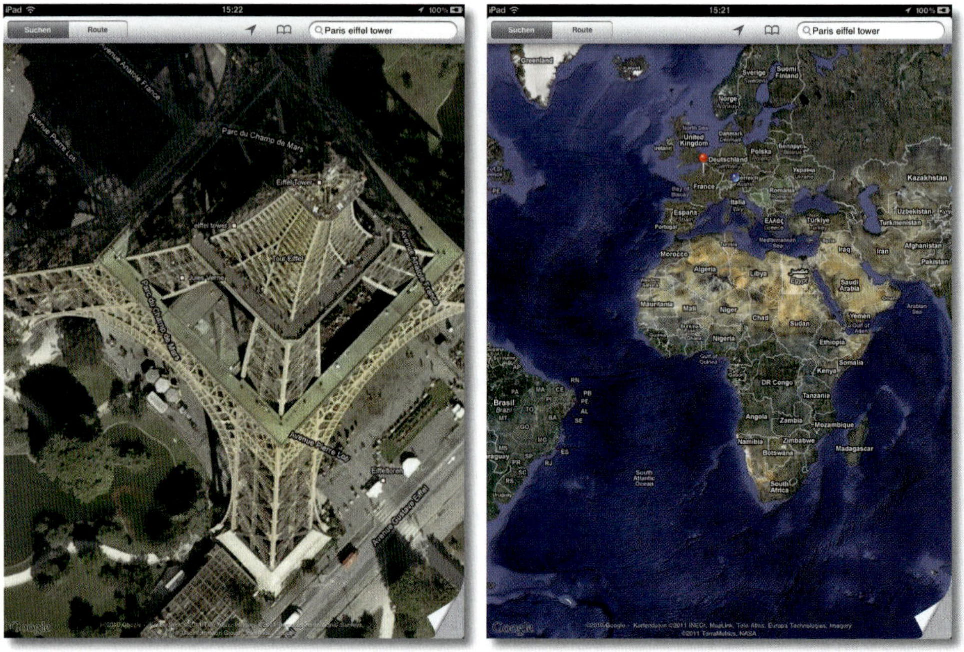

In beiden Fällen wird dieselbe Adresse angezeigt. Links in einer sehr detaillierten und rechts in einer sehr groben Anzeige.

Standort ermitteln

Über das Fadenkreuzsymbol am oberen Bildschirmrand können Sie Ihren aktuellen Standort ermitteln.

Der blaue Punkt auf der Karte bezeichnet den vom iPad ermittelten Standort. Beim iPad Wi-Fi + 3G pulsiert dieser Punkt.

Jetzt wissen Sie zwar, wo Sie sich befinden, aber noch nicht, in welcher Richtung Ihr Ziel liegt. Tippen Sie noch einmal auf das Fadenkreuz und Ihnen wird die Blickrichtung sowie in der oberen rechten Ecke der Karte ein Kompass angezeigt.

Tippen Sie erneut auf das Fadenkreuz, zeigt Ihnen der Kompass die aktuelle Blickrichtung an. Sie sehen in die Richtung, in der der Trichter breiter wird.

Eine bestimmte Location im Umkreis suchen

Sie sind in einem fernen Land oder einfach nur an einem anderen Ort in Deutschland und suchen beispielsweise ein Starbucks-Café? Kein Problem. Zuerst ist es erforderlich, dass Sie den Ort angeben, von dem aus gesucht werden soll. Das können Sie entweder über die Suche machen oder, wenn Sie schon dort sind, per Ortsbestimmung. Ein Beispiel: Geben Sie in der Suche „Las Vegas" ein. Der Marker wird in den USA über der Wüstenstadt gesetzt. Löschen Sie nun die Eingabemaske und tippen Sie „Starbucks" ein. Sie erhalten daraufhin mehrere Einträge. Die Suche lässt sich auch mit einer Abfrage kombinieren. So bringt beispielsweise „Starbucks München" viele brauchbare Treffer.

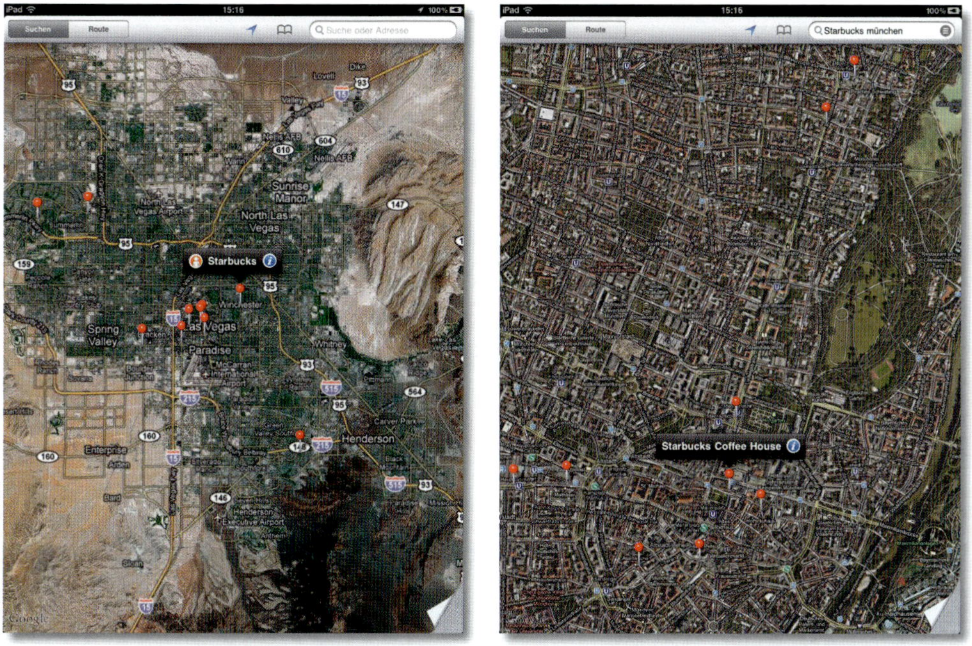

Nirgends ist die Starbucks-Dichte so hoch wie in den USA. Aber auch die deutschen Großstädte sind mittlerweile gut erschlossen, was die Kaffeebars betrifft.

Suchtreffer weiterverwenden

Einer der Treffer wird mit einer Art Namensschild markiert. Um den Namen einer anderen Stecknadel anzeigen zu lassen, tippen Sie mit dem Finger darauf. Das eingekreiste Dreieck bringt Sie auf die *Info*-Seite. Dort finden Sie fast immer auch eine Telefonnummer und die Webadresse. Möchten Sie erfahren, wie Sie dorthin kommen, starten Sie mit *Route hierhin* ❶ eine Routenplanung. *Route von hier* ❷ ist sinnvoll, um schon einmal den Heimweg zu planen.

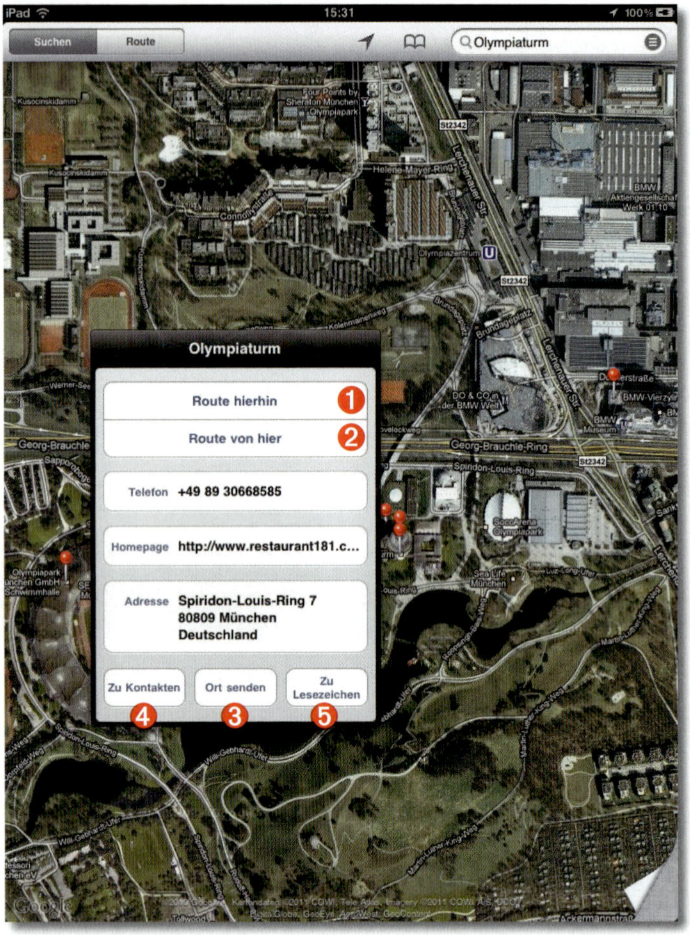

Innerhalb von Karten lässt sich auch eine Route zu einem Ziel oder davon weg errechnen.

Sie können den Suchtreffer aber auch – falls eine entsprechende Adresse hinterlegt ist – per E-Mail versenden ❸, beispielsweise ein Restaurant in Ihre Kontakte aufnehmen ❹ oder zum leichteren Wiederfinden ein Lesezeichen anlegen ❺.

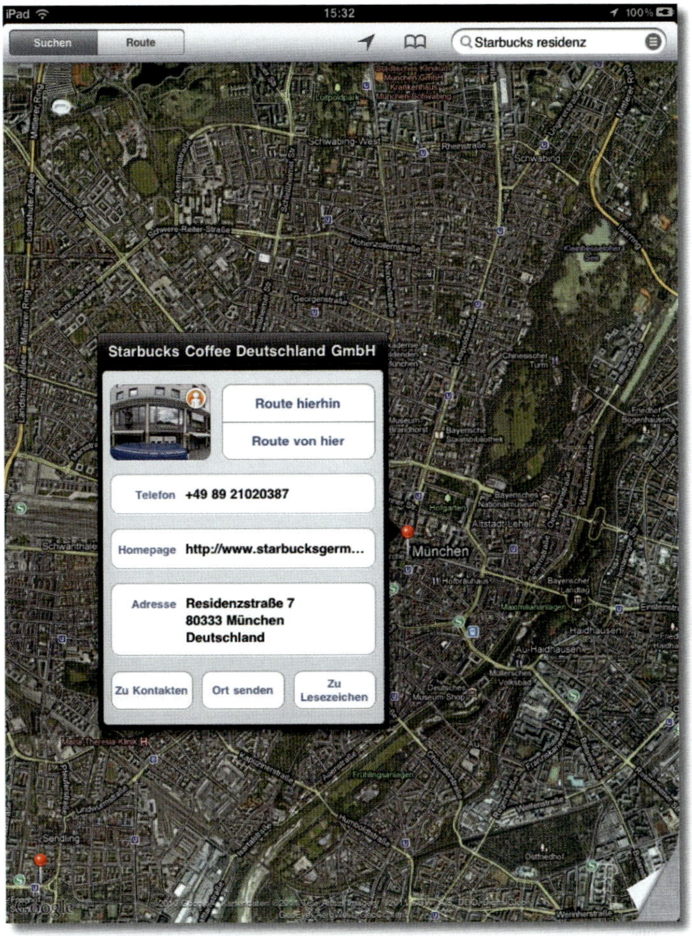

Zu den Suchtreffern sind neben der Adresse noch Infos wie Telefonnummer und Webadresse vorhanden, die sich auch direkt nutzen lassen.

Route berechnen

Tippen Sie in den Infos eines Ortes auf eine der beiden *Route*-Optionen, startet die Navigationsmaske. Wir bleiben beim Starbucks-Beispiel und möchten eine *Route hierhin*. Die Zieladresse ❶ wird automatisch eingegeben, der *Start* ❷ muss manuell eintippt werden. Als Start gelten Adresse oder auch *Aktueller Ort*. Dabei nimmt das iPad vor der Berechnung der Route noch eine Positionsbestimmung vor. Sie erhalten eine ungefähre Berechnung der Fahrtzeit mit dem Auto ❸. Sie können sich die Route auch als Fußgänger ❹ oder – falls an Ihrem Ort verfügbar – mit öffentlichen Verkehrsmitteln ❺ berechnen lassen. Wenn Verkehrsinformationen verfügbar sind (in Deutschland ist das im April 2011 noch nicht der Fall), werden diese in die Berechnung mit einbezogen. Sie werden hier auch schon über die Routenführung informiert und können die Karte verschieben und ein- oder auszoomen. Tippen Sie auf *Start* ❻ und Google Maps führt Sie Schritt für Schritt mit teilweise sehr detaillierten Anweisungen ans Ziel. Die Pfeiltasten links und rechts bringen Sie wieder einen Schritt zurück oder zur nächsten Anweisung. Eine Sprachausgabe für die Route gibt es allerdings nicht.

*Die App **Karten** verfügt auch über eine Funktion zur Routenplanung. Sobald Sie auf **Start** tippen, beginnt die Routenführung.*

Mit den Pfeiltasten kommen Sie zur nächsten oder vorhergehenden Anweisung.

Über das Listensymbol ❼ (vorige Abb.) können Sie als Ziel einen der anderen Suchtreffer auswählen.

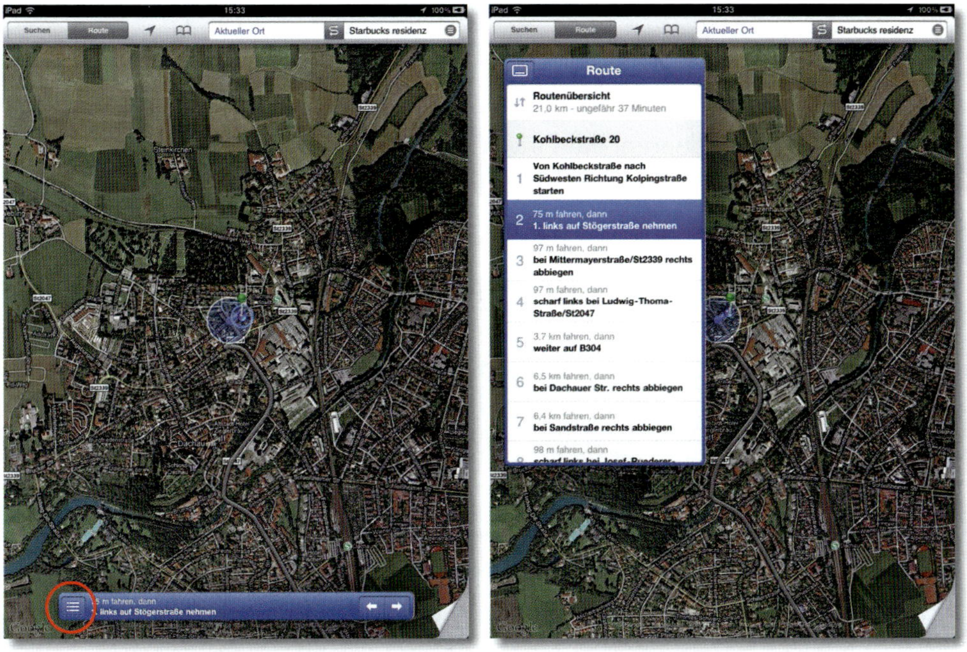
iPad
15:33
100%
Suchen
Route
Aktueller Ort
Starbucks residenz
5 m fahren, dann
1. links auf Stögerstraße nehmen
Route
Routenübersicht
21,0 km - ungefähr 37 Minuten
Kohlbeckstraße 20
1 Von Kohlbeckstraße nach Südwesten Richtung Kolpingstraße starten
2 75 m fahren, dann 1. links auf Stögerstraße nehmen
3 97 m fahren, dann bei Mittermayerstraße/St2339 rechts abbiegen
4 97 m fahren, dann scharf links bei Ludwig-Thoma-Straße/St2047
5 3,7 km fahren, dann weiter auf B304
6 6,5 km fahren, dann bei Dachauer Str. rechts abbiegen
7 6,4 km fahren, dann bei Sandstraße rechts abbiegen
98 m fahren, dann

Sobald Sie auf das Listensymbol tippen, erhalten Sie eine detaillierte Routenübersicht.

Links im blauen Balken sehen Sie wieder ein Listensymbol. Wenn Sie das antippen, erhalten Sie einen Überblick über die nächsten Schritte der Route.

Optionen ändern

Eschenrieder Str.
Am Kalterbach
1

Rechts unten am Display ❶ finden Sie die umgeschlagene Ecke für die Kartenoptionen. Tippen Sie auf das gewellte Blatt Papier, um die Optionen ein- und auszublenden.

Stecknadel setzen

Sie haben dort die Möglichkeit, eine Stecknadel ❶ in der Karte zu platzieren, um einen Ort zu markieren, oder die Anzeigenart zu ändern. *Klassisch* ❷ zeigt einen Stadtplan, *Satellit* ❸ das Satellitenfoto und *Hybrid* ❹ eine Kombination aus beidem. *Gelände* ❺ zeigt die Höheninformationen auf der Karte an.

Verschiedene Kartentypen

Die vier Kartentypen im Vergleich: Klassisch ❶, Satellit ❷, Hybrid ❸ und Gelände ❹. In der Geländekarte ist der erhöhte Berg ❺ gut zu erkennen.

Verkehrsinformationen einblenden

In den Optionen gibt es auch die Möglichkeiten ***Verkehr einblenden*** und ***Verkehr ausblenden***. Dieser Service funktioniert derzeit allerdings nur außerhalb Deutschlands, etwa in US-Großstädten wie New York.

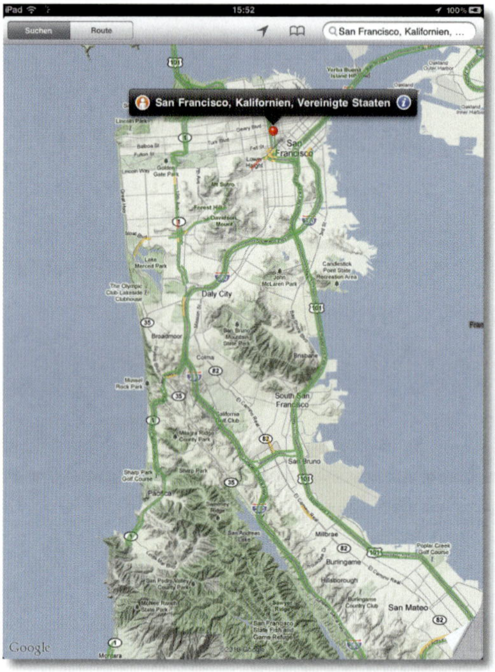

In einigen Städten der USA lässt sich der Status auf den Straßen anzeigen. Grüne Straßen sind okay, gelbe bedenklich und rote sollten gemieden werden.

Anhand des Farbcodes ist zu erkennen, wie stark das Verkehrsaufkommen ist. Grün bedeutet, dass man mit mehr als 50 Meilen pro Stunde fahren kann, gelb steht für 25 bis 50 Meilen und rot für weniger als 25 Meilen.

Street View nutzen

Immer dann, wenn Sie einen Karteneintrag oder eine gesetzte Stecknadel mit einem orangefarbenen Männchen sehen, ist in dieser Region Google Street View verfügbar. In den USA ist dieses System recht gut ausgebaut, in Deutschland sind mittlerweile einige Großstädte auch schon erfasst und verfügbar.

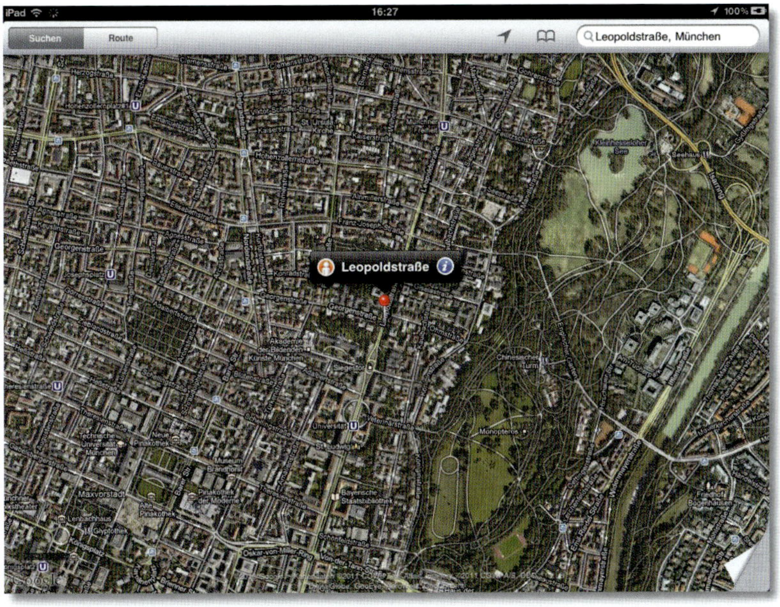

Wenn von einem markierten Punkt in der Karte eine Street-View-Ansicht verfügbar ist, erkennen Sie das am farbigen Männchen-Symbol links neben dem Eintrag.

Aber auch in den Details eines Eintrages ist das Street-View-Symbol zu sehen, sofern es von diesem Ort Bildmaterial gibt.

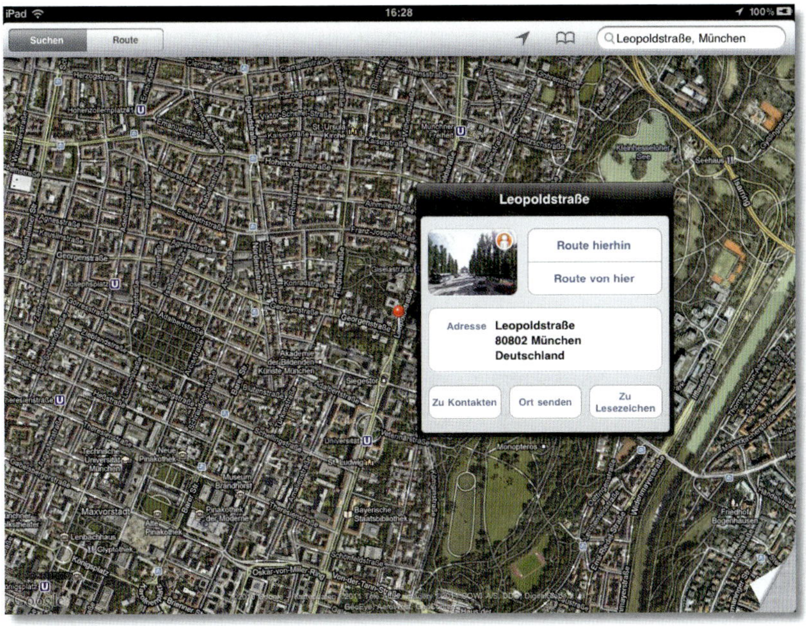

In den Details eines Karteneintrages sehen Sie zum Street-View-Symbol auch schon ein kleines Vorschaubildchen.

Tippen Sie auf das Männchensymbol, um Google Street View zu starten.

Mit Street View lässt sich wie hier in München ein virtueller Spaziergang in der Stadt unternehmen.

Hier können Sie die Karte in alle Richtungen verschieben und sich durch Tippen auf die Pfeile nach den Straßennamen fortbewegen. Auch das Zoomen ist möglich. Street View funktioniert im Hoch- und Querformat.

Spaß haben: Videos, Fotos, iPod, Safari, YouTube, Kamera, Photo Booth, Game Center

Videos, TV-Sendungen und Podcasts am iPad ansehen

Die Anwendung, um bewegte Bilder ansehen zu können, heißt am iPad *Videos*. Sobald Sie diese App starten, sehen Sie die auf dem iPad vorhandenen Videos. Wie Sie Medien wie Filme und TV-Sendungen auf das iPad kopieren können, haben Sie bereits in Kapitel 3 erfahren.

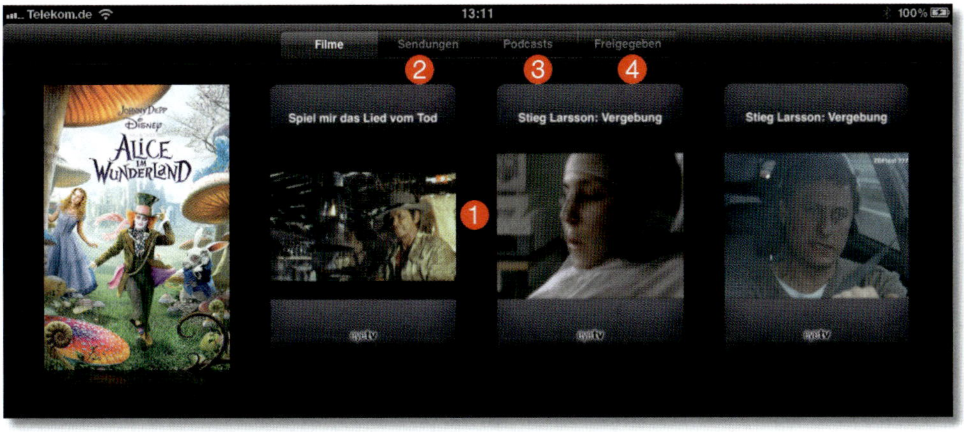

Sie sehen als Erstes alle auf dem iPad verfügbaren *Filme* ❶. Tippen Sie auf *Sendungen* ❷ oder *Podcasts* ❸, um zu diesen Medien zu wechseln. Wenn Sie die Privatfreigabe aktiviert haben, können Sie unter Freigegeben ❹ auf diese Inhalte zugreifen. Tippen Sie auf eines der Vorschaubilder, um zu den Details zu gelangen.

Details zu Filmen aufrufen

Hier erfahren Sie neben dem Titel des Films ❶ noch weitere Details ❷, etwa wer mitspielt, und – wenn verfügbar – gibt es hier auch eine Beschreibung. Rechts daneben gibt es ein Vorschaubild oder das Cover ❸. Indem Sie auf den Pfeil ❹ tippen, starten Sie den Film. Filme ❺ bringt Sie wieder zurück zur Auswahl.

Kapitel direkt anwählen

Wenn vorhanden, lassen sich hier auch direkt einzelne Kapitel auswählen.

*Sind im Video Kapitelmarken gesetzt, lassen sich diese auch direkt anwählen. Tippen Sie auf **Info** oder **Kapitel**, um zur entsprechenden Ansicht zu gelangen.*

Bei den TV-Sendungen und den Podcasts gibt es noch einen Zwischenschritt, weil dieser Medientyp oft aus mehreren Folgen besteht. Wechseln Sie in den Bereich *Sendungen* und wählen Sie einen Eintrag aus. Im darauf folgenden Bildschirm sehen Sie alle verfügbaren Episoden, die Sie dann per Tippen auswählen können. Wenn es diese Serie auch im iTunes Store zum Kauf gibt, gelangen Sie mit *Weitere Folgen laden ...* direkt dorthin.

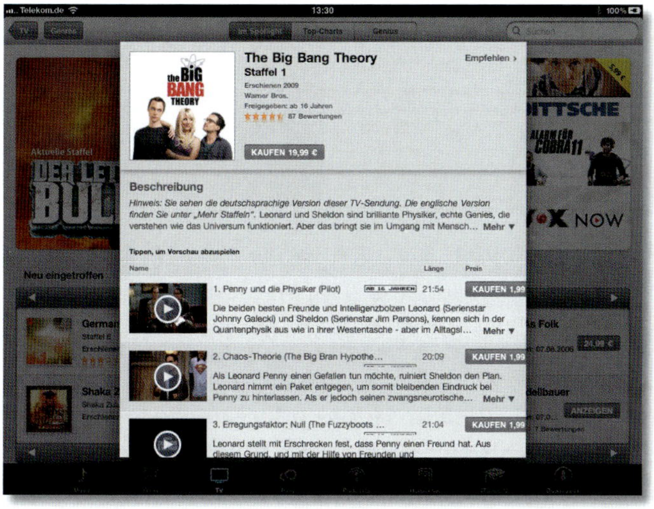
Telekom.de
13:30
100%
The Big Bang Theory
Staffel 1
Empfehlen
KAUFEN 19,99 €
Beschreibung
Hinweis: Sie sehen die deutschsprachige Version dieser TV-Sendung. Die englische Version finden Sie unter „Mehr Staffeln". Leonard und Sheldon sind brilliante Physiker, echte Genies, die verstehen wie das Universum funktioniert. Aber das bringt sie im Umgang mit Mensch... Mehr
Tippen, um Vorschau abzuspielen
Name
Länge
Preis
1. Penny und die Physiker (Pilot)
21:54
KAUFEN 1,99
Die beiden besten Freunde und Intelligenzbolzen Leonard (Serienstar Johnny Galecki) und Sheldon (Serienstar Jim Parsons), kennen sich in der Quantenphysik aus wie in ihrer Westentasche - aber im Alltagsl... Mehr
2. Chaos-Theorie (The Big Bran Hypothe...
20:09
KAUFEN 1,99
Als Leonard Penny einen Gefallen tun möchte, ruiniert Sheldon den Plan. Leonard nimmt ein Paket entgegen, um somit bleibenden Eindruck bei Penny zu hinterlassen. Als er jedoch seinen zwangsneurotische... Mehr
3. Erregungsfaktor: Null (The Fuzzyboots ...
21:04
KAUFEN 1,99
Leonard stellt mit Erschrecken fest, dass Penny einen Freund hat. Aus
Aktuelle Staffel
Neu eingetroffen
NOW

Viele Serien, wie in diesem Fall The Big Bang Theory, gibt es auch im iTunes Store zu kaufen.

- **Übrigens: Sie können die Bewegtbilder über geeignete Adapter auch auf Beamer und andere Bildschirme oder Fernseher übertragen.**

- **Um auf dem iPad Speicherplatz zu sparen, können Sie einmal angesehene Videos direkt am iPad löschen. Dazu klicken Sie den Film an und warten, bis das Löschen-Icon erscheint.**

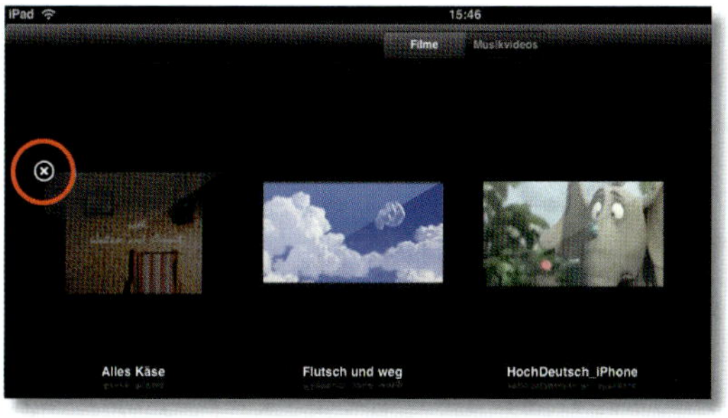
iPad
15:46
Filme
Musikvideos
Alles Käse
Flutsch und weg
HochDeutsch_iPhone

Ein Video löschen: Bleiben Sie mit dem Finger solange auf dem Video, bis das kleine x erscheint.

Folgen von TV-Sendungen und Podcasts auswählen

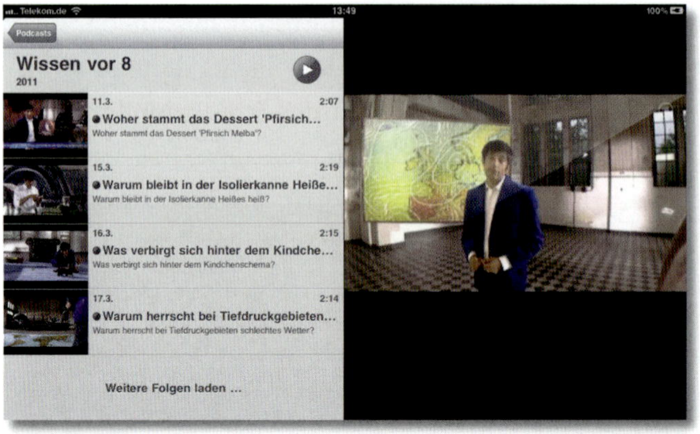

Dieses Vorgehen funktioniert analog mit Podcasts. Wählen Sie also einen Film aus und starten Sie die Wiedergabe. Tippen Sie auf den Bildschirm, um zu den Optionen zu gelangen.

Sie können die App Filme im Hoch- oder Querformat nutzen. Bei Filmen im Breitbild empfiehlt sich jedoch die Wiedergabe im Querformat, weil sonst zu viel Platz durch die schwarzen Balken verloren geht.

Filmwiedergabe steuern

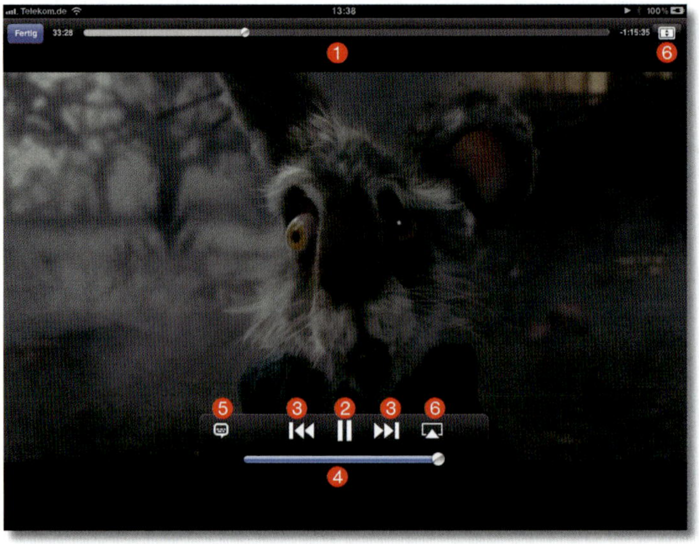

Oben in der Mitte ❶ befindet sich die Zeitleiste. Den weißen Punkt können Sie mit dem Finger verschieben und so innerhalb des Films vor- und zurückspulen.

Hier funktioniert auch das Scrubbing, das Sie vielleicht beim iPod kennengelernt haben. Links neben der Leiste ist zu sehen, an welcher Stelle sich die Wiedergabe befindet, und rechts steht, wie lange der Film noch dauert.

Per Start- und Pause-Taste ❷ starten und pausieren Sie die Wiedergabe.

Mit den Vor- und Zurück-Tasten ❸ können Sie innerhalb des Films an verschiedene Positionen springen. Die Pfeile nach links bringen Sie zum Anfang des Films, sofern er über keine Kapitel verfügt. Ansonsten beginnt das aktuelle Kapitel neu. Möchten Sie ein oder mehrere Kapitel nach vorne springen (falls vorhanden), tippen Sie die Taste so oft an, bis Sie die Stelle erreicht haben. In die andere Richtung klappt das mit den Pfeilen nach rechts.

Die Leiste ganz unten ❹ ist die Lautstärke. Verschieben Sie den Punkt nach Wunsch und passen Sie so die Lautstärke an. Links wird es leiser, rechts lauter.

Verfügt der Film über mehrere Tonspuren, können Sie die Sprache über die Taste links ❺ auswählen. Mit dem AirPlay-Knopf ❻ geben Sie den Film an einem TV-Gerät über das Zusatzgerät Apple TV aus. Dazu gleich im Anschluss mehr.

Bei Filmen wie dem in unserem Beispiel lässt sich vom Breitbild in ein bildschirmfüllendes Format wechseln ❼. *Fertig* beendet die Wiedergabe und bringt Sie wieder zurück zur Auswahl.

Erweiterte Untertitel aktivieren

Verfügt der Film über Untertitel und sollen diese eingeblendet werden, ist eine Aktivierung nötig. Wechseln Sie in den *Einstellungen* in den Bereich *Video* und schalten Sie *Erweiterte Untertitel* ein.

Wenn auf einer Webseite ein abspielbarer Film eingebettet ist, dann lässt sich dieser Clip mit zwei Fingern auch bildschirmfüllend aufziehen. Danach können Sie ihn durch Zusammenziehen der beiden Finger wieder auf die Originalgröße bringen.

Das klappt allerdings nicht mit Flash-Videos. Die kann das iPad nicht abspielen.

Videos per AirPlay streamen

Auch aus dem Videoplayer heraus lässt sich AirPlay steuern. Dann werden die Video- und Audiosignale von iPad, iPhone oder iPod touch an den Flachbildfernseher weitergeleitet und dort ausgegeben.

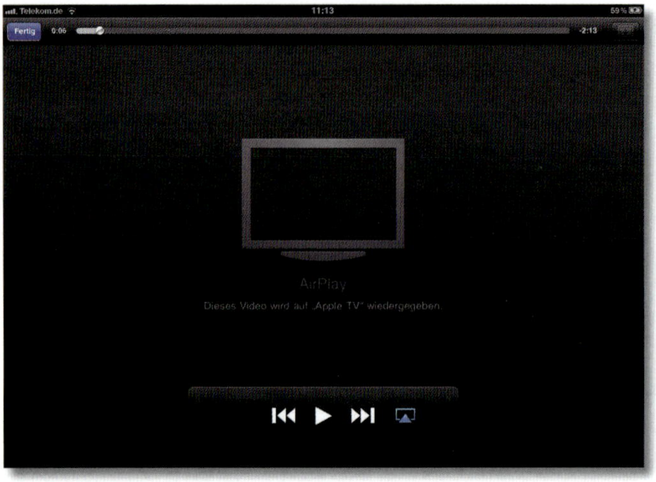

Auch der Videoplayer des iPads verfügt über die AirPlay-Funktion. Das bringt Filme an den Flachbildfernseher.

Fotos am iPad anzeigen

Alle Fotos, die Sie per iTunes auf das iPad kopieren (Kapitel 3) oder die per E-Mail ankommen (Kapitel 4, Mail), landen im Fotospeicher des iPads. Sie erreichen die Bilder über die Anwendung *Fotos*.

- **Per Apple iPad Camera Connection Kit lassen sich Bilder von der Digitalkamera per USB-Kabel oder direkt von der SD-Speicherkarte auf das iPad übertragen.**

Das Camera Connection Kit erlaubt das direkte Einspielen von Fotos in das iPad. Links der Adapter für den Anschluss einer Kamera per USB-Kabel, rechts für eine SD-Speicherkarte.

Beim Import über das iPad Kamera Connection Kit gibt es noch eine Besonderheit: Alle auf diesem Wege auf das iPad kopierten Bilder lassen sich auch direkt am iPad in der Foto-App drehen. Bei all den anderen Fotos ist dazu eine Drittanbieter-App notwendig, beispielsweise PS Express.

Fotos, die über das iPad Camera Connection Kit importiert wurden, können anschließend am iPad noch gedreht werden.

Sobald Sie die Fotos-Anwendung starten, gelangen Sie in die *Alben*-Übersicht.

Links sehen Sie die Bilder, die iPad-intern gespeichert wurden; rechts die Fotos, die per iTunes synchronisiert wurden.

Bilder im Ordner Gesicherte Fotos lassen sich vom iPad wieder löschen, im Gegensatz zu den synchronisierten Fotos via iTunes.

In der Leiste oben können Sie zwischen verschiedenen Ansichten wählen. *Fotos* zeigt alle Bilder einzeln an, *Ereignisse* die Alben aus iTunes und unter *Orte* werden die Bilder geografisch zugeordnet, sofern sie über GPS-Daten verfügen.

Die Funktionen Ereignisse und Orte sind nur verfügbar, wenn die Bilder am Mac von iPhoto ’09 oder neuer übernommen wurden. Weiterhin können Sie am iPad den Ablageort eines Bildes nicht verändern.

*Wenn Bilder mit GPS-Daten vorhanden sind oder ihnen manuell ein Ort zugewiesen wurde, zeigt **Fotos** die Orte auch auf einer Karte an.*

Um die Funktionen von *Fotos* zu zeigen, bleiben wir bei *Alben*.

Wenn Sie sich in einer Anwendung mit langen Listen befinden, beispielsweise in einem umfangreichen Album in Fotos, kommen Sie mit einem kleinen Trick umgehend wieder an den Beginn der Liste zurück. Tippen Sie auf die Uhrzeit am iPad-Display und die Anzeige springt sofort nach oben.

Bilderstapel aufziehen

Anhand der Stapel-Darstellung erkennen Sie, dass sich im Fotoarchiv mehrere Bilder verbergen. Um einen ersten Einblick zu bekommen, können Sie diesen Stapel aufziehen. Legen Sie dazu Daumen und Zeigefinger auf das oberste Bild im Stapel und bewegen Sie die Finger wie beim Zoomen auseinander.

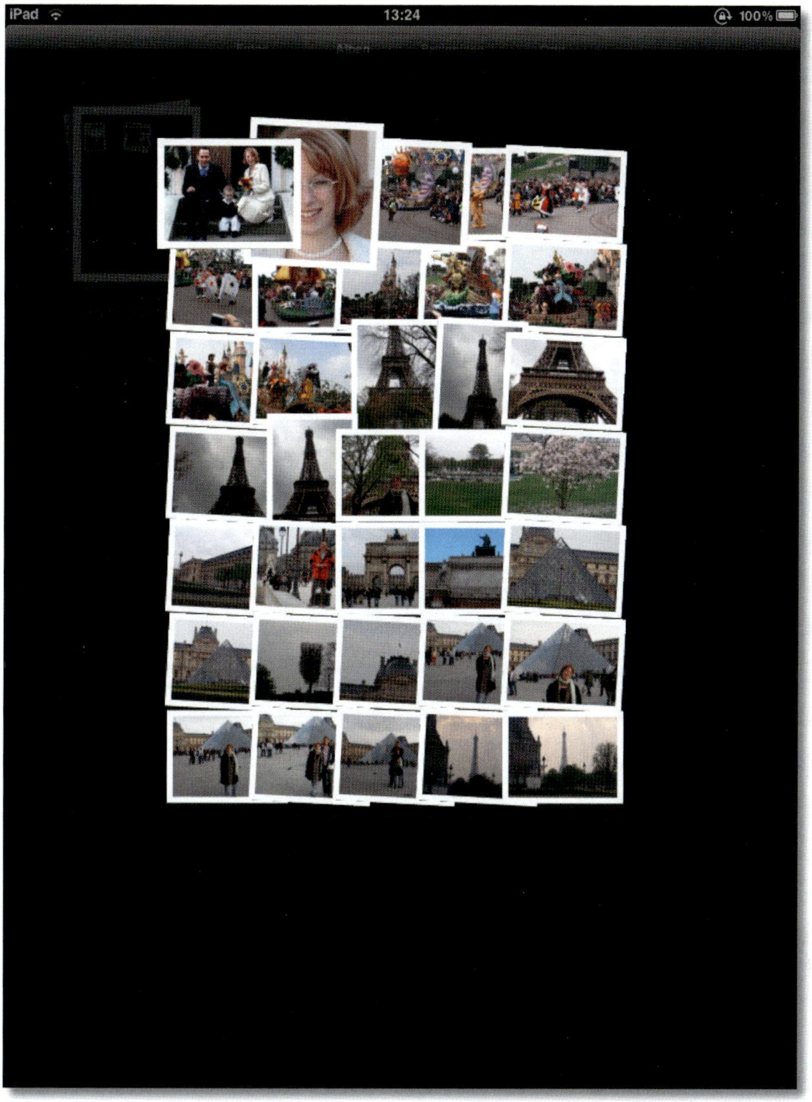

Durch das Aufziehen eines Stapels mit den Fingern lässt sich besser erkennen, welche Fotos enthalten sind.

Daraufhin breitet sich der Stapel aus und man erhält einen Einblick in die darin befindlichen Fotos. Lassen Sie den aufgezogenen Stapel los, wenn Sie ihn öffnen wollen. Wenn Sie ihn wieder mit den Fingern zusammenschieben, bleiben Sie in der vorherigen Ansicht. Haben Sie sich dazu entschlossen, den Stapel zu öffnen, breiten sich alle darin befindlichen Fotos aus.

Bilder vergrößern und drehen

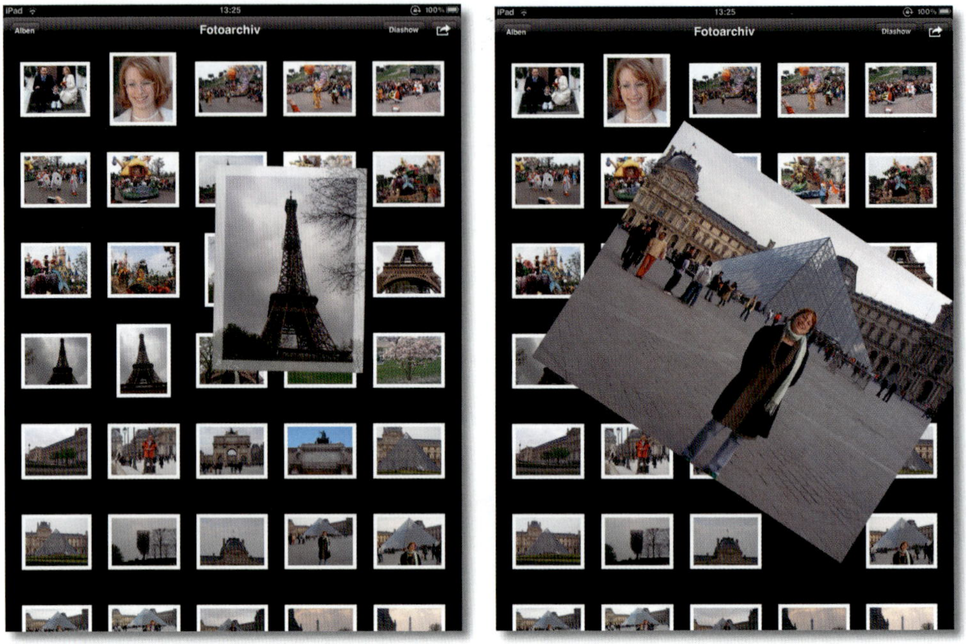

In der Ansicht eines Ordners lassen sich auch einzelne Bilder herausnehmen, vergrößern (links) und sogar drehen (rechts).

Tippen Sie auf eines der Bilder, um es in voller Größe anzuzeigen. Wie bei den Videos ist es hier sinnvoll, das iPad so zu halten, wie die Bilder aufgenommen wurden: im Hoch- oder Querformat.

*Bei der großen Ansicht blendet **Fotos** unten eine Bilderleiste des aktuellen Albums ein ❶. Fahren Sie mit dem Finger daran entlang, um andere Fotos anzuzeigen.*

Fotos weiterverwenden

Sie können Fotos per E-Mail versenden, in ein MobileMe-Album hochladen, einem Kontakt zuweisen, als Hintergrundbild verwenden, es per AirPrint ausdrucken oder das Foto in die Zwischenablage kopieren, um es beispielsweise auf diesem Weg in eine E-Mail einzufügen. Dazu gibt es zwei Vorgehensweisen.

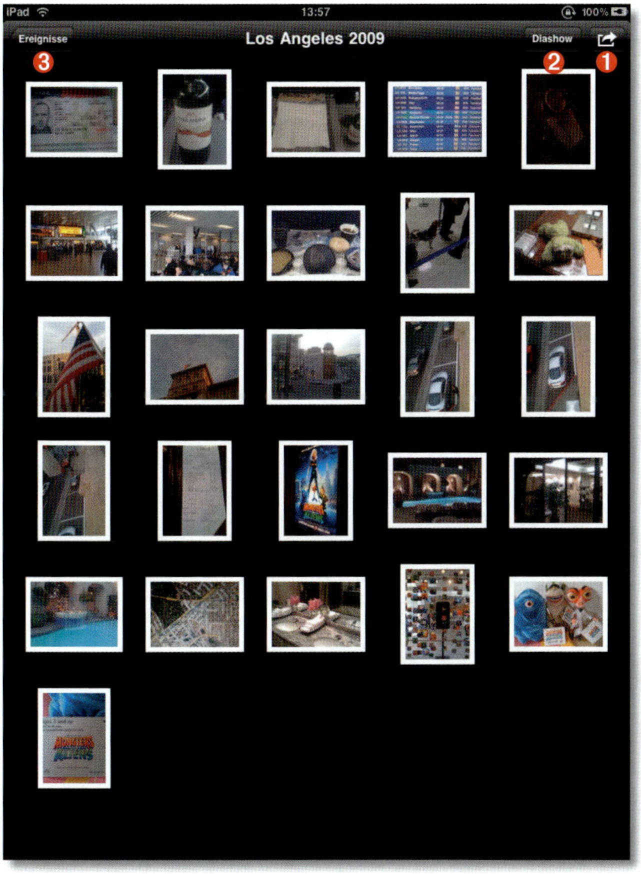

Tippen Sie auf das Symbol rechts oben ❶, um im nächsten Schritt die Fotos zu markieren, die Sie per E-Mail verschicken oder in die Zwischenablage kopieren möchten.

Diashow anzeigen

Möchten Sie eine Diashow anzeigen, tippen Sie auf die passende Option ❷. Danach können Sie noch eingeben, ob Musik abgespielt werden soll und welche Effekte zum Übergang genutzt werden. *Präsentation starten* beginnt die Wiedergabe.

Geben Sie die gewünschten Optionen an und tippen Sie auf ***Präsentation starten****,*
um mit der Vorführung zu beginnen.

Ereignisse ❸ bringt Sie wieder zurück zur Übersicht.

Haben Sie ein einzelnes Bild ausgewählt, gibt es noch mehr Möglichkeiten, wie Sie es weiterverwenden können. Tippen Sie auch hier auf das Symbol rechts oben, um das Menü zu öffnen.

- **Sollten Sie die Leiste oben nicht sehen, tippen Sie auf das Foto und schon wird sie eingeblendet.**

Die Foto-App im iPad bietet Ihnen zahlreiche Möglichkeiten an, wie Sie Bilder weiterverwenden können.

Wählen Sie jetzt die gewünschte Option aus. Bei *Per E-Mail senden* öffnet sich E-Mail, *An MobileMe senden* ein Fenster zur Eingabe weiterer Informationen, *Zu Kontakt zuweisen* öffnet ein Fenster mit den Namen des iPad-Adressbuchs. Wählen Sie *Als Hintergrund*, können Sie das Bild verschieben, vergrößern und verkleinern. Außerdem haben Sie die Möglichkeit, anzugeben, ob das Bild für den *Sperrbildschirm*, den *Home-Bildschirm* oder *Beide* aktiviert werden soll. *Drucken* gibt das Foto über einen AirPrint-kompatiblen Drucker aus. Weitere Informationen zu AirPrint finden Sie im Anschluss an den Abschnitt zu Safari. *Foto kopieren* befördert eine Kopie in die Zwischenablage.

Leider gibt es derzeit keine Möglichkeit, die Bilder direkt von dieser Stelle zu Facebook oder anderen sozialen Netzwerken zu übertragen.

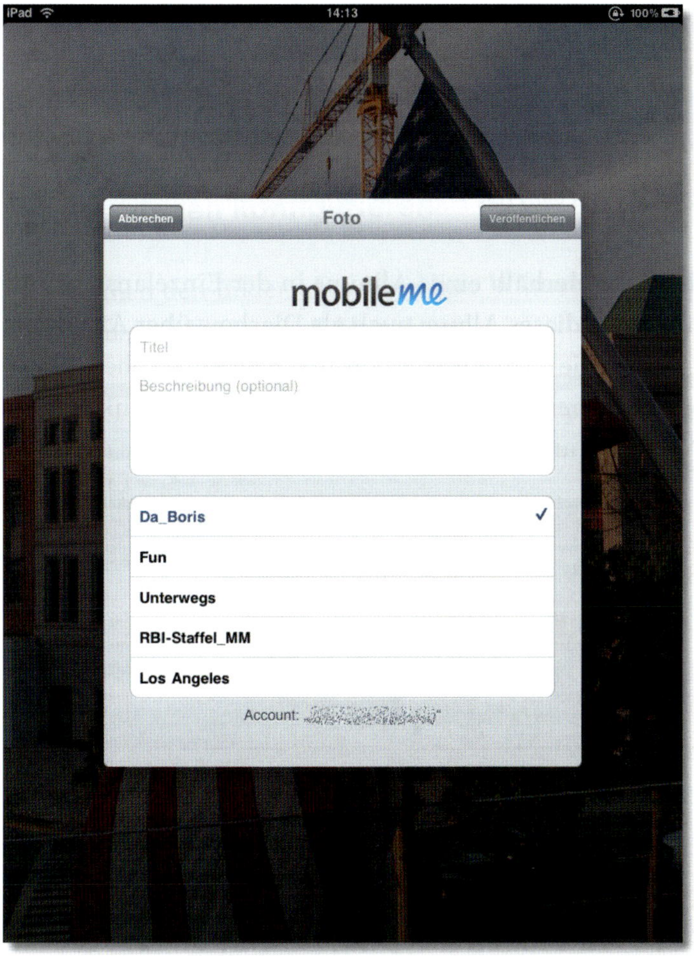

Einige der Möglichkeiten erfordern weitere Informationen. Hier kann man für MobileMe noch ergänzende Informationen eintragen.

Dort können Sie einstellen, wie die Bilder wechseln sollen ❶ (*Überblenden* oder *Origami*), ob Gesichter herangezoomt und die Fotos in der richtigen Reihenfolge oder zufällig ausgewählt werden sollen ❷. Zuletzt können Sie noch festlegen, welche Fotos angezeigt werden ❸. Wählen Sie dort *Alben* oder *Ereignisse*, erscheint je eine Liste mit den verfügbaren Alben oder Ereignissen ❹.

Bilderrahmen pausieren und stoppen

Tippen Sie während der Wiedergabe auf das Display, um den Bilderrahmen zu pausieren. Tippen Sie dann erneut auf das Bilderrahmensymbol, beenden Sie die Wiedergabe. Tippen Sie stattdessen wieder auf das Bild, geht's weiter.

Sie können aber auch den Schieberegler nach rechts schieben und das iPad so aus dem Ruhezustand zurückholen.

Musik, Hörbücher, Podcasts: Der iPod im iPad

Um Audiomedien abzuspielen, ist in das iPad ein vollwertiger iPod integriert. Wenn Sie ihn starten, erwartet Sie ein ähnliches Bild wie dieses:

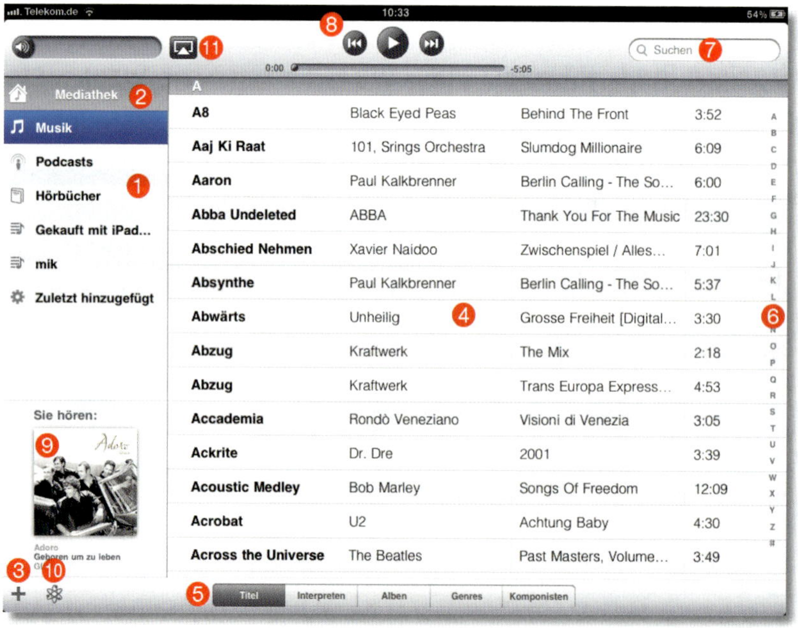

Musik hören

Haben Sie an Ihrem Rechner die Privatfreigabe aktiviert (dazu später mehr), sollten Sie zuerst festlegen, ob Sie die Inhalte am iPad oder die am Rechner abspielen möchten. Das können Sie gleich über den Medientyp bestimmen ❶.

In der Mediathek ❷ können Sie den gewünschten Medientyp aussuchen. In diesem Fall möchten wir Musik hören. Hier sind auch synchronisierte Playlisten zu finden. Über das Plussymbol ❸ können Sie auch eine neue Playlist anlegen.

Rechts daneben ❹ werden die verfügbaren Musikstücke angezeigt; sortiert entweder nach *Titel, Interpreten, Alben, Genres* oder *Komponisten*. Wie Sie die Musik sortiert haben möchten, lässt sich ganz unten einstellen ❺.

Die Anzeige ist alphabetisch sortiert. Sie können ganz rechts einen bestimmten Buchstaben anwählen ❻ oder oben per Suche nach bestimmten Musikstücken forschen ❼.

Ganz oben gibt es noch das Bedienfeld ❽, das Sie bereits von iTunes kennen werden. Darüber lassen sich Titel starten und pausieren, vor- oder zurückspulen und links die Lautstärke anpassen.

Ist ein Titel ausgewählt, werden links unten Details und falls vorhanden das Cover angezeigt ❾. Ansonsten wird ein generelles Cover angezeigt.

Am iPad kann auch eine neue Genius-Liste angelegt werden. Das Symbol dafür finden Sie ebenfalls unten links ❿.

Über die Genius-Funktion können Sie zueinander passende Musiktitel Ihrer Mediathek in eine Wiedergabeliste packen. Dazu wählen Sie einen Titel aus Ihrer iPad-Mediathek aus und das iPad sucht dazu passende Titel zusammen und kopiert Sie ebenfalls in diese Liste. So erhalten Sie eine Wiedergabeliste, die eine Vielzahl an ähnlichen Musikstücken enthält.

Um eine Genius-Liste am iPad zu erzeugen, gibt es zwei Wege: Tippen Sie entweder in der Titelübersicht links unten das Genius-Symbol an und wählen Sie im nächsten Schritt den gewünschten Titel aus, zu dem Sie passende Titel erhalten möchten. Sie können aber auch während der Wiedergabe eines Titels auf das Genius-Symbol klicken. In beiden Fällen erhalten Sie im Anschluss die Liste, aus der Sie dann die anderen Titel ansteuern können.

Möchten sie die Musik nicht am iPad selbst, sondern per AirPlay über einen AirPlay-kompatiblen Lautsprecher oder Apple TV ausgeben, können Sie das über das AirPlay-Symbol einstellen ⓫.

Über die AirPlay-Taste können Sie festlegen, wo die Musik ausgegeben werden soll.

Tippen Sie einmal auf die Uhrzeit, wenn Sie sich in einer umfangreichen Liste, beispielsweise mit Musiktiteln, befinden, um blitzschnell an den Anfang der Liste zu springen.

Tippen Sie auf den gewünschten Titel, um die Wiedergabe zu starten. Wenn Sie in den Bereich ***Sie hören:*** tippen, wird das Cover groß angezeigt. Tippen Sie darauf, blenden Sie die Steuerungselemente ein.

Leider unterstützt der iPod im iPad weder die Cover-Flow-Darstellung noch die Darstellung der iTunes LPs.

Darstellung der Coveransicht inklusive der eingeblendeten Steuerungselemente.

Oben finden Sie wieder die Steuerung mit Play, Pause, Vor, Zurück, Lauter, Leiser. Dazu werden Interpret, Titel und Albumname eingeblendet ❶.

Links neben der Zeitleiste können Sie die Wiederholfunktion ❷ aktivieren. Tippen Sie einmal darauf, werden alle Titel des aktuellen Albums oder der aktuellen Playlist abgespielt. Das Symbol ist dann blau. Tippen Sie noch einmal darauf, erscheint eine kleine 1 und der aktuelle Titel wird wiederholt.

Rechts befindet sich das Shufflesymbol ❸. Aktivieren Sie es, werden die Titel in zufälliger Reihenfolge abgespielt.

Über die Listen-Taste ❹ werden alle Titel des aktuellen Albums angezeigt. Tippen Sie dann auf das kleine Cover rechts unten, gelangen Sie wieder zurück. In die Liste der Albumtitel führt Sie ein doppeltes Tippen auf das große Cover.

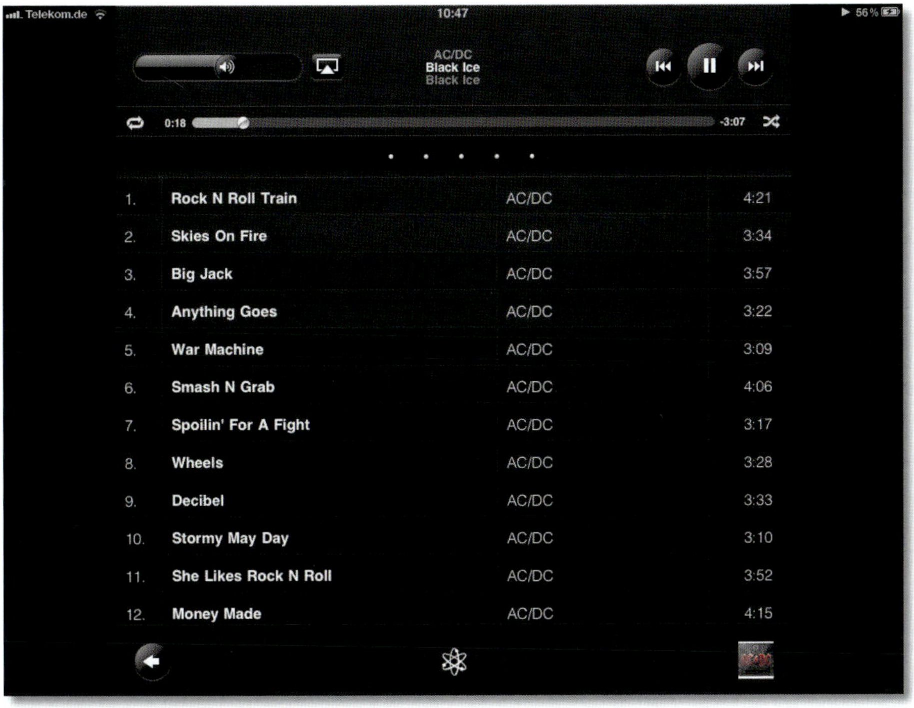

In der Titelübersicht lässt sich auch eine Bewertung im Bereich von einem bis zu fünf Sternen vergeben.

Unten in der Mitte befindet sich das Symbol für die Genius-Funktion ❺. Über den Pfeil ❻ kommen Sie wieder in den Startbildschirm mit der Titelauswahl zurück. Auch hier ist die AirPlay-Funktion verfügbar ❼.

Hörbücher hören

Wählen Sie in der Mediathek *Hörbücher* aus, wechselt die Anzeige des Hauptfensters zu den Hörbüchern des iPads. Wählen Sie eines aus, um mit der Wiedergabe zu beginnen. Sie gelangen in eine Ansicht, die Sie bereits von der Musikwiedergabe her kennen. Nur gibt es ein paar kleine hörbuchspezifische Abweichungen.

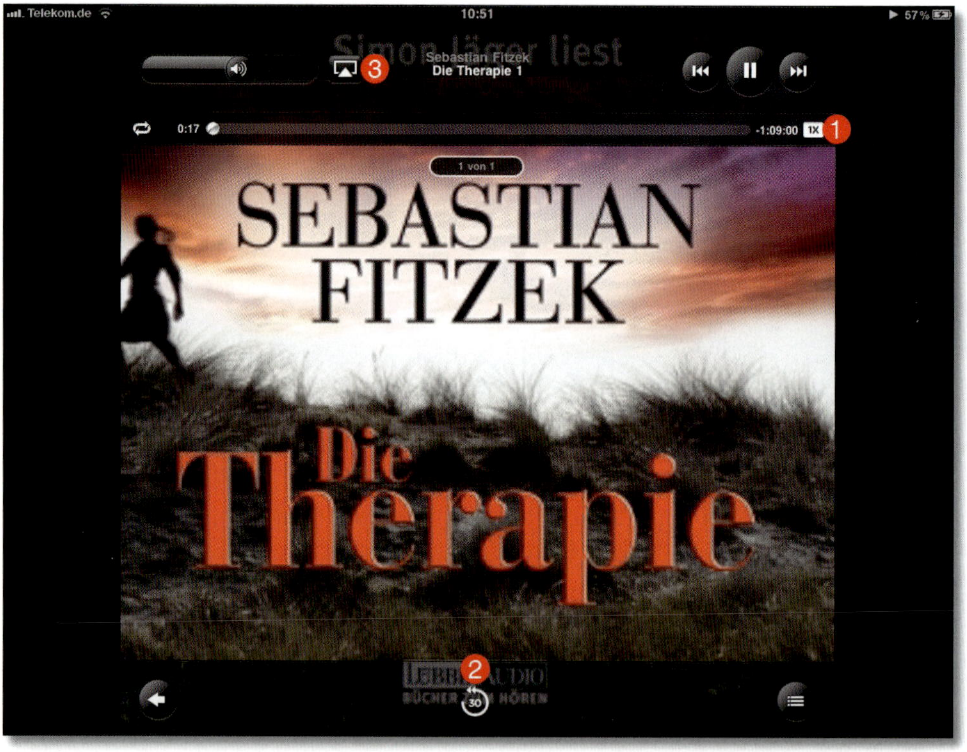

Oben rechts können Sie die Geschwindigkeit einstellen, mit der das Hörbuch gelesen wird ❶. Standardmäßig steht diese Option auf 1x. Sie können mit einmal Tippen die Geschwindigkeit verdoppeln (2x) oder halbieren (1/2x). Ein weiteres Tippen wechselt wieder zurück auf 1x.

Unten in der Mitte können Sie jeweils 30 Sekunden zurückspringen, wenn Sie einen Abschnitt verpasst haben ❷. Möchten Sie die vergangene Minute hören, tippen Sie zweimal darauf und so weiter.

Und auch hier eingebunden: AirPlay ❸.

Vor- und Zurückspulen per Scrubbing

Eine bequeme Möglichkeit, in einem Musikstück oder Hörbuch vor- und zurückzuspulen, ist das sogenannte Scrubbing. Dabei können Sie je nach Wunsch schneller oder langsamer nach vorne oder hinten springen. Und so funktioniert es:

Tippen Sie mit dem Finger auf den Punkt in der Zeitleiste. Die *Scrubbing-Geschwindigkeit* steht dann auf *100 %*. Fahren Sie jetzt mit dem Finger nach links oder rechts, geht es sehr schnell. Fahren Sie aber mit dem Finger erst nach unten, wechselt die Scrubbing-Geschwindigkeit auf *50 %*, dann auf *25 %* und schließlich auf *fein*. Je niedriger die Prozentzahl, desto langsamer spulen Sie nach vorne oder zurück. *fein* ist die kleinste Einstellung.

Während man Musik oder Hörbücher hört, kann man den iPod verlassen und andere Dinge am iPad machen, beispielsweise mit Safari im Internet surfen oder E-Mails lesen beziehungsweise versenden.

Drücken Sie dann doppelt die Home-Taste, gelangen Sie in die Multitasking-Leiste. Dann können Sie die Leiste nach rechts wegschieben und so zu den iPod-Bedienfeldern gelangen oder gleich ganz rechts den iPod starten.

Über die Multitaskingleiste gelangen Sie auch wieder zurück zum Bedienfeld des iPods.

Zugriff auf alle iTunes-Titel mit der Privatfreigabe

Bisher war es so, dass alle Titel, die man über die iPod- oder Videos-App am iPad abspielen wollte, erst per USB-Kabel synchronisiert werden mussten. Das ist mit iOS 4.3 anders, weil mit dieser Version auch beim iPad die Privatfreigabe Einzug gehalten hat. Bisher gab es diese Freigabe nur beim Apple TV der zweiten Generation. Wie der Name schon sagt, lässt sich über die Privatfreigabe die iTunes-Bibliothek für private Zwecke über das WLAN freigeben. Dafür gibt es zwei Voraussetzungen: Während der Wiedergabe muss iTunes am Rechner aktiv sein. Beenden Sie iTunes, stoppt auch die Wiedergabe. Und an beiden Geräten, Rechner und iPad muss die Privatfreigabe aktiviert sein. Das ist aber sehr schnell eingerichtet:

Privatfreigabe am Rechner aktivieren

Starten Sie iTunes und klicken Sie auf *Erweitert –> Privatfreigabe aktivieren*. Die Privatfreigabe ist unter Windows an identischer Stelle zu finden.

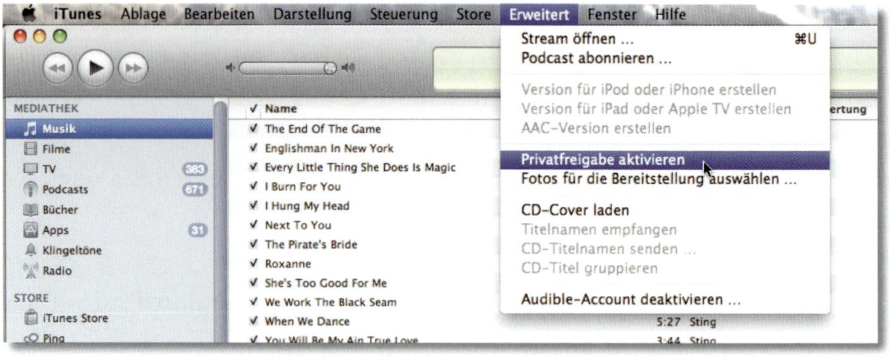

Zuerst aktivieren Sie die Privatfreigabe in iTunes.

Im darauf folgenden Fenster tragen Sie Ihre *Apple-ID* und das dazugehörige *Kennwort* ein und bestätigen mit *Privatfreigabe anlegen*.

Die Privatfreigabe läuft über Ihre Apple-ID. Geben Sie ID und Kennwort ein.

Daraufhin erhalten Sie noch ein kurzes Hinweisfenster, in dem die Regeln für die Freigabe angezeigt werden. Mit einem Klick auf *Fertig* ist die Einrichtung am Rechner erledigt.

Die Privatfreigabe ist eingerichtet und kann nun auch am iPad aktiviert werden.

Privatfreigabe am iPad einrichten

Am iPad geht es ebenfalls schnell und auch das Vorgehen ist sehr ähnlich. Rufen Sie am iPad die *Einstellungen* auf und dort die Rubrik *iPod*. Auch hier gibt es den Punkt der *Privatfreigabe*, unter dem Sie Ihre *Apple-ID* und das *Kennwort* eingeben können. Mit *Fertig* beenden Sie die Eingabe.

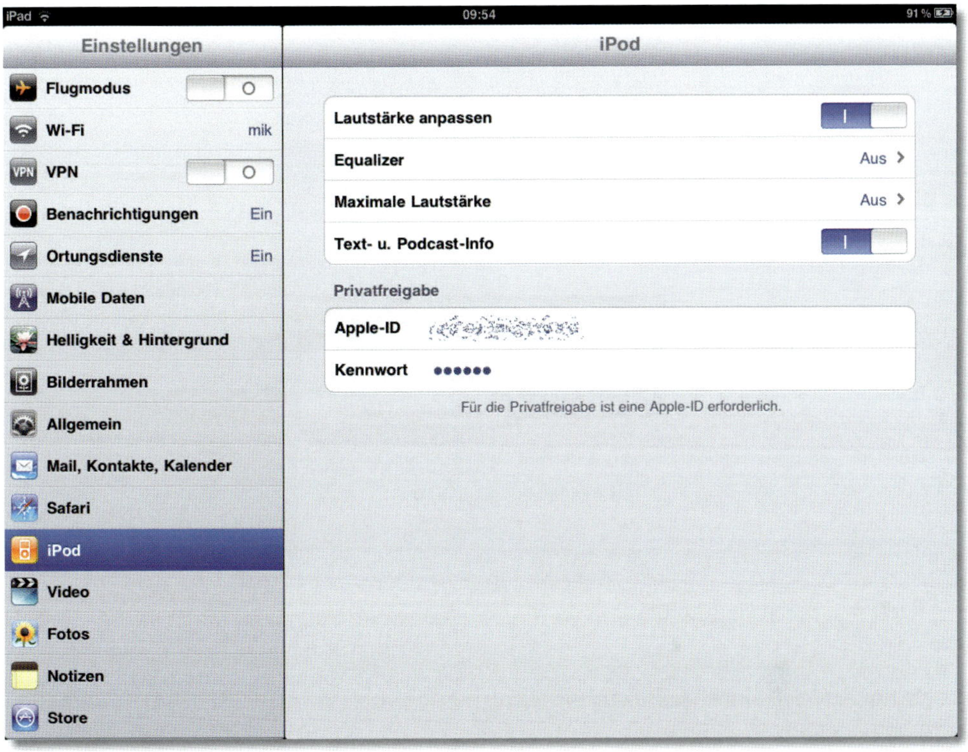

Auch am iPad geben Sie Apple-ID und Kennwort ein, um die Privatfreigabe zu aktivieren.

Auf freigegebene Medien zugreifen

Es ist nicht so, dass freigegebene und synchronisierte Medien in einer Mediathek am iPad ein friedliches gemeinsames Dasein fristen. Sie müssen gezielt auswählen, ob Sie Musik, Podcasts und Videos abspielen möchten, die auf dem iPad liegen oder die über das Netzwerk übertragen werden sollen.

Zuerst zum iPod: Starten Sie die *iPod*-App am iPad und Sie gelangen zu Ihrer Mediathek. Das funktioniert wie vor der Freigabe, hier finden Sie alle Medien, die Sie über iTunes und Datenkabel auf das iPad kopiert haben.

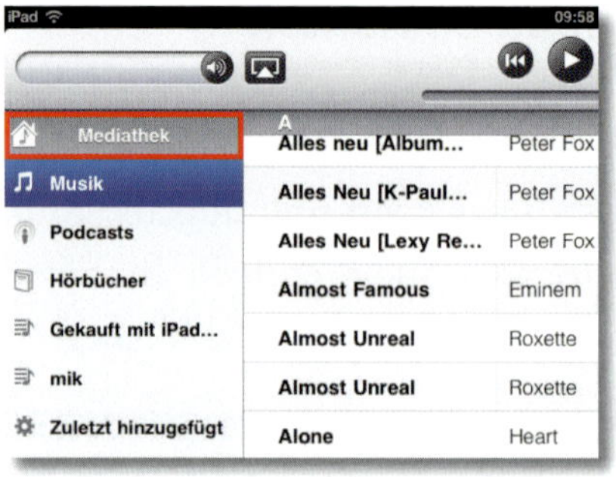

*Der Button **Mediathek** zeigt an, dass Sie derzeit auf die Titel zugreifen, die sich auf dem iPad befinden.*

Tippen Sie auf *Mediathek*, um zur Auswahl aller verfügbaren Mediatheken zu gelangen.

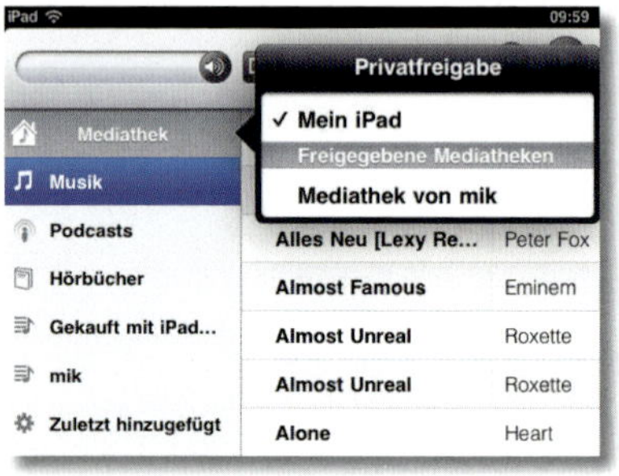

Diese beiden Mediatheken sind verfügbar. Der zweite Eintrag ist die Privatfreigabe.

Unter *Freigegebene Mediatheken* ist nun auch die Privatfreigabe zu sehen. Tippen Sie darauf, um sie auszuwählen.

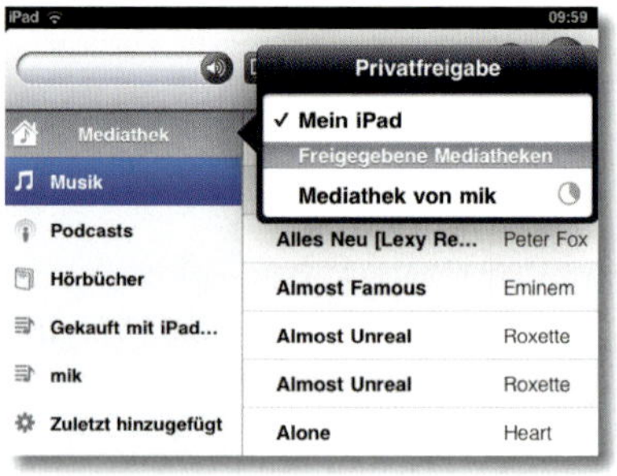

Daraufhin stellt das iPad eine Verbindung zum Rechner her (links) und ruft im Anschluss die Titellisten ab (rechts).

Nach wenigen Sekunden ist die Privatfreigabe aktiv und Sie können auf alle Titel zugreifen, die in der iTunes-Mediathek am Rechner verfügbar sind.

Freigegebene Videos ansehen: Um auf Videos der Privatfreigabe zugreifen zu können, starten Sie die *Videos*-App und wählen in der Leiste oben den Punkt *Freigegeben*.

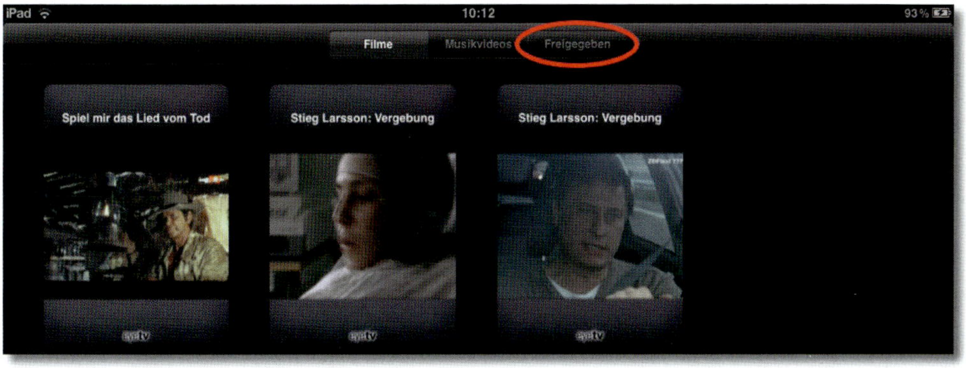

Zuerst sehen Sie nur die Videos, die auf dem iPad vorhanden sind. Auch hier ist die Freigabe verfügbar.

Daraufhin erhalten Sie Zugriff auf die freigegebene Mediathek. Tippen Sie darauf, um sie auszuwählen.

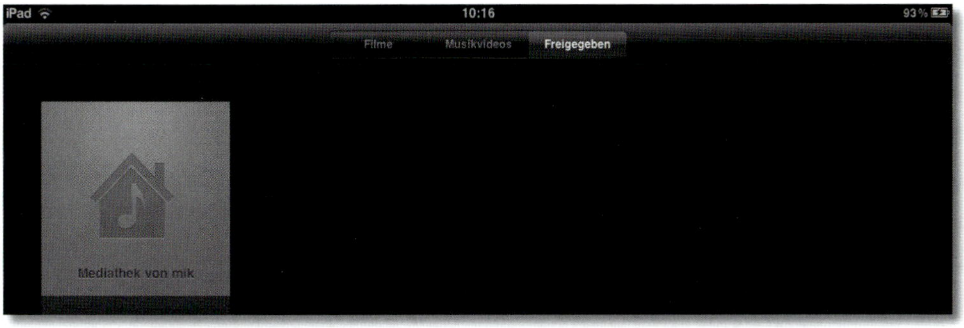

Tippen Sie auf die Mediathek, um die Privatfreigabe zu starten.

Jetzt werden alle Filme angezeigt, die Sie über das WLAN ansehen können. Dass Sie sich in einer entfernten Mediathek befinden, erkennen Sie an der Leiste über den Filmen.

Achten Sie bei der Privatfreigabe darauf, dass das WLAN ausreichene Kapazitäten frei hat. Gerade bei großen Datenmengen wie bei Videos dauert es ansonsten sehr lange, bis die Wiedergabe beginnt. Das liegt daran, dass das iPad erst einmal so viele Daten vorlädt, bis eine fehlerfreie Wiedergabe gewährleistet werden kann.

Podcasts abspielen

Wenn Sie in der Mediathek auf Podcasts tippen, wechselt das iPad in die entsprechende Ansicht. Wählen Sie einen Podcast aus, um in die Übersicht der Folgen zu wechseln. Jetzt können Sie entweder eine Folge starten, indem Sie darauf tippen, oder Sie laden mit ***Weitere Folgen laden …*** eine neue Episode herunter.

Wenn Sie noch keinen Podcast in Ihrer Mediathek haben, tippen Sie auf ***Sie können Podcasts aus iTunes laden***, um welche hinzuzufügen. In beiden Fällen landen Sie in der iTunes-App, die den Download von Podcasts übernimmt.

Wenn Sie noch keine Podcasts haben, können Sie den ersten direkt herunterladen.

Wenn Sie die Auswahl getroffen haben und der Podcast geladen wurde, drücken Sie zweimal auf die Home-Taste, um in die Multitaskingleiste zu wechseln und holen Sie dann den iPod wieder in den Vordergrund, indem Sie auf das iPod-Symbol tippen.

Wenn Sie einen Audio-Podcast starten, kommen Sie in eine Ansicht wie bei den Hörbüchern. Bei Video-Podcasts startet automatisch die *Videos*-Anwendung des iPads und spielt den Film ab.

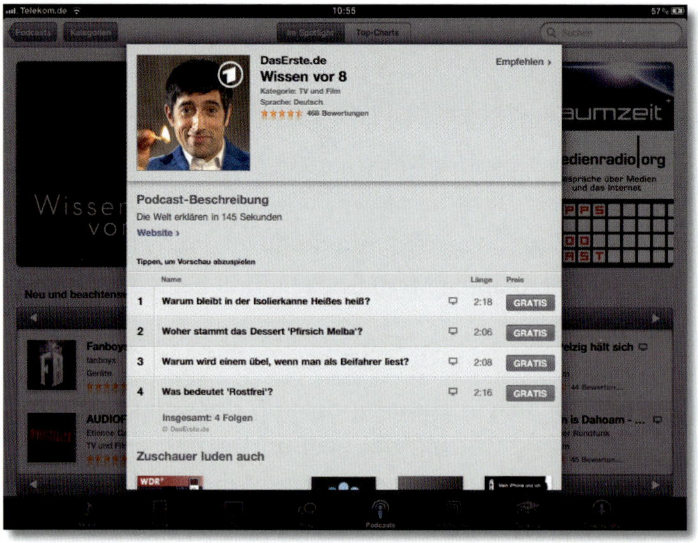

Aus dem iPod heraus lassen sich neue Podcasts auch ohne iTunes herunterladen.

Musik per AirPlay streamen

Immer dann, wenn Sie in einer App das AirPlay-Symbol sehen, können Sie die dort verfügbaren Medien drahtlos an ein Ausgabegerät senden. Ein Beispiel dafür ist der iPod, der dieses Symbol integriert hat. Tippen Sie darauf, um eine Liste aller im Netzwerk verfügbaren AirPlay-Lautsprecher zu erhalten.

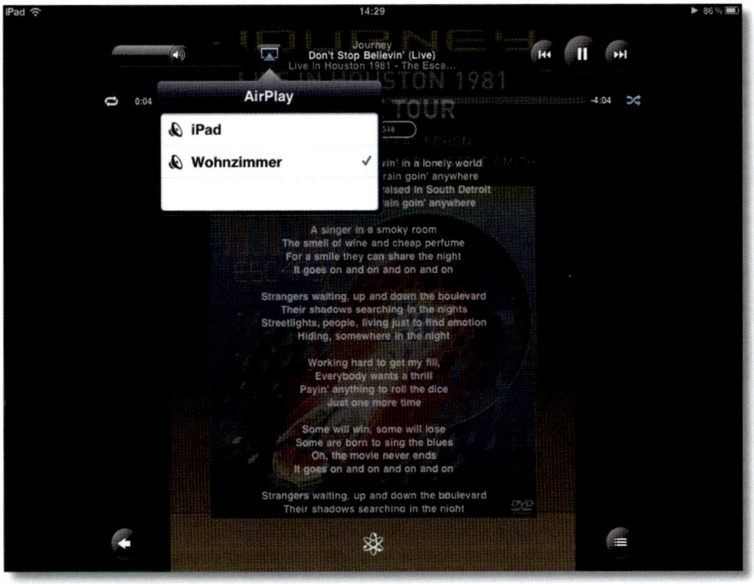
iPad
14:29
Journey
Don't Stop Believin' (Live)
0:04
-4:04
AirPlay
iPad
Wohnzimmer
A singer in a smoky room
The smell of wine and cheap perfume
For a smile they can share the night
It goes on and on and on and on
Strangers waiting, up and down the boulevard
Their shadows searching in the nights
Streetlights, people, living just to find emotion
Hiding, somewhere in the night
Working hard to get my fill,
Everybody wants a thrill
Payin' anything to roll the dice
Just one more time
Some will win, some will lose
Some are born to sing the blues
Oh, the movie never ends
It goes on and on and on and on
Strangers waiting, up and down the boulevard

Im Musikplayer von iPad, iPhone und iPod touch ist seit iOS 4.2.1 AirPlay ebenfalls verfügbar.

Wählen Sie einen der Einträge aus, um die Wiedergabe dort fortzusetzen. Die Auswahl von mehr als einem Ziel wie bei iTunes am Rechner ist hier allerdings nicht möglich.

Wenn Sie zweimal auf die Home-Taste drücken, damit die Multitaskingleiste starten und dann nach rechts wischen, gelangen Sie zu einer weiteren Möglichkeit, AirPlay aufzurufen. Dort finden Sie eine alternative iPod-Steuerung und ebenfalls den AirPlay-Knopf.

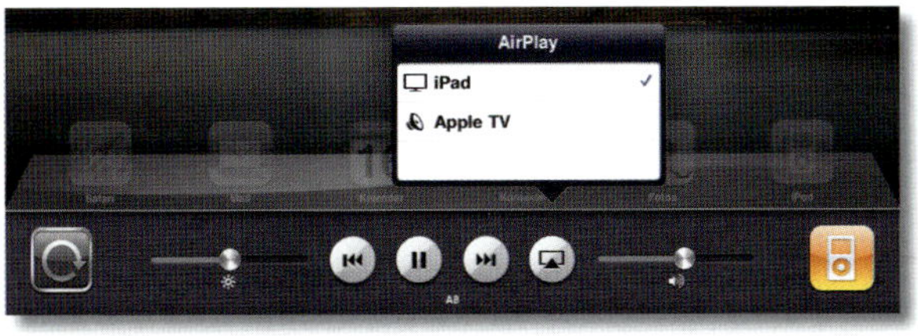
AirPlay
iPad
Apple TV

Auch in der Multitaskingleiste verbirgt sich AirPlay.

Webseiten betrachten mit Safari

Um Webseiten am iPad zu betrachten, steht Ihnen mit Apples Webbrowser Safari eine umfangreiche und komfortable Software zur Verfügung.

Das kann Safari derzeit nicht

Gleich zu Beginn aber ein paar Einschränkungen, mit denen man am iPad leben muss: Safari am iPad unterstützt keinerlei Plug-ins. Am deutlichsten merkt man das, wenn man Videos ansehen will, die in den allermeisten Fällen im Flash-Format vorliegen. Das geht nicht. Aber beispielsweise SPIEGEL ONLINE und der Webauftritt der BILD-Zeitung arbeiten an alternativen Formaten oder bieten sie bereits an. Dann erhalten Sie beim Tippen auf ein Video keine Fehlermeldung, sondern der Film beginnt.

So viel zu den Einschränkungen. Aber es gibt auch viele Dinge, die Safari kann, und die sind es, die im täglichen Gebrauch auffallen. Das, was nicht geht, wird Ihnen in den seltensten Fällen begegnen.

Das kann Safari

Starten Sie Safari im Hoch- oder Querformat. Im Hochformat haben Sie den Vorteil, dass längere Seiten auf ein Bild passen. Das Querformat ist nützlich, wenn eine Internetseite eher breit angelegt ist.

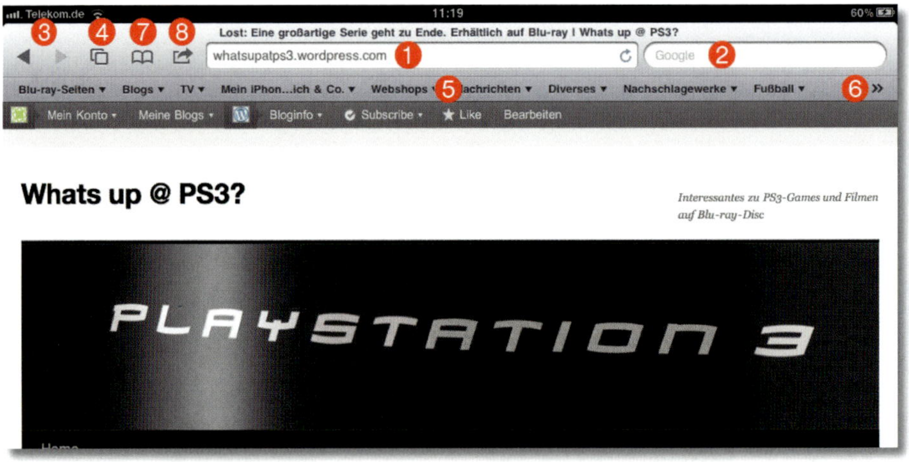

Eine Internetadresse aufrufen

Oben in der Mitte befindet sich das Feld für die direkte Eingabe einer Internetadresse ❶. Tippen Sie über die Tastatur eine Adresse ein, und starten Sie den Ladevorgang, indem Sie auf der Tastatur *Öffnen* wählen. Waren Sie vorher schon einmal auf der Seite, deren Adresse Sie eingeben, bietet Ihnen Safari eine Auswahl der bisherigen Seiten an. Diese können Sie durch Antippen direkt anwählen.

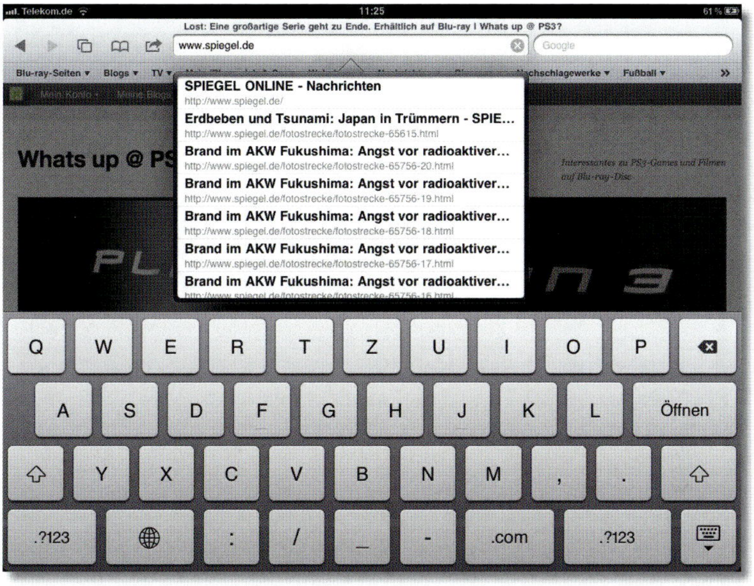

Tippen Sie in das Adressfeld eine Adresse ein und öffnen Sie diese mit „Öffnen“. Sie können auch einen der Vorschläge annehmen, indem Sie drauftippen.

Eine Google-Suche starten

Über die Suchmaske ❷ lässt sich direkt eine Google-Suche starten. Dazu ist es nicht erforderlich, vorher noch www.google.de zu besuchen.

Vor- und zurückspringen

Die Pfeiltasten ❸ bringen Sie eine Seite nach vorne oder eine Seite zurück. Ist ein Pfeil grau hinterlegt, bedeutet das: Es gibt noch keine Seite in dieser Richtung. Leider ist es nicht wie am Mac oder Windows-Rechner möglich, eine dieser beiden Tasten länger gedrückt zu halten und so zu sehen, welche Seiten man zuvor schon aufgerufen hat.

Mit mehreren Webseiten arbeiten

Safari unterstützt das Surfen mit mehreren Seiten. Sie können zwar immer nur eine Seite aktiv betrachten, öffnen lassen sich aber mehrere gleichzeitig. Um zwischen den Seiten hin- und herzuwechseln, tippen Sie auf das Seitensymbol ❹. Es erscheinen alle derzeit offenen Seiten.

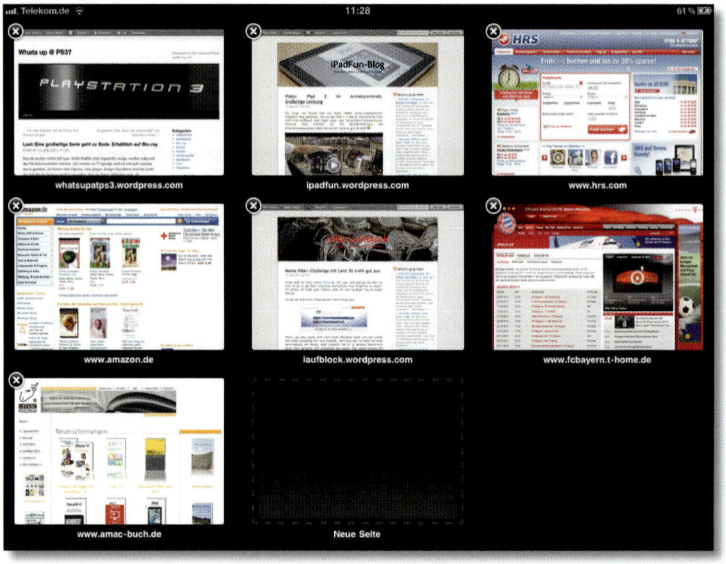

Safari kann bis zu neun geöffnete Internetseiten darstellen.

Sie können bis zu neun Seiten gleichzeitig geöffnet haben. Tippen Sie die Seite an, die Sie betrachten möchten. Über das *x* links oben an jeder Seite können Sie sie auch schließen. Rechts unten lässt sich eine neue leere Webseite öffnen. Haben Sie bereits neun Seiten geöffnet, müssen Sie erst eine schließen, um eine neue Webseite besuchen zu können.

Lesezeichenleiste einblenden

Safari verfügt über zwei Funktionen, die gespeicherten Lesezeichen anzuzeigen: die Lesezeichenleiste ❺ sowie den Knopf für die Lesezeichen ❼. Ab Werk zeigt Safari die Leiste nur dann an, wenn Sie auf das Adressfeld getippt haben. Das lässt sich aber ändern. Gehen Sie in die *Einstellungen* und dort zu *Safari*. Hier finden Sie den Punkt *Lesezeichenleiste immer anzeigen*. Wenn Sie den aktivieren, ist die Leiste ständig sichtbar.

Die Lesezeichen, die in der Breite von Safari Platz finden, werden angezeigt. Die restlichen sehen Sie, wenn Sie auf die Pfeile ❻ tippen.

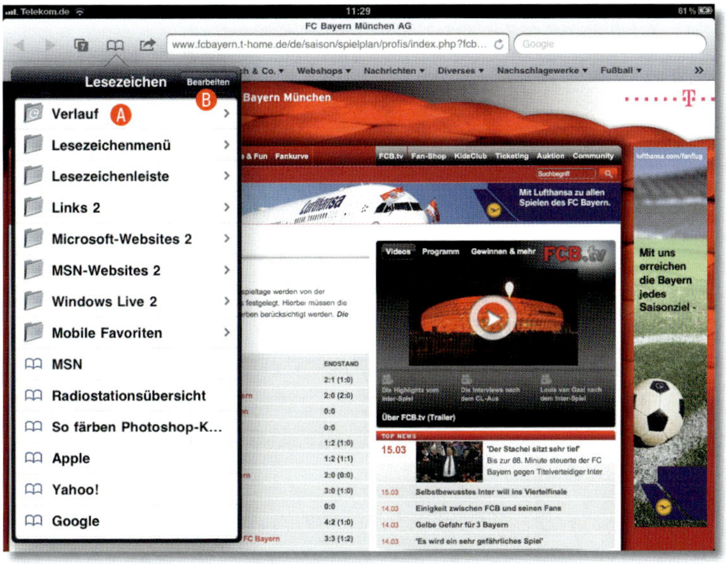

Neben der Lesezeichenleiste lassen sich Ihre Lesezeichen auch in einer Liste anzeigen.

Bisher besuchte Seiten erneut anwählen

Im Lesezeichen-Menü können Sie über den *Verlauf* Ⓐ eine Liste der bisher aufgerufenen Seiten ansehen und wieder dorthin zurückkehren.

Lesezeichen bearbeiten

Über *Bearbeiten* Ⓑ lassen sich Lesezeichen ändern, löschen Ⓒ und verschieben Ⓓ.

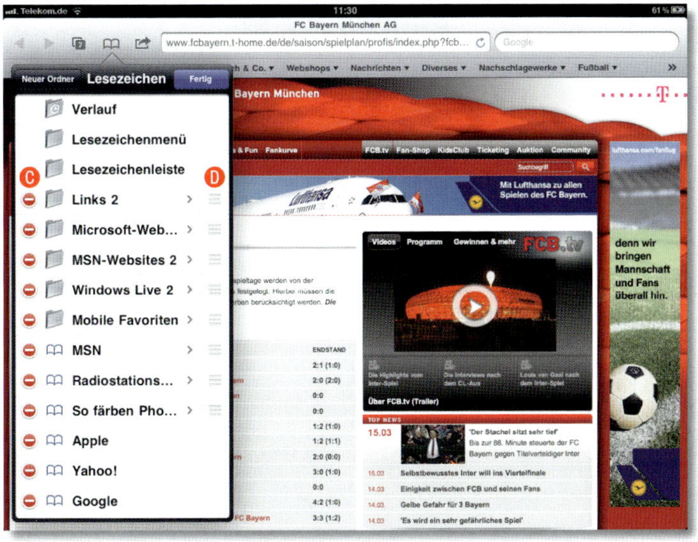

Bookmarks oder Lesezeichen lassen sich am iPad auch bearbeiten.

Internetadresse weiterverwenden

Möchten Sie die aktuell angezeigte Adresse weiterverwenden, tippen Sie auf das Weiterverwenden-Symbol ❽. Von dort aus haben Sie die Möglichkeit, ein neues *Lesezeichen* zu erstellen, einen Link auf diese Seite *Zum Home-Bildschirm hinzuzufügen*, Sie können die *URL der Seite senden* (per E-Mail) oder drahtlos über einen AirPrint-kompatiblen Drucker ausgeben *(Drucken)*. Dazu im Anschluss an das Safari-Kapitel mehr.

Sie können die Adresse als Lesezeichen ablegen, einen direkten Link zum Home-Bildschirm hinzufügen, den Link per E-Mail versenden oder die Seite ausdrucken.

Wenn Sie einen Link *Zum Home-Bildschirm hinzufügen*, erstellt das iPad ein entsprechendes Icon und hinterlegt es mit diesem Link. Geben Sie vorher noch einen Titel an. Das Ergebnis sieht dann so aus:

Laden einer Webseite wiederholen oder abbrechen

Über das Neu-Laden-Symbol ❾ rufen Sie eine aktualisierte Version einer Webseite auf. Das ist hilfreich, wenn Sie beispielsweise am nächsten Tag erneut eine Nachrichtenseite lesen möchten, aber noch die alten Inhalte dargestellt werden. Während eine Seite geladen wird, wechselt der Reload-Kreis zum *x*. Tippen Sie darauf, um den Ladevorgang abzubrechen.

Auch hier funktioniert der Trick, schnell nach oben zu scrollen. Wenn Sie sich weit unten auf einer Webseite befinden, tippen Sie ganz oben im Display auf die Uhrzeit ❿. Das bringt Sie sofort wieder zum Anfang der Seite.

Links überprüfen, aufrufen, auf neuer Seite öffnen oder kopieren

Normalerweise folgen Sie einem Link dadurch, dass Sie drauftippen. So öffnet Safari die hinterlegte Adresse. Möchten Sie aber vorher sehen, wohin die Reise geht, tippen Sie auf einen Link und halten Sie den Finger darauf. Es öffnet sich ein kleines Fenster mit der gewünschten Info und weiteren Möglichkeiten, wie Sie vorgehen können.

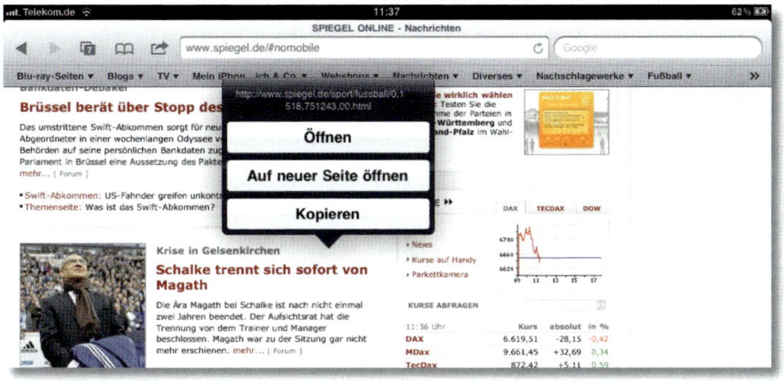

Sie können einen Link vorab auch ansehen, ihn dann öffnen, auf einer neuen Seite öffnen oder die Adresse (URL) zur Weiterverwendung in die Zwischenablage kopieren.

Falls Sie auf einer Webseite länger mit dem Finger auf ein Bild tippen, dann erscheinen ebenfalls weitere Optionen. Unter anderem können Sie via Bild sichern dieses in die Foto-App übertragen und dort weiterverwenden. Über *Kopieren* gelangt es in die Zwischenablage und kann an anderer Stelle (z. B. in einem E-Mail) zum Einsatz kommen.

Informationen merken und automatisch einfügen

Sie können Safari so konfigurieren, dass Informationen wie die eigene Adresse oder Log-ins mit Kennwörtern immer dann automatisch eingetragen werden, wenn sich ein entsprechendes Formular auf einer Webseite befindet.

Diese Funktion muss allerdings erst einmal aktiviert werden. In den *Einstellungen* im Punkt *Safari* finden Sie das Menü *Automatisch ausfüllen*. Rufen Sie es auf und entscheiden Sie, ob Safari *Kontaktinfos benutzen* und/oder sich *Namen und Kennwörter* merken soll.

Wenn Sie den Punkt *Kontaktinfos benutzen* aktivieren, wählen Sie im nächsten Schritt Ihren eigenen Kontakt aus. Ist der noch nicht vorhanden, legen Sie ihn in den *Kontakten* an.

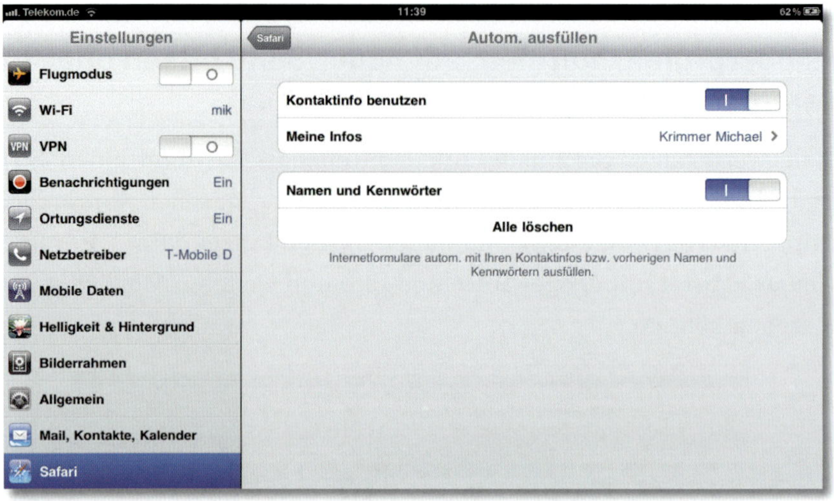

Über diese Einstellungen weisen Sie Safari an, dass Formulare automatisch ausgefüllt und Log-in-Informationen abgespeichert werden.

Wenn Sie jetzt das nächste Mal eine Webseite aufrufen und dort einen Benutzernamen und ein Passwort eingeben, fragt Sie Safari, ob diese Infos gespeichert werden sollen.

Hier wird entschieden, ob die Log-in-Informationen für den nächsten Besuch gespeichert werden oder nicht.

Ja sichert das Passwort, *Niemals für diese Webseite* speichert es nicht und es wird künftig auf dieser Seite nicht mehr nachgefragt. *Später* wird Sie beim nächsten Besuch erneut fragen.

In den Einstellungen können Sie mit *Alle löschen* die Liste der gemerkten Log-ins wieder löschen.

Kabellos drucken mit AirPrint

In den Apps Safari, Mail und Fotos gibt es im *Weiterverwenden*-Menü den Punkt *Drucken*. Wie das direkte Drucken vom iPad aus funktioniert, zeigen wir exemplarisch am Beispiel Safari. Bei den anderen Apps funktioniert es analog.

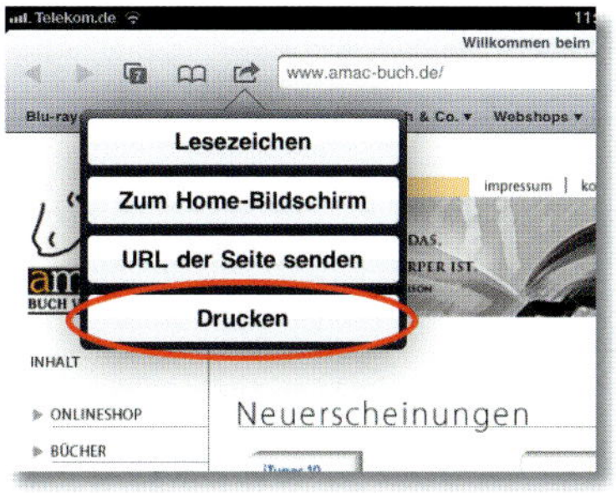

Im Weiterverwenden-Menü befindet sich der Punkt ***Drucken****.*

Tippen Sie danach auf den Punkt *Drucker auswählen*, um den AirPrint-kompatiblen Drucker auszuwählen. Dieser Vorgang ist nur beim ersten Mal nötig. Danach wird der Drucker automatisch eingetragen.

Beim ersten Mal ist es erforderlich, dass Sie den kompatiblen Drucker auswählen.

Danach werden alle verfügbaren AirPrint-Drucker angezeigt. Wählen Sie das gewünschte Gerät aus.

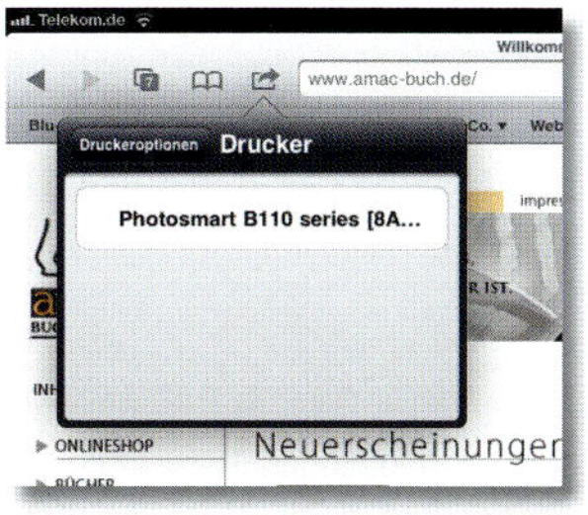

Tippen Sie auf den Drucker, über den Sie den Druckauftrag ausgeben möchten.

Zuletzt können Sie noch einstellen, wie viele Kopien Sie drucken möchten. Mit + und – können Sie die Anzahl verändern. *Drucken* schickt den Auftrag ab.

AirPrint-kompatible Drucker

Auf der AirPrint-Webseite gibt Apple an, welche Drucker mit AirPrint kompatibel sind. Mitte März sind es diese Drucker:

AirPrint-fähige Drucker (Stand: März 2011).

Auf der Seite *www.apple.com/de/iphone/features/airprint.html* können Sie nachsehen, ob sich an der Liste was geändert hat.

Andere Drucker für AirPrint aktivieren

Sie müssen nicht unbedingt einen zertifizierten AirPrint-Drucker Ihr Eigen nennen, um vom iPad aus drucken zu können. Mit einem kleinen Tool für Mac OS X schalten Sie auch andere Drucker frei.
Zuvor ist es aber erforderlich, dass Sie den Drucker im Netzwerk freigeben.

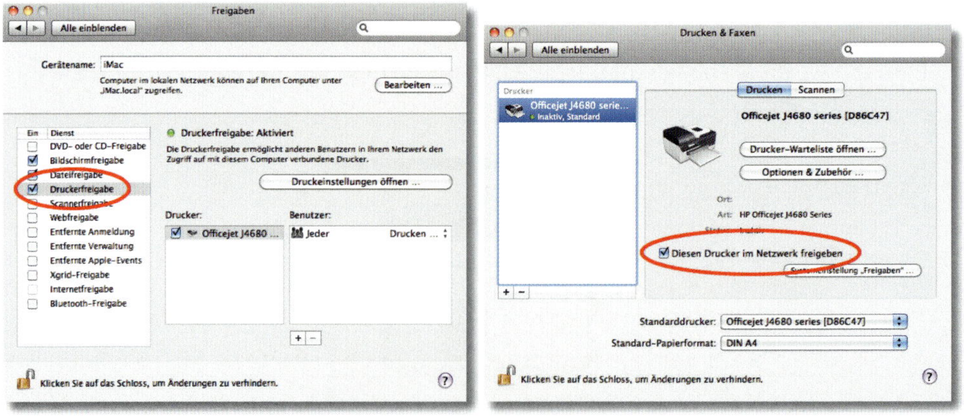

Aktivieren Sie in den ***Systemeinstellungen*** *von Mac OS X die* ***Druckerfreigabe*** *und geben Sie in den Drucker-Einstellungen den Drucker noch explizit frei.*

Wenn Sie in den Systemeinstellungen von Mac OS X die D
tiviert und den gewünschten Drucker noch extra freigege
System bereit. Alles, was Sie dann noch brauchen, ist ein klei
die Brücke vom Mac zum iPad schlägt.
Laden Sie von der Seite *www.netputing.com* den *AirPrintAc*
starten Sie das Programm. Wenn der *AirPrintActivator* aktiv ist, so
gegebenen Drucker rechts im Fenster erscheinen.

Der AirPrintActivator macht viele andere Drucker fit für AirPrint.

Nun können Sie die Druckaufträge auch an diesen Drucker senden.

Und schon ist der Nicht-AirPrint-Drucker trotzdem verfügbar.
Hier am Beispiel der Fotos-App.

Drucker freigeben unter Windows

Auch für Windows gibt es ein Tool, das diesen Zweck erfüllt. Der Name des Programms lautet AirPrint Activator (für Windows). Entwickler ist Stephan Mühl, der aber leider beim Schreiben dieser Zeilen noch keinen eigenen Webauftritt hat. Die Datei ist aber im Internet verfügbar. Um sie zu bekommen, starten Sie eine Google-Suche nach „airprint mühl" und Sie sollten ausreichend Downloadlinks bekommen.

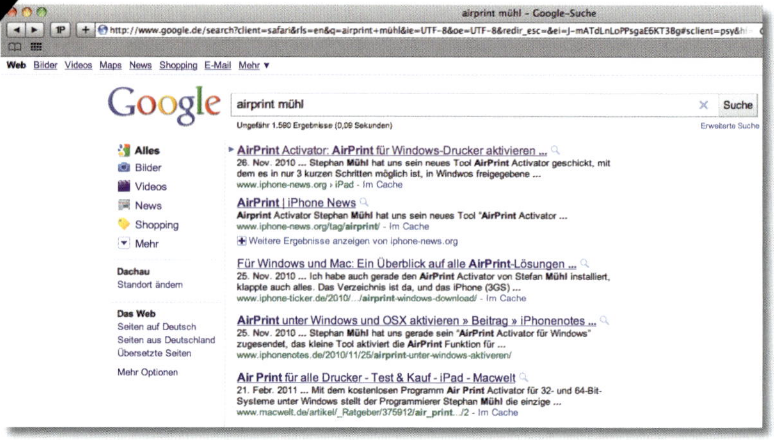

Google findet ausreichend viele Quellen für die Windows-Version des AirPrint Activators.

Beide Tools sind übrigens kostenlos, die Entwickler freuen sich aber über Zuwendungen.

YouTube im iPad

Der populäre Videoservice im Internet ist vollständig in das iPad integriert. Es ist nicht erforderlich, dass Sie die Webseite per Safari aufsuchen und dann im Browser nach Videos forschen und die Ergebnisse betrachten. Dazu gibt es eine eigene Software im Betriebssystem des iPads: YouTube. Wenn Sie *YouTube* starten, landen Sie in einer Ansicht, die so ähnlich aussieht wie diese:

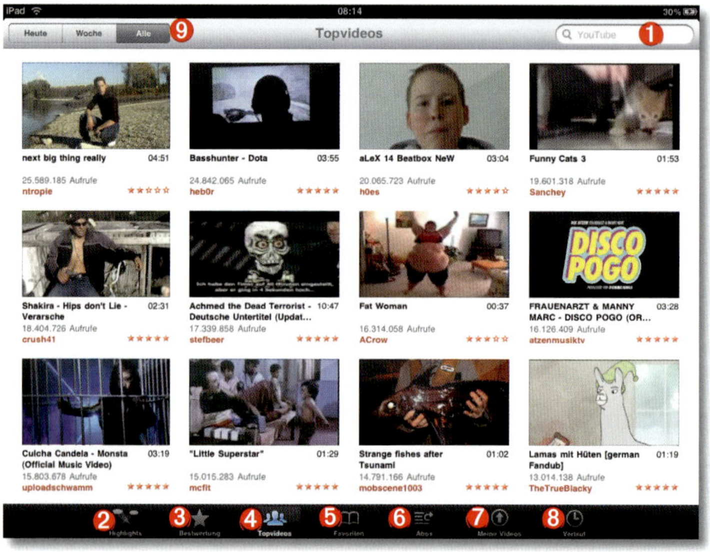

Von hier aus erreichen Sie alle Funktionen von YouTube.

❶ Die Suchfunktion. Hier können Sie unabhängig von YouTube-internen Sortierungen und Bereichen direkt nach Inhalten suchen, die Sie interessieren.
Wenn Sie nach etwas suchen, was YouTube nicht im Katalog hat, erhalten Sie folgende Meldung:

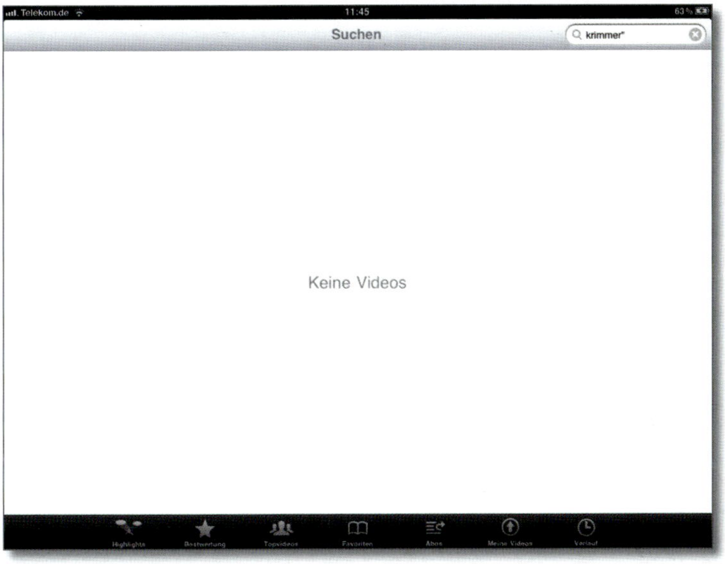

Nicht zu allen Suchabfragen hat YouTube einen Treffer parat.

❷ Die Highlights sind Videos, die von den YouTube-Mitarbeitern bewertet wurden.

❸ Bestbewertung bezieht sich auf den Geschmack der YouTube-Besucher. Sie können ebenfalls Bewertungen abgeben, wenn Sie sich bei YouTube registrieren und anmelden. Dazu im Anschluss mehr.

❹ Topvideos, auch in unserem Beispiel zu sehen, sind die Charts innerhalb YouTubes. Hier finden Sie die Videos, die am häufigsten aufgerufen werden.

❺ Hier befinden sich Videos, die Sie als Favoriten innerhalb Ihres YouTube-Accounts gespeichert haben. Den YouTube-Account erstellen Sie in Safari und tragen ihn hier ein.

❻ Mit einem Abo kann man sich mit einem anderen Benutzer „verbinden". „Abonniert" man ein anderes YouTube-Mitglied, wird man künftig über seine Aktivitäten wie hochgeladene Videos sowie seine Favoriten und Bewertungen informiert.

❼ Haben Sie selbst Videos auf YouTube hochgeladen, sehen Sie sie hier unter *Meine Videos*. Dafür benötigen Sie ebenfalls Ihren eigenen YouTube-Account.

In den Bereichen Bestbewertung und Topvideos lassen sich die Videos auch nach zeitlichen Kriterien sortieren ❾. *Heute* und *Woche* zeigen die beliebtesten und am häufigsten geladenen Videos des angegebenen Zeitraums. *Alle* ist die Bestenliste aller Zeiten.

Der Video-Player in YouTube

Das Videobedienfeld mit den einzelnen Funktionen

Sobald Sie ein Video aufgerufen haben, startet die Wiedergabe. Sie sehen kurz das Bedienfeld eingeblendet, mit dem Sie die Wiedergabe starten und stoppen ❶ oder vor- und zurückspulen können ❷. Hier lässt sich auch die Lautstärke anpassen ❸. Weitere Optionen, etwa Untertitel, sind ebenfalls hier verfügbar ❹.

Tippen Sie auf das Symbol rechts oben ❺, vergrößern Sie das Bild. Damit werden schwarze Balken reduziert, häufig aber auch der Film links und rechts ein wenig beschnitten. Über die Zeitleiste oben ❻ lässt sich im Film vor- und zurückspulen. Auch hier funktioniert das Scrubbing, das Sie im Kapitel zum iPod bereits kennengelernt haben.

Die beiden aufeinander ausgerichteten Pfeile ❼ verkleinern das Videofenster und geben den Blick frei auf Videodetails und weitere Optionen. Dort kommen Sie auch hin, wenn Sie auf *Fertig* ❽ tippen. Dann stoppt jedoch die Wiedergabe. Mit ❾ können Sie das Video über AirPlay ausgeben.

Weitere Informationen und Optionen

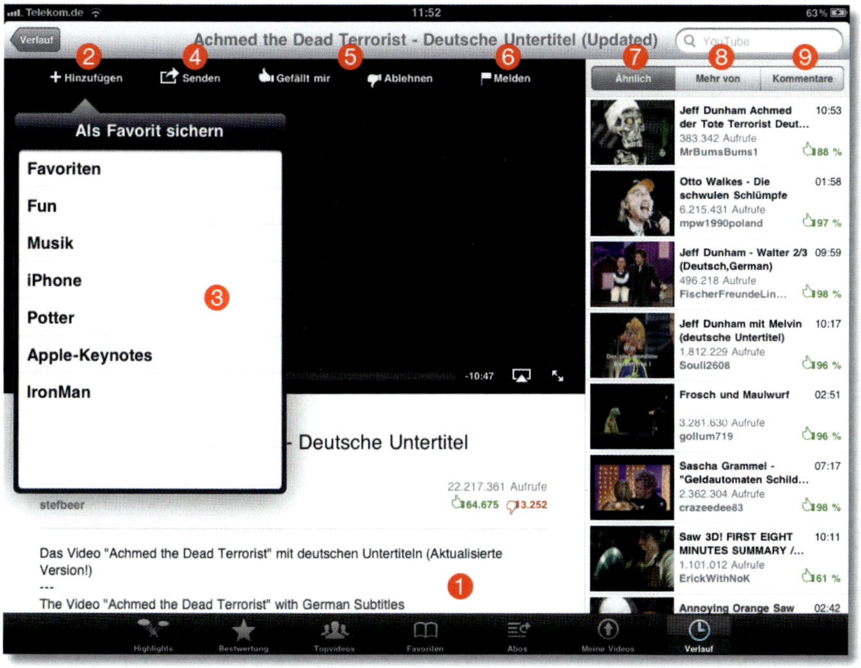

Die Übersicht in YouTube.

In der Übersicht sehen Sie Informationen zum Video ❶. Das ist etwa die Beschreibung, der Name des Benutzers, der das Video hochgeladen hat, oder wie oft es bereits angesehen wurde. Oben in der Leiste können Sie das Video in Ihre Favoritenliste *Hinzufügen* ❷. Haben Sie Unterrubriken vergeben, lassen sich diese auch hier auswählen ❸.

Senden ❹ öffnet Mail und verschickt auf diesem Weg den Link zu diesem Video. Mit *Gefällt mir* und *Ablehnen* ❺ können Sie angeben, ob Sie das Video gut oder weniger gut finden. Ihre Stimme fließt dann in die Bewertung innerhalb der Beschreibung ein.

Finden Sie ein Video mit anstößigem Inhalt, können Sie es *Melden* ❻.

Unter *Ähnlich* ❼ finden Sie Videos mit vergleichbarem Inhalt. *Mehr von* ❽ zeigt andere Videos des YouTube-Mitglieds an, das das gerade gesehene Video hochgeladen hat. Hier können Sie den Benutzer auch gleich abonnieren. *Kommentare* ❾ zeigt an, was andere zu diesem Video zu sagen haben.

Die Foto- und Videokamera des iPads

Das iPad 2 verfügt über zwei Kameras, mit denen sich Fotos in mäßiger Qualität aufnehmen lassen. Die Kamera an der Displayseite schafft nur Fotos mit einer Auflösung von 640 x 480 Pixeln, die Kamera auf der Rückseite bekommt immerhin 960 x 720 Pixel hin. Das ist zum Fotografieren aber zu wenig, die Kameras eignen sich eher zur Videotelefonie FaceTime. Zum Vergleich: Das iPhone 4 macht Fotos in 2592 x 1936 Pixel.

Aber trotzdem lassen sich mit der Kamera-App am iPad 2 Schnappschüsse machen und auch eine Funktion zur Aufnahme von Videos ist integriert. Da schafft die Kamera immerhin eine Auflösung von 1280 x 720 Pixel. Die Kamera fokussiert automatisch auf den Mittelpunkt des Motivs. Möchte man einen anderen Bildbereich scharf stellen, genügt es, wenn Sie mit dem Finger auf diese Stelle tippen.

Zusätzlich gibt es noch einen Digitalzoom, auf den man aber verzichten sollte, möchte man die Fotos nicht noch mehr verschlechtern.

Die Oberfläche der Kamera

Starten Sie die Kamera-App. Sie können Fotos im Hoch- oder Querformat schießen. Die Möglichkeiten bleiben dieselben.

Die Oberfläche der Kamera-Applikation.

Mit dem Regler neben dem Foto- und Videosymbol ❶ wechseln Sie zwischen Foto- und Videoaufnahme. Mit dem Kamerasymbol ❷ lösen Sie bei der Aufnahme von Fotos aus. Sind Sie in der Videofunktion, finden Sie an derselben Stelle einen roten Punkt, der die Aufnahme startet.

Für Selbstportraits ist die Option sehr hilfreich, die Kamera am Display des iPads zu aktivieren ❸. Dann sehen Sie am Display sofort, ob Sie auf dem Foto sind, und müssen es nicht erst ein paar Mal ausprobieren. Möchten Sie das Fotoarchiv des iPads ansehen, gelangen Sie über den Knopf links unten ❹ dorthin.

Der Fokusbereich

Welcher Bereich im Foto gerade scharfgestellt wird, sehen Sie am Fokusbereich, der mit einem Quadrat dargestellt wird. Möchten Sie den Fokus auf einen anderen Bereich legen, tippen Sie auf die Stelle und der Fokus verschiebt sich. Diese Tap-to-Fokus-Funktion klappt im Foto- und Videomodus der Kamera.

Das Quadrat zeigt an, welchen Bereich die Kamera scharf stellt. Das funktioniert sowohl in der Foto- als auch in der Videofunktion.

Den Zoom aktivieren

Sie können für Nahaufnahmen einen Digitalzoom verwenden. Das verschlechtert zwar die von Haus aus mindere Bildqualität noch weiter im Vergleich zu einem optischen Zoom, ist aber trotzdem möglich. Tippen Sie in das Display, um den Zoombalken einzublenden. Verschieben Sie den Punkt im Balken mehr in Richtung +-Symbol, um das Motiv näher ranzuholen. Schieben Sie ihn wieder Richtung -, um das Motiv wieder weiter zu entfernen. Haben Sie den richtigen Ausschnitt gewählt, lösen Sie aus, indem Sie auf das Kamerasymbol tippen. Während einer Videoaufnahme können Sie leider nicht zoomen.

Bei Fotoaufnahmen können Sie auch zoomen.

Alle geschossenen Fotos können Sie sich ansehen, indem Sie im ersten Home-Bildschirm die Fotos-App starten. Dort können Sie auch aufgenommene Videos betrachten und schneiden.

Videos aufnehmen

Schieben Sie den Regler vom Foto- auf das Videosymbol. Das Zeichen für die Aufnahme wechselt von der Fotokamera zu einem roten Aufnahmeknopf. Drücken Sie die Taste einmal, um die Aufnahme zu starten. Es erscheint eine Anzeige der bereits aufgenommenen Videodauer. Drücken Sie den Knopf noch einmal, um die Aufnahme wieder zu beenden. Danach wird das Video im Fotospeicher des iPads abgelegt.

Videos trimmen

Rufen Sie ein Video auf, das Sie vorne oder hinten abschneiden möchten.

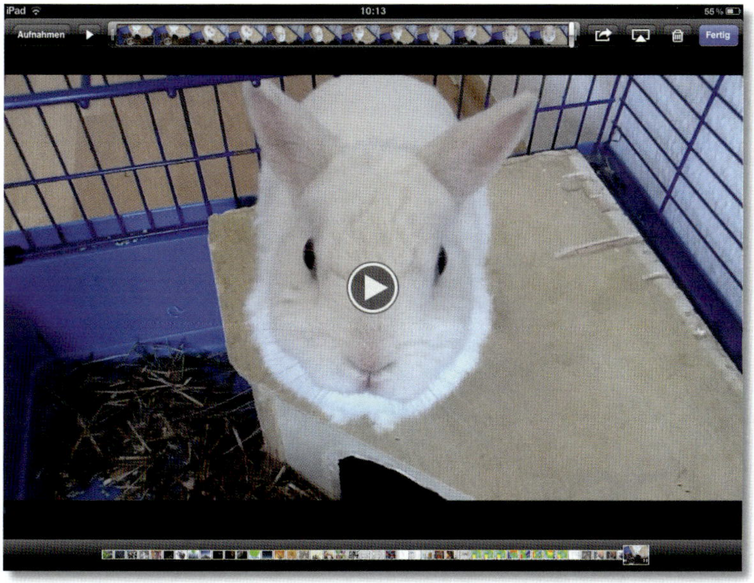

Sie sehen im oberen Bereich über dem Bild die Zeitleiste mit den einzelnen Bildern, aus denen das Video besteht. Links und rechts gibt es je einen Marker, den Sie verschieben können. Bringen Sie bei Bedarf den linken Marker an den gewünschten Anfang des neuen Videos, den rechten bringen Sie an die Position, die das Ende des Clips sein soll.

Wenn Sie den Ausschnitt gewählt haben, tippen Sie auf *Trimmen*. Sie können über die Wiedergabetaste auch sehen, welchen Bereich Sie gerade ausgewählt haben. Über das Trimmen wird ein Video erstellt, das nur noch aus den Bildern besteht, die zwischen den gelben Markern im Bereich des gelben Kastens sind.

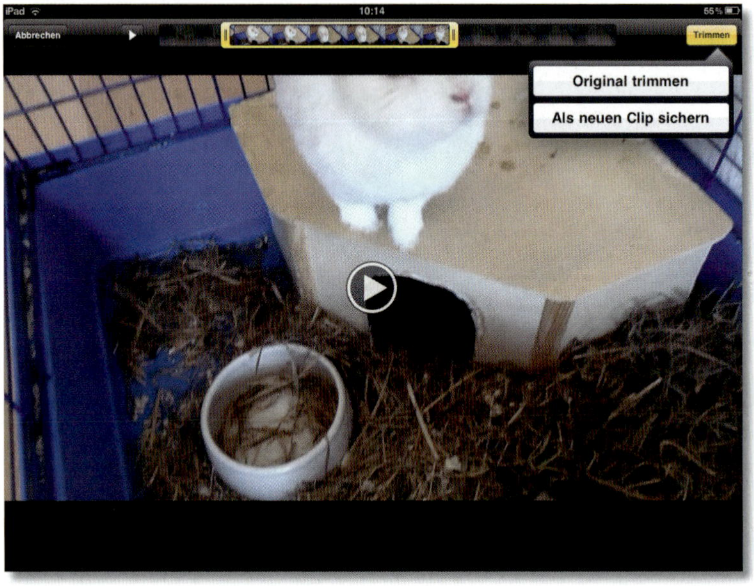

Sie können das so entstandene Video entweder als neue Datei speichern (*Als neuen Clip sichern*) oder das bestehende Ausgangsvideo damit überschreiben (*Original trimmen*).

Videos weiterverarbeiten

Was soll nun aber mit dem Video geschehen? Zunächst einmal wird der Film beim Synchronisieren mit iTunes auf Ihren Rechner übertragen. Noch eleganter ist die Funktion, den Film ins Internet zu übertragen.

Ein Video lässt sich auch in die Zwischenablage kopieren, damit Sie es an anderer Stelle, etwa innerhalb einer E-Mail, wieder einsetzen können. Tippen Sie dazu mit dem Finger auf das Videobild im Hauptbereich der Anzeige und lassen Sie den Finger auf dem Display, bis der Punkt *Kopieren* erscheint. Tippen Sie darauf und das Video befindet sich in der Zwischenablage.

Einzelne Bilder lassen sich aus Videos kopieren.

So können Sie jedes beliebige Video in die Zwischenablage befördern und woanders einsetzen. Oder aber Sie klicken nach Auswahl des Bilds rechts oben auf den *Weiterverwenden*-Button und erhalten folgende Funktionen:

Die Funktionen, um ein Video weiterverwenden zu können.

Besonders interessant sind die beiden Möglichkeiten *An MobileMe senden* und *An YouTube senden*. So kann Ihr Videoclip im Handumdrehen ins Internet geladen werden. Bei beiden Anbietern müssen Sie natürlich über einen Account verfügen, um den Film uploaden zu dürfen.

Im Falle von *MobileMe* müssen Sie noch angeben, in welchen Ordner unter MobileMe der Film eingestellt werden und welchen Titel er erhalten soll – schon wird er komprimiert und anschließend ins Internet übertragen.

Ist die Übertragung abgeschlossen – währenddessen können Sie am iPad ruhig und entspannt andere Programme starten und verwenden –, erscheint erneut eine Meldung mit drei Auswahloptionen:

- *Anzeigen auf MobileMe*: Wechselt zu Safari und zeigt den gerade aufgespielten Film.
- *Ankündigen*: Erstellt eine neue E-Mail mit der URL, unter der der Film zu finden ist.
- *Schließen*: Schließt den Dialog

Fertig – das war's! So unkompliziert und einfach können Sie nun Filme mit dem iPad aufnehmen und via Internet anderen zur Verfügung stellen.

Und hier sei noch die Vorgehensweise beschrieben, wenn Sie den Film zu YouTube hochladen wollen. Geben Sie zunächst Ihre Daten für den Account bei YouTube ein.

Geben Sie die Account-Daten von YouTube ein.

Nun folgt noch der Eintrag eines Titels und Beschreibungstextes, bevor auch dieser Film komprimiert und übertragen wird. Legen Sie hier auch fest, ob das Video in *HD* oder in *Standard Definition* hochgeladen werden soll. HD bietet eine bessere Qualität, hat aber auch deutlich größere Dateien und damit einen längeren Upload zur Folge.

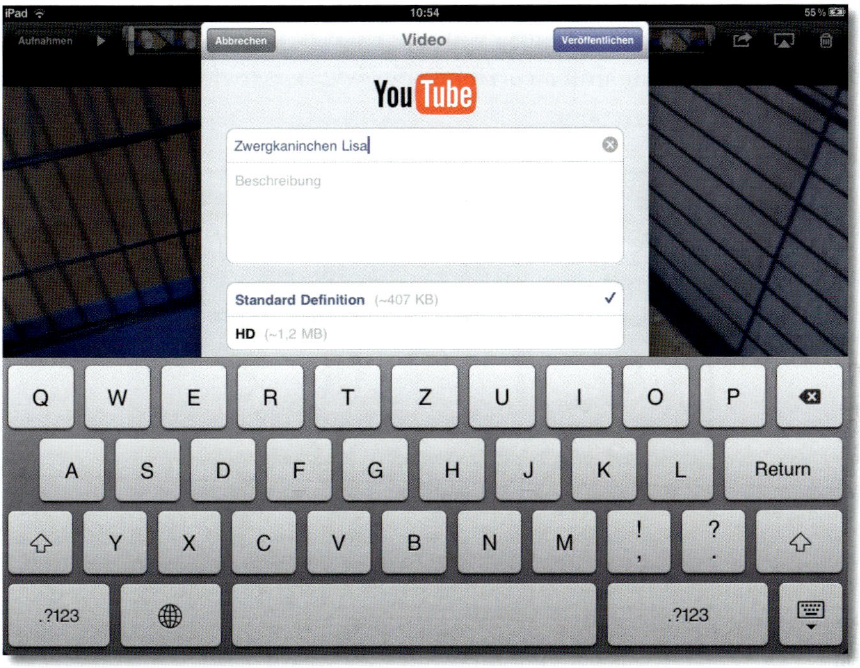

Tragen Sie die Beschreibung des Films ein und legen Sie die Auflösung fest.

Die Filme können auch in iTunes abgespielt werden. Bei der Übertragung zu iTunes werden sie nicht komprimiert und stehen damit in hoher Qualität zur Verfügung. Weiterhin reihen sich die Filme in Ihr Fotoalbum ein.

Videosteuerungsfunktionen an einem Computer in dessen Browser Safari beim Betrachten des Films (links). Das Fotoalbum mit dem Filmarchiv (rechts).

Photo Booth: Spaßfotos am iPad 2 erstellen

Wenn Sie ein iPad 2 besitzen, können Sie direkt am iPad Fotos machen und diese gleich mit interessanten Effekten versehen. Möglich macht es eine App, die es am Mac bereits eine Zeitlang gibt und die nun auch den Weg in das iPad 2 gefunden hat: Photo Booth. Videos können Sie über diese App nicht aufzeichnen. Die Kamera des iPads kann das zwar, aber dafür benötigen Sie eine App, die die Videoaufzeichnung unterstützt, beispielsweise iMovie. Starten Sie die App, um die Kamera zu aktivieren.

Zu Beginn sehen Sie alle verfügbaren Effekte, die Photo Booth zu bieten hat.

Suchen Sie sich den gewünschten Effekt aus, indem Sie darauf tippen. *Röntgen* beispielsweise sieht dann so aus:

Entscheiden Sie sich für den *Lichttunnel*, erwartet Sie dieses Bild:

Das Wärmebild wird so angezeigt:

Sobald Sie den gewünschten Effekt ausgewählt haben, ist es an der Zeit, das Foto zu schießen. Tippen Sie dazu auf das Kamerasymbol in der Mitte ❶. Mit ❷ wechseln Sie zur jeweils anderen Kamera, also von der Vorder- zur Rückseite und umgekehrt. ❸ bringt Sie wieder zurück zur Übersicht aller Effekte.

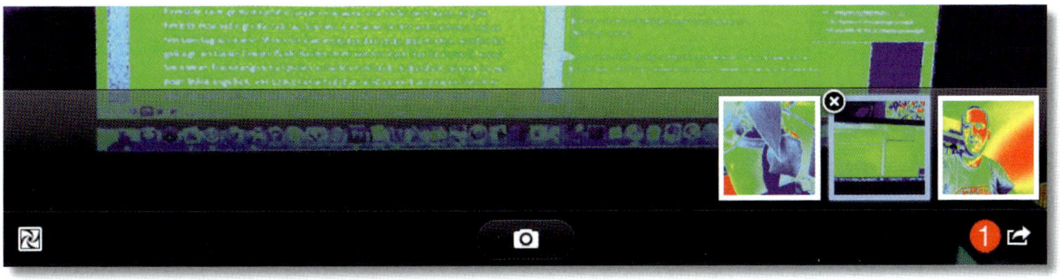

Alle Bilder, die Sie aufgenommen haben, werden in der Fotoleiste angezeigt.

Tippen Sie auf eines der Fotos in der Leiste, um es groß anzuzeigen. Sie haben jetzt die Möglichkeit, es zu löschen, indem Sie auf das X tippen. Nach einer kurzen Nachfrage ist es dann weg. Möchten Sie weiter fotografieren, tippen Sie auf das Kamerasymbol in der Mitte.

Sie können die Bilder aber auch weiterverwenden, indem Sie auf den entsprechenden Knopf drücken ❶.

Sie haben mehrere Möglichkeiten, die Fotos zu verwenden.

Sie können daraufhin die Fotos per *E-Mail* versenden ❶, sie in die Zwischenablage *Kopieren* ❷ oder sie *Löschen* ❸. Diese Optionen beziehen sich aber nur auf die Fotos, die Sie mit einem Häkchen markiert haben. *Abbrechen* bringt Sie wieder zurück.

Unabhängig von den weiteren Optionen wird jedes Photo-Booth-Foto auch im Bildspeicher des iPads abgelegt und kann in der Fotos-App betrachtet und verwendet werden.

Game Center: Immer einen Spielpartner haben

Game Center ist eine App für iPad, iPhone und iPod touch, mit der man Freunde zum gemeinsamen Spielen einladen und auffordern kann. Es gibt bereits eine sehr große Zahl an Spielen, die Game Center unterstützen, und es werden täglich mehr. Wenn Sie Game Center das erste Mal starten, werden Sie gefragt, ob Game Center Push-Nachrichten senden darf. Das ist sinnvoll, wenn Sie später Einladungen zu Spielen erhalten möchten. Außerdem müssen Sie ein paar Infos angeben, wie Land, Geburtsdatum und einen Kurznamen. Bevor es aber los geht mit dem Spielspaß, muss man sich bei Game Center anmelden.

Melden Sie sich mit einer bestehenden Apple-ID an oder legen Sie eine neue an.

Danach ist es erforderlich – Sie vermuten es bereits –, dass AGBs angenommen werden.

Game Center bietet ein paar wenige Einstellungen an.

Im nächsten Schritt legen Sie die Optionen von Game Center fest. Stellen Sie ein, ob Sie Einladungen zu Spielen erhalten möchten, ob man Sie anhand Ihrer Mailadresse finden darf und ob Sie weitere Mailadressen eingeben möchten. Bestätigen Sie die Optionen mit *Fertig*.

Von hier aus gelangen Sie zu allen Funktionen von Game Center.

Danach gelangen Sie zur Zentrale von Game Center. Sie sehen Ihren Status ❶, können Freunde hinzufügen ❷, ein Spiel auswählen ❸ oder Ihre Anfragen verwalten ❹. Außerdem erhalten Sie links und rechts bereits ein paar Vorschläge zu Game Center-kompatiblen Spielen.

Freunde hinzufügen

Geben Sie im Bereich *Freunde* die Mailadresse oder den Kurznamen eines Freundes ein. Daraufhin erhält er eine Freundschaftsanfrage, die er annehmen oder ablehnen kann. Im positiven Fall erhalten Sie gleich darauf eine Meldung.

Ab sofort sind Sie mit dem neuen Spielkamerad verbunden.

Lustiges Wort: Sie können den Freund auch wieder *Entfreunden*.

Die Spiele im Game Center

Um ein Spiel auszuwählen, tippen Sie auf Spiele. Sie erhalten eine Liste mit allen installierten Spielen (*Spiele*), die Game Center unterstützen. In unserem Fall ist es lediglich ein Spiel. Das reicht uns nicht als Auswahl, daher möchten wir *Game Center-Spiele suchen*.

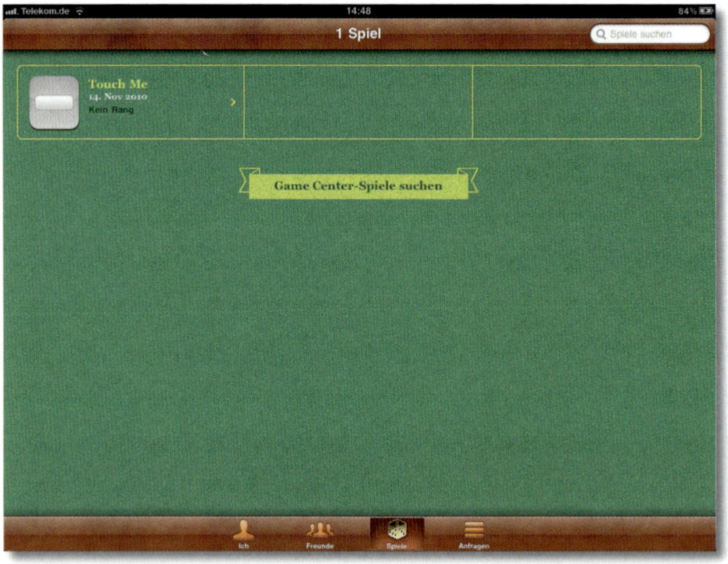

Nur ein Spiel, das Game Center unterstützt? Das reicht uns nicht als Auswahl.

Daraufhin öffnet sich der App Store mit einer großen Anzahl an passenden Spielen.

Der App Store bietet sehr viele Spiele mit Game-Center-Anbindung.

Wir sehen, dass wir mit Infinity Blade ein Spiel bereits installiert haben, das theoretisch Game Center-kompatibel ist. Trotzdem wird es uns unter *Spiele* nicht angezeigt. In diesem Fall hilft es, wenn Sie das Spiel nach Ihrer Game-Center-Anmeldung einmal starten. Danach befindet es sich auch in der Liste.

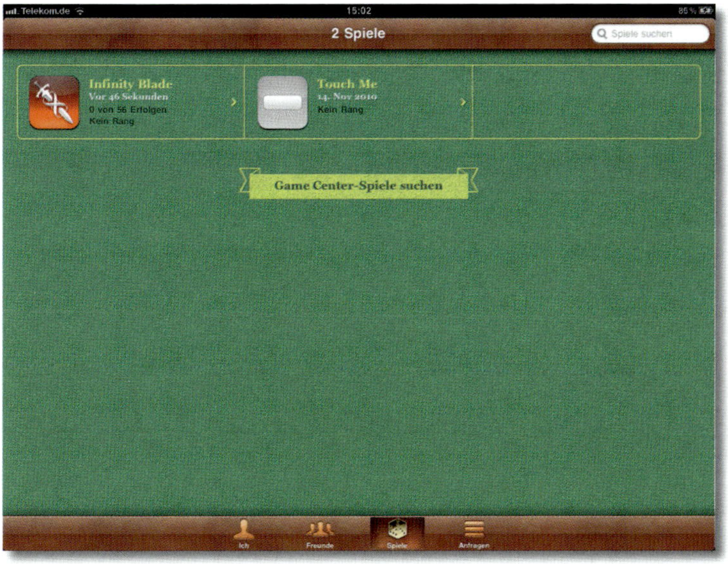

Nun hat sich auch Infinity Blade in die Liste der verfügbaren Spiele eingefunden.

Ranglisten im Game Center

Wählen Sie das Spiel aus, erhalten Sie die dazu passende Statistik. Da wir das Spiel zu diesem Zeitpunkt noch nicht gespielt haben, ist die eigene Statistik noch leer. Auch bei Freunden gibt es in diesem Zusammenhang nichts zu vermelden. Aber die globale Rangliste ist mit 1.882.816 Spielern bereits prall gefüllt.

Unsere eigene Statistik ist noch leer. Das soll sich jetzt ändern.

Mit *Spielen* starten wir das Spiel. Nachdem wir das erste Spiel hinter uns haben, sind die aktuellen Erfolge bereits in die Statistiken eingeflossen. Und auch das Spielchen unseres Freundes ist zu sehen.

Unser aktuelles Spiel und das unseres Freundes hatte bereits Einfluss auf die Statistiken.

Multiplayer-Spiele über Game Center

Möchten Sie ein Spiel gegen einen Ihrer Game-Center-Freunde spielen, gibt es eine Regel, die Sie beachten müssen: Schalten Sie Bluetooth ein. Erst dann haben Sie die entsprechende Option im Spiel verfügbar.

Wir zeigen den Multiplayer-Modus über Game Center am Beispiel von Fruit Ninja HD.

Starten Sie das Spiel und wählen Sie den Multiplayer-Modus. Daraufhin schaltet sich Game Center ein und bietet die Möglichkeit, einen zufällig gerade verfügbaren Partner zuzuschalten oder gezielt einen Freund einzuladen.

Wir tippen auf *Invite Friend*, um einen Freund aus der Liste zu wählen. Game Center hat in diesem Fall einen Eintrag gefunden. Dieser Freund hat ebenfalls Fruit Ninja HD installiert und ist im Game Center aktiv.

Wir wählen diesen Freund aus, indem wir das Häkchen vor seinem Namen setzen.

Jetzt können wir eine kurze Nachricht verfassen.

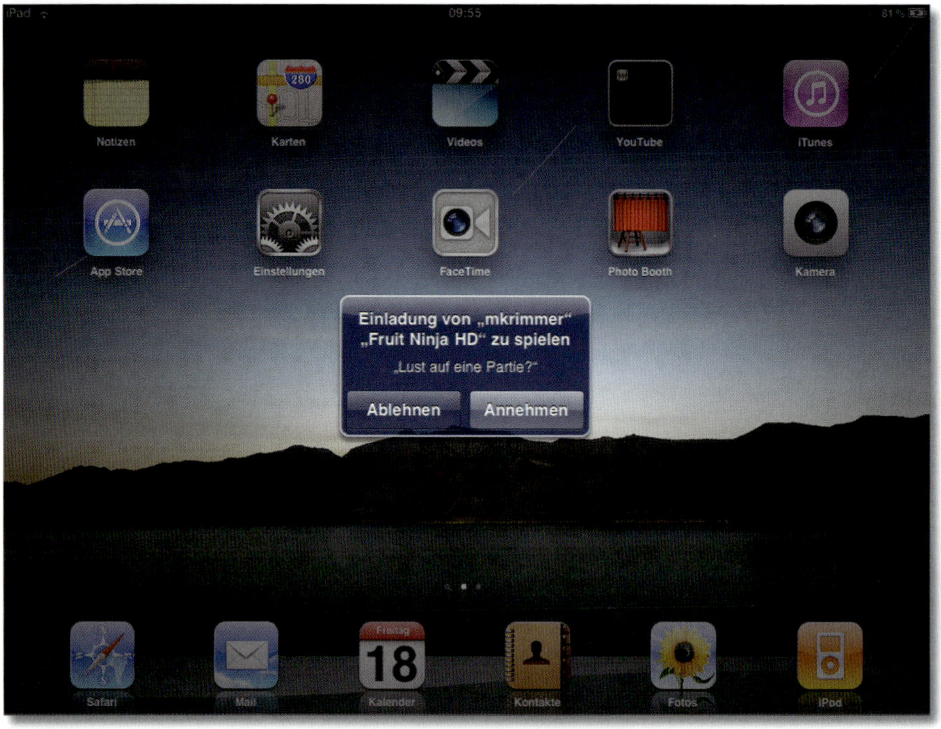

Diese Nachricht wird dann per Push an den Freund weitergeleitet. Der kann die Einladung dann *Annehmen* oder *Ablehnen*. Im ersten Fall startet das Spiel, im zweiten passiert nichts.

Die Einstellungen des iPads

Die Einstellungen des iPads

Viele der Einstellungen haben Sie bereits in den betreffenden Kapiteln kennengelernt. Wie man E-Mail-Accounts einrichtet beispielsweise oder wie Sie die Home-Taste programmieren. Alle anderen Einstellungsmöglichkeiten erklären wir Ihnen in diesem Kapitel. Alle besprochenen Optionen finden Sie in den *Einstellungen*.

Mobile Daten, Flugmodus, Netzbetreiber

Wer diese Einstellungen vorfindet, der verfügt über ein iPad Wi-Fi + 3G. Alle notwendigen Infos hierüber sind in Kapitel 1 zu finden.

Benachrichtigungen

Beim Empfang von E-Mails ist es möglich, dass neue Nachrichten nicht abgerufen werden müssen, sondern sofort per Push-Funktion an das iPad geschickt werden. Sie erfahren so sofort, wenn es Neuigkeiten gibt. Auch Programme können pushen und somit melden, wenn es etwas Neues gibt. Aber möchten Sie das?

Gibt's was Neues? Die Benachrichtigungen auf dem iPad.

Als Erstes legen Sie fest, ob Sie installierten Apps überhaupt gestatten möchten, dass Sie Ihnen aktuelle Meldungen mitteilen. Schieben Sie den Regler ❶ auf die Position *an*, zeigt Ihnen das iPad alle Programme in einer Liste, die in der Lage sind, Push-Meldungen zu versenden ❷. Dazu erhalten Sie noch die Infos darüber, welche Art von Meldungen Sie bekommen können. Dabei kann es sich um *Kennzeichen, Meldungen* und *Töne* handeln.

Kennzeichen bedeutet, dass sich das Icon der Anwendung verändert, wenn es Neuigkeiten gibt, etwa bei Mail eine Zahl, die über die Anzahl ungelesener Nachrichten informiert. Bei *Meldungen* und *Töne* wird eine Nachricht angezeigt oder ein akustisches Signal abgespielt.

Wenn alles eingeschaltet ist, ist das iPad unter Umständen sehr kommunikativ.

Wenn Sie auf einen der Programmeinträge tippen, können Sie im nächsten Bild gezielt einzelne Benachrichtigungen ein- oder ausschalten.

Besonders interessant sind die Push-Benachrichtigungen bei Apps aus dem Bereich Social Network. Hierzu zählen Titel wie Facebook, Nimbuzz oder Fring.

Diese kostenlosen Apps informieren Sie stets über Neuerungen via Push.

Ortungsdienste

Ortungsdienste sind Services, auf die Apps des iPads zugreifen, um feststellen zu können, wo man sich gerade befindet. Ist die Funktion in den *Einstellungen* aktiviert, fragt die betreffende Anwendung beim ersten Start nach, ob Sie das auch wirklich möchten. Möchten Sie das nicht, können Sie die Ortung hier deaktivieren.

Eine Applikation fragt an, ob sie die Ortungsdienste aktivieren darf.

Beim iPad Wi-Fi + 3G ist ein GPS-Modul integriert, das die Ortung im Vergleich zum iPad Wi-Fi nochmals deutlich exakter durchführen kann.

Wechseln Sie in die *Einstellungen* –> *Ortungsdienste*, können Sie die *Ortungsdienste* komplett an- oder ausschalten. Darunter werden alle Apps einzeln aufgeführt, die die Erlaubnis haben, den aktuellen Standort zu ermitteln. Möchten S<ie einzelnen Apps diese Erlaubnis wieder entziehen, deaktivieren Sie einfach den entsprechenden Schalter.

In den Einstellungen für die Ortungsdienste können Sie auch nachträglich noch jeder App einzeln die Erlaubnis entziehen und wieder erteilen.

Links neben dem Schalter für Karten sehen Sie ein kleines Pfeil-Symbol. Jede App mit diesem Symbol hat in den vergangenen 24 Stunden den Standort abgefragt.

Helligkeit und Hintergrund anpassen

Die Möglichkeit, Bilder als Hintergrund für den Home- und Sperrbildschirm festzulegen ❶, kennen Sie aus dem Kapitel zu Fotos. Der Sperrbildschirm erscheint dann, wenn Sie das iPad aus dem Standby-Modus herausholen.

Der Sperrbildschirm des iPads.

Dagegen ist der Home-Bildschirm der, auf dem die Icons der auf dem iPad installierten Apps angezeigt werden.

Und so sieht der Home-Bildschirm aus.

Für beide Bildschirme können Sie unabhängig voneinander Hintergründe einstellen.

Legen Sie hier fest, für welchen Bildschirm das Bild gedacht ist oder ob es für beide eingestellt werden soll.

In diesem Menü können Sie auch die Helligkeit des iPad-Displays einstellen.

Die Helligkeit des Bildschirms kann individuell angepasst werden.

Schieben Sie den Helligkeitsregler ❷ nach links, um das Display abzudunkeln. Nach rechts wird es heller. Die Option *Auto-Helligkeit* ❸ sorgt dafür, dass Sie immer über die optimale Helligkeit verfügen. Dazu hat das iPad Sensoren eingebaut, die die Hintergrundhelligkeit messen und die Einstellung dann individuell anpassen.

Bilderrahmen

Hier finden Sie die Einstellungen für den Bilderrahmen. Die Funktion selbst starten Sie, indem Sie im Sperrbildschirm auf das entsprechende Symbol tippen.

Tippen Sie im Sperrbildschirm auf dieses Symbol, verwandelt sich Ihr iPad in einen digitalen Bilderrahmen.

Für den digitalen Bilderrahmen gibt es eine Vielzahl an Einstellungen.

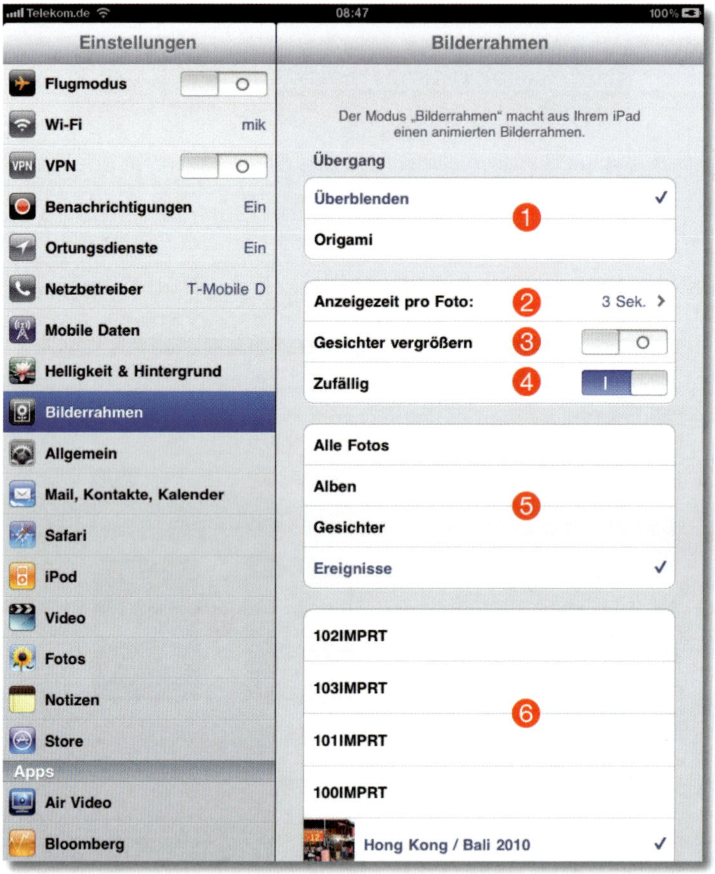

Hier konfigurieren Sie den Bilderrahmen nach Ihren Wünschen.

Zuerst lässt sich festlegen, welche Art von Übergang beim Wechsel zwischen den einzelnen Bildern gewählt werden soll. Es stehen zur Auswahl *Überblenden* oder *Origami* ❶. Danach geben Sie ein, wie lange ein Foto angezeigt werden soll, bevor das nächste erscheint ❷. Mögliche Einstellungen sind: *2 Sekunden*, *3 Sekunden*, *5 Sekunden*, *10 Sekunden* und *20 Sekunden*.

Haben Sie hauptsächlich Fotos, auf denen Menschen zu sehen sind, können Sie das Augenmerk auf die Gesichter lenken, indem Sie sie vergrößern lassen ❸. Aktivieren Sie *Zufällig*, wenn Sie die Bilder in einer zufälligen Reihenfolge abspielen möchten ❹.

Gleich danach geben Sie an, nach welchen Kriterien ❺ Sie die darauffolgende Bildauswahl ❻ darstellen möchten. Tippen Sie am unteren Bereich auf die gewünschten Fotos. Ein Häkchen am rechten Rand zeigt Ihnen, dass die Fotos aktuell ausgewählt sind und somit angezeigt werden.

Allgemeine Einstellungen

Die Option *Allgemein* führt Sie in die Systemeinstellungen des iPads. Hier finden Sie eine große Anzahl weiterer Konfigurationsmöglichkeiten.

iPad-Informationen (Info)

Hier finden Sie allerhand Informationen zum Zustand Ihres iPads.

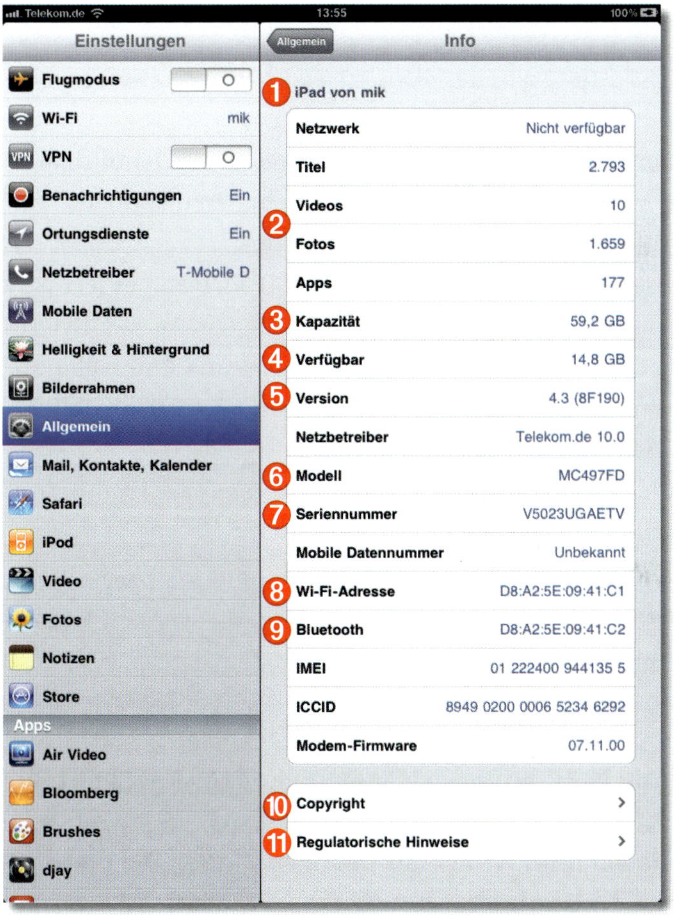

Statistische Informationen zu Ihrem iPad.

❶ Der Name des iPads, wie Sie ihn in iTunes eingegeben haben. Sie können diesen Namen übrigens ändern, indem sie in iTunes unter *GERÄTE* den iPad-Namen markieren, noch einmal mit der Maus drauftippen und dann einen neuen Namen eingeben. Sobald Sie das Gerät synchronisiert haben, ist die Namensänderung amtlich.

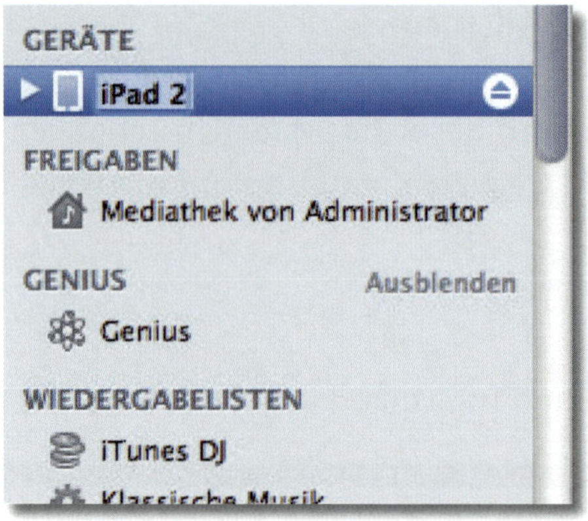

Der Name des iPads kann auch geändert werden.

❷ Hier sehen Sie die Anzahl der Musiktitel, die sich auf dem iPad befinden, wie viele Videos Sie auf das iPad kopiert haben und ebenso erhalten Sie die gleiche Info für Fotos und installierte Apps.

❸ Über diese Gesamtkapazität verfügt Ihr iPad, wenn es leer ist. Beachten Sie hierbei, dass dieser Wert beispielsweise bei einem 32-GByte-Modell nur 29 GByte beträgt. Die Abweichung resultiert aus unterschiedlichen Berechnungsarten. Dieses Phänomen ist auch bei Festplatten üblich.

❹ Dieser Speicher ist aktuell noch frei.

❺ Das ist die aktuell installierte Softwareversion des iPad-Betriebssystems.

❻ Der interne Code des iPads.

❼ Die Seriennummer des Geräts.

❽ Die eindeutige Netzwerkkennung.

❾ Die Bluetooth-Geräte-ID.

❿ Wer alles über die verwendeten Copyrights erfahren möchte, wird hier fündig.

⓫ Regulatorische Hinweise über ausgestellte Prüfsiegel sind hier nachzulesen.

Sofern Sie ein iPad Wi-Fi + 3G besitzen, finden Sie hier zudem Informationen zum Netzbetreiber etc.

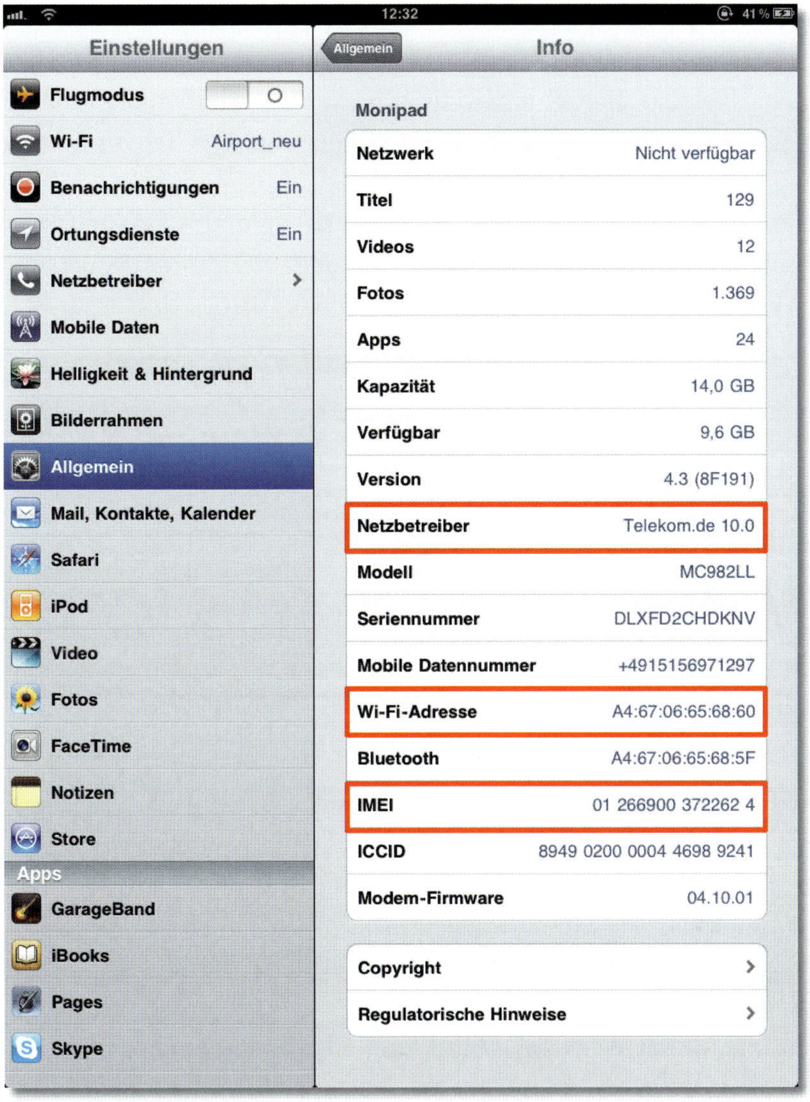

Hier finden Sie unter anderem Informationen über den Netzbetreiber beim iPad Wi-Fi + 3G, die IMEI-Nummer und Wi-Fi-Adresse.

Benutzung (nur iPad Wi-Fi + 3G)

Bei jedem iPad, das über eine 3G-Funktion verfügt, können Sie im Bereich Benutzung einsehen, wie viele Daten Sie bereits über das Telefonnetz *Gesendet* und *Empfangen* haben. Das ist beispielsweise dann wichtig, wenn Sie nur ein gewisses Datenbudget in Ihrem Vertrag frei haben und so feststellen möchten, ob Sie schon im kritischen Bereich sind. Mit *Statistiken zurücksetzen*, stellen Sie beide Anzeigen wieder auf null zurück.

Welche Datenmengen Sie im betreffenden Zeitraum über das 3G-Netz übertragen haben, erfahren Sie im Bereich ***Benutzung****.*

Daten, die Sie im WLAN gesendet und empfangen haben, fließen nicht in diese Berechnung mit ein.

Töne

Hier können Sie die Lautstärke anhand eines Schiebereglers einstellen ❶. Das ist übrigens genau die Lautstärke, die Sie auch per Kippregler rechts oben am Gerät regulieren können.

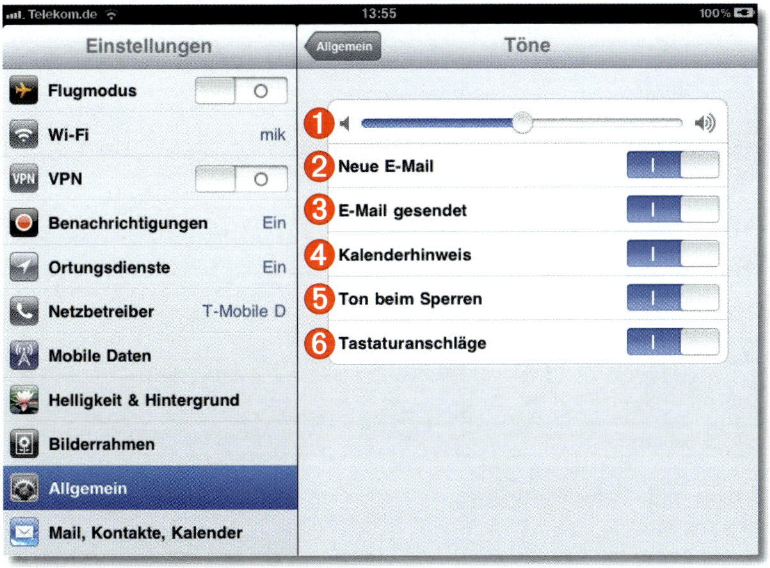

Des Weiteren lässt sich einstellen, ob Sie ein akustisches Signal erhalten möchten, wenn eine neue E-Mail eingeht ❷, eine E-Mail gesendet wird ❸, ein Kalenderhinweis angezeigt wird ❹ und ob es einen Ton beim Sperren ❺ oder beim Drücken von Tasten während der Texteingabe ❻ geben soll.

Netzwerk

Unter *Netzwerk* finden Sie noch einmal die Wi-Fi-Einstellungen, die Sie bereits kennengelernt haben. Außerdem können Sie hier auch ein VPN-Netzwerk konfigurieren. Wie das gemacht wird, können Sie in Kapitel 7 nachlesen.

Bluetooth

Über die Bluetooth-Einstellungen lassen sich kabellos Geräte mit dem iPad verbinden. Das kann eine kabellose Tastatur sein oder auch ein Bluetooth-Headset.

Wechseln Sie als Erstes in die *Einstellungen* für *Bluetooth* und schalten Sie die Funktion ein. Danach sucht das iPad nach Bluetooth-Geräten in der Nähe.

Die Suche nach Bluetooth-Geräten ist gestartet.

Sobald ein Gerät gefunden wurde, erscheint es in der Liste. Der Hinweis *Nicht gekoppelt* deutet darauf hin, dass es noch nicht verwendet werden kann.

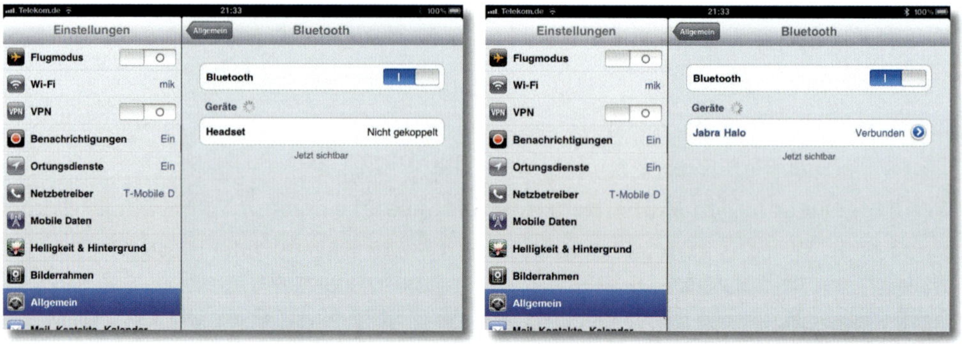

Die Verbindung zum Headset ist hergestellt.

Tippen Sie auf das gewünschte Gerät, um die Verbindung herzustellen. Wenn Sie nach einem PIN gefragt werden, geben Sie ihn ein. Welcher PIN der richtige ist, entnehmen Sie bitte der Konfiguration Ihres Bluetooth-Geräts. Sobald der PIN eingegeben wurde, ist das Gerät einsatzbereit. Tippen Sie darauf, um in die Einstellungen zu gelangen. Sie können das Gerät hier *Ignorieren*.

Mit dem iPad lassen sich auch Bluetooth-Geräte nutzen. In diesem Fall ein Headset von Jabra.

Besonders elegant ist die Kopplung mit einer Bluetooth-Tastatur. Zusätzlich kann das iPad in das iPad Dock gestellt werden – und schon ist ein wunderbarer Arbeitsplatz geschaffen.

Eine Bluetooth-Tastatur gekoppelt mit dem iPad. Das optional erhältliche Dock bringt das iPad in die richtige Leseposition.

Die Kombination von Dock und Keyboard kann für das iPad der 1. Generation sogar als Einheit erworben werden.

Besonders toll ist, dass Sie mit der Tastatur eine Reihe von coolen Funktionen in Zusammenarbeit mit dem iPad bekommen:

- *CD-Auswurftaste* blendet die Tastatur ein und aus.
- *F10* stellt den Ton ab, *F11* ist für leiser und *F12* für lauter bestimmt.

d *F2* machen das Display dunkler und heller.

sonders cool: *F8* steht beim iPod für Play und Pause, *F7* für Track davor,

F9 für Track danach.

- Ebenso ist die *Tabulatortaste* verfügbar: Sie springt beim Erstellen einer neuen E-Mail der Reihe nach die einzelnen Einträge an. Beim Ausfüllen eines Web-Formulars gelangt man ebenso zum nächsten Feld.
- Die *Cursortasten* können verwendet werden, um die Einfügemarke zu verschieben. Wird zusätzlich die *Shift*-Taste gedrückt, dann wird der Text zeichenweise, bei Navigation nach oben oder unten zeilenweise markiert ;-).
- Verwenden Sie direkt das iPad-Tastatur-Dock, dann bekommen Sie noch zusätzliche Tasten, um den Homescreen aufzurufen, die Spotlight-Suche beziehungsweise die Diashow zu starten oder das iPad zu sperren.

Spotlight-Suche

Legen Sie hier fest, welche Ergebnistypen in die Spotlight-Suche mit einbezogen werden sollen. Die können einzelne Punkte aktivieren und wieder deaktivieren, indem Sie drauftippen. Ein Häkchen links neben der Bezeichnung zeigt, dass dieser Typ mit durchsucht wird.

Außerdem können Sie auch die Reihenfolge angeben, in der Suchergebnisse angezeigt werden sollen. Halten Sie dazu eines der Symbole ganz rechts gedrückt und schieben Sie die Zeile an die gewünschte Stelle.

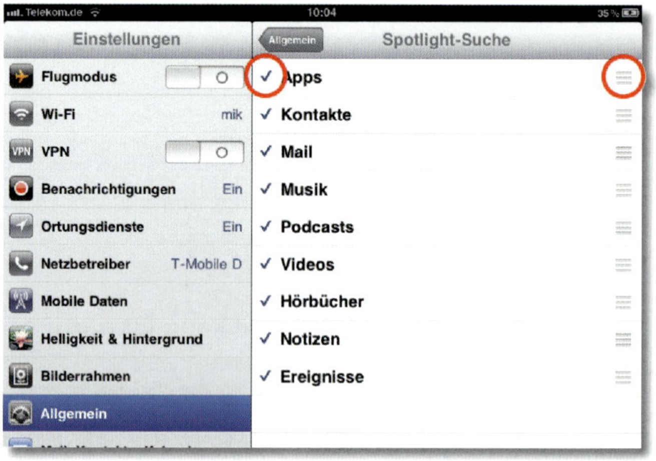

Ist vor dem Ergebnistyp ein Häkchen zu sehen, wird er in die Suche mit einbezogen. Über das Symbol mit den drei Linien (rechts) lässt sich die Reihenfolge festlegen, indem Sie die Zeilen nach oben oder unten verschieben.

Automatische Sperre

Diese Funktion legt fest, wie lange das iPad einsatzbereit bleibt, wenn es keine Eingaben entgegennimmt. Erst dann wechselt es in den Standby-Modus. Mögliche Einstellungen sind *2 Minuten*, *5 Minuten*, *10 Minuten*, *15 Minuten* und *Nie*.

Code-Sperre

Hier können Sie entweder einen vierstelligen Zahlencode oder einen frei gewählten Code anderer Länge eingeben, den das iPad anfordert, wenn man es aus dem Standby-Modus holen möchte. Ohne diesen Code verweigert das Gerät den Zugriff.

Schalten Sie die Sicherheitsfunktion ein, indem Sie auf *Code aktivieren* tippen. Daraufhin werden Sie aufgefordert, den gewünschten PIN-Code einzugeben und zur Sicherheit noch einmal zu bestätigen.

Erstellen des vierstelligen Sicherheitscodes.

Haben Sie den Code zweimal eingegeben, können Sie weitere Einstellungen vornehmen. Sie können beispielsweise den *Code ändern* und einstellen, nach welchem Standby-Zeitraum der Code überhaupt erforderlich werden soll. Die sicherste Einstellung ist *Sofort*. Dabei ist der Code in jedem Fall erforderlich. Sie können aber auch *Nach 1 Minute*, *Nach 5 Minuten*, *Nach 15 Minuten* oder *Nach 1 Stunde* auswählen. Da man meistens nicht gleich wegrennt, wenn man das iPad auf den Tisch legt, reicht meistens ein Wert im Minutenbereich. Ansonsten bremst man sich selbst zu oft aus, wenn jedes Mal der Code eingetippt werden muss.

Geben Sie hier die Zeitdauer bis zur Codeabfrage ein.

Ist die Option *Einfacher Code* aktiviert, besteht der Code immer aus einer vierstelligen Ziffer. Deaktivieren Sie diese Option und geben Sie anschließend den bisherigen Code ein, lässt sich in die darauffolgende Eingabemaske eine beliebige Buchstaben- und Zahlenkombination eingeben. Um sicherzustellen, dass Sie sich nicht vertippt haben und damit irrtümlich einen falschen Code einstellen, müssen Sie ihn noch einmal bestätigen. Stimmen beide Eingaben überein, gilt ab sofort der neue Code.

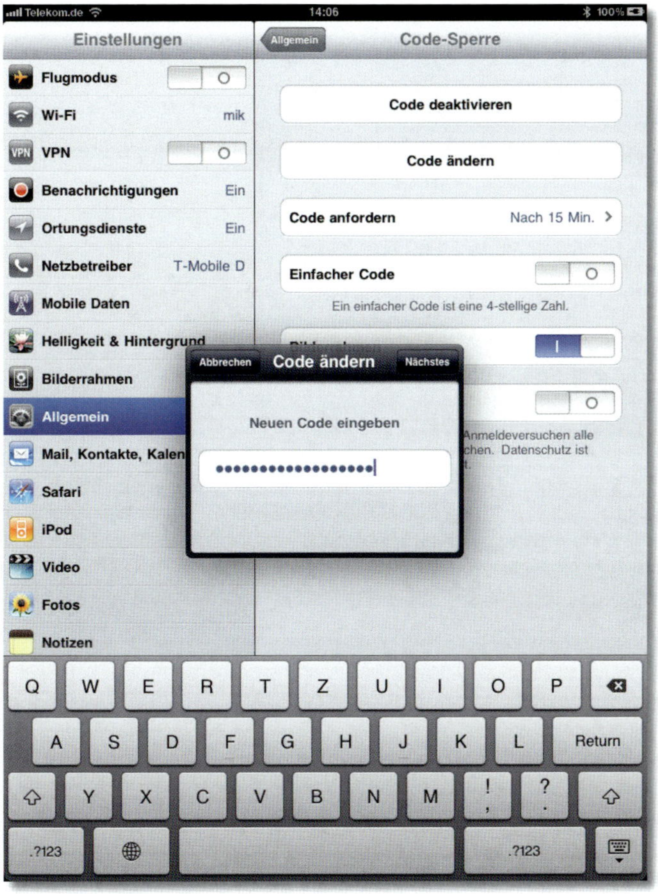

Es lassen sich auch Buchstaben und Zahlen oder Kombinationen daraus als Code eingeben und auch Sonderzeichen sind erlaubt.

Die Option ***Bilderrahmen*** gibt Ihnen die Möglichkeit, diese Funktion zu deaktivieren. Der Gedanke dahinter: Wenn Ihnen Ihr iPad abhanden kommt und Sie es per Code-Sperre gesichert haben, kann der Finder/Dieb auch keines Ihrer persönlichen Fotos ansehen, wenn Sie diese Option auswählen. Dann fehlt im Sperrbildschirm der Knopf für die Bilderrahmenfunktion.

Die letzte Einstellung innerhalb der Code-Sperre ist für den absoluten Notfall bestimmt. Stellen Sie sich vor, das iPad wurde gestohlen und der neue Benutzer versucht, an Ihre Daten zu kommen. Wenn er alle Geburtsdaten und andere ihm bekannten Zahlenkombinationen durchgeht, kommt er vielleicht recht bald auf den richtigen PIN. Oder er probiert alle 10.000 Möglichkeiten durch. Das dauert zwar lange, führt aber irgendwann zum Ziel.

Wenn Sie aber ***Daten löschen*** einschalten, hat er lediglich zehn Versuche. Danach werden alle Daten auf dem iPad gelöscht.

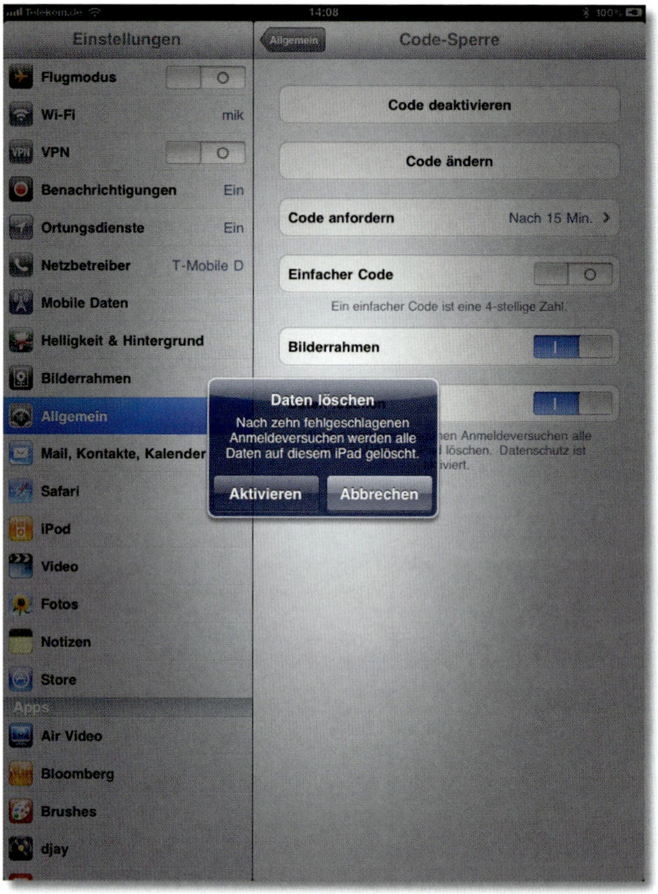

Automatisches Löschen aller Daten nach einer Anzahl von Fehleingaben des Sicherheitscodes.

Einschränkungen

Möchten Sie gewisse Inhalte auf dem iPad sperren, etwa weil auch Ihre Kinder damit spielen, dann können Sie das im Rahmen der *Einschränkungen* tun.

Das iPad erlaubt mit der derzeitigen Betriebssystemsoftware nur das Erstellen eines Benutzers. Deshalb ist es notwendig, andere User durch die Einschränkungen zu reglementieren.

Sobald Sie die *Einschränkungen* aktivieren, werden Sie nach einem Code gefragt. Geben Sie einen ein, können Sie künftig Einschränkungen aufheben oder konfigurieren.

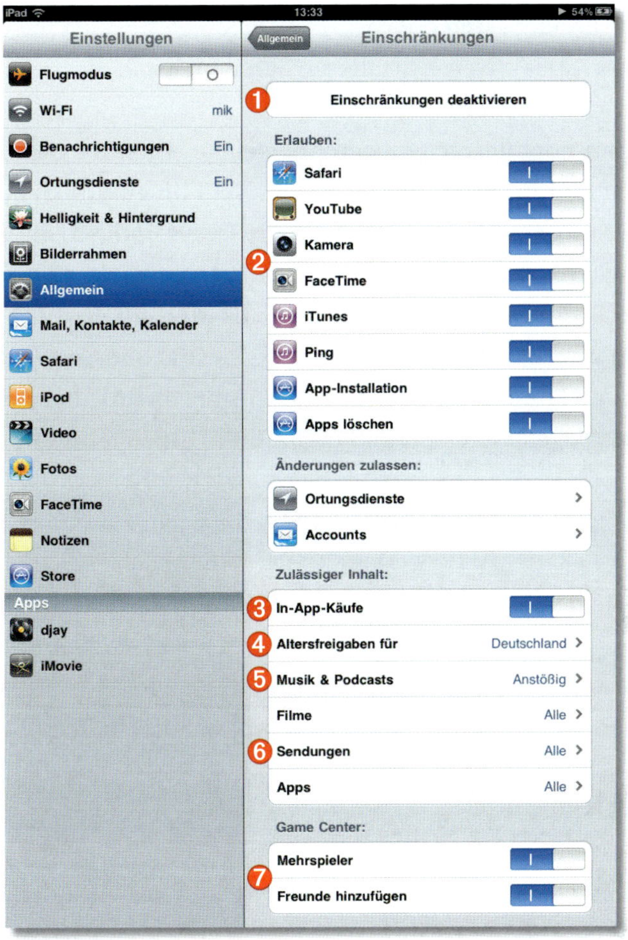

Über die Einschränkungen lassen sich iPad-Funktionen sperren.

❶ Deaktivieren Sie die Einschränkungen wieder und geben Sie so den Zugriff auf alle Funktionen frei.

❷ Legen Sie hier fest, welche Anwendungen verfügbar sein sollen und welche nicht. Möchten Sie beispielsweise, dass keine neuen Apps installiert werden dürfen und YouTube nicht starten soll, deaktivieren Sie diese beiden Punkte. FaceTime ist ausschließlich beim iPad 2 verfügbar.

❸ Sollen innerhalb installierter Apps keine weiteren Funktionen oder Inhalte nachgekauft werden dürfen, können Sie das hier festlegen.

❹ Hier können Sie eingeben, nach welchen Altersfreigaben das iPad den Zugriff erlauben soll. Im nächsten Schritt können Sie *Australien*, *Deutschland*, *Frankreich*, *Irland*, *Japan*, *Kanada*, *Neuseeland*, *USA* oder *Vereinigtes Königreich* angeben.

❺ Musik, Musikvideos und Podcasts mit anstößigen Texten werden mit EXPLICIT markiert. Deaktiveren Sie diesen Schalter, wenn Sie die Wiedergabe von solchen Inhalten unterbinden möchten.

❻ Zuletzt kann noch festgelegt werden, welche Altersfreigabe für Filme, TV-Sendungen und Programme gelten soll. Bei Filmen und Sendungen gibt es die Altersgrenzen *ab 0 Jahren*, *ab 6 Jahren*, *ab 12 Jahren*, *ab 16 Jahren*, *ab 18 Jahren* sowie *Keine Filme/Sendungen zulassen* und *Alle Filme/Sendungen zulassen.* Bei Programmen können ebenfalls alle Inhalte oder keine Inhalte zugelassen werden. Die Alterseinstufungen sind aber *4+*, *9+*, *12+* und *17+*.

❼ Abschließend können Sie auch noch festlegen, ob im *Game Center* Mehrspieler-Matches zugelassen sind und ob Freunde hinzugefügt werden dürfen.

Ausrichtungssperre & Ton aus

Hier können Sie bestimmen, mit welcher Funktion der Schalter rechts am iPad über den Laut- und Leiser-Tasten belegt werden soll. Geben Sie an, ob Sie darüber die *Ausrichtungssperre* aktivieren und deaktivieren möchten oder ob Sie lieber mit einer einzigen Taste den Ton komplett ausschalten (*Ton aus*).

Datum & Uhrzeit

Hier können Sie einstellen, ob Sie die Zeit im *12-Stunden*- oder im *24-Stunden*-Format anzeigen möchten. Im ersten Fall würde dann beispielsweise 09:11 nachm. angezeigt werden, im zweiten 21:11. Hier gibt es auch die Option, dass das iPad die Uhrzeit automatisch einstellt. Entscheiden Sie sich dagegen, erhalten Sie hier auch gleich die Möglichkeit, Zeitzone, Uhrzeit und Datum manuell einzustellen.

Tastatur, Landeseinstellungen

Hier können Sie nicht nur die *Sprache* der iPad-Software festlegen, auch internationale *Tastaturen* und Tastaturgrundeinstellungen (siehe Kapitel 2) lassen sich definieren. Ändern Sie die Einstellung für *Region*, verändern sich beispielsweise das Datum und Uhrzeitformat oder die Anzeige von Telefonnummern.
Zuletzt lässt sich auch noch festlegen, ob der Kalender *Gregorianisch*, *Japanisch* oder *Buddhistisch* sein soll.

Bedienungshilfen

Für Anwender mit Sehschwächen hat Apple noch eine Reihe von nützlichen Funktionen integriert, um die Barrierefreiheit des Geräts zu gewährleisten.

VoiceOver

Klare Sache – das iPad liest Ihnen vor. Dabei kann es sich um eine E-Mail, einen Text auf einer Webseite oder auch um einen Eintrag im Menü oder Homescreen handeln. Zudem werden die Einträge umrandet. Mit einem Singleklick wird ein neuer Eintrag markiert und vorgelesen.

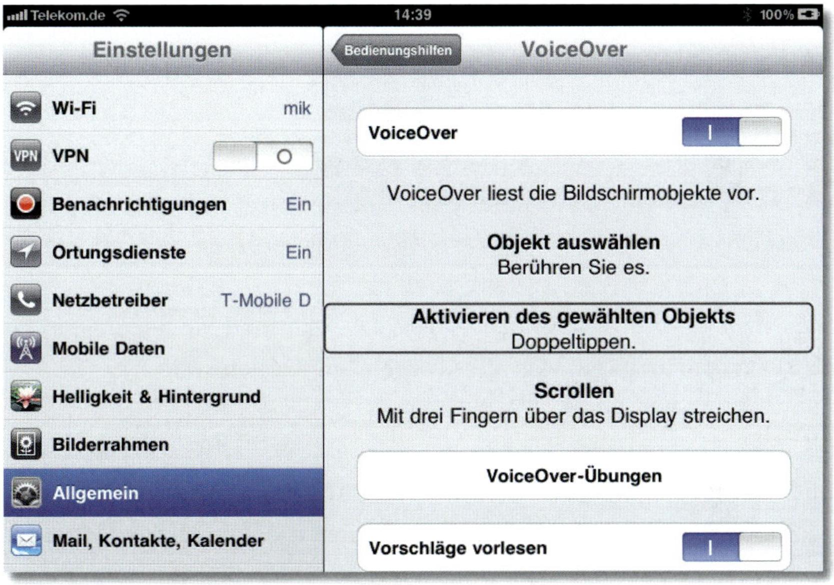

VoiceOver ist eingeschaltet und liest in diesem Beispiel den umrandeten Menüpunkt vor.

Wollen Sie nun einen Eintrag auswählen, müssen Sie doppelt tippen, zum Scrollen sind drei Finger notwendig. Dabei wird Ihnen in Safari beispielsweise auch angesagt, wie die Seite heißt, wann sie fertig geladen ist und dass Sie sich etwa auf „Seite drei von vier“ befinden, wenn Sie scrollen.

Die VoiceOver-Erläuterungen und weitere Konfigurationsmöglichkeiten.

In *Allgemein –> Bedienungshilfen –> VoiceOver* können Sie bei *Eingabe vorlesen* zudem exakt spezifizieren, was alles vorgelesen werden soll.

Zoomen

Wollen Sie hingegen die Bildschirmdarstellung temporär vergrößern, so sollten Sie die Zoom-Funktion aktivieren. Die möglichen Befehle finden Sie unterhalb des dazugehörigen Schiebereglers.

Großer Text

Legen Sie hier fest, ob der Text in den Kontakten, Mail und Notizen vergrößert dargestellt werden soll. Sie haben die Wahl zwischen Schriftgrößen in 20, 24, 32, 40, 48 und 56 Punkt Größe.

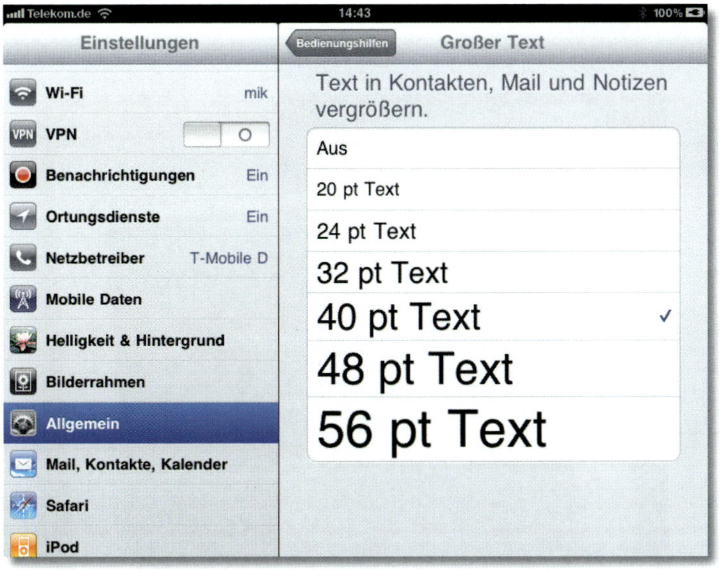

Legen Sie hier fest, wie groß der Text in Kontakten, Mail und Notizen dargestellt werden soll.

Am Beispiel von den Notizen sieht eine 40-Punkt-Schrift dann so aus:

Wer schlecht sieht, tut sich mit dieser Schriftgröße deutlich leichter.

Weiß auf Schwarz

*Bei **Weiß auf Schwarz** nimmt das iPad eine Art Invertierung vor.*

Hierbei werden die Kontraste verändert, um Menschen mit Sehschwäche das Erkennen der Icons zu erleichtern.

Mono-Audio

Bei *Mono-Audio* werden beide Stereosignale zusammengefasst und über Kopfhörer ausgegeben. Benutzer, die auf einem Ohr eine Hörschwäche haben, können so weitestgehend trotzdem alles hören.

Auto-Text vorlesen

Deaktivieren Sie diesen Punkt, wenn Sie möchten, dass von Auto-Korrektur und Auto-Großschreibung vorgenommene Änderungen automatisch vorgelesen werden.

Home-Dreifachklick

In den *Bedienungshilfen* gibt es noch eine letzte Einstellung: den Dreifachklick der Hometaste. In dieser Einstellung legen Sie fest, welche Bedienungshilfe aktiviert werden soll, wenn man dreimal kurz hintereinander die Hometaste drückt. Mit dem Dreifachklick kann entweder *VoiceOver* ein- und ausgeschaltet, die Darstellung von *Weiß auf Schwarz* gewechselt, das *Zoomen ein-/ausgeschaltet* oder ein Dialogfeld mit einer Auswahl der Bedienungshilfen *(Fragen)* geöffnet werden.

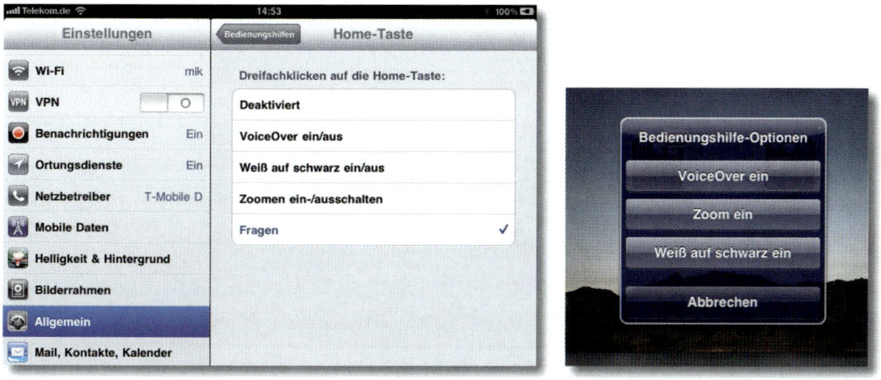

*Die Hometaste lässt sich auch mit einem Dreifachklick belegen. Dann erhalten Sie dieses Dialogfenster, sobald der Dreifachklick auf **Fragen** gestellt wurde.*

Batterieladung in Prozent

Legen Sie unter *Allgemein* fest, ob rechts oben der Batteriestatus mit oder ohne Anzeige einer Prozentzahl dargestellt werden soll. Beim iPad mit Wi-Fi + 3G finden Sie diese Einstellung unter *Allgemein –> Benutzung.*

Beim iPad Wi-Fi + 3G sehen Sie zusätzlich die mobilen Netzwerkdaten.

Das iPad zurücksetzen

Hier können gezielt Einstellungen zurückgesetzt werden. Dabei ist es nicht immer erforderlich, dass das komplette iPad „plattgemacht“ wird. Oft reicht es schon, wenn beispielsweise die Netzwerkeigenschaften ein Reset bekommen. Wer den Home-Bildschirm wieder so haben möchte wie bei Auslieferung, wird hier fündig und muss nicht alles per Hand verschieben und löschen. Die Optionen im Einzelnen:

Alle Einstellungen: Wählen Sie diesen Punkt aus, werden alle Einstellungen zurückgesetzt. Angst um Ihre Daten und Medien müssen Sie nicht haben, die werden nicht angepackt.

Inhalte & Einstellungen löschen ist da schon resoluter. Zusätzlich zum Zurücksetzen der Einstellungen werden hier die Daten sehr wohl mit gelöscht. Alles, was auf dem iPad war, ist danach weg. Der Vorgang dauert eine gefühlte Ewigkeit, Apple spricht von etwa zwei Stunden.

Netzwerkeinstellungen: Darunter verbergen sich alle Einstellungen für bisher genutzte Netzwerke. Auch die VPN-Einstellungen erfahren einen Reset. Außerdem wird die Wi-Fi-Funktion zurückgesetzt. Wenn Sie zum Zeitpunkt des Zurücksetzens mit einem WLAN verbunden sind, wird die Verbindung getrennt. Allerdings bleiben die Wi Fi Einstellungen erhalten.

Tastaturwörterbuch: Jedes Mal, wenn Sie einen Korrekturvorschlag des iPads ablehnen, wird das gerade getippte Wort dem Wörterbuch hinzugefügt. Setzen Sie das Tastaturwörterbuch zurück, werden alle hinzugefügten Einträge wieder entfernt.

Home-Bildschirm: Diese Einstellung setzt den Home-Bildschirm wieder auf den Stand zurück, den er bei Auslieferung des iPads hatte.

Ortswarnhinweise zurücksetzen: Die Anwendung *Karten* verwendet Informationen über den aktuellen Standort des iPads. Anfangs wird man darauf hingewiesen und es erscheint ein Hinweis, den man ablehnen oder bestätigen kann. Nach vier Mal „Ja“ erscheint der Hinweis nicht mehr. Setzen Sie die Ortswarnhinweise zurück, um diese Meldung wieder zu erhalten.

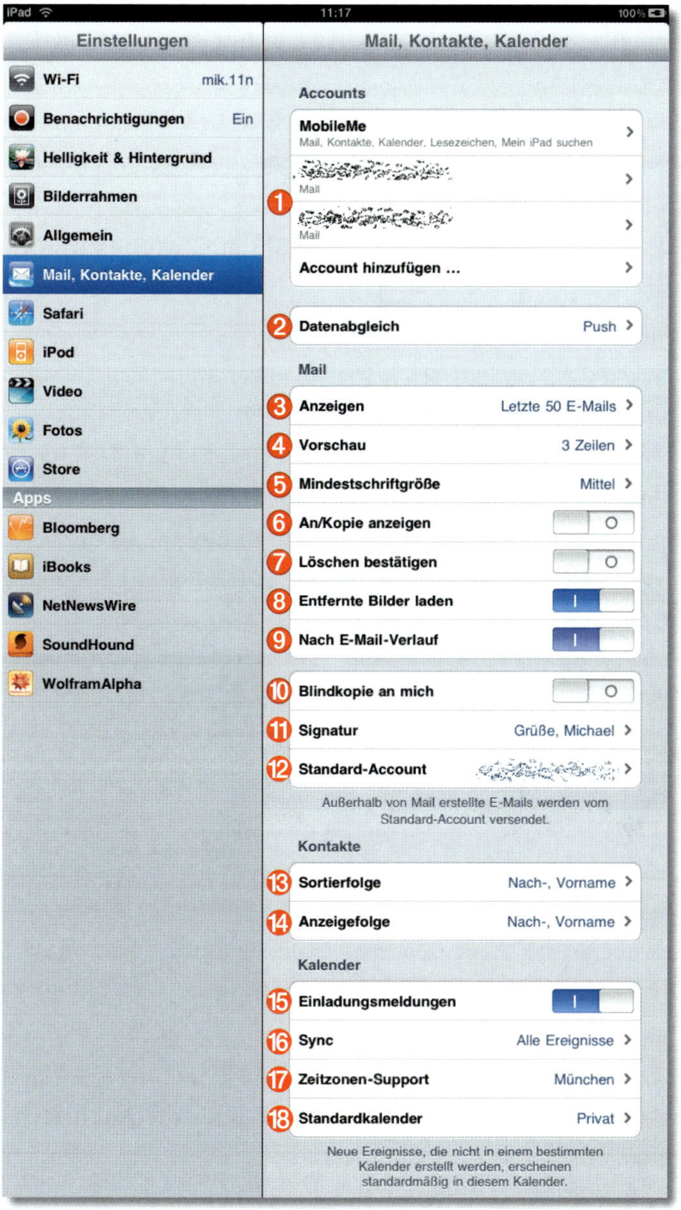

*Alle Einstellungen bei **Mail, Kontakte, Kalender** im Überblick.*

Das Anlegen von E-Mail-Accounts ❶ kennen Sie bereits vom Einrichten des Mailprogramms am iPad. Und auch der Datenabgleich ❷ wurde in diesem Rahmen bereits beschrieben. Aber es gibt noch mehr, das Sie zu den Themen Mail, Kontakte und Kalender konfigurieren können.

❸ Hier geben Sie an, wie viele Mails im Posteingang oder einem Unterordner auf einmal angezeigt werden sollen.

❹ Wie viele Zeilen einer E-Mail sollen in der Vorschau angezeigt werden? Mögliche Einstellungen: *Keine*, *1 Zeile*, *2 Zeilen*, *3 Zeilen*, *4 Zeilen*, *5 Zeilen*.

DP
DP durchsuchen
Michael Krimmer
Vorschau von E-Mail: Zeilenanzahl
Bearbeiten
15:03

Das sind alle möglichen Einstellungen von der am wenigsten aussagekräftigen Vorschau (links) bis hin zur umfangreichsten (rechts).

❺ Die Mindestschriftgröße gibt an, wie groß der Text einer E-Mail mindestens angezeigt werden soll. Ist die Originalschrift kleiner als der hier angegebene Wert, vergrößert das iPad die Anzeige. Die möglichen Einstellungen sind *Klein*, *Mittel*, *Groß*, *Sehr groß* und *Supergroß*.

1 von 1
Details
Vorschau von E-Mail: Zeilenanzahl
1. Mai 2010 15:03
Diese Mail soll verdeutlichen, was sich bei der Anzeige von E-Mails ändert, wenn man den Wert der anzuzeigenden Zeilen verändert. Mögliche Werte sind Keine, 1 Zeile, 2 Zeilen, 3 Zeilen, 4 Zeilen und 5 Zeilen. Während man mit der Einstellung Keine wirklich überhaupt nichts vom eigentlichen Inhalt der Mail sieht, wird es immer besser, je mehr Zeilen man als Vorschau auswählt. Bei der höchsten Einstellung, 5 Zeilen, bekommt man schon einen sehr konkreten Eindruck davon, was der Absender der Mail mitteilen möchte.

Hier sind die beiden extremsten Einstellungen der Mindestschriftgröße im direkten Vergleich zu sehen. Links die Einstellung ***Klein*** *und rechts* ***Supergroß****.*

❻ Ist diese Option aktiviert, wird innerhalb der Mail angezeigt, ob man Hauptempfänger einer E-Mail war (Symbol: To) oder die Nachricht als Kopie erhalten hat (Cc).

❼ Möchten Sie E-Mails direkt löschen oder vorher noch einmal gefragt werden? Hier ist die entsprechende Einstellmöglichkeit.

❽ Sollen Bilder automatisch oder bei Bedarf manuell geladen werden? Schalten Sie diese Option für einen automatischen Download ein.

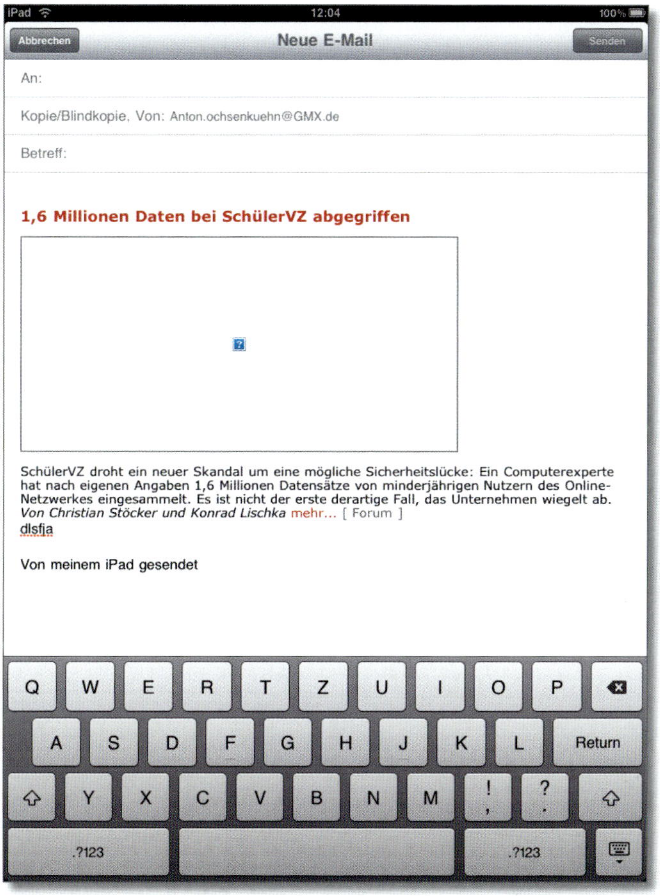
iPad
12:04
100%
Abbrechen
Neue E-Mail
Senden
An:
Kopie/Blindkopie, Von: Anton.ochsenkuehn@GMX.de
Betreff:
1,6 Millionen Daten bei SchülerVZ abgegriffen
SchülerVZ droht ein neuer Skandal um eine mögliche Sicherheitslücke: Ein Computerexperte hat nach eigenen Angaben 1,6 Millionen Datensätze von minderjährigen Nutzern des Online-Netzwerkes eingesammelt. Es ist nicht der erste derartige Fall, das Unternehmen wiegelt ab.
Von Christian Stöcker und Konrad Lischka mehr... [Forum]
dlsfja
Von meinem iPad gesendet
Return
.?123
.?123

Ein kopiertes Bild von einer Webseite soll per E-Mail versendet werden und es erscheint nur ein Platzhalter.

Sofern Sie die Eigenschaft Entfernte Bilder laden deaktiviert haben, werden Sie zudem über Kopieren und Einsetzen keine Bilder von Internetseiten mehr zum Mailprogramm übertragen können. Also ist es sinnvoll, diese Funktion zu aktivieren.

❾ Möchten Sie E-Mail-Nachrichten eines Absenders im Maileingang zusammengefasst angezeigt bekommen, dann aktivieren Sie diesen Punkt.

❿ Ist dieser Schalter an, erhalten Sie von jeder gesendeten E-Mail eine Kopie. So behalten Sie den Überblick darüber, ob verschickte E-Mails auch wirklich versendet wurden.

⓫ Tragen Sie eine Signatur ein, die jeder neuen E-Mail automatisch hinzugefügt wird. Das eignet sich beispielsweise für Kontaktdaten, die man jedes Mal mitschicken will.

⓬ Mit der hier angegebenen E-Mail-Adresse versenden Sie Nachrichten aus anderen Programmen, etwa Fotos. Sie können das zwar dann noch in der E-Mail selbst ändern, bequemer ist es aber, wenn Sie hier Ihre Hauptadresse auswählen.

⓭ Geben Sie an, wie die Kontakte sortiert werden sollen.

⓮ Stellen Sie hier ein, wie die Kontakte angezeigt werden sollen. Sie können aus den letzten beiden Einstellungen auch eine Kombination wählen, etwa nach Nachnamen sortieren, aber nach Vornamen anzeigen lassen.

⓯ Wenn Sie eine Meldung erhalten möchten, sobald Sie jemand zu einem *Kalender*-Ereignis einlädt, aktivieren Sie diesen Punkt. Bei Exchange funktio-niert das gut, bei anderen Systemen erfolgt die Einladung meistens als E-Mail-Anhang.

⓰ Bei *Sync* geben Sie an, wie weit in der Vergangenheit Elemente im Kalender abgeglichen werden sollen. Mögliche Optionen: ***Ereignisse 2 Wochen zurück***, ***Ereignisse 1 Monat zurück***, ***Ereignisse 3 Monate zurück***, ***Ereignisse 6 Monate zurück*** und ***Alle Ereignisse.***

⓱ *Zeitzonensupport* ist dann interessant, wenn Sie beispielsweise auf Dienstreise in die USA fliegen, die Kalendereinträge aber zur deutschen Zeit eingegeben haben. Dann steht erst einmal ein Termin um 17 Uhr auch um 17 Uhr deutscher Zeit im Kalender. Ändern Sie hier den Ort ab, um die Termine in Ortszeit zu sehen.

⓲ Schlussendlich können Sie angeben, in welchen Kalender standardmäßig Termine eingetragen werden, wenn nicht explizit ein anderer Kalender angegeben wird.

Safari

Auch bei *Safari* haben Sie bereits die eine oder andere Systemeinstellung kennengelernt. Das waren ***Automatisch ausfüllen*** und ***Lesezeichenleiste immer einblenden***. Aber auch hier gibt es noch mehr, was den Einsatz von Safari erleichtert.

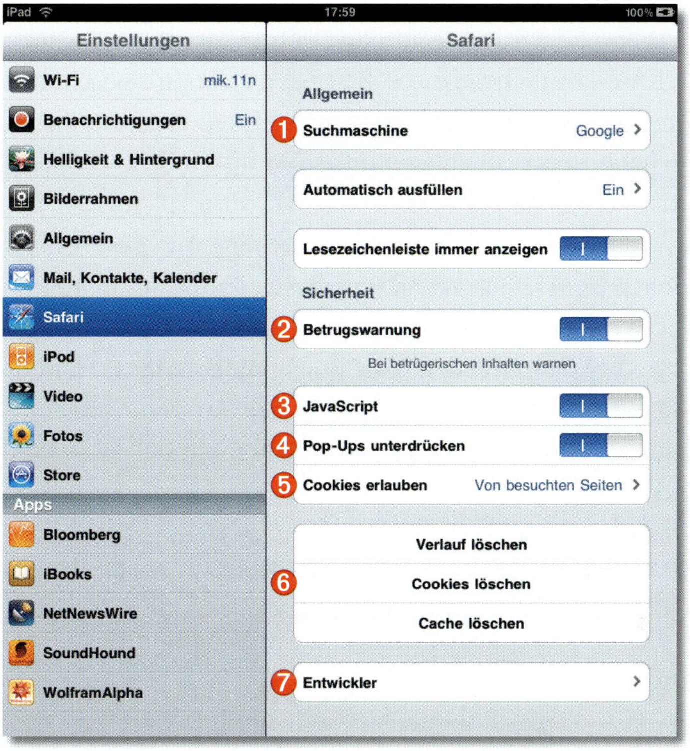

❶ Hier können Sie wählen, ob Sie als Suchmaschine rechts oben in Safari lieber Google, Yahoo! oder Bing verwenden möchten. Im Screenshot sehen Sie dieselbe Seite, einmal mit Google (links), einmal mit Yahoo! (Mitte) und rechts mit Bing als Suchmaschine.

❷ Surfen Sie eine von Safari als potenziell gefährlich eingestufte Webseite an, erhalten Sie eine Warnung.

❸ Möchten Sie nicht, dass Webseiten JavaScript nutzen, deaktivieren Sie diesen Punkt. Dann müssen Sie einerseits auf viele komfortable Funktionen verzichten, schließen aber potenzielle Angriffsstellen.

❹ Pop-up-Seiten, die in den meisten Fällen zur Werbung benutzt werden, können Sie hier unterdrücken. Dann öffnet sich aber auch kein neues Fenster, selbst wenn es einen für Sie interessanten Inhalt enthält.

❺ Cookies helfen dabei, dass Webseiten sich an Sie „erinnern“ und es beispielsweise dann nicht mehr erforderlich ist, ein Kennwort einzugeben. Diese Funktion kann aber auch missbraucht werden, etwa um Sie mit zielgerichteter Werbung zu erreichen oder im schlimmsten Fall, um Passwörter auszulesen. Wenn Sie sichergehen möchten, dass durch Cookies kein Missbrauch entsteht, stellen sie diesen Punkt auf *Nie*. Möchten Sie, dass nur bereits besuchte Seiten Cookies lesen und speichern können, wählen Sie *Von besuchten Seiten*. Ist es Ihnen egal, wer Cookies schreibt und liest, nehmen Sie *Immer*.

❻ Hier können Sie den Verlauf löschen, Cookies löschen und den Cache löschen. Löschen Sie den Verlauf, erinnert sich Safari nicht mehr an von Ihnen besuchte Internetseiten und hilft auch nicht mehr bei der Vervollständigung von URLs. Das Löschen des Cache-Speichers hingegen sollte ruhig ab und an mal durchgeführt werden.

❼ Entwickler können die Debug-Konsole starten, um Fehler innerhalb von Webseiten zu suchen. Wenn Sie nicht wissen, wozu das gut ist, werden Sie es sicherlich nicht brauchen.

iPod

In diesem Menü können Sie Einstellungen rund um den Medienplayer des iPads vornehmen.

iPod-Einstellungen und der Equalizer.

❶ Möchten Sie, dass alle Lieder in derselben oder zumindest einer sehr ähnlichen Lautstärke abgespielt werden? Dann schalten Sie diesen Regler auf *An*. Das schont die Ohren, wenn Titel sehr unterschiedlich laut sind.

❷ Tippen Sie auf diesen Punkt, können Sie im nächsten Menü aus einer Vielzahl von Equalizern auswählen und so das Klangbild verändern. Da ist für jeden etwas dabei.

❸ Dieser Punkt erlaubt es Ihnen, die maximale Lautstärke zu reduzieren, in der der iPod Medien abspielt. Im nächsten Bild können Sie die Lautstärke per Schieberegler anpassen und mit *Maximale Lautstärke sperren* auch per Code dafür sorgen, dass nur Sie diese Einstellung wieder verändern können.

Die Lautstärkenbegrenzung kann durch einen Code gesichert werden.

❹ Um Songtexte oder Informationen zu Podcasts anzuzeigen (beides sofern vorhanden) aktivieren Sie diesen Punkt.

❺ Hier können Sie die Apple-ID für die Privatfreigabe einrichten. Was das bringt und was außerdem dafür nötig ist, haben wir bereits im Kapitel zum iPod erklärt.

Video

Das ist die Stelle, an der man die Wiedergabe von Bewegtbildern konfigurieren kann.

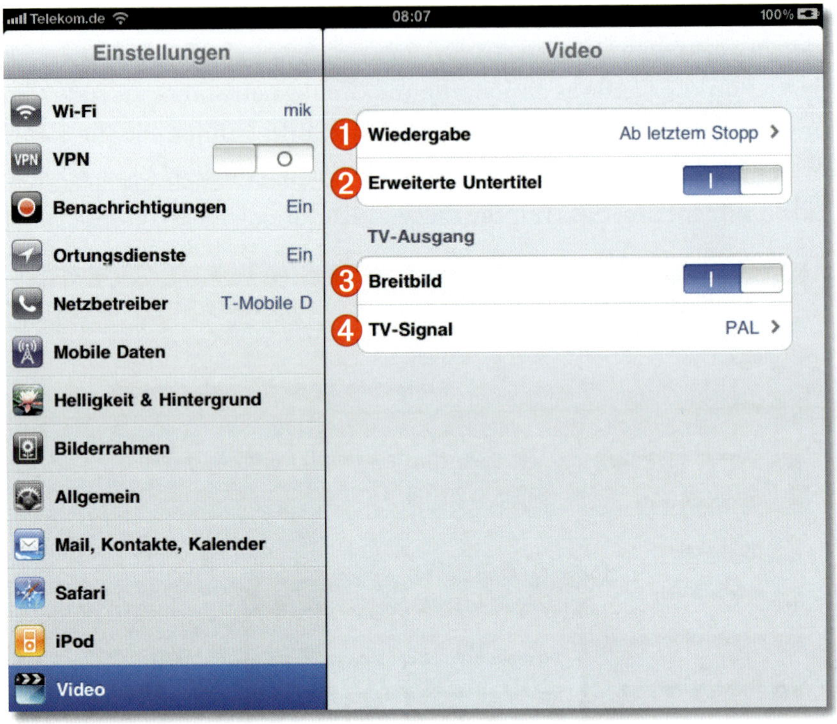

Einstellungen für die Video-App am iPad.

❶ Stellen Sie hier ein, ob ein Video, nachdem Sie die Wiedergabe unterbrochen haben, wieder von Beginn an starten soll oder an der Stelle, an der es beim vorherigen Mal gestoppt wurde.

❷ Sollen Untertitel angezeigt werden, schalten Sie die Option ein.

❸ Eine Option, die nur dann relevant ist, wenn Sie das iPad per Videokabel an ein TV-Gerät angeschlossen haben. Wählen Sie hier, ob es sich um ein Gerät mit *Breitbild*-Format handelt oder nicht.

❹ Das TV-Signal sollten Sie nur dann umstellen, wenn es unbedingt nötig ist. In Europa ist PAL der gängige Standard, den die Fernseher unterstützen, in den USA ist es in der Regel NTSC.

Fotos

Sie haben aus der Anwendung *Fotos* heraus die Möglichkeit, Diashows abzuspielen. Hier können Sie diese Shows mit drei Einstellungen an Ihre Wünsche anpassen. Das ist nicht spektakulär, aber manchmal hilfreich.

Einstellungen für die Diashow des Foto-Programms.

❶ Wie lange soll jedes einzelne Bild angezeigt werden? Die möglichen Optionen sind *2 Sekunden*, *3 Sekunden*, *5 Sekunden*, *10 Sekunden* und *20 Sekunden*.

❷ Sollen die Bilder erneut angezeigt werden, wenn das Album komplett abgespielt wurde? Schalten Sie den Regler ein, wenn Sie das möchten.

❸ Ist es Ihnen lieber, wenn die Bilder in der vorhandenen Reihenfolge angezeigt werden, oder bevorzugen Sie eine zufällige Reihenfolge? Das können Sie hier festlegen.

FaceTime

Hier finden Sie exklusiv auf dem iPad 2 die Einstellungen zu FaceTime.

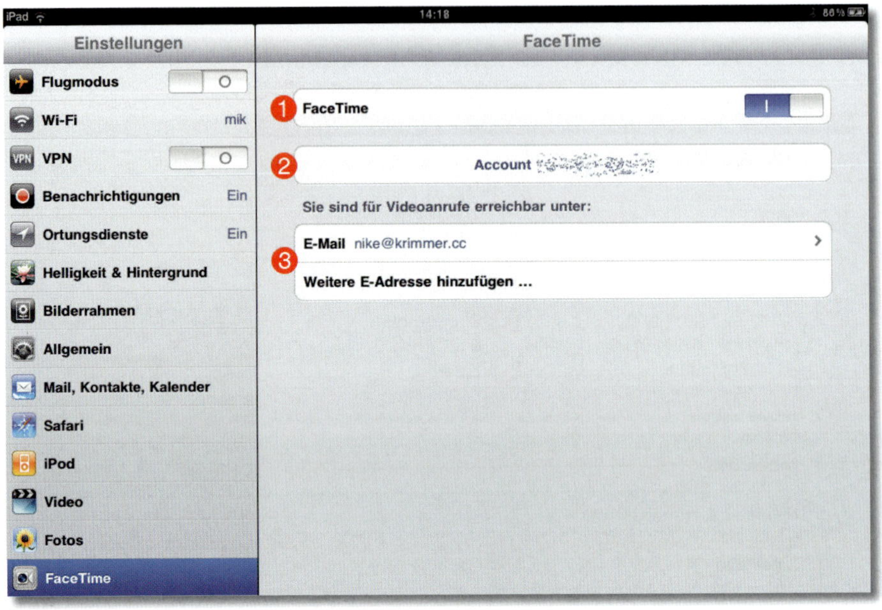

Legen Sie im ersten Schritt fest, ob Sie die FaceTime-Funktion nutzen möchten ❶. Danach sehen Sie, unter welcher Mailadresse Sie derzeit für FaceTime-Anrufe erreichbar sind ❷. Zuletzt lassen sich hier noch die FaceTime-Adressen verwalten ❸.

Notizen

Im Bereich Notizen legen sie fest, welche *Schrift* Sie gerne innerhalb der Notizen verwenden möchten ❶. Außerdem lässt sich hier bestimmen, auf welchem Server die Notizen abgelegt werden sollen (beispielsweise *MobileMe*) oder ob sie nur für die lokale Sicherung auf dem iPad gedacht sind (*Auf meinem iPad*) ❷.

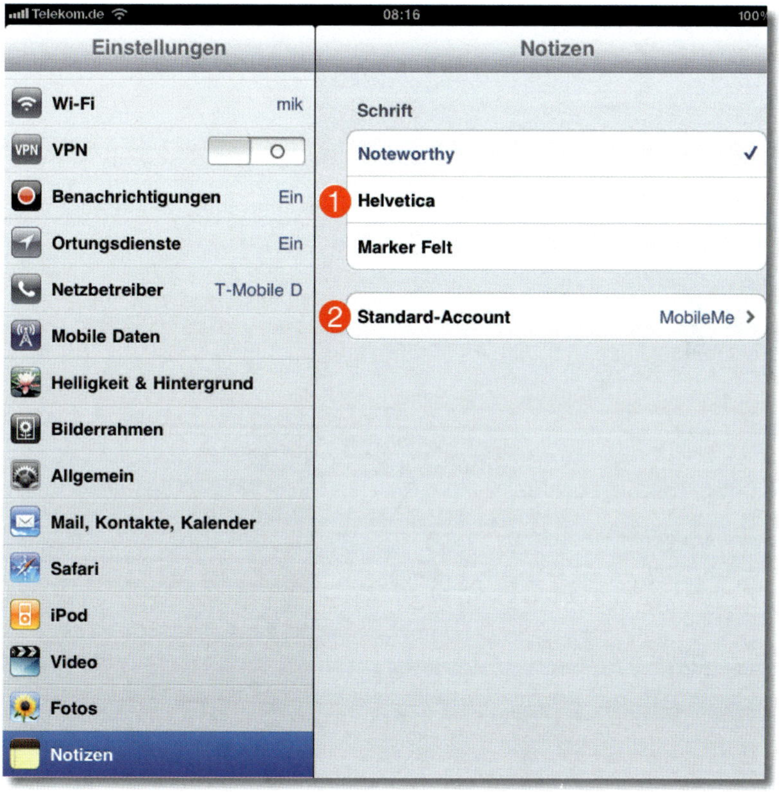

*Für die Notizen lassen sich die **Schrift** sowie der **Standard-Account**, mit dem die Notizen abgeglichen werden sollen, festlegen.*

Store

Hier wird Ihnen mitgeteilt, mit welchem iTunes-Store-Account Sie gerade angemeldet sind ❶. Sie haben außerdem die Möglichkeit, die Account-Informationen einzusehen ❷. Diese erscheinen dann in einem neuen Fenster. Möchten Sie den Account wechseln, tippen Sie auf *Abmelden* ❸.

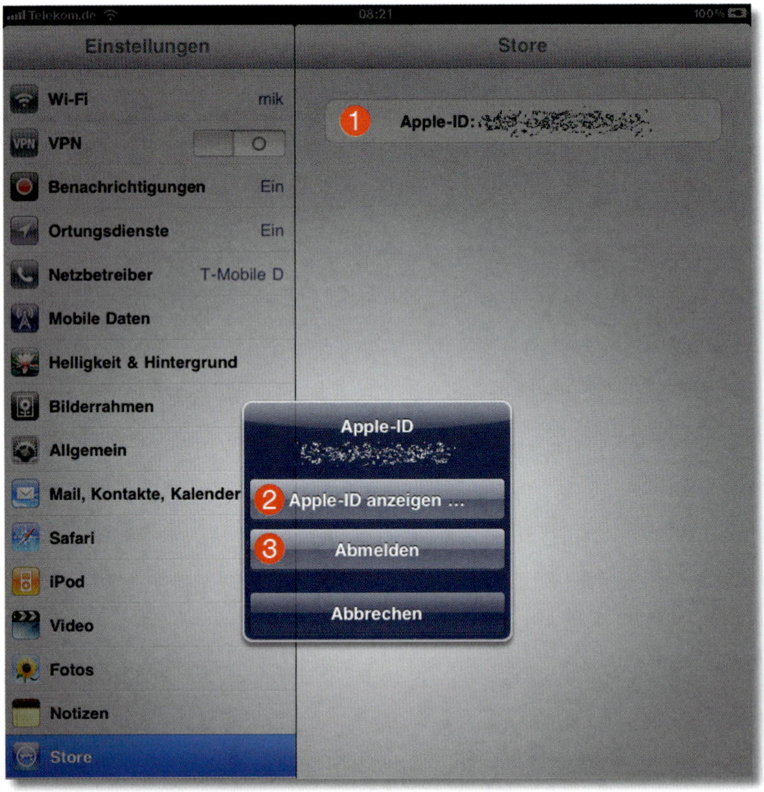

Sie können sich Ihre Account-Informationen anzeigen lassen oder sich vom Store abmelden, etwa um mit einem anderen Account einzukaufen.

Wenn Sie die Account-Infos des gerade angemeldeten Kontos ansehen oder ändern möchten, tippen Sie auf Apple-ID anzeigen. Daraufhin erhalten Sie Informationen zu Ihrem Guthaben ❶, der Art, wie Sie Einkäufe bezahlen ❷ sowie die hinterlegte Adresse ❸. Außerdem können Sie Ihre iTunes-Store- und iBooks-Updates verwalten ❹.

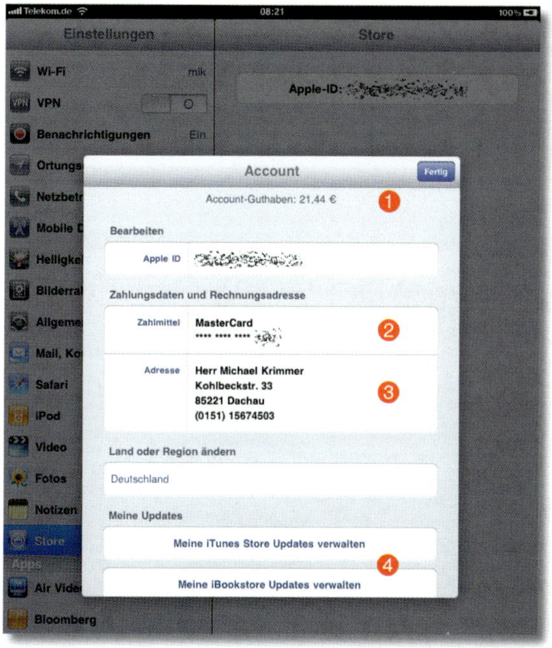

*Via **Apple-ID anzeigen** erhält man diese Detailinformationen. Möglicherweise müssen Sie dazu noch Ihr Passwort eingeben.*

Wenn Sie sich abgemeldet haben, können Sie anschließend über den *Anmelden*-Button ❶ eine *Bestehende Apple-ID verwenden* ❷ oder eine *Neue Apple-ID erstellen* ❸.

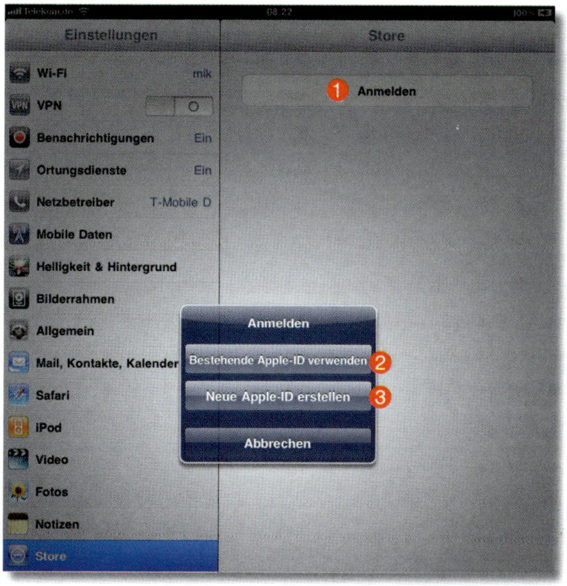

Auch das Erstellen eines neuen Accounts ist an dieser Stelle möglich.

App-spezifische Einstellungen

Unterhalb dieser iPad-Systemeinstellungen finden Sie noch die eine oder andere Konfigurationsmöglichkeit der installierten Apps, sofern es welche gibt. Hier ein Beispiel für Wolfram Alpha:

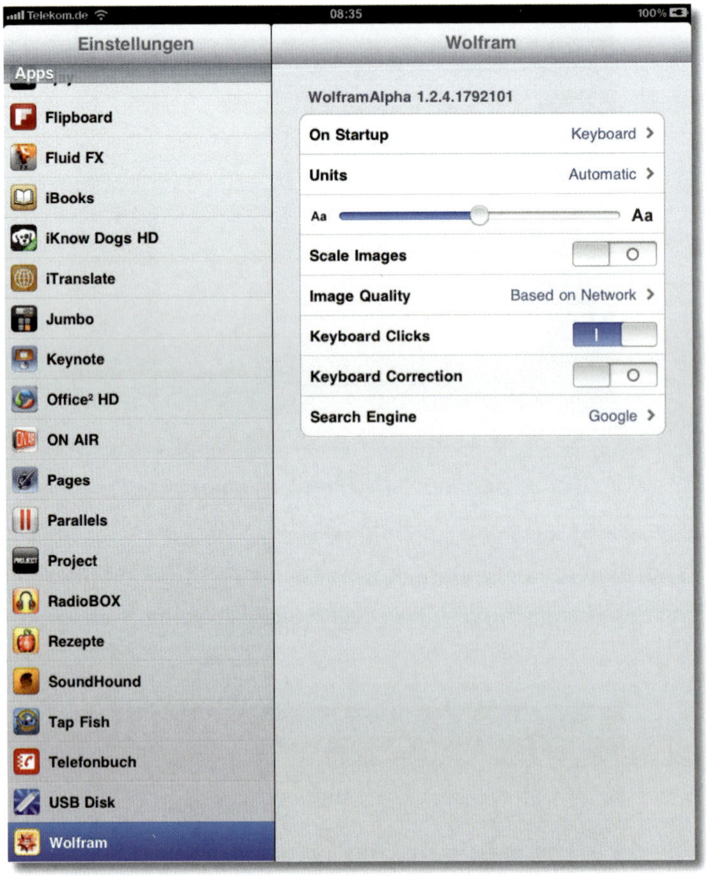

Einstellungen für die App Wolfram Alpha.

Nicht jedes Programm, das Sie über den App Store erworben haben, verlangt nach weiteren Einstellungen. Ist dies jedoch der Fall, trägt es sich automatisch hier in der Liste ein und wartet auf Ihre Eingaben.

Einkaufen gehen

iTunes Account erstellen

Bevor Sie auf Einkaufstour gehen, brauchen Sie einen Account im iTunes Store. Wenn Sie den schon haben, lesen Sie im Abschnitt „Einkaufen gehen“ weiter. Sollten Sie einen Account benötigen, führen wir Sie durch die Erstellung.

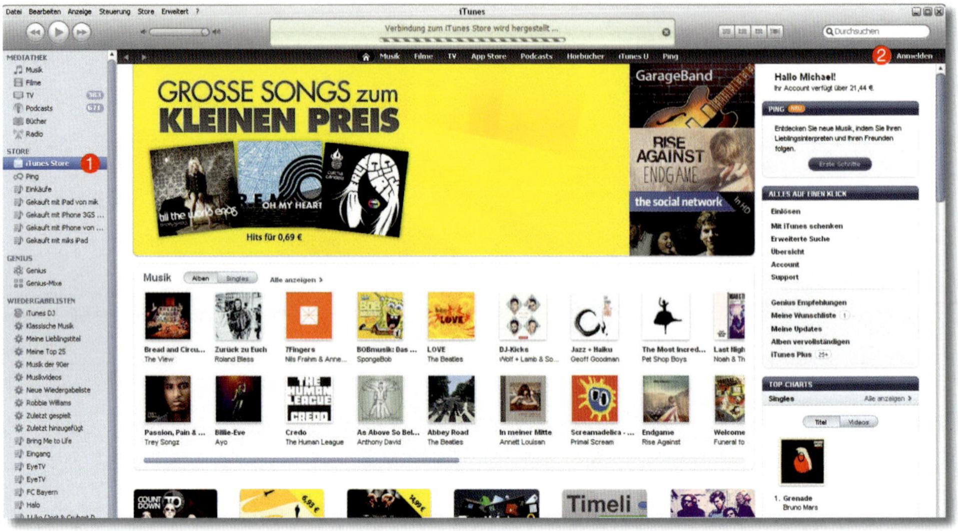

Starten Sie iTunes, klicken Sie im linken Bereich auf *iTunes Store* ❶ und rechts auf *Anmelden* ❷. Tippen Sie im nächsten Fenster auf *Neuen Account erstellen*.

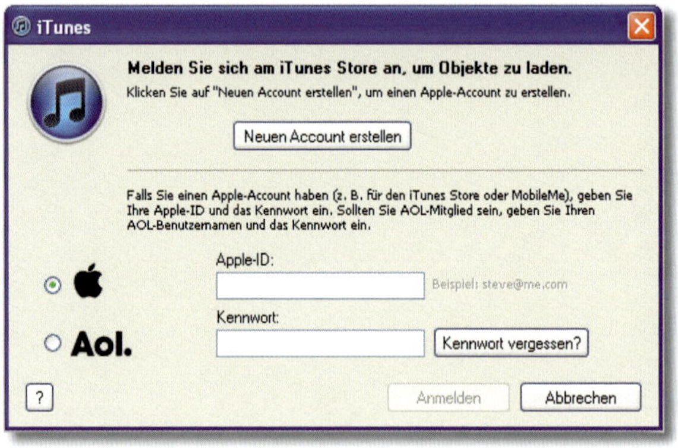

Hier können Sie sich mit einem vorhandenen Account einloggen oder einen neuen erstellen.

Überspringen Sie die Willkommensmeldung mit *Weiter* und lesen und akzeptieren Sie die AGBs.

Geben Sie jetzt Ihre *E-Mail-Adresse* ❶ an. Die ist besonders wichtig, weil sie gleichzeitig der Accountname ist. Tragen Sie auch ein *Kennwort* ein ❷ und bestätigen Sie es. Die Punkte ❸ und ❹ sind dazu da, dass Sie wieder an Ihren Account kommen, wenn Sie die Zugangsdaten vergessen haben.

Beantworten Sie die beiden Fragen zum Apple-Newsletter und klicken Sie dann auf *Weiter*.

Geben Sie im folgenden Schritt Ihre Zahlungsart (Kreditkarte oder Click&Buy) sowie die persönlichen Daten an und vervollständigen Sie die Registrierung. Wenn Sie damit fertig sind, können Sie mit Ihrem neuen iTunes Account in den Stores einkaufen.

- **Sie können natürlich die einmal hinterlegten Daten jederzeit ändern. Gehen wie dazu z. B. via iTunes am Computer in den Menüpunkt Store und loggen Sie sich ein (Account einblenden). Am iPad verwenden Sie in den Einstellungen den Eintrag Store und dort Apple-ID anzeigen… .**

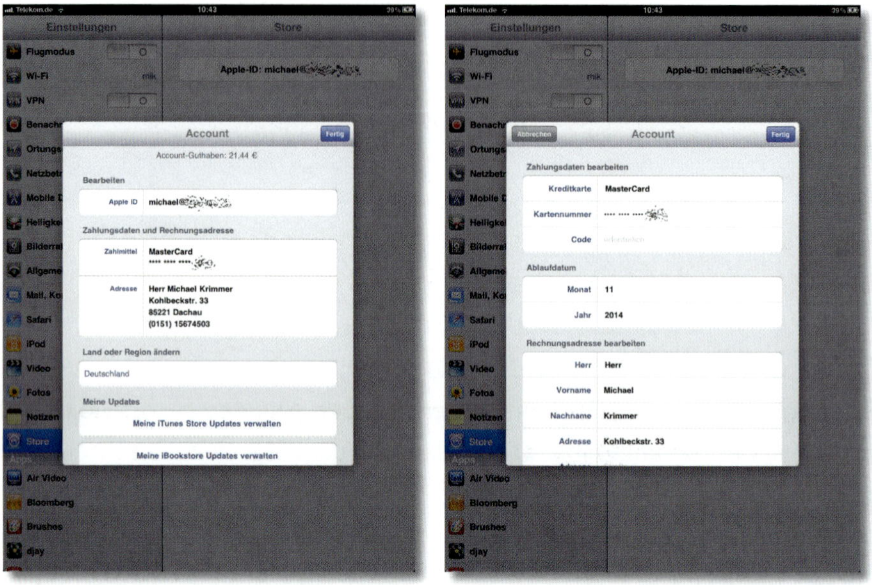

Die iTunes-Account-Daten können am iPad eingesehen und auch überarbeitet werden.

Wenn Sie Ihre Account-Daten am Computer angucken, können Sie zudem die *Einkaufsstatistik* begutachten sowie bisher nicht vollständig geladene Artikel beziehen (*Für iTunes zum Laden bereitstehende Artikel*).

- **Denn ab und an kann es mal vorkommen, dass der Download beim iPad nicht funktioniert hat bzw. die Downloadgröße 20 MByte überschreitet. Hiermit können Sie nun via iTunes den Download abschließen, um hernach die Daten per USB-Kabel mit dem iPad abzugleichen.**

Einkaufen gehen

Für das iPad lassen sich eine Vielzahl an Medien online einkaufen: Filme, Musik oder Podcasts. Das alles lässt sich bequem am iPad kaufen. Die Anwendung dafür ist iTunes.

iTunes Store: Musik, Filme und Podcasts laden

Die Anwendung, um Musik und Bewegtbilder auf das iPad zu laden, ist iTunes. Der Name ist ein wenig verwirrend, ist doch iTunes am Mac oder Windows-PC das Programm für die Organisation und Wiedergabe von Audio- und Videomedien. Am iPad ist es der Store, über den sich die Medien kaufen lassen.

Starten Sie iTunes am iPad, um in den Store zu gelangen. Es erwartet Sie ein Startbild in der Art von diesem:

Zuallererst müssen Sie sich entscheiden, ob Sie Musik ❶, Filme ❷, TV-Sendungen ❸, Podcasts ❺ oder Hörbücher ❻ herunterladen möchten.

Ping ❹ ist ein in iTunes integrierter Social-Media-Dienst, auf den wir später in diesem Kapitel noch im Detail eingehen.

Hinter *iTunes U* ❼ verbirgt sich ein Angebot, in dem Bildungseinrichtungen Inhalte anbieten können. Das können beispielsweise Podcasts von Universitäten sein oder eine virtuelle Vorlesung, die als Video hochgeladen wird.

Die einzelnen Unterseiten für Musik, Filme und so weiter sind sehr ähnlich, wir beschreiben den iTunes Store am Beispiel Musik.

Musik kaufen am iPad

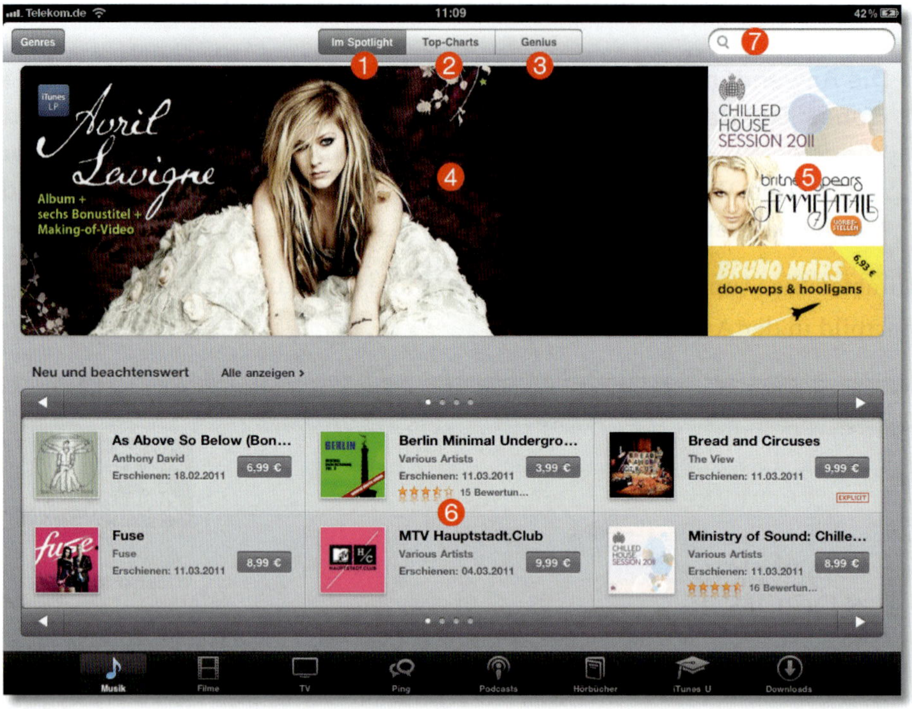

Klicken Sie unten auf den Reiter *Musik*, wenn Sie nicht bereits in dieser Rubrik sind. Der Musik-Store begrüßt Sie mit neuen und empfehlenswerten Titeln ❶. Sie können sich in der oberen Leiste auch die derzeitigen iTunes-Charts ❷ ansehen oder über *Genius* ❸ nach Titeln suchen, die vermutlich zu Ihrem Musikgeschmack passen.

Bei iTunes ist übrigens jedes Element anklickbar. Tippen Sie beispielsweise auf das Bild mit der Dame ❹, kommen Sie zur entsprechenden Seite. Das gilt auch für die Cover rechts am Rand ❺ und die Einträge unten im Sechserblock ❻. Die Pfeile nach rechts und links bringen Sie hier jeweils zur nächsten Übersicht oder zu der davor. Wenn Sie etwas interessiert, tippen Sie einfach drauf. Und selbstverständlich können Sie auch direkt nach Inhalten suchen ❼.

Wie man ein Lied kauft, zeigen wir anhand der *Top Charts*. Wechseln Sie in die Verkaufsliste, indem Sie auf den entsprechenden Knopf drücken ❷.

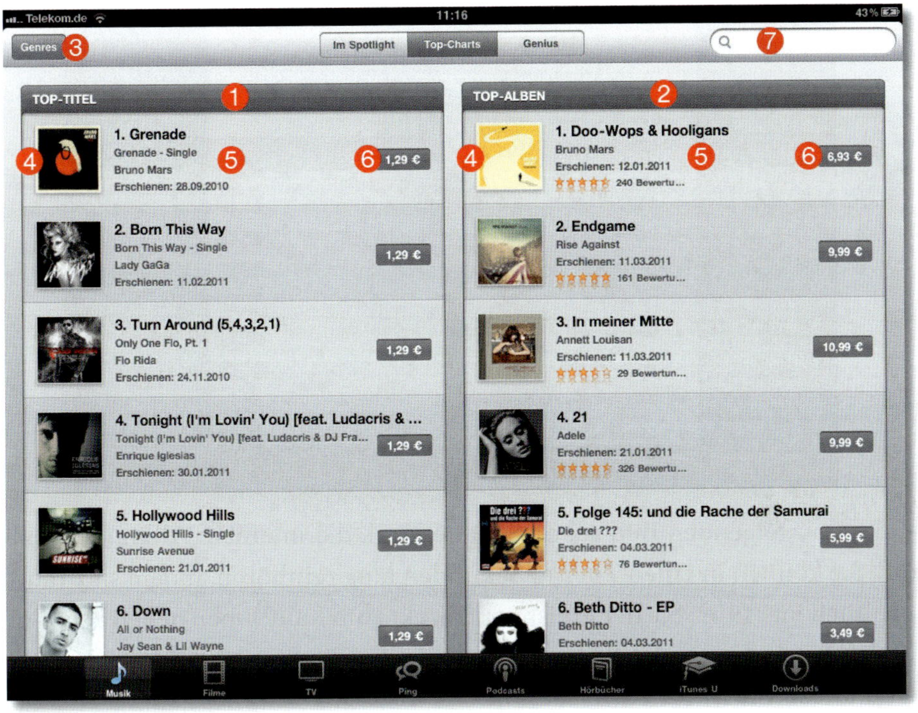

Sie erhalten nun je eine Liste mit den derzeit erfolgreichsten Titeln ❶ und Alben ❷. Links oben können Sie die Auswahl verfeinern, indem Sie ein Genre ❸ festlegen.

In der Liste sehen Sie jeweils das Cover ❹, den Titel-, Album- und Interpretennamen sowie das Erscheinungsdatum und Bewertungen ❺.

Nach den ersten zehn Titeln endet die Liste. Sie können sich aber mehr Titel anzeigen lassen, indem Sie auf den entsprechenden Knopf drücken (Mehr). Unter den Musiktiteln finden Sie zusätzlich die Top-Musikvideos.

Über den Knopf mit dem Preis ❻ können Sie einen Titel direkt kaufen. Die Suchfunktion ❼ ist auch hier verfügbar. Möchten Sie vorher mehr über den Titel erfahren, tippen Sie auf das Cover oder die Beschreibung. So sieht das im Falle eines Albums aus:

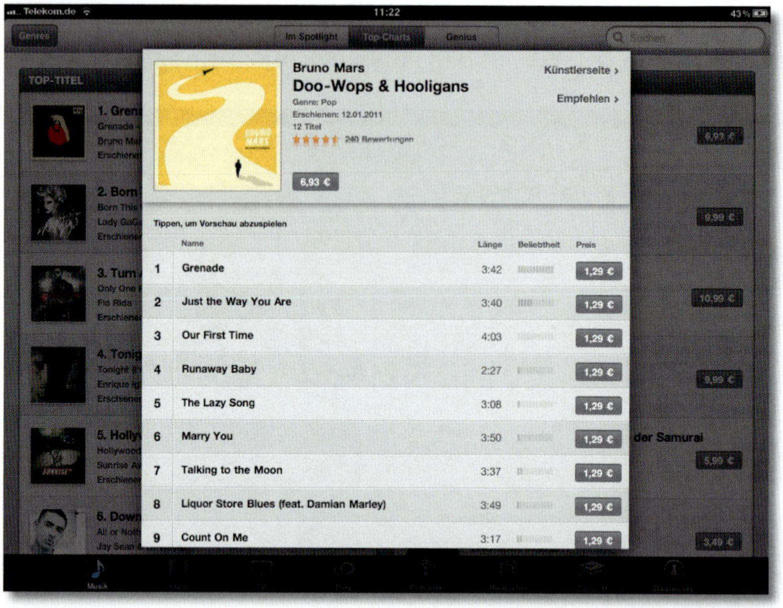

Im darauffolgenden Bild sehen Sie alle Titel, die in einem Album verfügbar sind. Sie können in einen Titel 30 Sekunden lang reinhören, indem sie drauftippen. Auch hier führt Sie der Preisknopf direkt zum Kauf. Oben neben dem Cover können Sie das gesamte Album erwerben, in der Titelliste einen einzelnen Song.

Wenn Sie nach unten scrollen, erhalten Sie noch Rezensionen anderer iTunes-Kunden und weitere Kaufvorschläge, die thematisch passen könnten.

Filme kaufen oder leihen

Bei den Filmen ist es ähnlich. Hier gibt es Charts für Leih- (linke Spalte) und Kauffilme. Im Detailfenster haben Sie auch die Möglichkeit, eine Vorschau des Films anzusehen.

Die Charts unterscheiden hier zwischen Videos zum Kauf und Leihvideos. Wir interessieren uns beim Stöbern für den Film Stichtag, um ihn eventuell auszuleihen.

Stichtag
ab 12 Jahren
Warner Bros.
Genre: Comedy
Erschienen: 2010
Laufzeit: 1:35:13
175 Bewertungen
Empfehlen ›
Sprachen: Deutsch, Englisch
Format: Breitbild
Dolby Digital 5.1 Surround Sound
LEIHEN 4,99 €
Info zu Leihfilmen ›
HD
SD
STICHTAG
iTunes Notizen
Der Film liegt in deutscher und englischer Fassung vor und die zahlreichen iTunes Extras sind untertitelt. Mit der Kaufversion des Films erhaltet ihr tolle Einblicke hinter die Kulissen von "Stichtag". Vorallem die verpatzten und gelöschten Szenen aus dem Film sind unheim... Mehr
Handlung
In "Stichtag" inszeniert Todd Phillips Robert Downey Jr. und Zach Galifianakis als unfreiwillige Reisegefährten, deren irrwitziger Trip ihr Leben total auf den Kopf stellt. Downey spielt den werdenden Vater Peter Highman - der berechnete Geburtstermin seiner Frau ist in fün... Mehr
ANZEIGEN

Wählen Sie erst einmal zwischen High Definition (HD) und Standardauflösung ❶. Links erscheinen dann die entsprechenden Preise für das Ausleihen bzw. das Kaufen des Films ❷.

Es kann durchaus vorkommen, dass es einen Film zwar in beiden Auflösungen zum Kauf gibt, dass er aber nur in HD geliehen werden kann.

Möchten Sie eine Vorschau sehen, tippen Sie auf den entsprechenden Knopf ❸.

Auch im Detailfenster von Filmen erhalten Sie Rezensionen, weitere Informationen, etwa zur Besetzung. Außerdem wird aufgelistet, was andere Benutzer sonst noch gekauft haben.

Wir entschieden uns im Folgenden dann doch für den Kauf von Sherlock Holmes, nahmen die HD-Version und loggten uns auf Anforderung mit unserem iTunes-Account ein. Daraufhin begann der Download des Films.

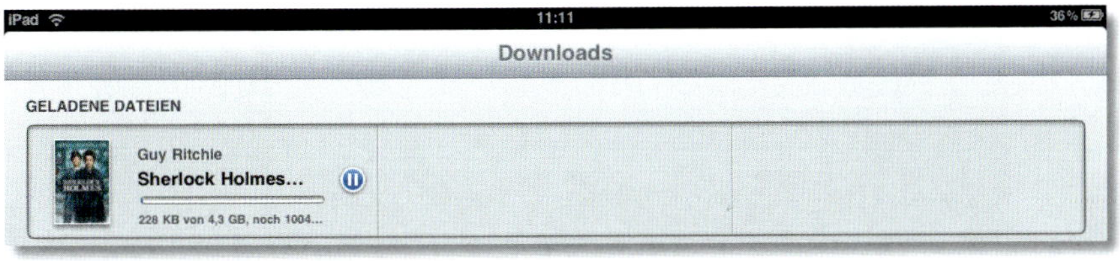
iPad
11:11
36 %
Downloads
GELADENE DATEIEN
Guy Ritchie
Sherlock Holmes...
228 KB von 4,3 GB, noch 1004...

Ein Film mit 4,3 GByte Größe benötigt einige Zeit für den Download.

Die Regeln des Filmverleihs

Wenn Sie einen Film leihen, gilt es, einige Regeln zu beachten:

- Aktuelle Titel sind meist einen Euro teurer als Filme, die schon eine Weile verfügbar sind. Wenn Sie sich dazu entscheiden, einen Film zu leihen, lädt das iPad den Film auch gleich herunter. Das kann eine Weile dauern. Ein Film kann schon mal eine Größe von vier bis fünf GByte haben und bei einer langsamen Internetverbindung kann das schon ein paar Stunden dauern.
- Sobald der Film fertig geladen ist, haben Sie 30 Tage Zeit, die Wiedergabe zu starten. Haben Sie damit begonnen, den Film anzusehen, bleiben Ihnen 24 Stunden Zeit, um ihn zu beenden oder beliebig oft erneut anzusehen. Danach verschwindet er wieder aus Ihrer Bibliothek und kann nicht mehr aufgerufen werden.

Sie können am iPad geliehene Filme auch nur am iPad ansehen. Der Film wird nicht auf den Rechner kopiert und kann auch nicht auf andere Geräte wie das iPhone kopiert werden.

Podcasts ansehen

Bei Podcasts funktioniert das Vorgehen analog zur Musik. Wählen Sie einen Podcast aus und tippen Sie in der Übersicht auf die Episoden, die Sie sehen möchten.

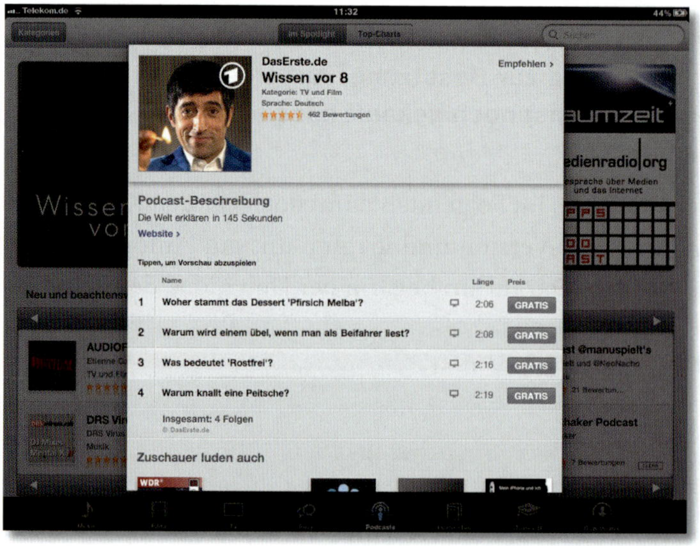

Auch Podcasts lassen sich am iPad bequem aussuchen und herunterladen.

App Store: Unzählige Apps für das iPad

Der App Store ist die Zentrale für Anwendungen auf dem iPad. Über diesen Store, der kostenlose und kostenpflichtige Apps zum Download bereithält, lässt sich das iPad mit nahezu unbegrenzten Fähigkeiten nachrüsten.

Das iPad hat ab Werk zum Beispiel keinen Taschenrechner. Das ist ärgerlich, heißt aber nicht, dass man künftig neben dem iPad auch noch einen Rechner mitnehmen muss. Per App fügt man diese Funktion einfach dazu.

Der App Store am iPad

Starten Sie den *App Store*. Sie gelangen auf die Seite, auf der erwähnenswerte Neuheiten angezeigt werden.

Der deutsche App-Store zeigt Ihnen gleich ein paar Empfehlungen an.

Im Hauptfenster ❶ sehen Sie bereits viele Apps nebeneinander angeordnet. Im Screenshot sehen Sie links die App der Woche und daneben drei weitere Empfehlungen. Wenn Sie ein Programm interessiert, tippen Sie drauf und Sie gelangen zu den Details. Wie bei iTunes gilt auch hier: Sie können alles antippen.

Sie gelangen im nächsten Schritt immer auf die Seite mit den weiteren Informationen. Das funktioniert ebenso mit den sechs Apps, die im unteren Bereich angezeigt werden ❷.

Im Falle von Speedball 2 Evolution erkennen Sie neben dem Preisschild das kleine „+". Das bedeutet, dass die Anwendung sowohl für das iPad als auch das iPhone geeignet ist. Abhängig davon, auf welchem Gerät Sie das Programm starten, wird die Anzeige angepasst.

Die Knöpfe oben in der Mitte ❸ erlauben die Sortierung nach verschiedenen Kriterien. Links finden Sie allgemeine Download-Tipps, in der Mitte werden die Apps angezeigt, die das App-Store-Team von Apple gut findet, und rechts bekommen Sie Neuerscheinungen angezeigt.

In der unteren Leiste können Sie sich per Genius ❹ thematisch passende Apps zu Ihren bereits geladenen Apps vorschlagen lassen. Sie haben die Möglichkeit, zu den Charts ❺ zu wechseln oder die Anwendungen sortiert nach Kategorien zu betrachten ❻.

Anhand von App-Store-Kategorien lässt sich ungehindert im Angebot stöbern.

Stehen für bereits installierte Anwendungen Updates bereit, wird Ihnen das ganz rechts angezeigt ❶. In diesem Fall gibt es Updates für neun Anwendungen.

Den App Store durchsuchen

Wenn Sie in die Suchmaske ganz oben rechts einen Suchbegriff eingeben, erhalten Sie eine Liste aller dazu passenden Treffer. Da diese Ergebnislisten oft sehr umfangreich sind, haben Sie dann auch noch die Möglichkeit, die Trefferliste anzupassen.

Folgende Parameter können Sie dabei setzen:

❶ *Kategorie*: Wählen Sie aus allen verfügbaren App-Store-Kategorien diejenige aus, aus der die gesuchte App stammen soll.

❷ *Erscheinungsdatum*: Geben Sie an, ob die App in den vergangenen 7, 14 oder 31 Tagen in den App Store aufgenommen wurde.

❸ *Kundenbewertung*: Stellen Sie ein, wie gut die App bewertet sein muss, damit sie in der Trefferliste erscheinen kann.

❹ *Preis*: Kostenlos oder kostenpflichtig? Das geben Sie hier an.

❺ *Geräte*: Soll es eine App für das iPad sein oder soll sie auf dem iPhone laufen?

Mit *Löschen* ❻ setzen sie die Suchkriterien wieder zurück.

Einkaufen im App Store

Wechseln wir auch hier zu den Charts, um uns anzusehen, welche Anwendungen derzeit besonders populär sind.

Links bekommen Sie die kostenpflichtigen Anwendungen angezeigt ❶, rechts die kostenlosen ❷. Rechts neben dem Titel sehen Sie, was die Anwendung kostet ❸ oder ob sie kostenlos ❹ ist. Bereits installierte Anwendungen, wie in unserem Beispiel Tower Madness HD auf Rang 4 der kostenlosen Apps ❺, werden entsprechend markiert.

Wir sehen uns *n-tv iPad edition* einmal genauer an. Interessiert Sie diese Anwendung, tippen Sie darauf, um mehr darüber zu erfahren.

Daraufhin gelangen Sie auf die Seite dieser Anwendung. Dort erhalten Sie eine Beschreibung ❶, einen oder mehrere Screenshots ❷, weitere Informationen zu Programm und Entwickler ❸ sowie die Möglichkeit, das Programm herunterzuladen ❹.

- **Tippen Sie zweimal auf den Knopf, um das Herunterladen zu starten. Wenn Sie sich in den vergangenen 15 Minuten bereits mit Ihrem persönlichen Log-in im Store angemeldet haben, ist keine erneute Anmeldung erforderlich. Ansonsten geben Sie im nächsten Schritt die Zugangsdaten an.**

Kennwort für Apple-ID
Kennwort
Abbrechen
OK

Geben Sie das zum iTunes Account passende Kennwort ein. Die Anwendung wird fest mit diesem Account verbunden. Das bedeutet, dass sie nur auf Geräten läuft, die zu diesem Account gehören.

Daraufhin beginnt der Download der Software.

n·tv
Installation ...
n·tv
n-tv

Solange der Balken zu sehen ist, lädt oder installiert das iPad die Anwendung (links). Fertig! Die Anwendung ist geladen, installiert und kann gestartet werden (rechts).

Ist das Programm vollständig installiert, erkennen Sie das daran, dass der Balken nicht mehr zu sehen ist und anstelle der Statusmeldung wie *Laden ...* der Name des Programms angezeigt wird. Tippen Sie auf das Symbol und das Programm startet.

Einschränkung beim Kauf über 3G/Edge

Beim Einkauf von Apps über das 3G- bzw. EDGE-Telefonnetz gibt es eine Einschränkung: Dateien mit einer Größe von über 20 MByte lassen sich nur über ein WLAN herunterladen. Starten Sie einen solchen Downlaod über das Telefonnetz erhalten Sie eine entsprechende Fehlermeldung.

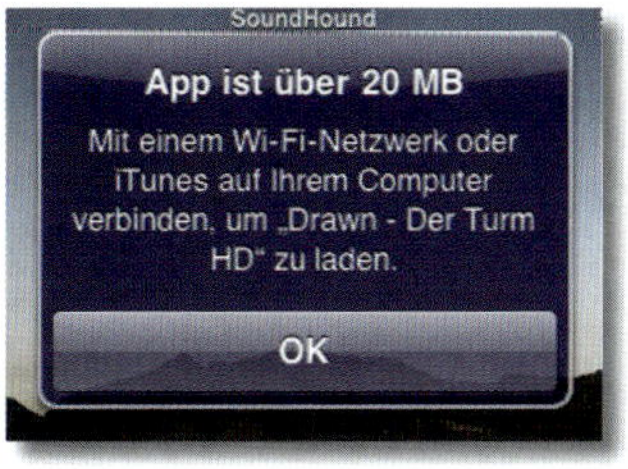
SoundHound
App ist über 20 MB
Mit einem Wi-Fi-Netzwerk oder iTunes auf Ihrem Computer verbinden, um „Drawn - Der Turm HD" zu laden.
OK

Dateien lassen sich nur bis zu 20 MByte Größe über das 3G- oder EDGE-Telefonnetz laden.

Apps über den App Store up-to-date halten

Wie jede andere Anwendung auch, wird ein iPad-Programm in regelmäßigen Abständen überarbeitet. Das kann daran liegen, dass Fehler auftauchen, die ausgebügelt werden müssen. Oder aber die Entwickler fügen der Software neue Funktionen hinzu. Damit Sie als Anwender aber nicht immer alle ihre installierten Apps einzeln und manuell auf ihre Aktualität überprüfen müssen, gibt es im App Store eine Update-Funktion. Sobald ein Update verfügbar ist, bekommen das App-Store-Symbol auf dem Desktop und das *Updates*-Symbol im App Store eine kleine Ziffer in einem roten Kreis. Die Ziffer gibt an, wie viele Anwendungen aktualisiert werden sollten. Tippen Sie auf einen Eintrag in den *Updates*, können Sie nachlesen, was in der neuen Version aktualisiert wurde. Tippen Sie auf *UPDATE*, um das Update zu installieren.

In der Übersicht aller zur Verfügung stehenden Updates können Sie über den Button rechts oben (*Alle aktualisieren*) alle Updates in einem Rutsch durchführen.

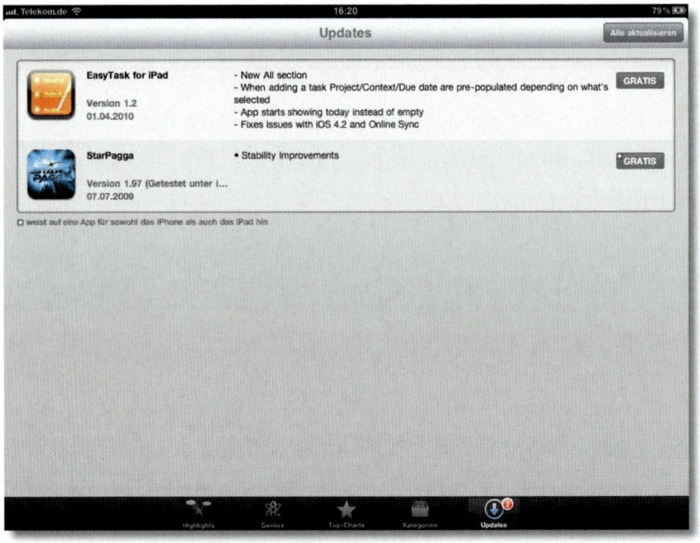

Der App Store sorgt dafür, dass die installierten Anwendungen immer auf dem aktuellen Stand sind. Gibt es Neuigkeiten, werden Sie automatisch informiert.

Auf verfügbare Downloads überprüfen

Per iTunes lässt sich nach gekauften, aber noch nicht heruntergeladenen Dateien suchen. Das ist beispielsweise dann sinnvoll, wenn ein Kauf am iPad unterbrochen wurde. Der Kauf ist dann zwar schon mit dem Account verknüpft, die Datei aber noch nicht vorhanden.

Starten Sie iTunes und klicken Sie im Menü *Store* auf die Option *Nach verfügbaren Downloads suchen ...*.

Per iTunes lässt sich nach gekauften, aber noch nicht geladenen Dateien forschen.

Daraufhin beginnt entweder der Download der entsprechenden Dateien oder iTunes meldet, dass alle Einkäufe bereits geladen wurden.

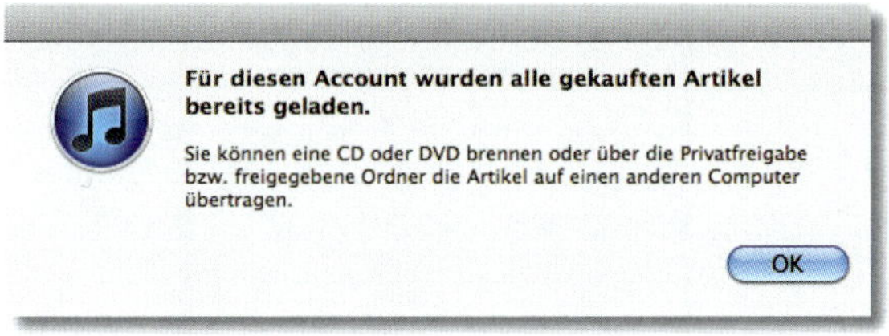

Alles okay. Jeder gekaufte Titel befindet sich auch in der iTunes-Bibliothek.

iTunes-Gutscheine einlösen

Mit dem iPad können auch iTunes-Gutscheine im App Store eingelöst werden. Wie in iTunes ist es nun auch auf dem iPad möglich, mit den iTunes-Gutscheinen von Apple im App Store Programme zu kaufen.

Ein Gutschein kann im App Store in der Kategorie *Highlights* unter *Neu* eingelöst werden. Die Funktion dafür befindet sich am Ende der Liste. Ein Fingertipp auf *Einlösen* leitet Sie zu einem Screen, in dem der Gutscheincode eingegeben werden muss. Nach der Bestätigung der Eingabe können Sie das Guthaben bzw. den Betrag des Gutscheins sehen. Wenn Sie nun im App Store oder in iTunes einkaufen, wird der Betrag automatisch vom Gutschein abgezogen.

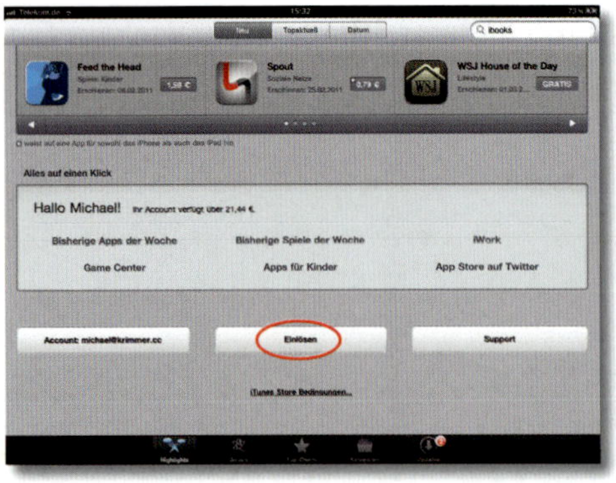

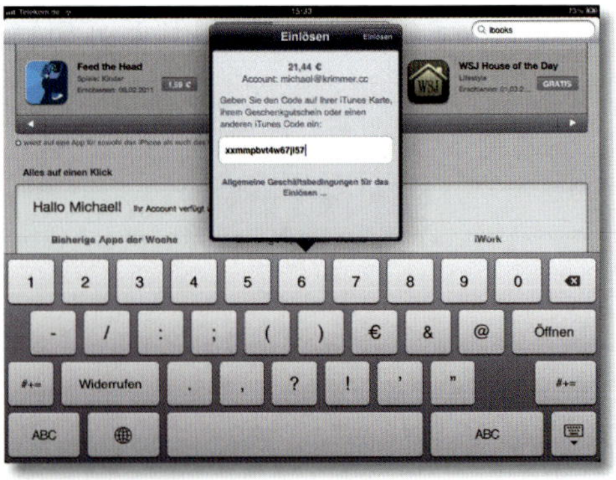

*Bei den **Highlights** im Bereich **Neu** des App Stores befindet sich am Ende der Liste die Funktion zum Einlösen eines iTunes-Gutscheins.*

Nach der Codeeingabe erhält man eine Übersicht über den Betrag des Gutscheins und das aktuelle Guthaben.

Im Store ist die Einzahlung ab sofort verfügbar, der neue Guthabenbetrag wird angezeigt.

Apps verschenken

Sie können Apps nicht nur für sich selbst kaufen. Auch das ist möglich. Dabei bezahlen Sie für einen Titel und der Beschenkte kann ihn kostenlos herunterladen.

Und so verschenken Sie eine App: Wählen Sie das kostenpflichtige Programm im Store aus. Rechts finden Sie den *App verschenken*-Button.

Der App Store bietet auch die Möglichkeit, eine App zu verschenken.

Es folgt ein Hinweis, dass Sie sich anmelden müssen, um eine App zu verschenken. Tippen Sie auf *Weiter* und geben Sie das zu Ihrer Apple-ID passende Kennwort an. Danach erhalten Sie noch eine Zusammenfassung und auch die Spielregeln für das Verschenken von Apps werden erklärt. Tippen Sie auf *Weiter*.

Telekom.de
08:30
Lädt nicht
Stereolizer
App verschenken
Abbrechen
Stereolizer
Oasis - LesMobilizers
Musik
1,59 €
Freigabe 12+ für Folgendes:
Selten/schwach ausgeprägt: obszöner oder vulgärer Humor
Selten/schwach ausgeprägt: Szenen mit erotischen Anspielungen
Selten/schwach ausgeprägt: Gebrauch von Alkohol, Tabak oder Drogen bzw. Verweise hierzu
Voraussetzungen:
Kompatibel mit iPad. Erfordert iOS 3.2 oder neuer.
10 Bewertungen
Geschenke können nicht mit iTunes Store Guthaben gekauft werden. Dieses Geschenk kann nur im deutschen Store eingelöst werden. Überprüfen Sie die Anforderungen und Bewertungen für diesen Artikel sorgfältig. Der Empfänger kann Ihr Geschenk möglicherweise nicht einlösen oder einsetzen, falls die Hardware oder das iPhone Betriebssystem nicht kompatibel sind.
Weiter
Entwickler-Website

Auch verschenkte Apps unterliegen bei Apple einigen Richtlinien.

Jetzt geben Sie nur noch Ihren Namen ein sowie Name und Adresse des Empfängers. Möchten Sie die App an mehrere Personen verschenken, dann geben Sie mehrere Adressen getrennt von je einem Komma ein. Bezahlen müssen Sie dann einmal pro Adresse. Zuletzt können Sie auch noch eine Nachricht für den Empfänger eingeben.

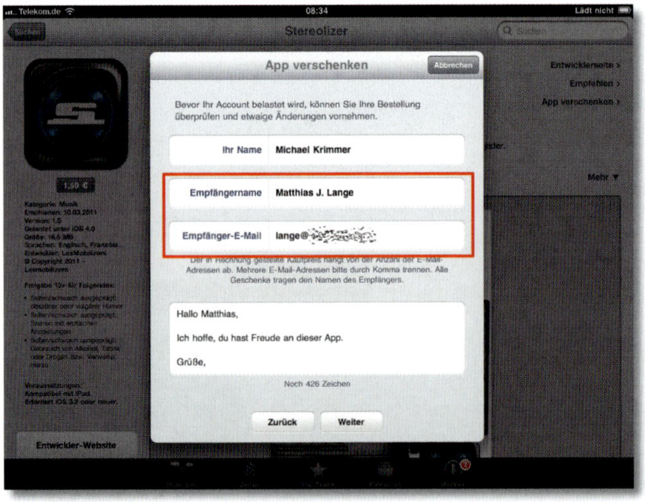
Telekom.de
08:34
Lädt nicht
Stereolizer
App verschenken
Abbrechen
Bevor Ihr Account belastet wird, können Sie Ihre Bestellung überprüfen und etwaige Änderungen vornehmen.
Ihr Name
Michael Krimmer
Empfängername
Matthias J. Lange
Empfänger-E-Mail
lange@
Hallo Matthias,
Ich hoffe, du hast Freude an dieser App.
Grüße,
Noch 426 Zeichen
Zurück
Weiter
Entwickler-Website

Geben Sie Name und Mailadresse des Beschenkten an.

Sie erhalten im letzten Schritt noch eine Zusammenfassung. Bestätigen Sie jetzt und die App wird verschenkt und kann von den Empfängern heruntergeladen werden.

08:35
Stereolizer
App verschenken
Überprüfen Sie die unten stehenden Daten. Wenn Sie bereit sind, tippen Sie auf „Geschenk kaufen". Darauf wird Ihr Account belastet, Ihr Geschenk wird verschickt und Sie erhalten eine Kaufbestätigung per E-Mail.
Von: Michael Krimmer
Hallo Matthias, Ich hoffe, du hast Freude an dieser App. Grüße, Michael
Michael Krimmer
Stereolizer
Oasis - LesMobilizers
Musik
Menge: 1
Preis: 1,59 €
Bestellung gesamt: 1,59 €
Zurück
Geschenk kaufen
Entwickler-Website

Jetzt erhalten Sie noch einmal eine Zusammenfassung, in der auch der Preis der App zu sehen ist. Wenn alles okay ist, tippen Sie auf *Geschenk kaufen*. Mit *Fertig* gelangen Sie danach wieder zurück zur App-Beschreibung.

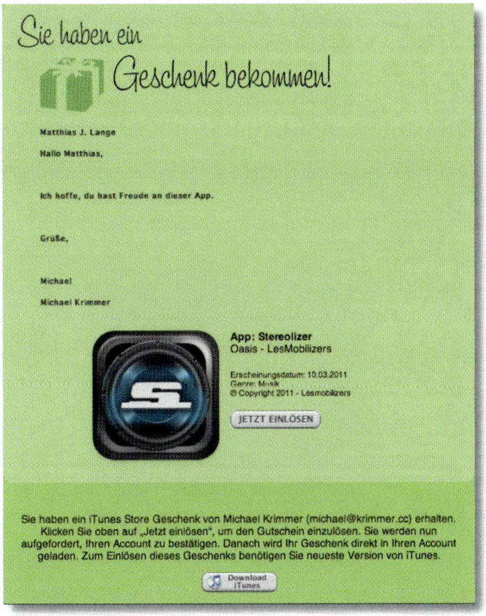
Sie haben ein Geschenk bekommen!
Matthias J. Lange
Hallo Matthias,
Ich hoffe, du hast Freude an dieser App.
Grüße,
Michael
Michael Krimmer
App: Stereolizer
Oasis - LesMobilizers
Erscheinungsdatum: 10.03.2011
© Copyright 2011 - Lesmobilizers
JETZT EINLÖSEN
Sie haben ein iTunes Store Geschenk von Michael Krimmer (michael@krimmer.cc) erhalten. Klicken Sie oben auf „Jetzt einlösen", um den Gutschein einzulösen. Sie werden nun aufgefordert, Ihren Account zu bestätigen. Danach wird Ihr Geschenk direkt in Ihren Account geladen. Zum Einlösen dieses Geschenks benötigen Sie neueste Version von iTunes.
Download iTunes

Jetzt ist alles erledigt, die App wird verschenkt. Der Empfänger erhält eine Mail mit den Details, wie er die App einlösen kann.

Ping – Facebook für Musik

Wenn Sie Apples Social-Media-Dienst Ping bereits in iTunes nutzen, können Sie das auch am iPad machen.

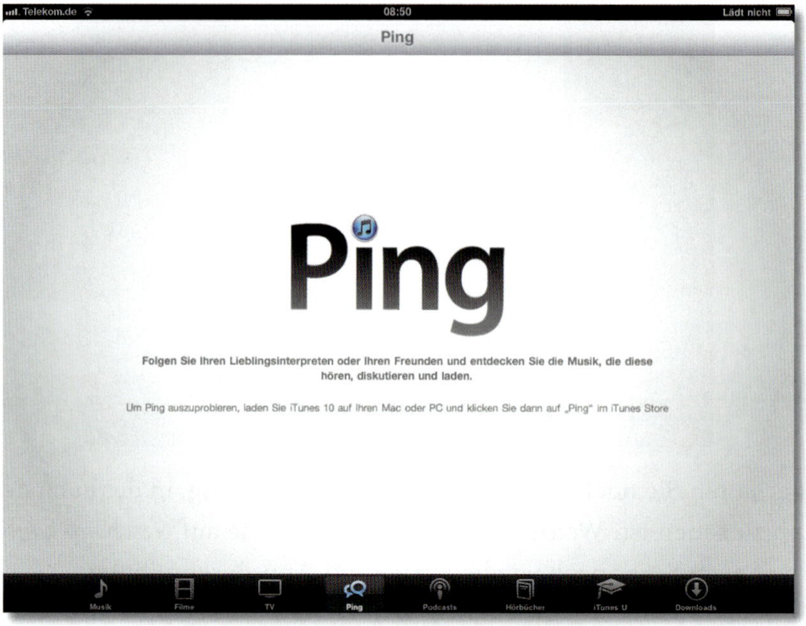
Telekom.de
08:50
Lädt nicht
Ping
Ping
Folgen Sie Ihren Lieblingsinterpreten oder Ihren Freunden und entdecken Sie die Musik, die diese hören, diskutieren und laden.
Um Ping auszuprobieren, laden Sie iTunes 10 auf Ihren Mac oder PC und klicken Sie dann auf „Ping" im iTunes Store
Musik
Filme
TV
Ping
Podcasts
Hörbücher
iTunes U
Downloads

Um Ping nutzen zu können, muss der Service am Rechner in iTunes aktiviert sein.

Sobald die Voraussetzungen erfüllt sind, möchte iTunes am iPad wissen, ob Sie Benachrichtigungen per Push-Dienst erhalten möchten. ***Erlauben*** Sie das, Sie können es aber auch ***Ablehnen***.

Darf „iTunes" Ihnen Push-Benachrichtigungen senden?
Benachrichtigungen können Töne, Meldungen und Symbol-Kennzeichen sein, die in den Einstellungen konfiguriert werden können.
Ablehnen
Erlauben

Sie können über Ping-Neuigkeiten per Push-Nachrichten informiert werden.

Von nun an können Sie direkt am iPad *Aktivitäten* Ihrer Kontakte verfolgen ❶, im Bereich *Leute* ❷ Ihre Kontaktlisten verwalten und unter *Mein Profil* Ihre Details einsehen ❸.

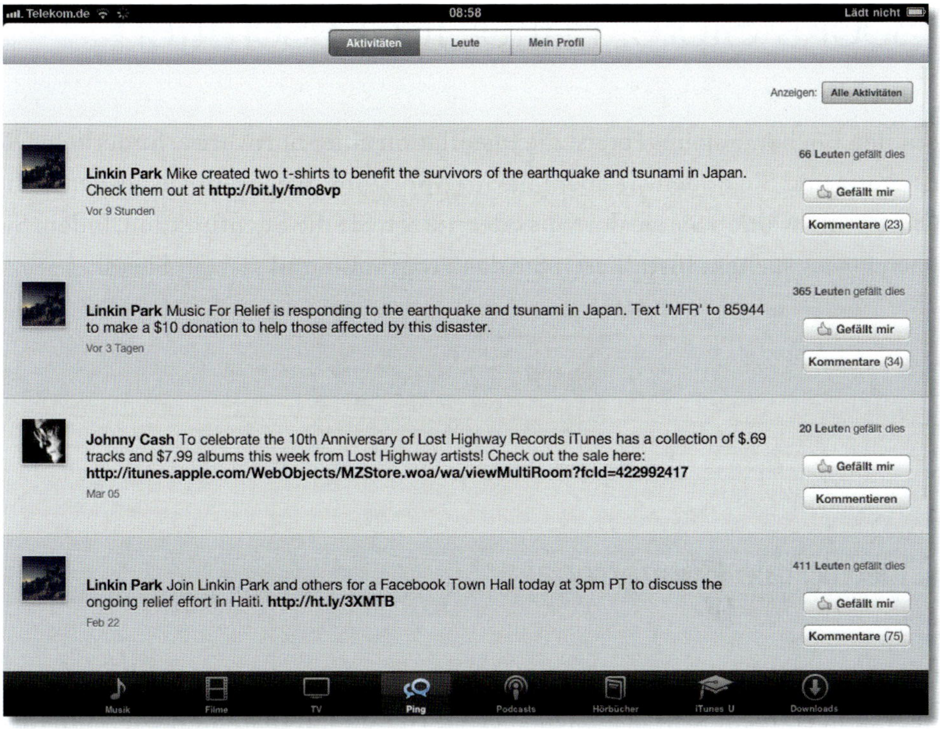
Telekom.de
08:58
Lädt nicht
Aktivitäten
Leute
Mein Profil
Anzeigen: Alle Aktivitäten
66 Leuten gefällt dies
Linkin Park Mike created two t-shirts to benefit the survivors of the earthquake and tsunami in Japan. Check them out at http://bit.ly/fmo8vp
Vor 9 Stunden
Gefällt mir
Kommentare (23)
365 Leuten gefällt dies
Linkin Park Music For Relief is responding to the earthquake and tsunami in Japan. Text 'MFR' to 85944 to make a $10 donation to help those affected by this disaster.
Vor 3 Tagen
Gefällt mir
Kommentare (34)
20 Leuten gefällt dies
Johnny Cash To celebrate the 10th Anniversary of Lost Highway Records iTunes has a collection of $.69 tracks and $7.99 albums this week from Lost Highway artists! Check out the sale here: http://itunes.apple.com/WebObjects/MZStore.woa/wa/viewMultiRoom?fcId=422992417
Mar 05
Gefällt mir
Kommentieren
411 Leuten gefällt dies
Linkin Park Join Linkin Park and others for a Facebook Town Hall today at 3pm PT to discuss the ongoing relief effort in Haiti. http://ht.ly/3XMTB
Feb 22
Gefällt mir
Kommentare (75)
Musik
Filme
TV
Ping
Podcasts
Hörbücher
iTunes U
Downloads

*Unter **Aktivitäten** können Sie jederzeit sehen, was es bei Ihren Kontakten Neues gibt.*

iBooks Store: Futter für Leseratten

Für den Büchershop im iPad ist die Installation einer Software erforderlich. Die ist gratis und Sie finden sie ebenfalls im App Store. Wechseln Sie wieder in die Charts und wählen Sie sie dort aus oder nutzen Sie die Suchfunktion, indem Sie nach *iBooks* suchen. Installieren Sie das Programm und starten Sie es.

Um Bücher über den iBook Store zu kaufen, ist diese Software erforderlich.

Das digitale Bücherregal

Wenn Sie iBooks starten, sehen Sie Ihr persönliches Bücherregal. Das ist zu Beginn noch recht leer, lässt sich aber im Handumdrehen mit neuen Inhalten füllen.

Das zu Beginn noch leere Bücherregal von iBooks.

Im Bücherregal vorhandene Titel werden später entsprechend angezeigt ❶, mit den beiden Symbolen rechts ❷ kann zwischen dieser und einer einfachen Listenansicht gewechselt werden. Über *Sammlungen* ❸ wechseln Sie zwischen eBooks und PDFs. Dort können Sie auch noch eigene Rubriken hinzufügen. Zum Punkt *Bearbeiten* kommen wir später. Möchten Sie einen neuen Titel hinzufügen, tippen Sie auf *Store* ❹.

Wenn Sie das Bücherregal etwas nach unten verschieben, erhalten Sie Zugriff auf die *Suchen*-Funktion.

Die iBooks-Bibliothek lässt sich auch durchsuchen.

Sammlungen anlegen

Der Punkt *Sammlungen* hilft dabei, umfangreiche Bücher- und PDF-Archive übersichtlicher zu gestalten.

Die Sammlungen in iBooks bringen mehr Übersicht.

In den Bereichen *Bücher* ❶ und *PDFs* ❷ lassen sich beispielsweise Dateien dieser Typen einsortieren. Über den *Neu*-Button ❸ legen Sie weitere Sammlungen an. Tippen Sie auf *Bearbeiten* ❹ können Sie vorhandene Einträge umbenennen, verschieben oder auch wieder löschen.

Sie können auch zwischen den einzelnen Sammlungen wechseln, indem Sie in der Regal-Ansicht mit dem Finger nach links oder rechts entlang der horizontalen Holzbretter wischen.

Nach Büchern im iBook Store suchen

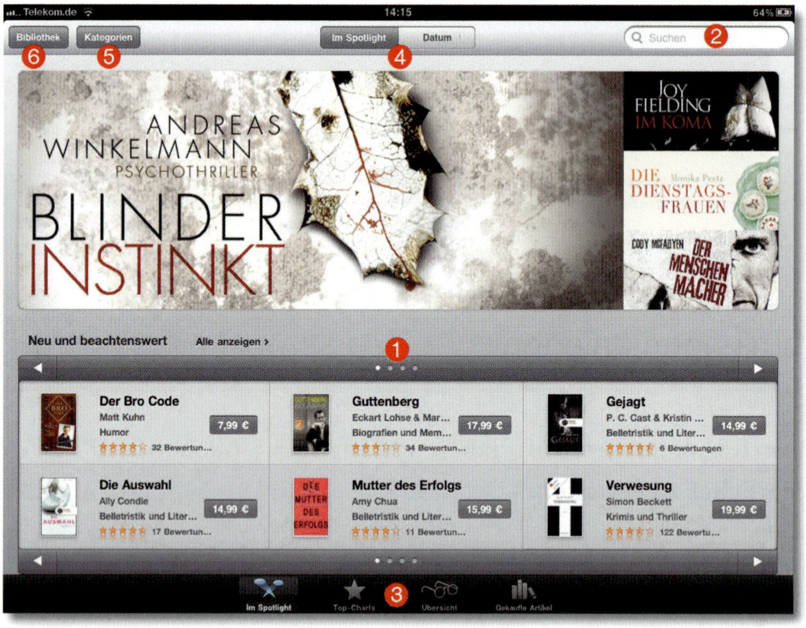

Der iBook Store mit den neuen und empfehlenswerten Büchern.

Wenn Sie schon im iTunes oder App Store unterwegs waren, kennen Sie sich im Bücherladen des iPads bestens aus. Sie bekommen auch hier Vorschläge ❶, es gibt wieder eine Suchfunktion ❷ und die Sortierung nach verschiedenen Kriterien ❸, etwa Top-Charts oder nach Top-Autoren (*Übersicht*). Auch hier besteht die Möglichkeit, Bücher nach Neuerscheinung oder nach Datum aufzulisten ❹. Sie können sich Bücher auch anhand von Kategorien sortiert anzeigen lassen ❺. Der Knopf *Bibliothek* ganz links oben ❻ bringt Sie wieder zurück zu Ihrem Bücherregal.

Wählen Sie einen der verfügbaren Punkte aus oder starten Sie eine Suche. Wir wählen wieder die *Top-Charts* und haben eine gute Nachricht: Es gibt auch eine Vielzahl an kostenlosen Büchern.

Wie schon bei den Apps gibt es links kostenpflichtige und rechts kostenlose Artikel.

Buch aussuchen und kaufen

Wir entscheiden uns für einen kostenpflichtigen Artikel und tippen auf den Eintrag. Oftmals gibt es hierbei kostenfreie Probekapitel zum Reinlesen.

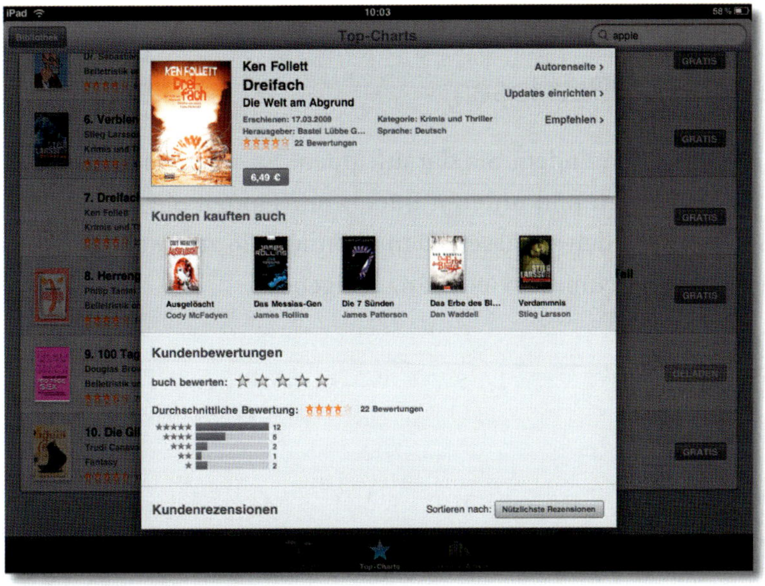

Auch dieses Bild kennen wir bereits aus den Apple-Shops. Hier findet man Details sowie Bewertungen und den Kaufen-Knopf mit dem angegebenen Betrag.

Wir entscheiden uns für den Kauf des Buchs Dreifach von Ken Follett.

Der Balken zeigt es: Das Buch wird gerade geladen.

Sobald das Buch fertig heruntergeladen ist, verschwindet der Ladebalken.

Das Buch ist da. Neu besagt, dass das Buch ein Neuzugang ist und noch nicht aufgeschlagen wurde.

Ein Buch am iPad lesen

Öffnen Sie das Buch, indem Sie darauftippen. Es erscheinen einige Wahlmöglichkeiten am oberen und unteren Buchrand. Tippen Sie einmal in das Buch, um diese verschwinden zu lassen. Dann können Sie angenehmer lesen. Tippen Sie erneut ins Buch, um sie wieder anzuzeigen.

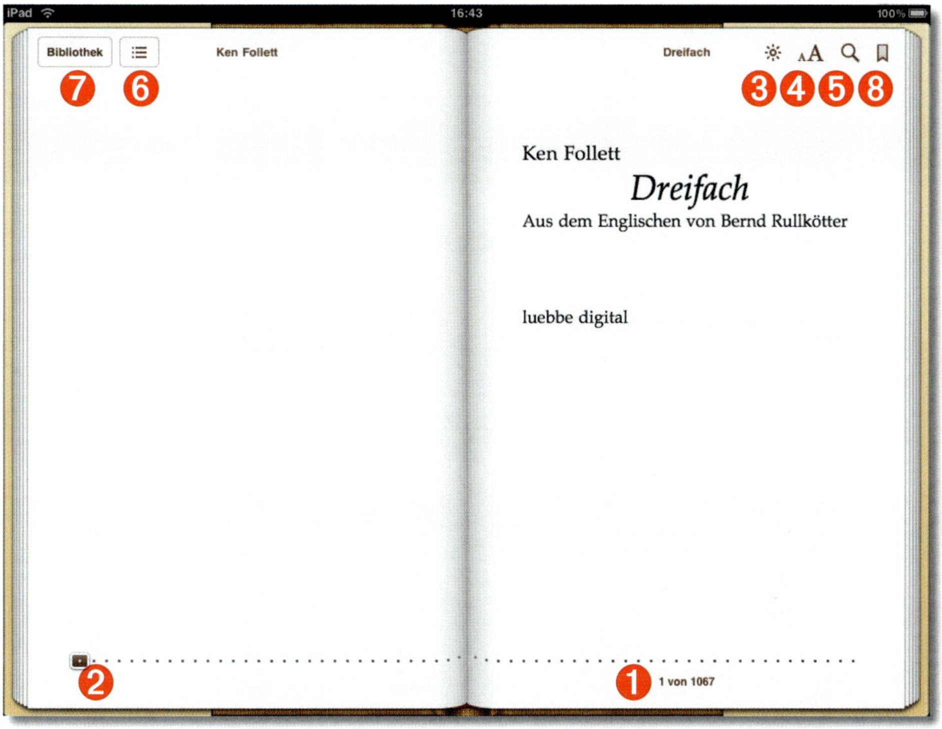

- **Ganz unten rechts sehen Sie, wie viele Seiten das Buch hat und wo Sie sich gerade befinden ❶. Unser Buch verfügt über 1067 Seiten. Über die Leiste am unteren Rand können Sie Seiten direkt anwählen. Tippen Sie den Regler ❷ an und schieben Sie ihn nach rechts, bis Sie die gewünschte Seite erreicht haben.**

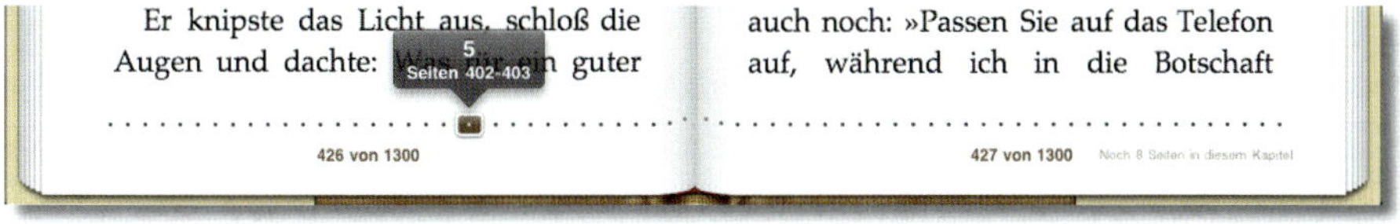

Haben Sie die gewünschte Seite erreicht, lassen Sie den Regler los, um dorthin zu wechseln.

- **Während Sie im Querformat zwei Seiten nebeneinander sehen, können Sie sich beim Lesen im Hochformat auf eine Seite konzentrieren.**

Helligkeit und Schriftart ändern

In der Leiste oben rechts können Sie die Helligkeit ändern ❸ und die Schriftart an Ihre Vorlieben anpassen ❹.

Das Buch durchsuchen

Und jetzt kommt der Knaller, den Ihnen kein normales Buch bietet: Sie können es durchsuchen ❺. Und nicht nur das. Sie können die Suche auch auf das Web (*Mit Google suchen*) oder Wikipedia (*Wikipedia-Suche*) ausweiten.

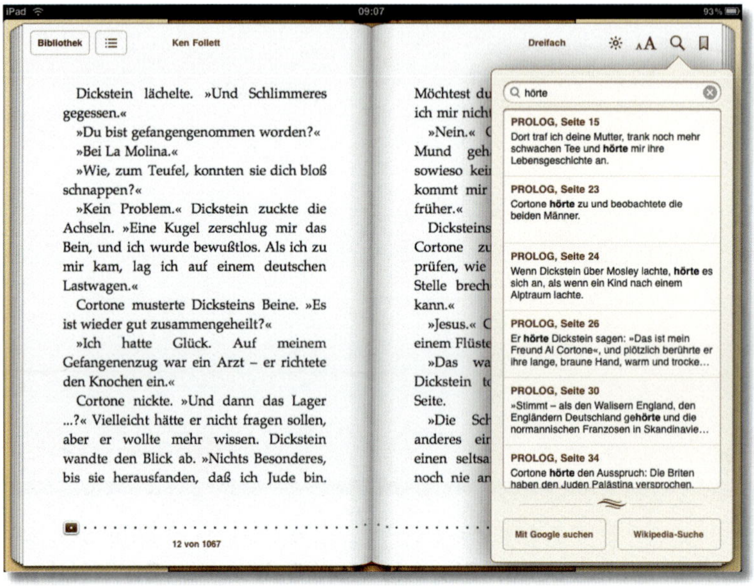
iPad
09:07
93 %
Bibliothek
Ken Follett
Dreifach
Dickstein lächelte. »Und Schlimmeres gegessen.«
»Du bist gefangengenommen worden?«
»Bei La Molina.«
»Wie, zum Teufel, konnten sie dich bloß schnappen?«
»Kein Problem.« Dickstein zuckte die Achseln. »Eine Kugel zerschlug mir das Bein, und ich wurde bewußtlos. Als ich zu mir kam, lag ich auf einem deutschen Lastwagen.«
Cortone musterte Dicksteins Beine. »Es ist wieder gut zusammengeheilt?«
»Ich hatte Glück. Auf meinem Gefangenenzug war ein Arzt – er richtete den Knochen ein.«
Cortone nickte. »Und dann das Lager ...?« Vielleicht hätte er nicht fragen sollen, aber er wollte mehr wissen. Dickstein wandte den Blick ab. »Nichts Besonderes, bis sie herausfanden, daß ich Jude bin.
12 von 1067
hörte
PROLOG, Seite 15
Dort traf ich deine Mutter, trank noch mehr schwachen Tee und hörte mir ihre Lebensgeschichte an.
PROLOG, Seite 23
Cortone hörte zu und beobachtete die beiden Männer.
PROLOG, Seite 24
Wenn Dickstein über Mosley lachte, hörte es sich an, als wenn ein Kind nach einem Alptraum lachte.
PROLOG, Seite 26
Er hörte Dickstein sagen: »Das ist mein Freund Al Cortone«, und plötzlich berührte er ihre lange, braune Hand, warm und trocke…
PROLOG, Seite 30
»Stimmt – als den Walisern England, den Engländern Deutschland gehörte und die normannischen Franzosen in Skandinavie…
PROLOG, Seite 34
Cortone hörte den Ausspruch: Die Briten haben den Juden Palästina versprochen.
Mit Google suchen
Wikipedia-Suche

Der Vorteil eines digitalen Buchs: Sie können es durchsuchen und weiterführende Infos im Internet finden.

Das Inhaltsverzeichnis des Buchs

Der Knopf für das Inhaltsverzeichnis ❻ bringt Sie zur entsprechenden Seite. Und noch ein Vorteil eines digitalen Buchs: Wenn Sie einen der Einträge antippen, springen Sie direkt zum Anfang des Kapitels.

iPad
09:08
92 %
Bibliothek
Zurück
Ken Follett
Dreifach
INHALTSVERZEICHNIS
LESEZEICHEN

Tippen Sie ein Kapitel an, um dorthin zu springen. Der Zurück-Knopf bringt Sie wieder auf die Seite, auf der Sie zuvor waren.

Bibliothek ❼ bringt Sie wieder zurück zum Bücherregal. Mit ❽ können Sie ein Lesezeichen setzen.

Lexikon, Markieren, Notizen und weitere Stellen suchen

Tippen Sie im Text auf ein beliebiges Wort und lassen Sie den Finger kurz darauf ruhen. Es erscheint ein kleines Menü, über das Sie das Wort im Lexikon nachschlagen, das Buch auf weitere Vorkommen dieses Worts durchsuchen oder eben das Wort farbig markieren oder dazu eine Notiz eintragen können.

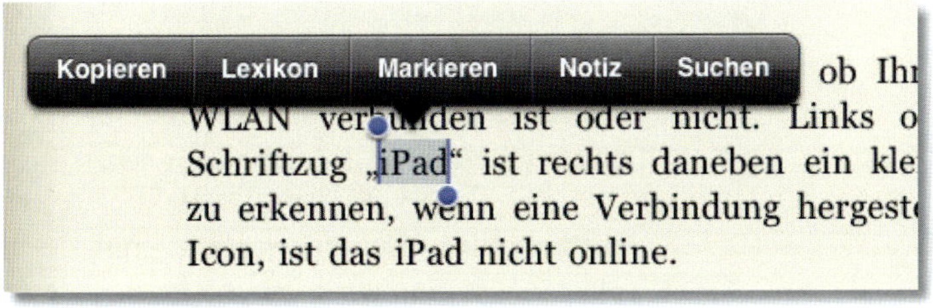
Kopieren
Lexikon
Markieren
Notiz
Suchen
ob Ihr
WLAN verbunden ist oder nicht. Links o
Schriftzug „iPad" ist rechts daneben ein kle
zu erkennen, wenn eine Verbindung hergest
Icon, ist das iPad nicht online.

Über dieses kleine Menü lassen sich unbekannte Wörter nachschlagen, Begriffe farbig markieren, Notizen eintragen, nach weiteren Stellen im Text suchen oder das Ausgewählte in die Zwischenablage kopieren.

Wählen Sie ***Lexikon***, wird Ihnen eine Erklärung zum Wort angezeigt. Das ist besonders dann sinnvoll, wenn man ein englischsprachiges Buch liest, um die Sprache besser zu lernen, aber stellenweise die eine oder andere Vokabel fehlt.

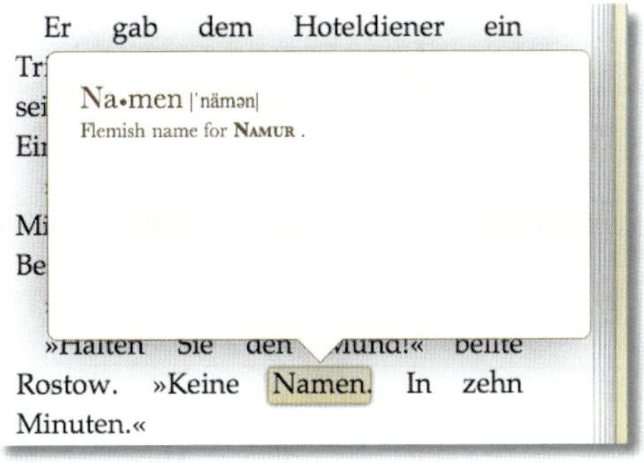
Er gab dem Hoteldiener ein
Na•men |'nämən|
Flemish name for NAMUR .
Rostow. »Keine Namen. In zehn
Minuten.«

Das Lexikon hilft dabei, fremdsprachige Bücher zu lesen oder sich Begriffe erklären zu lassen.

Sie können aber über das Menü auch Markierungen anlegen, damit Sie später wieder schnell an die markierten Stellen springen können. Die Lesezeichen bzw. Markierungen und Notizen erreichen Sie über den Index, der weiter oben in diesem Kapitel mit ❻ markiert ist.

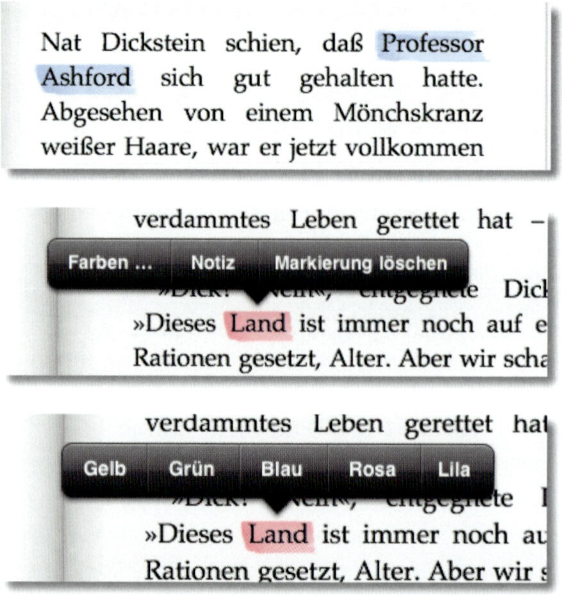

Ein markiertes Wort wird farblich hinterlegt und die Farbe kann nachträglich durch erneutes Antippen geändert werden.

Wechseln Sie in den *Index* und tippen Sie auf *Lesezeichen*. Wie Sie sehen, wurde die Stelle eingetragen.

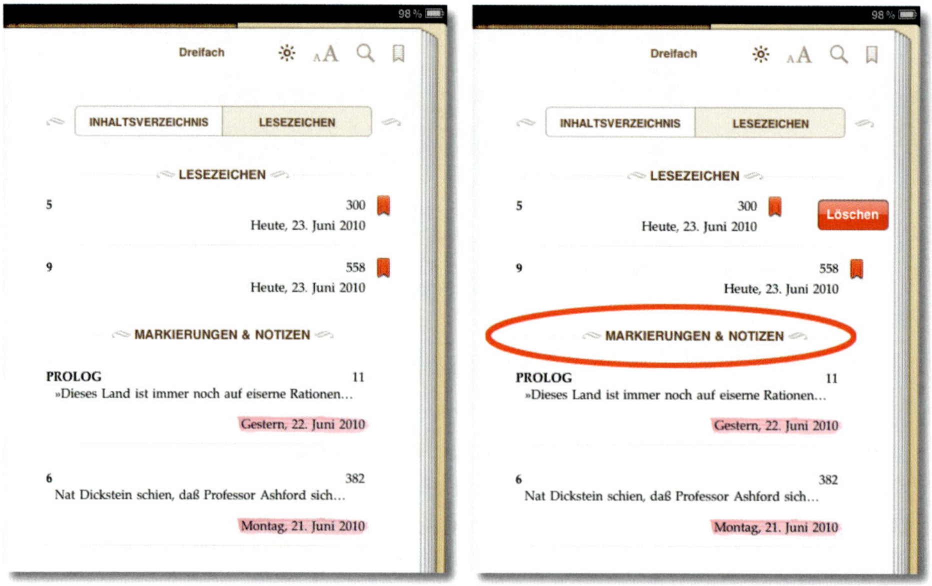

Sie können ein Lesezeichen wieder löschen, indem Sie mit dem Finger nach rechts darüberstreichen. Tippen Sie auf **Löschen***, um es zu entfernen.*

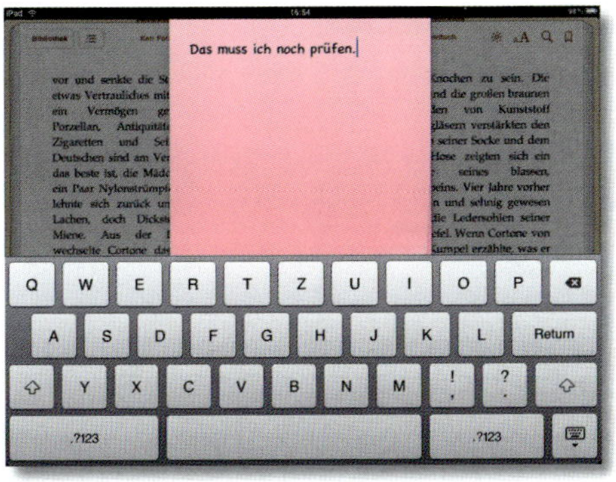

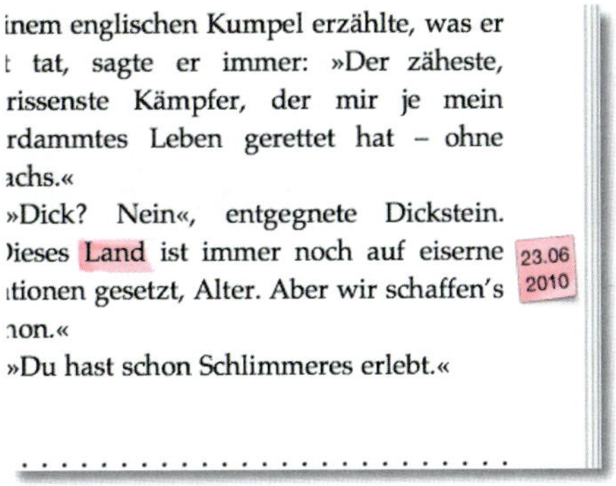

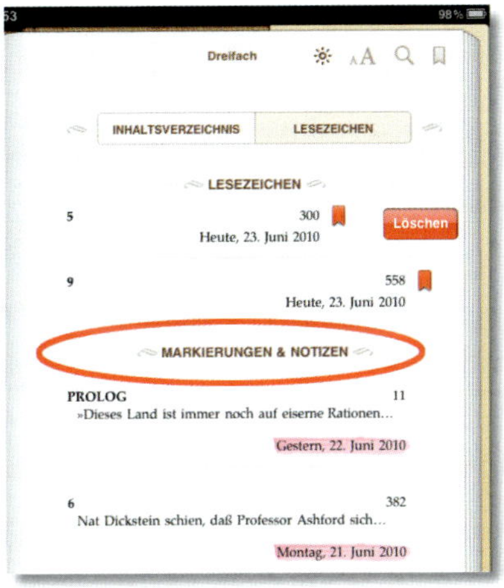

Notizen können überall angebracht werden und erscheinen zudem auf der Lesezeichenseite.

Notizen und Lesezeichen lassen sich z. B. mit dem iPhone synchronisieren. Beim ersten Start von iBooks fragt das Programm an, ob die Synchronisation aktiviert werden soll. Sie können jedoch jederzeit in den ***Einstellungen*** *unter* ***iBooks*** *diese Funktion einsehen und ändern.*

Die vierte Option ist die *Suche*. Dabei wird das gesamte Buch nach weiteren Stellen mit dem markierten Wort durchsucht.

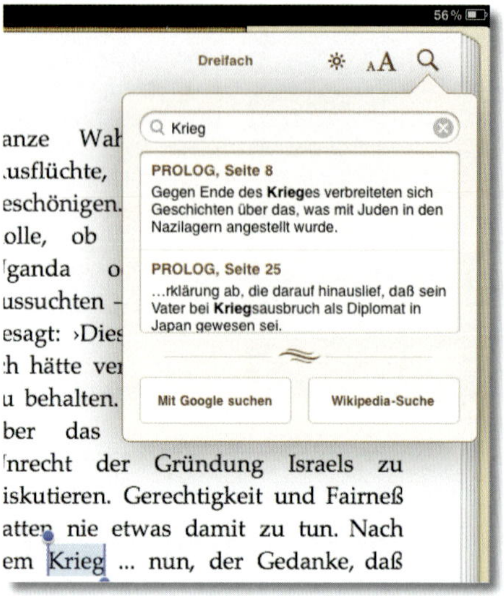
56 %
Dreifach
Krieg
PROLOG, Seite 8
Gegen Ende des **Krieg**es verbreiteten sich Geschichten über das, was mit Juden in den Nazilagern angestellt wurde.
PROLOG, Seite 25
...rklärung ab, die darauf hinauslief, daß sein Vater bei **Krieg**sausbruch als Diplomat in Japan gewesen sei.
Mit Google suchen
Wikipedia-Suche
nrecht der Gründung Israels zu
iskutieren. Gerechtigkeit und Fairneß
atten nie etwas damit zu tun. Nach
em Krieg ... nun, der Gedanke, daß

Das Wort „Krieg“ kommt mehr als einmal vor.

Im Buch blättern

Um im Buch zu blättern, gibt es zwei Möglichkeiten:

Entweder Sie tippen einmal rechts ❶, um zur nächsten Seite zu gelangen, oder links ❷, um zur Seite davor zu wechseln.

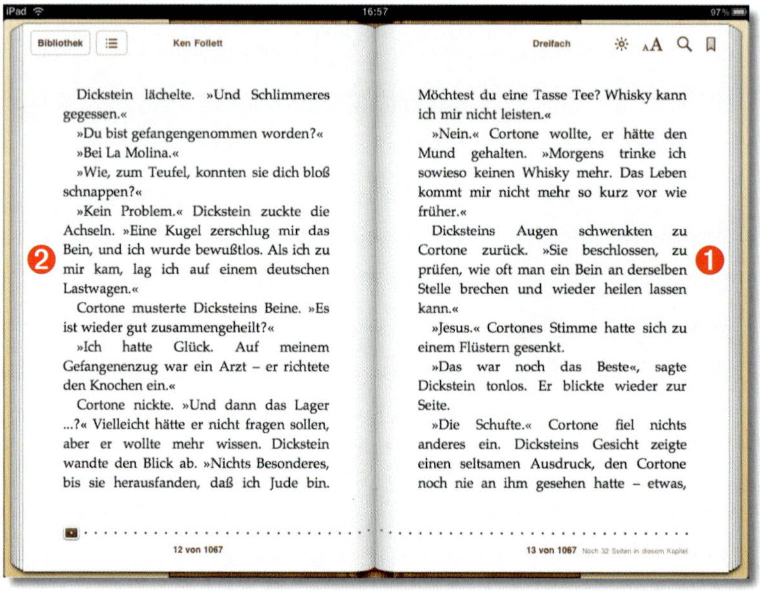
iPad
16:57
97 %
Bibliothek
Ken Follett
Dreifach
Dickstein lächelte. »Und Schlimmeres gegessen.«
»Du bist gefangengenommen worden?«
»Bei La Molina.«
»Wie, zum Teufel, konnten sie dich bloß schnappen?«
»Kein Problem.« Dickstein zuckte die Achseln. »Eine Kugel zerschlug mir das Bein, und ich wurde bewußtlos. Als ich zu mir kam, lag ich auf einem deutschen Lastwagen.«
Cortone musterte Dicksteins Beine. »Es ist wieder gut zusammengeheilt?«
»Ich hatte Glück. Auf meinem Gefangenenzug war ein Arzt – er richtete den Knochen ein.«
Cortone nickte. »Und dann das Lager ...?« Vielleicht hätte er nicht fragen sollen, aber er wollte mehr wissen. Dickstein wandte den Blick ab. »Nichts Besonderes, bis sie herausfanden, daß ich Jude bin.
Möchtest du eine Tasse Tee? Whisky kann ich mir nicht leisten.«
»Nein.« Cortone wollte, er hätte den Mund gehalten. »Morgens trinke ich sowieso keinen Whisky mehr. Das Leben kommt mir nicht mehr so kurz vor wie früher.«
Dicksteins Augen schwenkten zu Cortone zurück. »Sie beschlossen, zu prüfen, wie oft man ein Bein an derselben Stelle brechen und wieder heilen lassen kann.«
»Jesus.« Cortones Stimme hatte sich zu einem Flüstern gesenkt.
»Das war noch das Beste«, sagte Dickstein tonlos. Er blickte wieder zur Seite.
»Die Schufte.« Cortone fiel nichts anderes ein. Dicksteins Gesicht zeigte einen seltsamen Ausdruck, den Cortone noch nie an ihm gesehen hatte – etwas,
12 von 1067
13 von 1067
2
1

Beim Blättern können Sie die gesamte Höhe des weißen Bereichs links und rechts vom Text nutzen. Es muss nicht zwangsläufig mittig getippt werden.

- **Die zweite Möglichkeit ist die optisch ansprechendere: Tippen Sie links oder rechts auf die Seite, behalten Sie den Finger auf dem Display und verschieben Sie ihn. Jetzt haben Sie die Seite „am Finger“ und können Sie umblättern. Das macht Eindruck, wenn Sie das iPad im Bekanntenkreis vorzeigen möchten.**

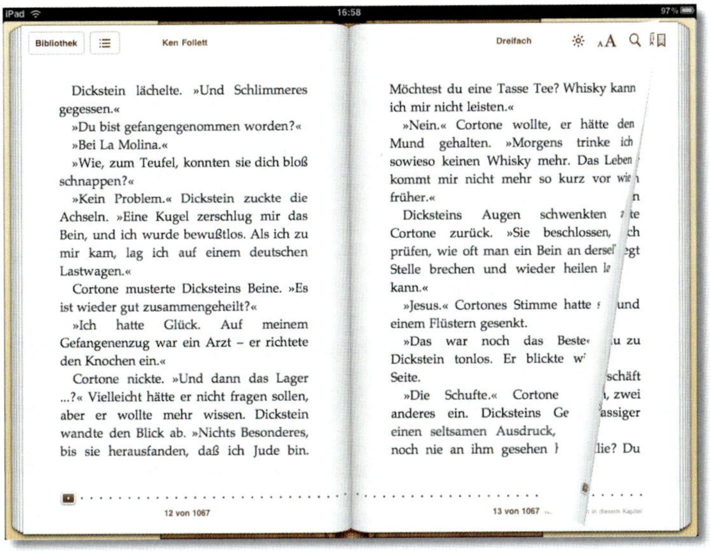
iPad
16:58
97 %
Bibliothek
Ken Follett
Dreifach
AA
Dickstein lächelte. »Und Schlimmeres gegessen.«
»Du bist gefangengenommen worden?«
»Bei La Molina.«
»Wie, zum Teufel, konnten sie dich bloß schnappen?«
»Kein Problem.« Dickstein zuckte die Achseln. »Eine Kugel zerschlug mir das Bein, und ich wurde bewußtlos. Als ich zu mir kam, lag ich auf einem deutschen Lastwagen.«
Cortone musterte Dicksteins Beine. »Es ist wieder gut zusammengeheilt?«
»Ich hatte Glück. Auf meinem Gefangenenzug war ein Arzt – er richtete den Knochen ein.«
Cortone nickte. »Und dann das Lager ...?« Vielleicht hätte er nicht fragen sollen, aber er wollte mehr wissen. Dickstein wandte den Blick ab. »Nichts Besonderes, bis sie herausfanden, daß ich Jude bin.
Möchtest du eine Tasse Tee? Whisky kann ich mir nicht leisten.«
12 von 1067
13 von 1067

Man kann in einem iBooks-Buch auch „richtig“ umblättern.

Wo die gekauften Bücher landen

Wenn Sie am iPad ein Buch gekauft haben, wird das in Ihre iTunes-Bibliothek kopiert, wenn Sie das iPad das nächste Mal mit dem Rechner abgleichen. Dann kann kein gekaufter Inhalt verloren gehen, wenn dem iPad mal was passiert.

MEDIATHEK
Musik
Filme
TV
Podcasts
43
Bücher
Apps
11
Klingeltöne
Radio
Bücher
KEN FOLLETT
Drei-fach
Ken Follett
1 Buch

iTunes gleicht den Buchbestand ab und kopiert gekaufte Bücher in die Mediathek.

Dass iTunes die Bücher mit dem iPad abgleicht, eröffnet uns eine weitere Möglichkeit, an Lesestoff zu kommen.

Vorhandene Bücher in iBooks kopieren

iBooks unterstützt als Buchformat ePub und auch PDF und ist nicht auf im Store gekaufte Bücher festgelegt. Wenn Sie also bereits ein Buch im ePub- oder PDF-Format vorliegen haben, kopieren Sie es einfach in die iTunes-Mediathek. Von da an ist es verfügbar und kann auch auf das iPad kopiert werden.

Das Bücherregal anpassen

In der Beschreibung aller Funktionen des Bücherregals haben wir den Punkt *Bearbeiten* ausgelassen. Mit nur einem Buch zu Beginn war das nicht sonderlich sinnvoll. Jetzt erklären wir diese Funktion anhand vieler kostenloser und gekaufter Bücher.

*Jetzt ist unser Regal schon voller. Die Bücher landen nach Eingang immer am Ende der Liste. Möchte man die Bücher anders sortieren oder Titel löschen, hilft der Punkt **Bearbeiten**.*

Wir möchten jetzt einen gekauften Titel („Laura Bush") an den Anfang der Liste bringen und „Der Struwwelpeter" löschen. Das Verschieben geht ganz einfach: Tippen Sie auf das gewünschte Cover und behalten Sie den Finger darauf. Das Cover wird daraufhin etwas größer angezeigt. Das ist das Signal dafür, dass Sie das Buch nun an die gewünschte Stelle verschieben können. Haben Sie die passende Position erreicht, nehmen Sie den Finger vom Display und das Buch wird eingefügt.

Um ein Buch zu löschen, tippen Sie rechts oben auf ***Bearbeiten***.

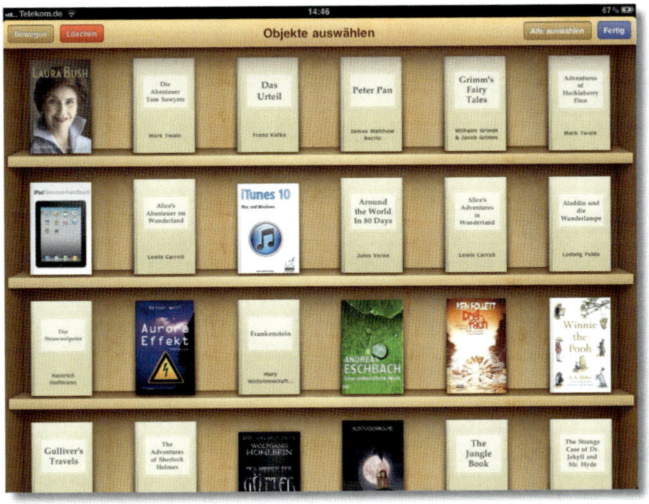

Im Bearbeiten-Modus lassen sich Bücher löschen oder in eine andere Sammlung verschieben.

Möchten Sie ein Buch löschen, markieren Sie es, indem Sie darauf tippen und wählen Sie danach ***Löschen***.

***Der Struwwelpeter** ist markiert und kann gelöscht werden.*

Nach der Bestätigung durch Löschen wird das Buch vom iPad gelöscht. Hatten Sie es bereits mit iTunes synchronisiert, ist es dort noch vorhanden, aber auf dem iPad nicht mehr.

So sieht unser Bücherregal am Ende aus: „Struwwelpeter" ist weg und Laura Bush steht am Anfang.

Neben der Symboldarstellung gibt es noch die Listendarstellung ❶, mit der Sie Ihren digitalen Datenbestand nach verschiedenen Kriterien sortieren können ❷.

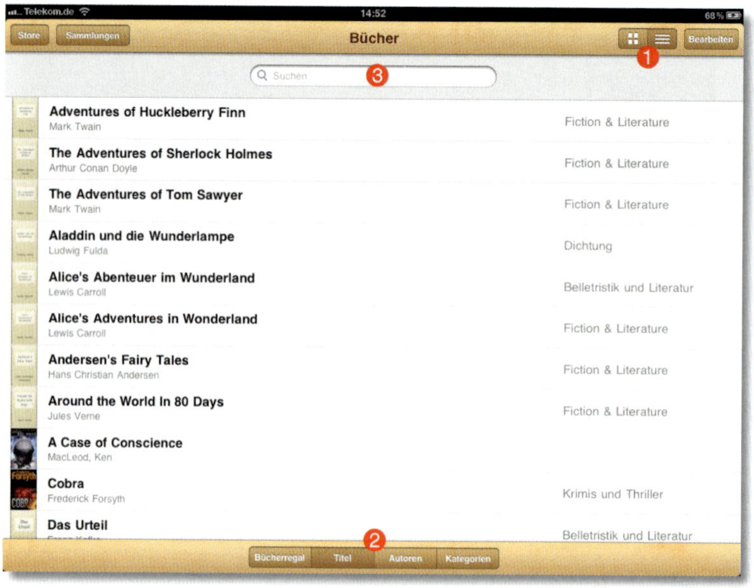

Die Listendarstellung ist sowohl bei Büchern als auch bei PDF-Dateien verfügbar.

Zudem steht dabei noch eine Suchfunktion ❸ zur Verfügung, die Titel oder Autoren ausfindig machen kann.

PDF-Dateien und iBooks

Wollen Sie PDF-Dateien auf dem iPad lesen, dann können Sie diese in iTunes auf die *Mediathek* ziehen. Die PDF-Dateien befinden sich dann im Bereich *Bücher* innerhalb der *Mediathek*. Anschließend können Sie die Dokumente mit dem iPad oder iPhone abgleichen.

iPad
13:31
Postfächer
Alle
Bearbeiten
Alle durchsuchen
Michael Krimmer
13:30
iPad-Kapitel 4 für iBooks
Diese E-Mail hat keinen Inhalt.
Andrea Weinholz
09:23
booq: Einladung zum Pressemeeting...
Shane Peterman
Gestern
Von: Krimmer Michael
iPad-Kapitel 4 für iBooks
9. März 2011 13:30
PDF
iPad_Kapitel_4.pdf
2,1 MB
Übersicht
In „iBooks“ öffnen
Öffnen in ...
13:32
Fertig
iPad_Kapitel_4.pdf
100%
In „iBooks“ öffnen
Öffnen in ...
Drucken
Die Standard-Apps des iPads
Die Programme auf dem iPad werden als Apps bezeichnet. App ist
für das englische Wort Application. Apps sind sowohl die vorinstallierten
Programme als auch die, die man aus dem App Store kostenlos oder
kostenpflichtig herunterladen kann.
Produktiv sein: Kalender, Kontakte, Notizen, Mail, Karten
Viele der Apps sehen im Querformat anders aus als im Hochformat. Apple hat
die vom iPad bekannten Anwendungen also nicht nur auf das Display des iPads
vergrößert. iPad-Benutzer kommen so in den Genuss von weitaus mehr
Funktionalität.
Die Kalender-Ansichten
Beim Kalender ist es von den Funktionen her egal, ob Sie ihn im Hoch- oder
Querformat nutzen. Die Anzeige variiert, aber es gibt keine weiteren
formatabhängigen Funktionen. Um mehr Informationen zu einem Termin zu
erhalten, tippen Sie darauf.
April 2010
April 2010

PDF-E-Mail-Anhänge können zu iBooks übertragen werden und bei der nächsten Synchronisation landen diese dann in der Kategorie Bücher innerhalb von iTunes.

Wenn Sie PDF-Dateien als E-Mail-Attachments erhalten, so können Sie diese ebenfalls an iBooks übergeben. Dazu tippen Sie die PDF-Datei (oben links) in der E-Mail an und behalten den Finger darauf. Es öffnet sich ein Menü, in dem Sie die Option *In „iBooks“ öffnen* erhalten (oben rechts). Sie können die PDF-Datei auch erst durch normales Drauftippen öffnen und dann rechts oben im Weiterverwenden-Menü *In „iBooks“ öffnen* auswählen (unten).

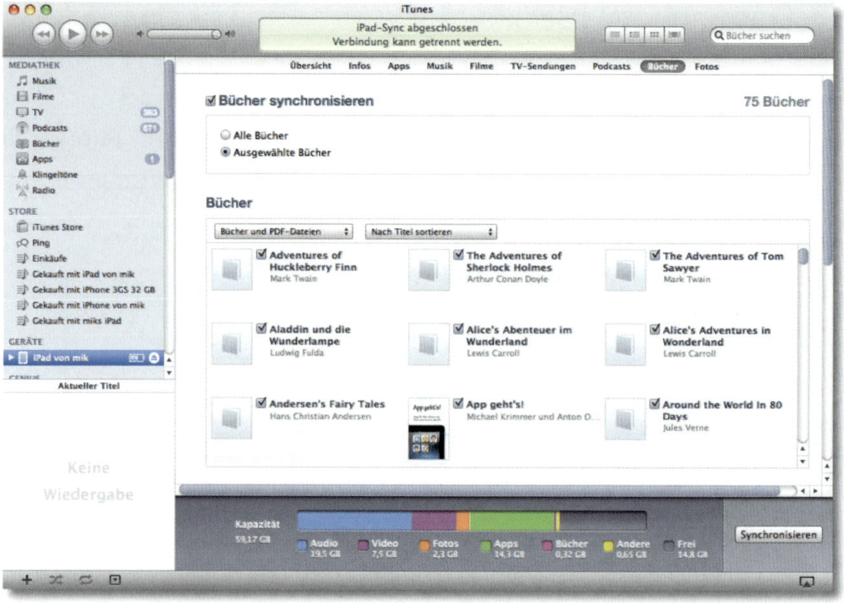

PDF-Dateien und ePub-Bücher teilen sich die Sektion Bücher innerhalb von iTunes.

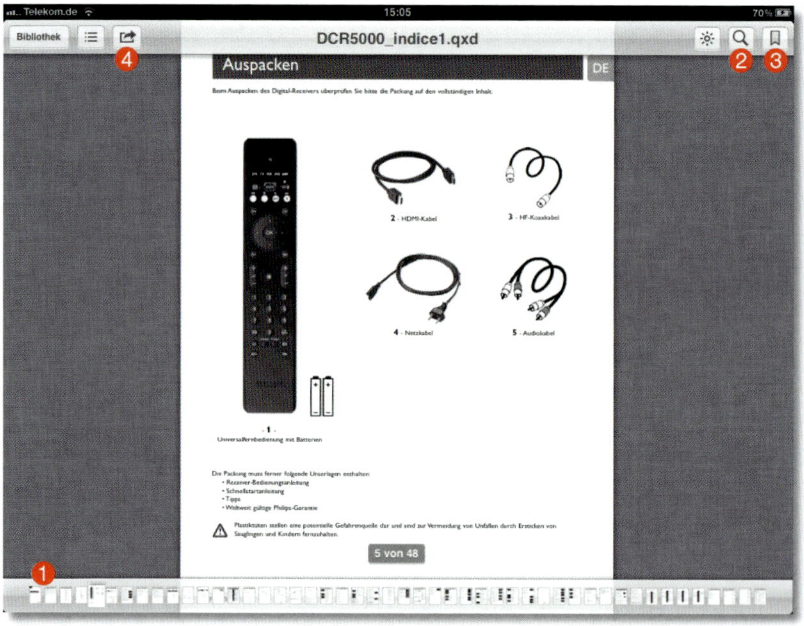

PDF-Dateien können innerhalb von iBooks bequem gelesen werden. Mit zwei Fingern können Sie auch die Vergrößerung ändern.

Das Lesen von PDF-Dateien erfolgt durch Antippen der entsprechenden Datei. Sogleich erhalten Sie am unteren Rand die Seitenübersicht ❶. Über die Lupe ❷ ist die Suchfunktion nach jedem Wort innerhalb der PDF-Datei möglich. Lesezeichen ❸ können ebenso zum Einsatz kommen. Der Weiterverwenden-Button ❹ ermöglicht es Ihnen, die PDF-Datei per *E-Mail* weiterzuleiten oder über Air-Print zu *Drucken*. Über den Index-Button erhalten Sie verkleinert dargestellte PDF-Seiten zur schnellen Navigation.

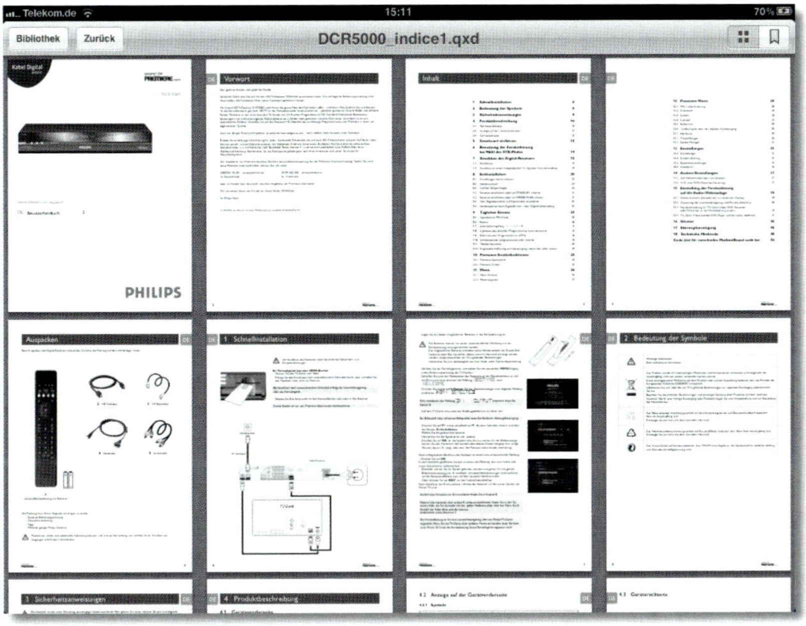

Der Index zeigt viele PDF-Seiten im Überblick.

Vom Mac oder PC aus einkaufen

Sie können Musik, Filme und Apps auch bequem vom Rechner aus kaufen und danach auf das iPad übertragen. Das alles klappt aus iTunes heraus.

Anlaufstelle für alle Käufe am Mac oder Windows-PC ist der iTunes Store in iTunes.

Starten Sie iTunes und wechseln Sie links im Bereich *STORE* auf *iTunes Store*. Hier ist alles zusammengefasst. Sie benötigen für die verschiedenen Medientypen nicht auch unterschiedliche Anwendungen.

Sie können hier entweder gezielt nach Musik, Filmen oder Apps suchen ❶ oder aber Sie wechseln in die Rubrik des jeweiligen Typs *Musik* ❷, *Filme* ❸, *TV-Sendungen* ❹, *App Store* ❺, *Podcasts* ❻, *Hörbücher* ❼ oder *iTunes U* ❽. Wenn Sie mit der Maus über einen der Punkte fahren und auf den Pfeil klicken, erscheinen für diese Rubrik noch weitere Optionen.

Die Suche, die Auswahl und der Kauf laufen dann wie am iPad. Alles, was Sie kaufen, gelangt in die iTunes-Bibliothek und wird beim nächsten Abgleich mit dem iPad kopiert.

Dieses Vorgehen läuft also exakt andersherum als beim Kauf am iPad. Vor- oder Nachteile gibt es dabei keine.

Einkäufe aus dem iTunes Store sichern

Sie haben viele Lieder aus dem iTunes Store geladen? Im Gegensatz zu den Apps aus dem App Store können Sie die Lieder nicht beliebig oft kostenlos herunterladen. Auch wenn Sie schon einmal dafür bezahlt haben, ist beim nächsten Download eine erneute Zahlung fällig. Daher ist es wichtig, dass Sie von Zeit zu Zeit Ihre Einkäufe sichern.

Sie können die Dateien wie bei den Apps einzeln und manuell sichern. Da sich aber im Einkäufe-Ordner sehr schnell mehrere 100 Lieder tummeln, ist das eine sehr langwierige Angelegenheit. iTunes bietet einen bequemeren Weg zur Sicherung der gesamten Bibliothek oder der Einkäufe.

Klicken Sie in iTunes unter Windows auf *Datei –> Mediathek* und *Sicherheitskopie auf Speichermedium*. Am Mac lauten die Schritte *Ablage –> Mediathek –> Auf Sicherungsmedium sichern*. Danach werden Sie auf beiden Systemen gefragt, ob Sie *Die gesamte iTunes-Mediathek und die Wiedergabelisten sichern* oder *Nur gekaufte Artikel aus dem iTunes Store sichern* möchten. Beim nächsten Mal können Sie dann angeben, dass Sie nur die Artikel sichern möchten, die seit dem letzten Backup dazugekommen sind.

iTunes-Backup
Willkommen beim iTunes-Backup!
Erstellen Sie Backups Ihrer iTunes-Mediathek auf CDs bzw. DVDs.
Die gesamte iTunes-Mediathek und die Wiedergabelisten sichern
Nur gekaufte Artikel aus dem iTunes Store sichern
Backup nur für Objekte durchführen, die seit dem letzten Backup hinzugefügt oder geändert wurden.
Um ein Backup von einer CD bzw. DVD wiederherzustellen, öffnen Sie iTunes und legen Sie das Backup-Medium ein.
CD/DVD-Brenner: D: OPTIARC DVD RW AD-5680H
Brenngeschwindigkeit: Maximal
Speichern
Abbrechen

iTunes bietet ein Backup der Mediathek oder der gekauften Artikel an. So geht im Falle eines Falles nichts verloren.

Ein Klick auf *Speichern* startet den Vorgang. Übrigens: Wenn Sie diese Art des Backups wählen, werden die Apps gleich allesamt mitkopiert. Das zusätzliche Sichern der Anwendungen für das iPad oder iPhone können Sie sich dann sparen.

Einkäufe manuell sichern

Wenn Sie nicht alle Elemente sicher möchten, sondern nur eine bestimmte Auswahl, dann geht das auch manuell. Dazu müssen Sie aber wissen, wo die Datei liegt.

Das verrät Ihnen iTunes. Nehmen wir als Beispiel das gekaufte Buch. Klicken Sie in iTunes in der Mediathek auf *Bücher*. Im rechten Bereich von iTunes werden alle Bücher angezeigt, auch das gekaufte. Klicken Sie mit der rechten Maustaste darauf und wählen Sie *Im Finder anzeigen* (am Mac) beziehungsweise *In Windows Explorer anzeigen* unter Windows. Daraufhin wird das entsprechende Verzeichnis angezeigt.

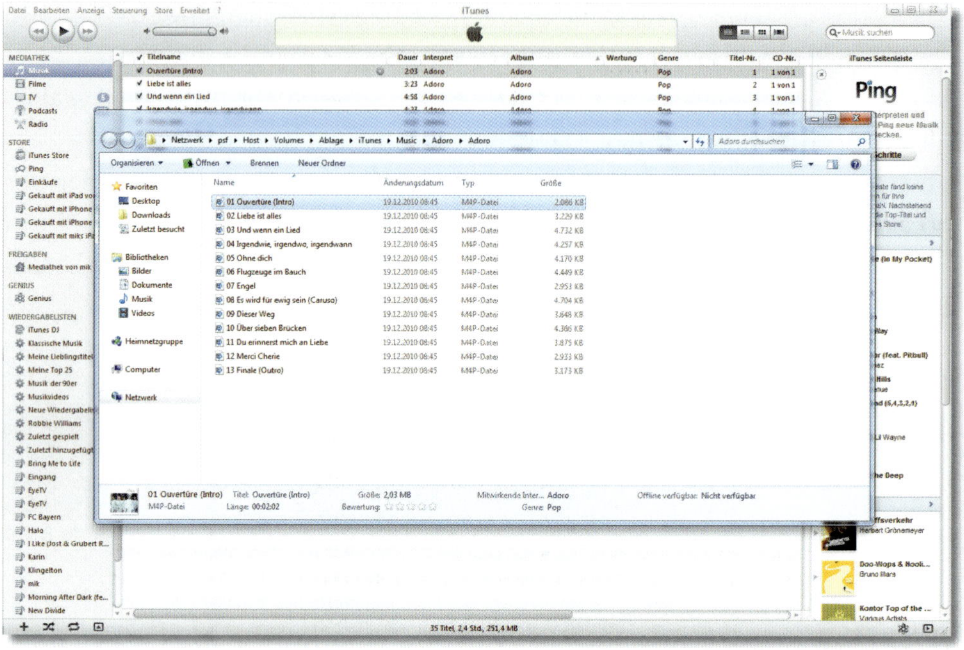

Sie sehen die Datei (hier: im Windows-Explorer) und auch gleich den betreffenden Pfad in der Leiste.

Die daraufhin angezeigte Datei können Sie auf ein anderes Laufwerk, auch einen USB-Stick, kopieren. Sollte das Original einmal verloren gehen, kopieren Sie die so gesicherte Datei einfach zurück in die iTunes-Bibliothek und sie steht wieder zur Verfügung. Dieses Vorgehen funktioniert ebenso mit allen anderen Dateien wie Musik und Apps.

Apps für das iPad

Im App Store gibt es mehr als 350.000 Apps (Stand: April 2011) und jede dieser Anwendungen läuft auch auf dem iPad. Allerdings sind nicht alle ausdrücklich für das iPad gemacht. Apple hat einfach getrickst und eine Art Kompatibilitätsmodus entwickelt, der dafür sorgt, dass es der Anwendung erst einmal egal ist, ob sie auf einem iPhone oder einem iPad läuft.

iPhone-Apps am iPad darstellen

Wie das dann aussieht, zeigen wir anhand des Instant Messengers *Skype*. Mit Skype lässt sich über Wi-Fi chatten und telefonieren. Über das 3G-Netzwerk wird es in den meisten Fällen von den Anbietern untersagt.

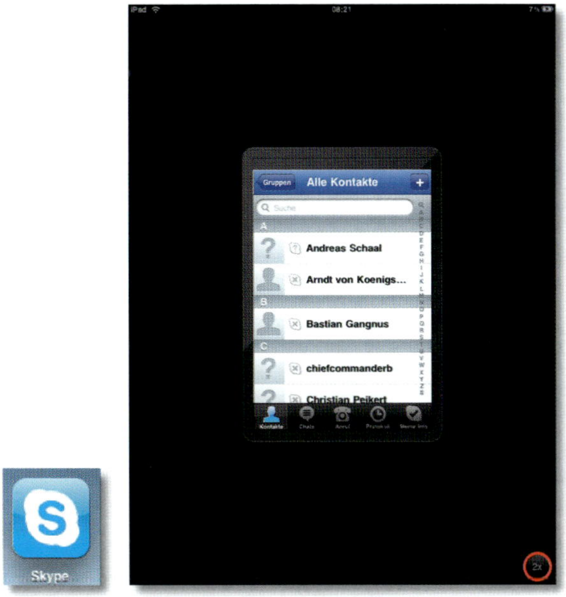

Apps, die für das iPhone programmiert wurden, stellt das iPad in der Originalgröße dar.

Durch dieses Vorgehen wird zwar viel Platz verschenkt, den das iPad eigentlich für die Darstellung nutzen könnte. Aber schließlich ist das Programm für das iPhone konzipiert und derzeit (April 2011) nicht für eine größere Anzeige ausgelegt.

Rechts unten im Eck sehen Sie die kleine Anzeige *2x*. Wer möchte, kann damit eine iPhone-App trotzdem auf dem gesamten Bildschirm des iPads anzeigen. Das Ergebnis ist dann dieses:

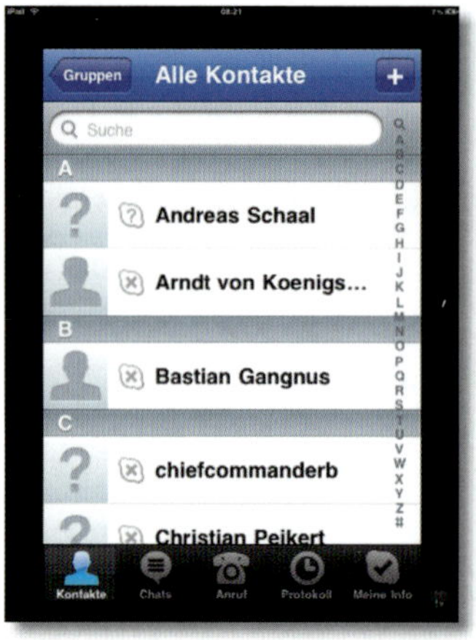

Das Betriebssystem des iPads kann eine iPhone-App auch über den gesamten Bildschirm anzeigen.

Die Darstellung ist nicht immer schön, schließlich wird die Anzeige einfach vergrößert. So wird das Bild oft grob und pixelig. Aber es funktioniert.

Nur leider klappt es hierbei nicht mit dem Querformat. Viele iPhone-Apps laufen auf dem iPad nur im Hochformat.

Ein weiteres Beispiel ist die App für die Verwaltung eines *Facebook*-Accounts. Normalerweise wird sie so dargestellt:

In der normalen Darstellung ist das Bild so, wie es der Entwickler wollte: gestochen scharf.

Tippt man nun auf den *2x*-Knopf, wird auch die facebook-Anwendung auf die gesamte Größe des Bildschirms aufgezogen. Das Ergebnis sieht so aus:

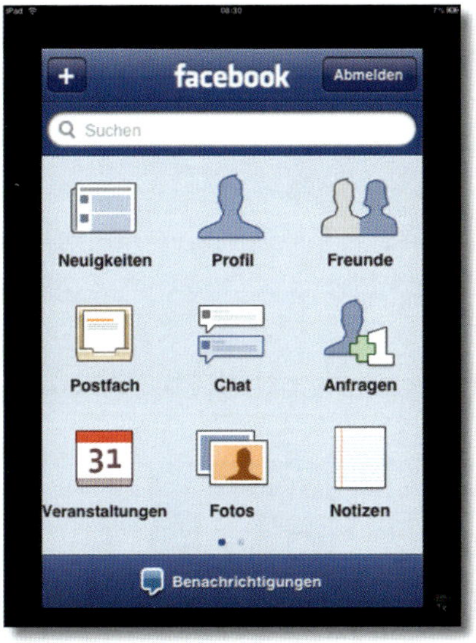

Größer und leicht pixelig, aber es funktioniert.

Apple gibt dem Anwender die Möglichkeit, bereits vorhandene Anwendungen auch auf dem iPad zu nutzen. Das ist häufig nicht ganz so schön wie am iPhone, weil durch den schwarzen Rahmen viel verloren geht. Aber es ist gut, dass man die Wahl hat.

Besser ist es, wenn man Apps installiert, die extra für das iPad geschrieben wurden. Die nutzen die gesamte Größe des iPad-Displays und haben auch in groß eine gestochen scharfe Anzeige.

Woran Sie iPad-Apps erkennen

Ob eine App ausdrücklich für das iPad geschrieben wurde, erkennen Sie zum einen an der Rubrizierung in iTunes. Wenn Sie nach Apps stöbern, zeigt iTunes immer an, um welche Art von Programm es sich handelt.

iTunes weist eindeutig darauf hin, dass es sich hier um eine iPad-App handelt.

Aber auch der Name der Anwendung kann darauf hindeuten, wofür die App geschrieben wurde. So wird häufig ein „HD“ an das Ende des Namens gestellt oder – noch deutlicher – der Zusatz „für/for iPad“.

Der Zusatz „HD“ bedeutet so gut wie immer: Gemacht für das iPad.

Ganz sicher gehen Sie, wenn Sie sich die Beschreibung ansehen.

In der Beschreibung ist unter Voraussetzungen explizit aufgeführt, dass es sich um ein iPad-Programm handelt.

Es gibt aber auch Apps, bei denen man nicht unterscheiden muss zwischen „für iPad“ und „für iPhone“. Diese Programme erkennen Sie an einem kleinen Plussymbol neben dem Preis. Diese Apps verfügen über eine Darstellung für beide Geräte und sehen sowohl am iPad als auch am iPhone optimal aus.

Programme für beide Welten: die Plus-Apps.

Empfehlenswerte iPad-Apps

Aus den derzeit ca. 60 000 iPad-Apps und mehr als 350 000 (Stand: April 2011) mit dem iPad kompatiblen iPhone-Apps ein paar herauszugreifen, ist nicht einfach. Der App-Markt ist ständig in Bewegung und es kommen täglich neue Anwendungen dazu. Aber es gibt trotzdem ein paar Apps, die es wert sind, dass man darauf hinweist.

1Password for iPad (5,49 Euro)

Bei *1Password* ist der Name Programm. Über die Zeit sammeln sich immer mehr Informationen an, die man mit einem Passwort schützen muss: Mailkonten, Webzugänge, Online-Banking. Das alles verlangt nach einer Sicherung und die Passwörter sollten immer anders lauten – je komplexer, desto besser.

1Password ist eine Anwendung, in die man alle seine Zugänge eintragen kann. Das Programm selbst ist mit einem Passwort gesichert (daher auch der Name) und man kann direkt aus der Anwendung heraus die entsprechenden Webseiten aufrufen. Log-in-Informationen werden dabei automatisch eingetragen.

1Password gibt es auch für den Mac. So lassen sich Infos synchronisieren, und die Integration in Safari hat den Vorteil, dass 1Password nach Eingabe von einem Passwort auch gleich nachfragt, ob eine Aufnahme der Infos in den Passwortpool gewünscht ist.

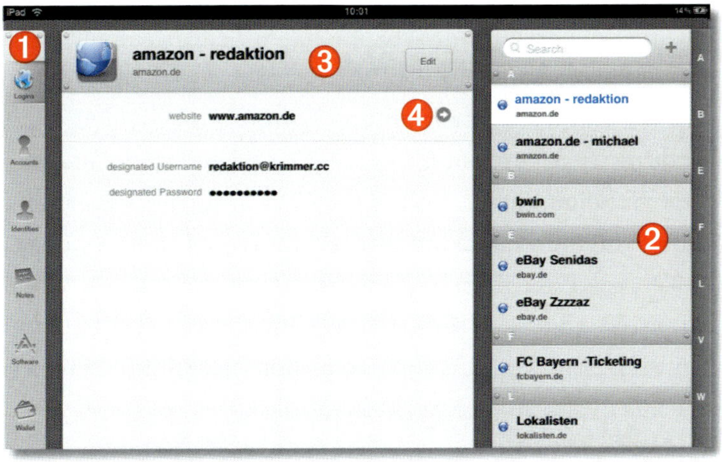

1Password *sammelt alle persönlichen Daten ❶ und listet alle Inhalte der aktiven Rubrik übersichtlich auf ❷. In der Mitte ❸ sind immer die gewählten Infos zu sehen und ein Klick auf den Pfeil ❹ öffnet die Seite und trägt die Zugangsdaten automatisch ein.*

Easy Task for iPad (gratis)

Mit *Easy Task for iPad* lassen sich Aufgaben planen und organisieren. Alle Dinge, die getan werden müssen, trägt man in das übersichtliche Programm ein. Aufgaben können mit Projekten verknüpft werden und auch Prioritäten können gesetzt werden. So hat man immer im Blick, was heute erledigt werden muss, was morgen ansteht und was vielleicht bereits verpasst wurde und schleunigst nachgeholt werden sollte. Hat man eine Aufgabe erledigt, setzt man das Häkchen davor und der Eintrag verschwindet in den Ordner für fertiggestellte Aufgaben.

Easy Task for iPad *hilft dabei, Aufgaben im Auge zu behalten.*

iKiosk (App gratis, Inhalte kostenpflichtig)

Der *iKiosk* ist eines der ersten deutschsprachigen Zeitungsangebote für das iPad. Der Springer-Verlag bietet über diese Plattform die aktuellen Ausgaben von Welt Kompakt, Die Welt und Welt am Sonntag Kompakt an.

Die Anwendung ist gut programmiert, es lässt sich fast wie in einer normalen Zeitung blättern. Seiten lassen sich vergrößern und verkleinern, lediglich bei der Darstellung von Fotos gibt es vereinzelt Probleme.

Unterm Strich zeigt der iKiosk, wohin die Reise geht, wenn Verlage auch in Zukunft attraktive Angebote anbieten möchten. Gut wäre es, wenn man die Vorteile einer digitalen Ausgabe noch mehr hervorhebt und beispielsweise von der Startseite aus direkt auf die Artikel verlinkt.

30 Tage lang kann man die drei Zeitschriften kostenlos testen, danach werden Abo-Gebühren fällig. Die Preise liegen bei etwa 30 Euro für *Die Welt*, 13 Euro für *Die Welt Kompakt* und rund acht Euro für die *Welt am Sonntag Kompakt*. Außerdem gibt es noch eine Vielzahl anderer Publikationen aus dem Springer-Verlag.

iPad
10:23
84%
Zurück
Einstellungen
Übersicht
WELT KOMPAKT
FREITAG, 18. MÄRZ 2011
NACHRICHTEN
KULTUR
Junger Grazer bekommt Leipziger Buchpreis
Der 28-jährige Autor Clemens J. Setz ist in der Kategorie Belletristik auf der Buchmesse ausgezeichnet worden. Seite 11
SPORT
Magath offenbar zurück zu Wolfsburg
Der bei Schalke 04 geschasste Felix Magath wird neuer starker Mann in Wolfsburg. Seite 13
WIRTSCHAFT
VW-Chef Winterkorn verdient am besten
Die deutschen Dax-Vorstände erreichen einen Gehaltssprung von 16 Prozent. Das sind 4,7 Millionen Euro im Schnitt. Seite 20
LIFESTYLE
Heute gibt's frischen Fisch
Kompaktes Kochen mit Kenneth Gjerrud: Skrei auf Möhrenpüree. Dazu schmeckt selbstgemachter Hummerfond perfekt. Seite 24
www.nhk.or.jp/nhkworld
自衛隊 放水作業を開始
Feuerwehrleute und Wasserwerfer stehen vor ihrem Einsatz auf einem Parkplatz nahe des Kraftwerkes Fukushima
Japans letzte Chance

Springers ***iKiosk*** *liefert täglich unter anderem die Welt sowie die Welt Kompakt nach Hause. Am Sonntag gibt es die Welt am Sonntag Kompakt.*

Feeddler RSS Reader Pro (3,99 Euro)

Es gibt viel zu viele Nachrichten und viel zu wenig Zeit, um alle zu lesen. Die Lösung heißt RSS. Dahinter verbirgt sich ein System von sogenannten RSS-Feeds. Dabei werden Nachrichten nur mit Titel und meistens einem kurzen Anreißertext geliefert. Die kann man schnell überfliegen und wenn ein Thema interessant scheint, kann man die ganze Meldung lesen.

Um dieses System nutzen zu können, ist aber ein RSS-Reader erforderlich. Dem sagt man, welche Webseiten spannend sind, und der Reader klappert diese permanent ab und holt die kleinen Häppchen ab. Möchte man die ganze Meldung lesen, ruft er sie entweder ab oder der Reader öffnet Safari und lädt die Seite dort.

RSS-Reader gibt es viele und der Großteil unterscheidet sich anhand der Funktionen nur kaum von der Konkurrenz. Als starker Vertreter seines Genres hat sich *Feeddler RSS Reader Pro* bewährt. Das Positive an dieser App: Sie ist übersichtlich aufgebaut, hat einen guten integrierten Browser, mit dem sich die Nachrichten in voller Länge auf der Originalseite (beispielsweise der von SPIEGEL ONLINE) ansehen lassen. Dank Synchronisation über Google werden Nachrichten auch immer nur ein Mal als Neuigkeiten angezeigt. Was ich dann beispielsweise in einem RSS-Reader am Mac oder Windows-PC bereits gelesen habe, muss ich am iPad nicht mehr ansehen und umgekehrt. Sie können Inhalte auch an Facebook oder Twitter weitergeben und auf viele andere Arten weiter nutzen.

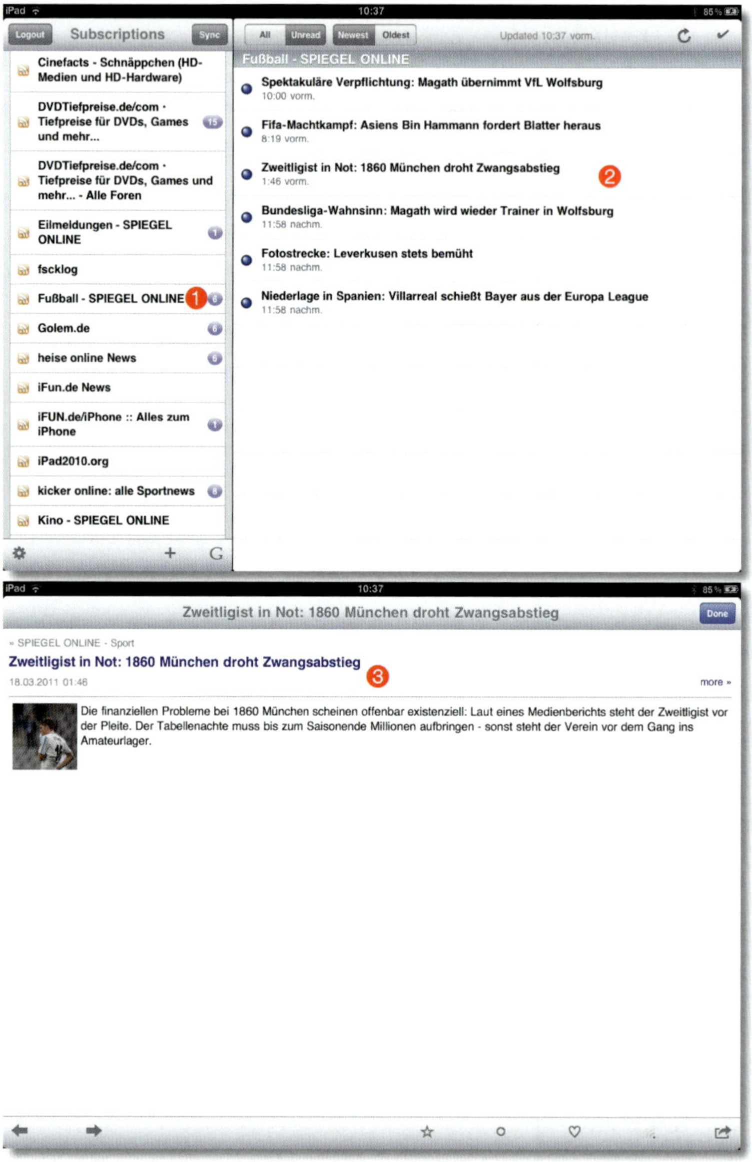
iPad
10:37
85 %
Logout
Subscriptions
Sync
Cinefacts - Schnäppchen (HD-Medien und HD-Hardware)
DVDTiefpreise.de/com - Tiefpreise für DVDs, Games und mehr...
DVDTiefpreise.de/com - Tiefpreise für DVDs, Games und mehr... - Alle Foren
Eilmeldungen - SPIEGEL ONLINE
fscklog
Fußball - SPIEGEL ONLINE
Golem.de
heise online News
iFun.de News
iFUN.de/iPhone :: Alles zum iPhone
iPad2010.org
kicker online: alle Sportnews
Kino - SPIEGEL ONLINE
All
Unread
Newest
Oldest
Updated 10:37 vorm.
Fußball - SPIEGEL ONLINE
Spektakuläre Verpflichtung: Magath übernimmt VfL Wolfsburg
10:00 vorm.
Fifa-Machtkampf: Asiens Bin Hammann fordert Blatter heraus
8:19 vorm.
Zweitligist in Not: 1860 München droht Zwangsabstieg
1:46 vorm.
Bundesliga-Wahnsinn: Magath wird wieder Trainer in Wolfsburg
11:58 nachm.
Fotostrecke: Leverkusen stets bemüht
11:58 nachm.
Niederlage in Spanien: Villarreal schießt Bayer aus der Europa League
11:58 nachm.
Zweitligist in Not: 1860 München droht Zwangsabstieg
Done
» SPIEGEL ONLINE - Sport
Zweitligist in Not: 1860 München droht Zwangsabstieg
18.03.2011 01:46
more »
Die finanziellen Probleme bei 1860 München scheinen offenbar existenziell: Laut eines Medienberichts steht der Zweitligist vor der Pleite. Der Tabellenachte muss bis zum Saisonende Millionen aufbringen - sonst steht der Verein vor dem Gang ins Amateurlager.

*Wählt man eine der überwachten Seiten aus, hier ist es der Bereich **Fußball** bei **SPIEGEL ONLINE** ❶, werden alle neuen Nachrichten per Schlagzeile angezeigt ❷. Interessiert mich ein Eintrag, kann ich den Anfang lesen ❸, indem ich auf die Schlagzeile tippe. Danach habe ich die Möglichkeit, die Nachricht im Original zu betrachten, indem ich auf die Schlagzeile tippe.*

Real Racing 2 HD (7,99 Euro)

Nutzt die Möglichkeiten des iPad 2 voll aus

Real Racing HD hatte bereits auf dem iPad der ersten Generation den Ruf, dass es eine extrem aufwendige Grafik hat und somit ein vergleichsweise hohes Maß an Realismus bieten kann. Die Macher der Software haben direkt nach Erscheinen des iPad 2 nachgelegt und mit *Real Racing 2 HD* ein Rennspiel in den App Store gebracht, das die technischen Möglichkeiten des iPad 2 voll ausnutzt. Zwar läuft diese App auch auf dem ersten iPad, aber dort ist die Grafik kein Vergleich zu dem, was die neue Hardware leisten kann. Schließlich ist der Prozessor laut Apple doppelt so schnell und bei der Grafik soll sogar die neunfache Leistung erzielt werden können. Ob diese Werte tatsächlich zutreffen, ist schwer zu sagen. Real Racing HD 2 zeigt aber auf jeden Fall schon mal, was das iPad 2 zu leisten in der Lage ist.

***Real Racing 2 HD**. Dieses Rennspiel zeigt, was das neue iPad drauf hat.*

Office²HD (5,99 Euro)

Mit *Office²HD* haben Sie eine Software an der Hand, die die Erstellung und Bearbeitung von Word- und Excel-Dateien erlaubt. Sie erstellen eine Datei beliebigen Typs und können sofort eine Vielzahl an Funktionen nutzen, die Sie vom Mac- oder Windows-Rechner gewohnt sind: Schreiben, formatieren, Tabellen erstellen, Formeln berechnen und vieles mehr.

Super: Durch die in das Programm integrierte Freigabe lassen sich die Dateien auch am Mac oder Windows-PC betrachten. Umgekehrt kann man so auch bereits vorhandene Dateien auf das iPad kopieren.

Sollten Sie eine optionale Bluetooth-Tastatur mit dem iPad gekoppelt haben, verwandelt sich das iPad sogar in einen vollwertigen Office-Arbeitsplatz.

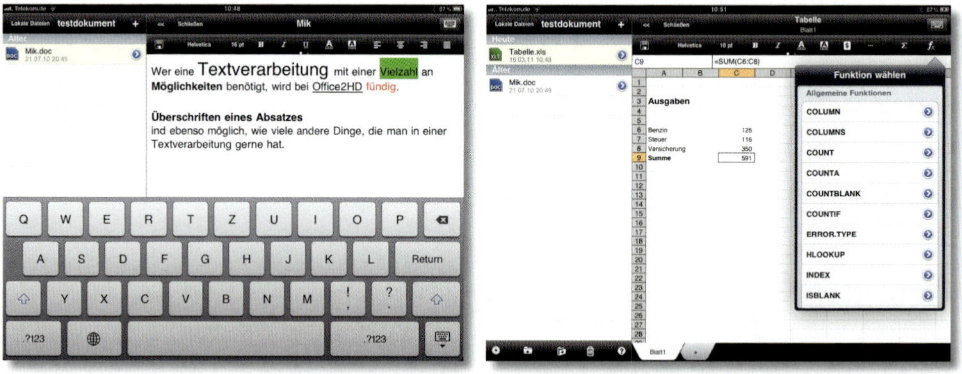

*Mit **Office²HD** lassen sich im Handumdrehen ansprechende Word- (links) und Excel-Dateien erstellen und bearbeiten (rechts).*

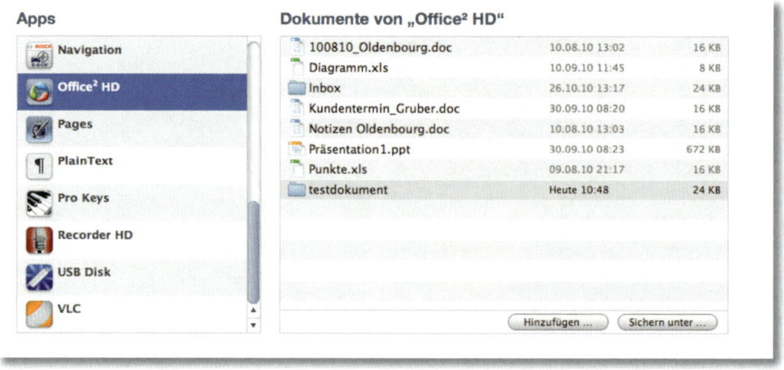

***Office²HD** stellt per Dateifreigabe in iTunes die Dokumente zur Verfügung.*

Alternativ zu Office²HD können Sie Pages, Numbers dem App Store erwerben. Das sind die Office-Progra diese sind besonders gut an das iPad angepasst w

Ebenfalls perfektes Office für das iPad: ***Keynote*** *als Präsentationsprogramm,* ***Numbers*** *ist Spezialist für Zahlen und die Text- bzw. Layoutsoftware* ***Pages****.*

Generell gilt für alle Programme auf dem iPad, dass diese mit den auf dem iPad hinterlegten Schriften auskommen müssen, denn es gibt aktuell keine Möglichkeit, seine Firmen- oder Lieblingsschrift auf dem iPad zu installieren.

Der Datenaustausch zu *Pages*, *Numbers* und *Keynote* funktioniert übrigens über iTunes. Sobald diese Programme installiert sind, erscheint im Reiter *Apps* in iTunes der Eintrag *Dateifreigabe*. Hier erscheinen dann alle Dateien, die auf dem iPad erzeugt wurden, und können via Drag and Drop auf den Computerdesktop übernommen werden. Auf diese Weise können Dateien auch vom Computer auf das iPad kopiert werden.

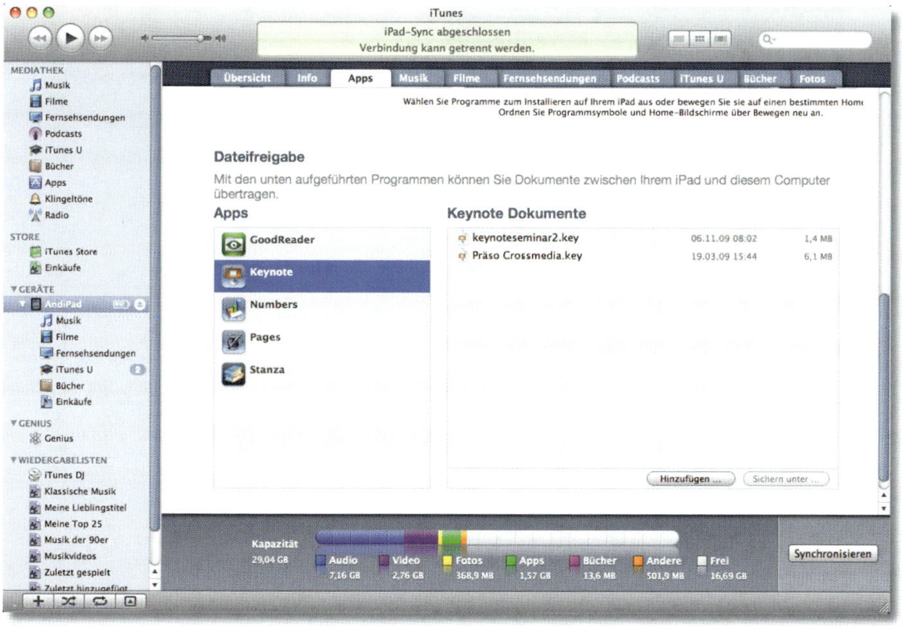

Über ***Dateifreigabe*** *werden im Regelfall Dateien mit dem iPad über iTunes ausgetauscht.*

c Lite (gratis)

as iPad bringt ab Werk keinen Taschenrechner mit. Aber mit *PCalc Lite* kann diese fehlende Funktion sehr schnell nachträglich installiert werden. Der Rechner lässt sich an die eigenen Wünsche anpassen und es können auch Umrechnungen durchgeführt werden, etwa für Geschwindigkeiten, Längen, Volumen oder Gewichte.

*Auf den ersten Blick ein einfacher Taschenrechner, bietet **PCalc Lite** auch Umrechnungen an.*

Plants vs. Zombies HD (7,99 Euro)

Stellen sie sich vor, Ihr Haus wird von einer Horde Zombies angegriffen, und alles, was Sie ihnen entgegenstellen können, sind Rasenmäher und einige Pflanzen in Ihrem Garten. Das klingt komisch, ergibt aber ein Spiel, das wirklich Spaß macht. Klar, Zombies sind jetzt nicht gerade das Thema für den Sonntagskaffeetisch. Aber die ausgesprochen originelle und liebevolle Umsetzung des Spiels *Plants vs. Zombies HD* gleich alles wieder aus, was die Thematik im Vorfeld erschwert. Es gibt aufwendig gestaltete Level und bei der Darstellung der Zombies wird auf fast alles verzichtet, was das Thema unappetitlich macht. Probieren Sie das Game ruhig mal aus, denn es macht wirklich Spaß!

*Bei **Plants vs. Zombies HD** geht es darum, das eigene Haus gegen eine Invasion von Zombies zu verteidigen. Das geht über das geschickte Anbringen von Pflanzen im Garten.*

Die Anzahl der Spiele im App Store ist wirklich sensationell. Beinahe jede vierte App ist ein Spiel! Stöbern lohnt sich also!

SoundHood (3,99 Euro)

Kennen Sie das? Sie hören ein Lied im Radio, das Ihnen gefällt, der Moderator sagt aber nicht, um welchen Titel es sich handelt. Na ja, sicherlich kommt bald wieder ein schönes Lied, und wenn Sie dann den Titel durchgesagt bekommen, können Sie es sich ja kaufen. Oder aber Sie starten *SoundHood* und lassen das Programm in Erfahrung bringen, um welches Lied es sich handelt. Es ist erstaunlich, wie sicher das Programm Titel, Interpret, Album und sogar den Songtext in Erfahrung bringt. Und meistens können Sie sich auch gleich noch das YouTube-Video dazu ansehen.

Mit SoundHood erfahren Sie immer, welches Lied gerade läuft, und Sie können es aus der Anwendung heraus auch gleich im iTunes Store kaufen – sofern das Lied dort verfügbar ist.

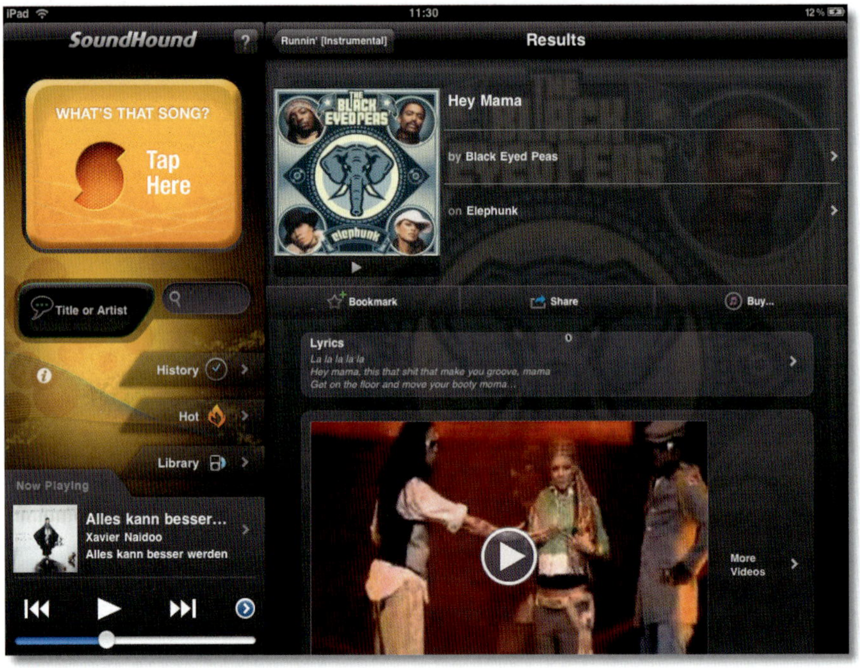

*Tippen Sie auf den gelben Button links und **SoundHood** erkennt den Song für Sie und liefert alle verfügbaren Informationen.*

AirVideo (2,39 Euro)

AirVideo bietet eine sehr komfortable Möglichkeit, Videos vom Mac oder Windows-PC über das Netzwerk an das iPad zu streamen. Dazu ist es erforderlich, dass am Rechner die Server-Software läuft. Dort wird dann angegeben, welche Videos freigegeben werden sollen. Mögliche Optionen sind beispielsweise Ordner auf der Festplatte oder iTunes-Bibliotheken. Im Test hat das sehr gut geklappt. Selbst Filme mit einer Dateigröße von 1,7 GByte wurden problemlos in einer guten Qualität angezeigt.

Wer Filme am Rechner hat und diese am iPad betrachten möchte, kann sich mit AirVideo das konvertieren ersparen. Denn AirVideo ist nicht auf das iTunes-Format festgelegt. Im Test klappte das mit einer Vielzahl von Videoformaten wie avi, m4v, mp4 und wmv. Manchmal muss die Software den Film zwar konvertieren, aber hernach läuft alles prima.

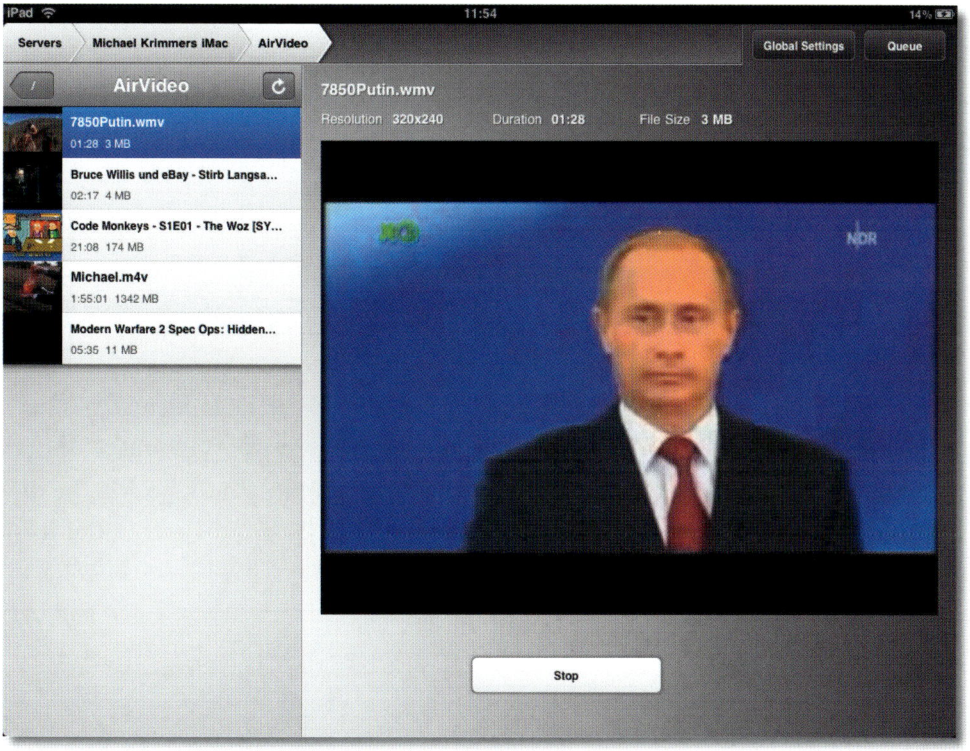

***AirVideo** stellt für den iPad alle Videos per Netzwerkstreaming zur Verfügung, die am Mac oder Windows-PC freigegeben wurden.*

Air Sharing HD (7,99 Euro)

Diese App bringt eine ganze Fülle an Funktionen auf das iPad, um z. B. den Datenabgleich mit dem Computer deutlich einfacher zu gestalten. Nachdem Sie die App installiert haben, erscheint sogleich eine Hilfeseite, die Ihnen die ersten Schritte erklärt.

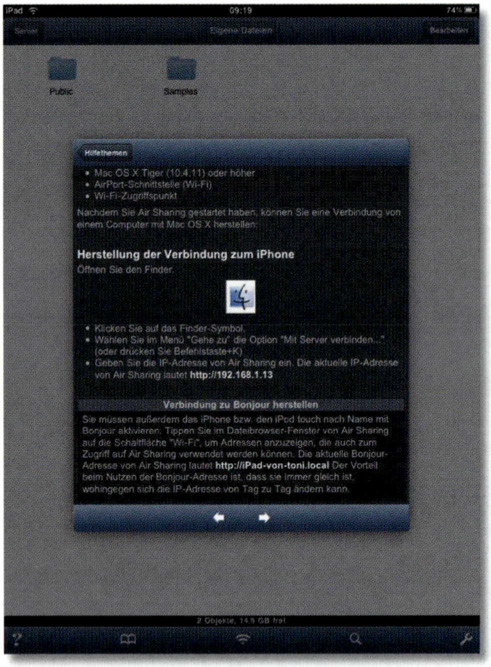
Public
Samples
Hilfethemen
Mac OS X Tiger (10.4.11) oder höher
AirPort-Schnittstelle (Wi-Fi)
Wi-Fi-Zugriffspunkt
Nachdem Sie Air Sharing gestartet haben, können Sie eine Verbindung von einem Computer mit Mac OS X herstellen.
Herstellung der Verbindung zum iPhone
Öffnen Sie den Finder.
Klicken Sie auf das Finder-Symbol.
Wählen Sie im Menü "Gehe zu" die Option "Mit Server verbinden..." (oder drücken Sie Befehlstaste+K)
Geben Sie die IP-Adresse von Air Sharing ein. Die aktuelle IP-Adresse von Air Sharing lautet http://192.168.1.13
Verbindung zu Bonjour herstellen
Sie müssen außerdem das iPhone bzw. den iPod touch nach Name mit Bonjour aktivieren. Tippen Sie im Dateibrowser-Fenster von Air Sharing auf die Schaltfläche "Wi-Fi", um Adressen anzuzeigen, die auch zum Zugriff auf Air Sharing verwendet werden können. Die aktuelle Bonjour-Adresse von Air Sharing lautet http://iPad-von-toni.local Der Vorteil beim Nutzen der Bonjour-Adresse ist, dass sie immer gleich ist, wohingegen sich die IP-Adresse von Tag zu Tag ändern kann.

Kontaktaufnahme mit ***Air Sharing HD*** *vom Mac aus.*

Wechseln Sie nun zu Ihrem Rechner. Über *Mit Server verbinden* (Mac) bzw. Eingabe der IP-Adresse im Explorer (PC) können Sie nun per Wi-Fi den Kontakt zum iPad herstellen. Geben Sie hierzu die IP-Adresse des iPads, so wie Sie diese auf den Hilfeseiten oder unter den Einstellungen (Schraubenschlüssel-Icon rechts unten im Display des iPads) sehen können, ein.

Mit Server verbinden
Serveradresse:
http://192.168.1.13
Bevorzugte Server:
Entfernen
Durchsuchen
Verbinden

Kontakt mit dem iPad (hier die IP-Adresse 192.168.1.13) herstellen.

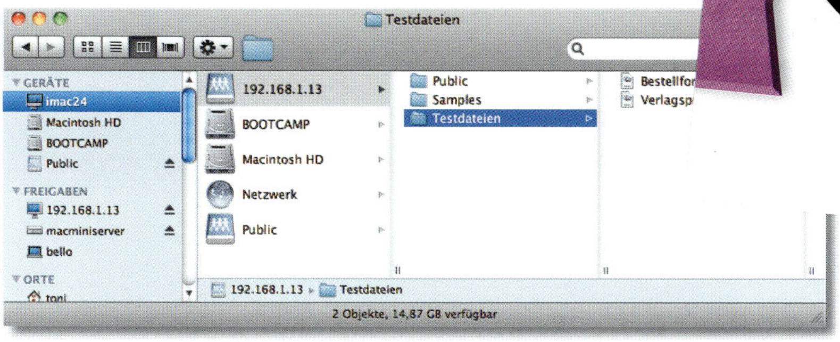

Air Sharing HD *meldet sich mit zwei Ordnern. Sie können nun nach Belieben neue Ordner erstellen und darin Dateien ablegen.*

Dabei unterstützt das Programm folgende Dateien, die nun auf dem iPad betrachtet werden können:

- iWork (Pages, Numbers, Keynote)
- Microsoft Office
- Web-Archive von Safari
- HTML-Seiten
- PDF-Dateien
- RTF-Dateien
- Filme, Audio und Bilder in den iPad-Formaten

Aber damit nicht genug: Sie können via Air Sharing HD zudem auf eine ganze Fülle von anderen Computern und Netzwerkvolumes zugreifen, um dort Dateien einzusehen und auf dem iPad darstellen zu können. Natürlich können Sie diese Dateien auch via Kopieren und Einfügen auf das iPad übertragen.

Hinzufügen weiterer Computer bzw. Server.

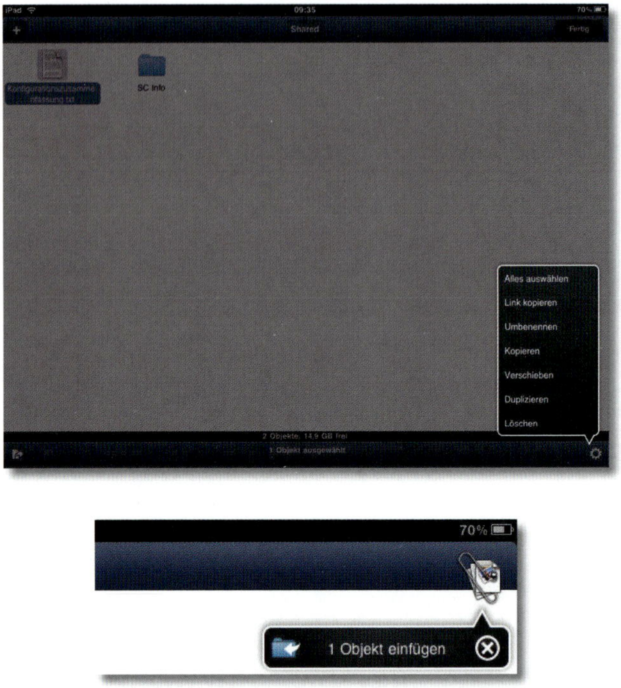

Dateien können über die Zwischenablage von einem entfernten Server auf das iPad übertragen werden.

Und auch das leistet Air Sharing HD: Dateien können via Wi-Fi auf freigegebenen Druckern ausgedruckt werden. Dazu muss z. B. am Mac die *Druckerfreigabe* aktiviert werden.

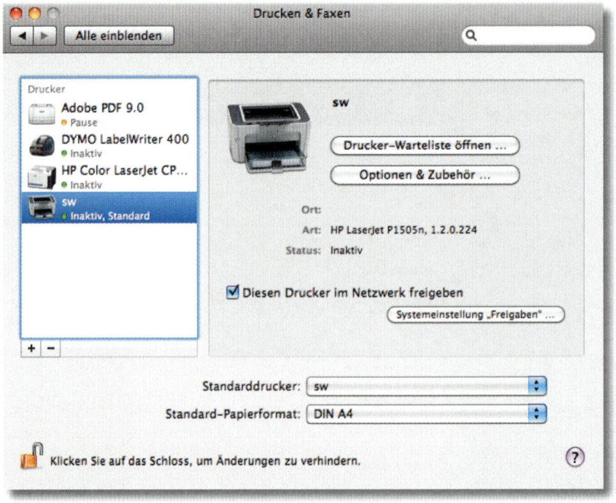

*Wählen Sie den Drucker aus, der via **Air Sharing HD** verwendet werden soll und geben Sie ihm die Eigenschaft **Diesen Drucker im Netzwerk freigeben**.*

Air Sharing HD findet die Drucker selbstständig und Sie können im Druckdialog zudem bestimmen, welche Seiten des Dokuments an den Drucker übertragen werden sollen.

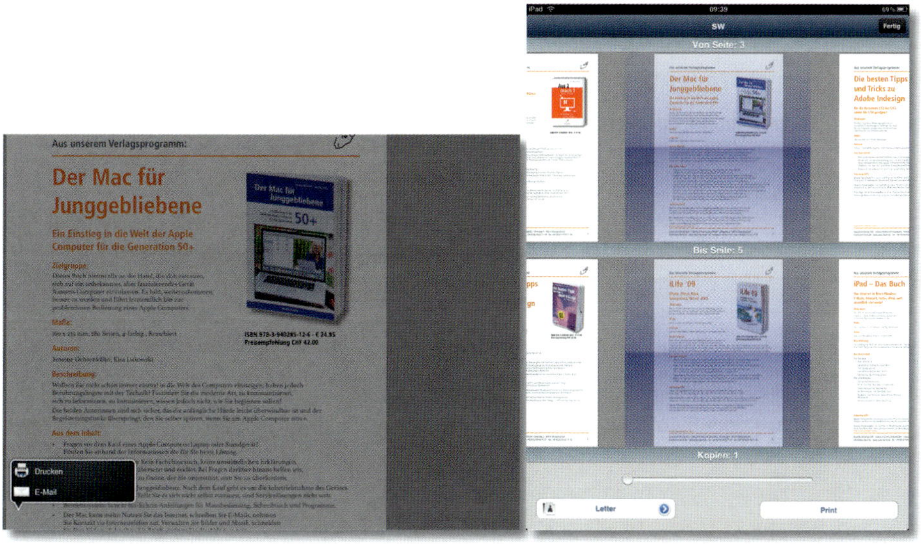

Dokument soll gedruckt werden. Bestimmen Sie, welche Seiten in welchem Format übertragen werden sollen.

Auch das geht: Sie können E-Mails oder auch Attachments via Air Sharing HD herunterladen und über den freigegebenen Drucker aufs Papier bringen.

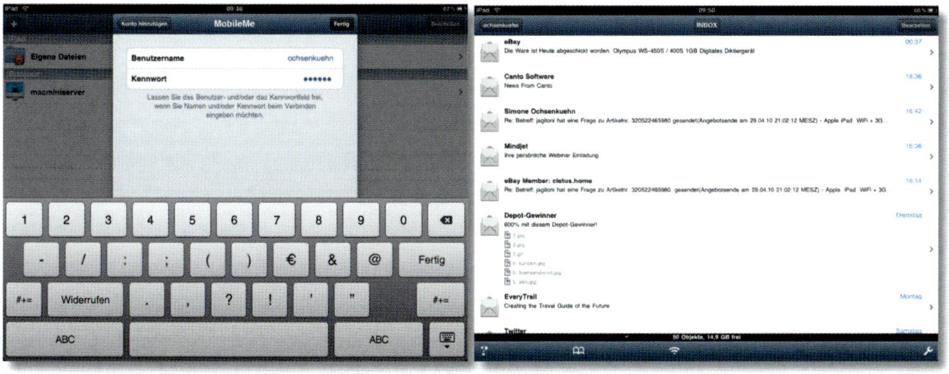

Nehmen Sie Kontakt mit Ihrem E-Mail-Server auf, um E-Mail-Nachrichten auszudrucken.

IM+ (7,99 Euro)

Diese Software ist ein All-in-one-Messenger für folgende Dienste: Twitter, Skype, Facebook, Google Talk, Yahoo!, MSN Messenger, AIM/iChat und Jabber

Statt also die einzelnen Dienst-Client-Apps zu installieren, finden Sie bei IM+ alles in einer App. Durch die sehr praktische Benachrichtigungsfunktion (per Push) bleiben Sie verbunden, auch wenn das Programm gar nicht im Vordergrund läuft. Da alles in einer App abläuft, verlieren Sie nun nie wieder den Überblick.

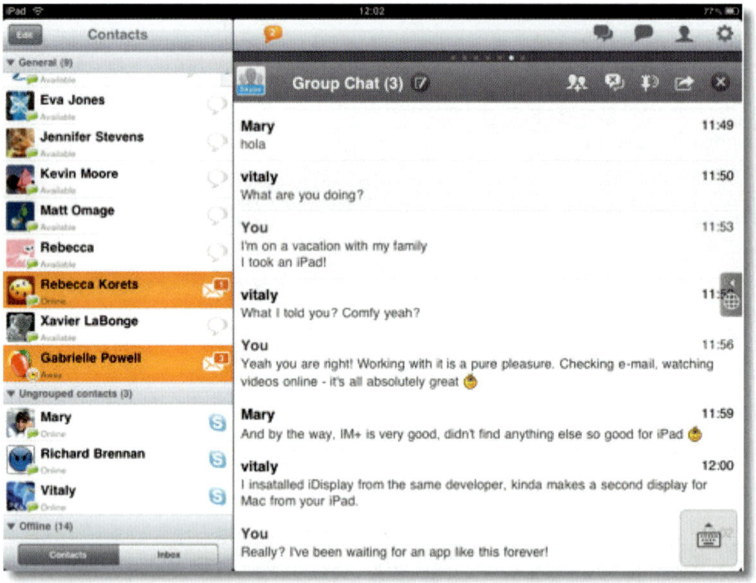
Contacts
Eva Jones
Jennifer Stevens
Kevin Moore
Matt Omage
Rebecca
Rebecca Korets
Xavier LaBonge
Gabrielle Powell
Mary
Richard Brennan
Vitaly
Group Chat (3)
Mary 11:49
hola
vitaly 11:50
What are you doing?
You 11:53
I'm on a vacation with my family
I took an iPad!
vitaly
What I told you? Comfy yeah?
You 11:56
Yeah you are right! Working with it is a pure pleasure. Checking e-mail, watching videos online - it's all absolutely great
Mary 11:59
And by the way, IM+ is very good, didn't find anything else so good for iPad
vitaly 12:00
I insatalled iDisplay from the same developer, kinda makes a second display for Mac from your iPad.
You
Really? I've been waiting for an app like this forever!

IM+ in Aktion.

Amazon Kindle (gratis)

Diese App erlaubt Ihnen den Zugriff auf Hunderttausende von digitalen Büchern bei amazon.com. Die Bücher werden über den Browser selektiert und dann auf das iPad geladen. Nach dem Start der App erfolgt die Synchronisation der Daten und schon kann das Lesevergnügen beginnen.

Sobald ein Buch ausgewählt wurde, startet es im Lesemodus. Und ähnlich dem Apple-eigenen eBook-Reader können nun die Seitendarstellung, die Schriftdarstellung etc. Ihren Bedürfnissen angepasst werden. Ein Klick in den linken Bereich der Seite blättert vorwärts, was aber ohne aufwendige Animation auskommen muss.

amazonkindle
Shop in Kindle Store
Chapter 1. Folders & Windows
Getting into Mac OS X
When you first turn on a Mac running OS X 10.6, an Apple logo greets you, soon followed by an animated, rotating "Please wait" gear cursor—and then you're in. No progress bar, no red tape.
Figure 1-1. Left: On Macs configured to accommodate different people at different

*Lesen mit dem **Amazon Kindle**.*

Beatwave (gratis)

Das ist eine kleine, aber feine App für zwischendurch: Auf vier Ebenen können Sie mit dem Finger Klangmuster erzeugen, die dann überlagernd vom iPad ausgegeben werden.

Mit etwas Kreativität können dabei wunderschöne Melodien erzeugt werden.

Jeder Fingertipp ändert das Soundmuster.

Darf's etwas mehr sein?

Daten up to date halten mit MobileMe

So gut der Datenabgleich vom iPad zum Mac oder PC auch funktioniert: Wir haben ein grundlegendes Problem. Nur ein Rechner ist Herr über das iPad und nur mit diesem Rechner lassen sich Medien, Kontakte und Kalender abgleichen. Möchte man Kalender und Kontakte auf mehreren Rechnern aktuell halten, muss eine andere Lösung her als die über das iPad-USB-Datenkabel.

Noch schwerer wird es, wenn Sie neben dem Rechner zu Hause noch einen im Büro haben. Unterwegs benutzen Sie zusätzlich ein Notebook? Sogar zwei? Okay, und jetzt kommt auch noch das iPad dazu. In diesem Fall haben Sie fünf Rechner und vermutlich haben alle fünf einen unterschiedlichen Datenbestand, wenn es um Kalender, Adressen, Einstellungen und so weiter geht. Sie tragen beispielsweise unterwegs einen Termin ein. Der steht dann im iPad und nach der Synchronisation vielleicht auch im Kalender des Hauptrechners. Aber was ist, wenn Sie im Büro sitzen? Oder am Notebook? Sie müssten immer das iPad zu Rate ziehen, wenn Sie Ihre Termine im Blick behalten wollen. Außerdem müssen Sie immer ein USB-Kabel zur Hand haben und können damit nur einen Rechner abgleichen. MobileMe ist die weit bessere Lösung.

Daten synchronisieren mit der „Online-Wolke"

Apple verspricht mit seinem Service MobileMe eine nahtlose Synchronisation der Daten zwischen Windows-PC, Mac, iPad, iPhone und iPod touch, in der Summe fünf Geräte. Das Beste: Sie können den Service 60 Tage lang mit vollem Funktionsumfang kostenlos nutzen. Danach fällt eine Jahresgebühr an. Zu den Preisen später mehr.

Store
Mac
iPod
iPhone
iPad
iTunes
Support
mobileme
Features
Preise
Anmelden
Gratis testen
60 Tage kostenlos testen.
Einzelmitgliedschaft
79,00 €/Jahr
(nach der kostenlosen Testversion)
20GB
Die Einzelmitgliedschaft umfasst 20 GB kombinierten Speicherplatz für E-Mails und Dateien, 200 GB monatliches Datenvolumen und Zugriff auf alle anderen innovativen Funktionen von MobileMe.
Noch heute anmelden.
Gratis testen
Tuesday
9
mobile me

*Gehen Sie auf **www.apple.com/de/mobileme/pricing/** und erstellen Sie ein Testabo. Damit können Sie me.com und die Services 60 Tage lang kostenlos testen.*

Gehen Sie auf die Seite *www.apple.com/de/mobileme/pricing/* und klicken Sie auf *Gratis testen*. Füllen Sie das Formular aus und Sie erhalten Ihren Benutzernamen und das Passwort. Es kann sofort losgehen mit den Services von MobileMe.

Die Konfiguration von MobileMe

Damit MobileMe die Daten an allen Endgeräten abgleichen kann, muss es an Mac, iPad, iPhone und iPod touch aktiviert und konfiguriert sein. Am Windows-PC ist zusätzlich die Installation eines Hilfsprogramms nötig. Sie erhalten nach der Anmeldung bei *MobileMe* noch eine E-Mail, in der Sie alle dazu nötigen Daten finden, etwa wo Sie das Dienstprogramm für Windows herunterladen können. Wie Sie MobileMe konfigurieren, erfahren Sie in diesem Kapitel.

MobileMe einrichten am Mac

MobileMe ist am Mac in die Systemeinstellungen integriert. Stellen Sie erst einmal sicher, dass Sie die aktuellste Version der Mac-Betriebssysteme, Snow Leopard (10.6), oder Leopard (10.5) haben. Starten Sie dazu die *Softwareaktualisierung* im Menü *Apple* (der Apfel ganz oben links) und laden Sie, sofern vorhanden, die aktuellen Updates herunter.

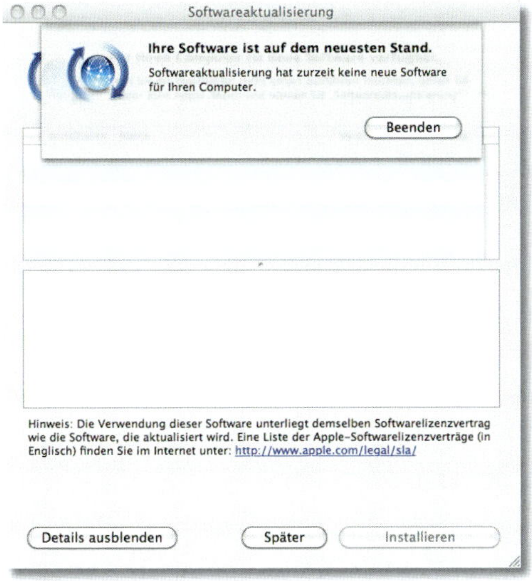

Softwareaktualisierung
Ihre Software ist auf dem neuesten Stand.
Softwareaktualisierung hat zurzeit keine neue Software für Ihren Computer.
Beenden
Hinweis: Die Verwendung dieser Software unterliegt demselben Softwarelizenzvertrag wie die Software, die aktualisiert wird. Eine Liste der Apple-Softwarelizenzverträge (in Englisch) finden Sie im Internet unter: http://www.apple.com/legal/sla/
Details ausblenden
Später
Installieren

Alles klar. Mac OS X ist auf dem aktuellen Stand, MobileMe kann konfiguriert werden.

Starten Sie die *Systemeinstellungen* und wählen Sie in der Rubrik *Internet & Drahtlose Kommunikation* den Punkt *MobileMe* aus. Geben Sie im folgenden Fenster (*Account*) Ihre Benutzerdaten an.

Daten synchronisieren

Sie können mit MobileMe alle Kalender und Adressen abgleichen, die Sie am Mac mit iCal oder dem Adressbuch verwalten. Unter Windows gibt es eine vollständige Unterstützung für Microsoft Outlook. Sie haben auf beiden Systemen keinerlei Einschränkungen im Funktionsumfang.

Unter dem Reiter Sync können Sie angeben, welche Daten mit MobileMe abgeglichen werden sollen. Das können neben Kalender und Kontakte auch Lesezeichen, Dashboard-Widgets, Dockobjekte, Schlüsselbunde, Mail-Accounts, Regeln, Signaturen, intelligente Postfächer, Notizen, Einstellungen und bei installiertem Microsoft Office auch Entourage-Notizen sein.

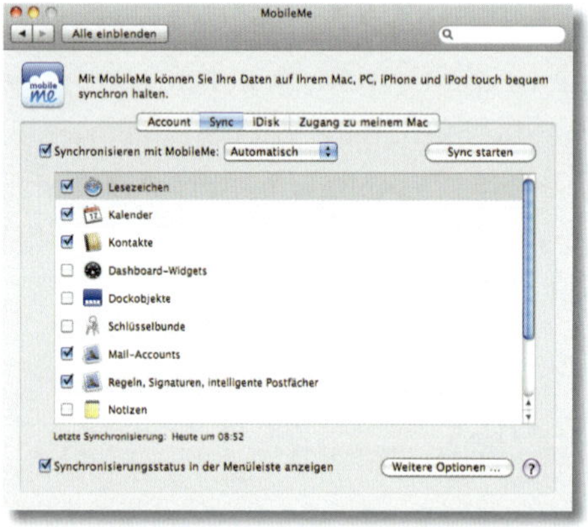

*Im Reiter **Sync** geben Sie an, welche Daten in der **Wolke** gespeichert werden sollen und in welchen zeitlichen Abständen dies geschieht.*

Aktivieren Sie die Option *Synchronisieren mit MobileMe*, indem Sie das Häkchen davor aktivieren. Wählen Sie außerdem aus, in welchen Intervallen synchronisiert werden soll. Mögliche Optionen sind *Automatisch*, *Stündlich*, *Täglich*, *Wöchentlich* und *Manuell*. Mit einem Klick auf *Sync starten* erzwingen Sie einen sofortigen Abgleich der Daten – unabhängig davon, was der Zeitplan vorsieht.

Wenn Sie die automatische Synchronisation eingestellt haben, mit dem Internet verbunden sind und beispielsweise am Mac einen iCal-Termin ändern, informiert MobileMe Ihr iPad und alle anderen mit MobileMe verbundenen Rechner automatisch und meistens innerhalb von wenigen Minuten über die Änderung.

Wenn ein Termin an zwei Geräten wie iPad und MacBook nahezu gleichzeitig geändert wird, meldet MobileMe einen Konflikt und bittet darum, den richtigen Eintrag auszuwählen.

Werden an zwei Geräten gleichzeitig die Einträge editiert, meldet MobileMe den Konflikt.

Klicken Sie dann auf *Jetzt überprüfen*, damit Ihnen die beiden Einträge angezeigt werden.

Links ist der Eintrag am Mac, rechts der, den das iPad an MobileMe gesendet hat, zu sehen.

Worin sich die beiden Einträge unterscheiden, wird farblich markiert. In diesem Fall hat sich der Titel geändert. Klicken Sie auf den Eintrag, den Sie behalten möchten und bestätigen Sie mit *Fertig*. Daraufhin startet der Abgleich erneut und Ihre Wahl wird an alle Geräte gesendet.

Auch ein aktualisierter Kontakt wird umgehend an allen anderen Geräten abgeglichen und geändert. Sie können den Kontakt sogar am iPad geöffnet lassen, die Änderung erfolgt trotzdem und Sie können sie sofort erkennen.

Möchten Sie schnellen Zugriff auf die MobileMe-Einstellungen haben oder mit zwei Klicks manuell synchronisieren, dann aktivieren Sie am Mac zusätzlich *Status in der Menüleiste anzeigen.*

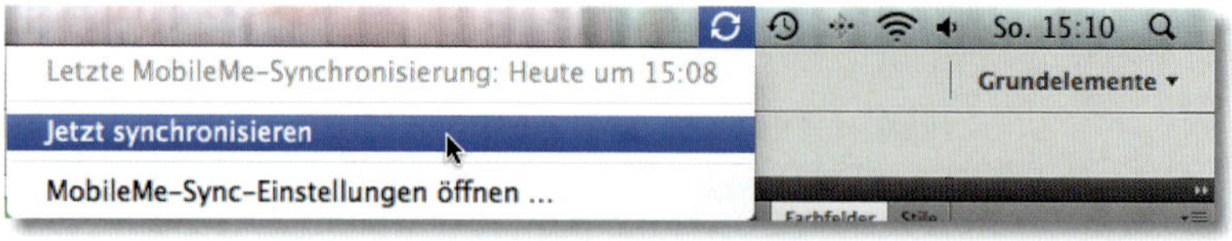

So haben Sie mit wenigen Klicks Zugriff auf Einstellungen und den Abgleich der Daten.

Mit *Weitere Optionen* lässt sich überprüfen, welche Rechner per MobileMe Daten abgleichen. Wenn mal was schiefläuft, gibt es die Option *Sync-Daten zurücksetzen ...*. Über diesen Punkt lassen sich Daten überschreiben oder wiederherstellen. Zu dieser Option mehr im Abschnitt „Hilfe! Die Daten sind weg. Was nun?".

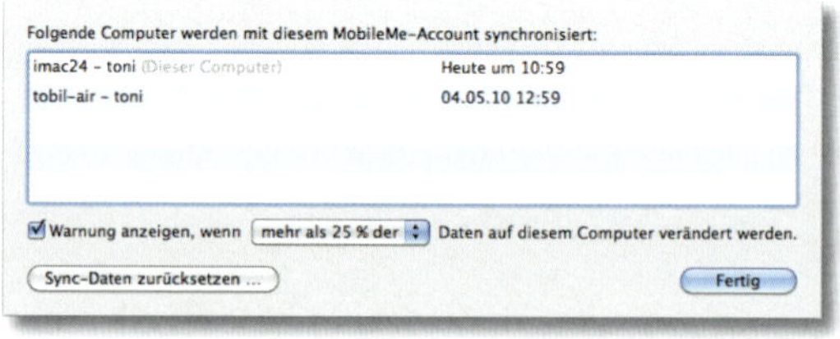

Hier sind die Rechner aufgelistet, die über MobileMe synchronisiert werden.

Wenn Sie das erste Mal Daten abgleichen, müssen Sie noch angeben, ob Daten ersetzt oder zusammengeführt werden sollen. *Daten auf dem Computer ersetzen* lädt die Infos von MobileMe herunter und löscht die vorhandenen Einträge auf dem Rechner. *Alle Daten auf MobileMe ersetzen* funktioniert in die andere Richtung. *Alle Daten zusammenführen* sorgt dafür, dass am Ende eine Kombination aus vorhandenen und neuen Daten den Bestand am Rechner ergibt.

Wenn Sie das erste Mal Daten synchronisieren, legen Sie die Regeln dafür fest.

Der virtuellen Festplatte *iDisk* widmen wir uns in einem eigenen Abschnitt.

MobileMe einrichten am Windows-PC

Da MobileMe ein Service des Mac-Herstellers Apple ist, funktioniert die Integration in Mac OS X ohne vorbereitende Maßnahmen. Am Windows-Rechner ist das anders. Hier ist es erforderlich, dass Sie zuerst ein kleines Dienstprogramm installieren, das die MobileMe-Funktionalität in die Systemeinstellung von Windows bringt.

Store
Mac
iPod
iPhone
iPad
iTunes
Support
mobileme
Features
Preise
Anmelden
Gratis testen
Mail, Kontakte und Kalender
Mein iPhone suchen
Galerie
iDisk
Me.com
Auf deinem iPhone
Auf deinem iPad
Auf deinem Mac
Auf deinem PC
MobileMe auf deinem PC.
Stell dir vor, auf deinem PC würden schöne, benutzerfreundliche Apple Programme laufen. Mit MobileMe bekommst du eine breite Palette intuitiver, übersichtlicher Webapps, die auf me.com zugänglich sind, und kannst damit überall deine Mails abrufen, Kontakte und Kalender verwalten, Fotos mit Freunden teilen und Dokumente archivieren.
PC zu PC. PC zu Mac.
Wenn du mehrere PCs hast, kannst du MobileMe verwenden, um deine Mails, Kontakte, Kalender und Lesezeichen auf allen PCs synchron zu halten. Und wenn du einen Mac und einen PC hast, kannst du auf beiden dieselben Informationen
Arbeitet mit Microsoft Windows und Outlook.
Auf einem PC arbeitet MobileMe mit den Programmen, die du täglich verwendest. Du kannst Outlook*, Outlook Express und Windows Kontakte in Windows 7, Windows Vista und Windows XP verwenden.

MobileMe gibt es auch für Windows.

Laden Sie die aktuelle Version von *MobileMe Control Panel (for Windows)* herunter. Sie bekommen zwar in der Willkommens Mail von MobileMe einen Link, der zur Downloadseite führen soll. Im Test hat sich aber gezeigt, dass dieser Link nicht immer erreichbar ist. Sollten Sie Probleme mit dem Link haben, versuchen Sie diesen Weg, um manuell auf die Seite zu gelangen: Rufen Sie die Webseite *www.apple.com/de* auf, klicken Sie auf *Support* und geben Sie im Suchfenster oben rechts *MobileMe Control Panel* ein und bestätigen Sie die Suchanfrage mit der Eingabetaste. Auf der darauffolgenden Seite finden Sie den entsprechenden Link zur Downloadseite.

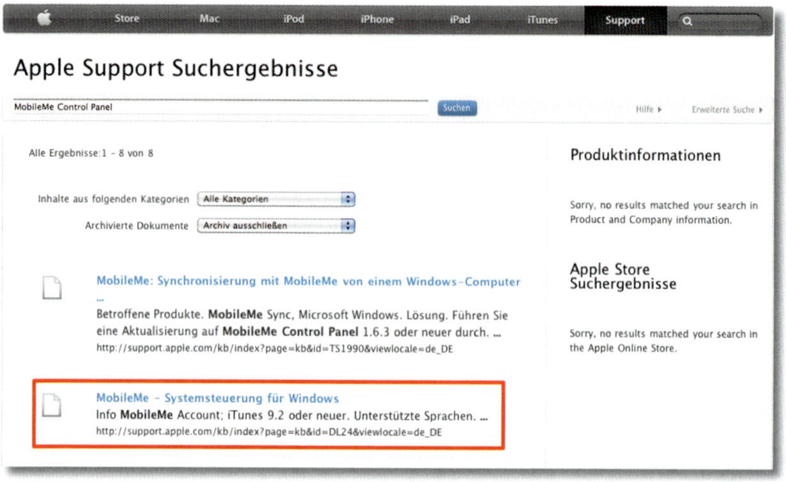

Das ist der richtige Suchtreffer.

So oder so ähnlich sieht der richtige Treffer aus. Klicken Sie darauf und Sie gelangen zur Downloadseite.

Diese Datei ist erforderlich, damit MobileMe am Windows-PC funktioniert.

Installieren Sie in Windows nach dem Download das Programm. Danach finden Sie in unter *Start –> Systemsteuerung* eine neue Option mit dem Namen *MobileMe*. Starten Sie *MobileMe*, um zu den Einstellungen zu gelangen.

Nach der Installation des MobileMe Control Panel weist die Installationssoftware darauf hin, dass für MobileMe iTunes in der Version 9.2 oder höher erforderlich ist. Ist mindestens iTunes 9.2 zu dieser Zeit noch nicht installiert, gibt es keinen MobileMe-Eintrag. Installieren Sie in diesem Fall erst iTunes 9.2 oder höher und danach (noch einmal) das Control Panel.

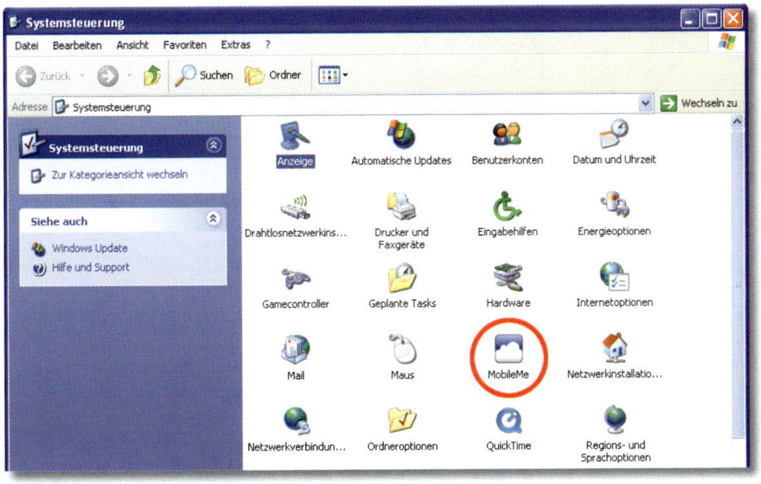

Sobald Sie das Control Panel installiert haben, ist MobileMe auch am Windows-Rechner verfügbar – vorausgesetzt, der Rechner verfügt über iTunes 9.2.

Starten Sie *MobileMe*, um zu den Einstellungen zu gelangen. Geben Sie im Reiter *MobileMe-Anmeldung* Ihren MobileMe-Benutzernamen und das Kennwort an. Wechseln Sie dann zum Reiter *Sync*, um die Optionen für die Synchronisation festzulegen.

Daten synchronisieren

Aktivieren Sie *Sync mit MobileMe:* und geben Sie den gewünschten Zeitraum an, in dem die Daten abgeglichen werden sollen. Sie können zwischen den Optionen *Automatisch*, *Stündlich*, *Täglich*, *Wöchentlich* und *Manuell* wählen. Ein Klick auf *Jetzt synchronisieren* startet den Vorgang sofort, unabhängig von einem gewählten Zeitplan.

Legen Sie dann fest, welche Daten abgeglichen werden sollen. Im Vergleich zu MobileMe am Mac haben Sie unter Windows deutlich weniger Optionen. *Kontakte*, *Kalender* und *Lesezeichen* können abgeglichen werden. Legen Sie bei diesen Optionen fest, woher die Daten kommen und wohin sie kopiert werden sollen. Bei Kontakten und Kalendern kann das beispielsweise *Outlook* sein, bei den Lesezeichen *Internet Explorer* oder *Safari*.

In der Taskleiste anzeigen legt ein Icon rechts unten in der Leiste neben der Uhr ab. Damit haben Sie mit wenigen Mausklicks Zugriff auf *Einstellungen* oder die Option *Jetzt synchronisieren*. Zuletzt lässt sich noch einstellen, ob bei der Änderung von Daten eine Meldung erscheinen soll. Sie müssen diese Meldung dann bestätigen, damit die Synchronisation beginnt.

In den Einstellungen von MobileMe wird festgelegt, welche Daten synchronisiert werden sollen und mit welchen Programmen.

MobileMe einrichten am iPad

Wie Sie einen MobileMe-Account am iPad einrichten, haben Sie bereits im Kapitel der Standard-iPad-Apps erfahren.

Möchten Sie Einstellungen abändern, beispielsweise die Synchronisation von Kontakten oder Kalendern ein- beziehungsweise ausschalten, dann können Sie das nachträglich tun.

Starten Sie am iPad die ***Einstellungen*** und wechseln Sie zu ***Mail, Kontakte, Kalender***. Unter ***Accounts*** finden Sie einen ***MobileMe***-Eintrag. Hier können Sie auch einen ***Account hinzufügen***. Tippen Sie auf den MobileMe-Account und Sie gelangen zu den Einstellungen.

Hier legen Sie am iPad die gewünschten Einstellungen fest.

Account-Info zeigt die eingetragenen Informationen an und erlaubt Änderungen. Dort gelangen Sie auch in die Maileinstellungen der me.com-Adresse.

Aktivieren Sie darunter die Optionen, die Sie abgleichen möchten. Wenn gewünscht, lässt sich der Account hier auch gleich löschen.

Um festzulegen, in welchen Intervallen die neuen Daten auf das iPad geladen werden sollen, wechseln Sie zu Einstellungen -> Mail, Kontakte, Kalender -> Datenabgleich. Hier können Sie eingeben, ob die Daten sofort (Push) oder in bestimmten zeitlichen Abständen geladen werden sollen. Bei MobileMe ist die Aktivierung von Push möglich und zu empfehlen.

*Legen Sie fest, wie oft die neuen Daten geladen werden sollen. Bei MobileMe funktioniert **Push**.*

MobileMe-Mail-Account einrichten

Die Mails, die in Ihrem MobileMe-Konto auflaufen, können Sie über das Webinterface abrufen. Dazu später mehr. Sie können aber auch Ihr bisheriges Mailprogramm dazu verwenden.

Legen Sie einfach ein neues Konto an, wie Sie es von Ihrem bisherigen Account gewohnt sind. Alles, was Sie dazu brauchen, sind Ihr MobileMe-Benutzername, das Passwort und die beiden Mailserver für ein- und ausgehende Mails. Benutzername und Passwort kennen Sie bereits, die Servernamen sind mail.me.com für den Eingang und smtp.me.com für den Ausgang. Tragen Sie diese Daten ein und der Account wird Ihrem Mailprogramm hinzugefügt.

Auf dem folgenden Screenshot sehen Sie, wie das entsprechende Konto unter Microsoft Outlook 2007 aussieht. Diese Daten lassen sich aber auch in Entourage, Mail und so weiter eingeben.

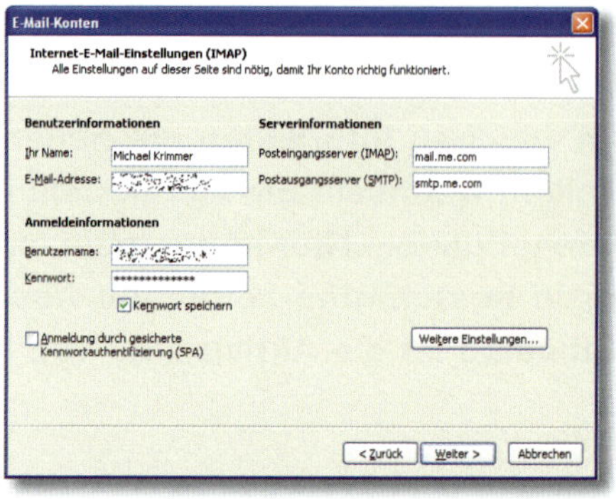

Mit Benutzername, Passwort und den richtigen Mailservern lässt sich jedes Mailprogramm konfigurieren – hier: Outlook 2007.

Das Webinterface von MobileMe unter www.me.com

Sie können Ihre E-Mails per Outlook oder Mail lesen und schreiben. Die Kontakte synchronisieren Sie auf Wunsch mit dem Adressbuch unter Mac OS X oder ebenfalls Outlook. Kalender verwalten Sie mit Outlook oder mit iCal. Fotos befinden sich auf Ihrem Rechner in iPhoto '09 oder '11. Trotzdem können Sie alle diese Informationen und Daten auch anwendungsunabhängig per Webinterface erreichen. Sie haben dabei vollen Zugriff auf E-Mails, Kontakte, Kalender, Bildergalerien und die iDisk.

Öffnen Sie die Webseite *www.me.com* und loggen Sie sich mit Benutzername und Passwort ein. Links oben sehen Sie eine kleine Wolke, die Sie zu den entsprechenden Anwendungen bringt.

Über das Webinterface lassen sich alle MobileMe-Funktionen aufrufen. Von links: Mail, Kontakte, Kalender, Galerie, iDisk und iPhone (und iPad) suchen.

Ist das Mailsymbol aktiv, können Sie Mails lesen, empfangen und auf Ordner zugreifen.

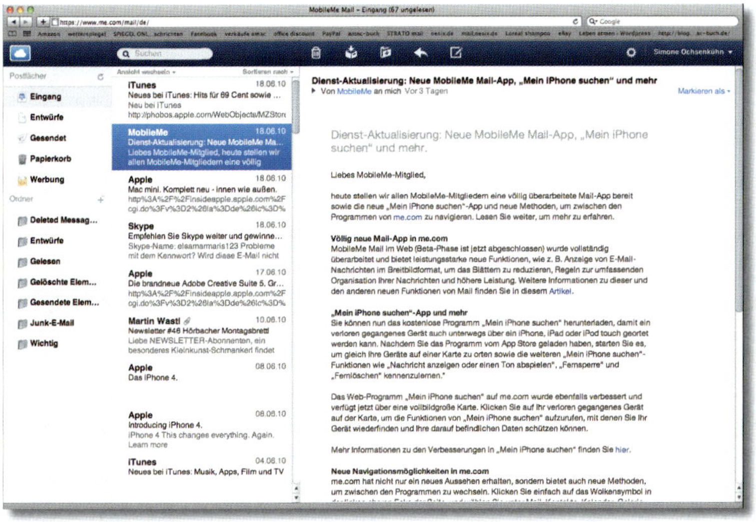

Alles im (Zu-)Griff: das Mailkonto von MobileMe im Webinterface.

Klicken Sie auf das Symbol für Kontakte, werden alle Einträge angezeigt. Sie können nach Kontakten suchen, neue hinzufügen oder bereits bestehende editieren.

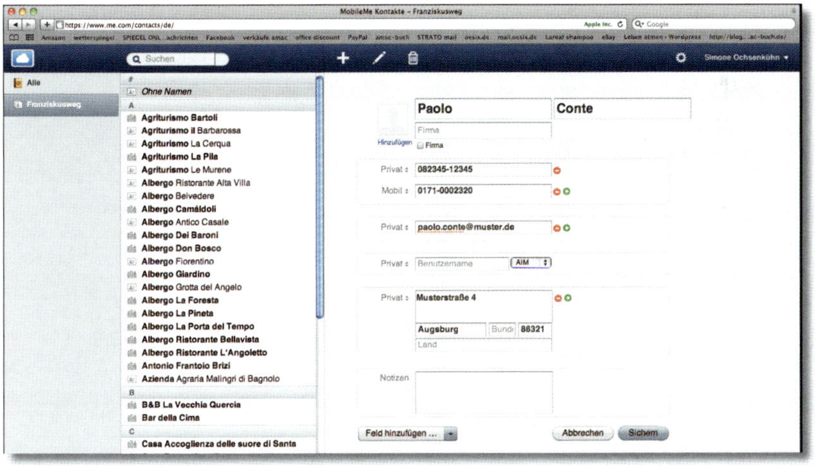

Kontakte lassen sich nicht nur anzeigen, sondern auch komfortabel anlegen oder editieren.

Und das Überragende an MobileMe ist, dass – egal, ob die Daten an einem Mac oder PC, am iPad oder über das Webinterface editiert werden – sie quasi zeitgleich an allen anderen Geräten identisch zur Verfügung stehen. Schluss also mit dem Daten-Wirrwarr. Außerdem erhalten Sie über das iDisk-Symbol Zugriff auf Ihre virtuelle Festplatte.

Mein iPad suchen

Wer einen MobileMe-Account hat, kann auf eine neue Funktion zugreifen, mit der sich ein verloren gegangenes iPad zwar im ersten Schritt nicht wieder beschaffen lässt. Aber zumindest kann man sehen, ob man das iPad am Vorabend beim Lieblings-Italiener oder danach in der Wohnung eines Schulfreundes vergessen hat. Lassen Sie sich nicht verwirren, wenn bei MobileMe diese Funktion nach wie vor *Mein iPhone suchen* heißt. Das wurde von Apple nur noch nicht geändert, funktioniert aber auch problemlos mit dem iPad.

Damit das klappt und damit man dieses System nicht zur unerlaubten Überwachung nutzen kann, ist die Aktivierung am iPad erforderlich. Rufen Sie dazu die *Einstellungen* auf, tippen Sie auf *Mail, Kontakte, Kalender* und dann auf den *MobileMe*-Account. Dort finden Sie als Option vor *Account löschen* den Punkt *Mein iPad suchen*. Aktivieren Sie diesen Punkt.

Damit die Funktion ***Mein iPad suchen*** *funktioniert, muss sie am iPad aktiviert werden.*

Außerdem muss der Push-Dienst aktiviert sein. Diese Option finden Sie ebenfalls in den Einstellungen für Mail, Kontakte, Kalender. Tippen Sie dort auf Datenabgleich und aktivieren Sie Push. Jetzt kann es auch schon losgehen. Starten Sie am Mac oder PC einen Browser wie Safari oder den Internet Explorer und rufen Sie die Seite www.me.com auf.

Geben Sie Ihren Mitgliedsnamen und das Passwort ein und klicken Sie auf Anmelden.

Klicken Sie in der Leiste oben auf das Symbol für *Mein iPhone suchen*.

Mein iPhone suchen *verbirgt sich hinter dem Symbol mit dem grünen Punkt und ist sowohl fürs iPhone als auch das iPad gedacht.*

Da Sie hier unter anderem auch sensible Daten einsehen und ändern können, müssen Sie ein zweites Mal Ihr Passwort eingeben. Mit *Fortfahren* geht's weiter. Das Laden der Infos dauert eine Weile, aber schon bald sehen Sie links in der Leiste den Punkt *iPad von xy*. Klicken Sie darauf.

Im folgenden Bild werden alle iPads aufgelistet, die mit Ihrem MobileMe-Account verknüpft sind und bei denen die Funktion *Mein iPad suchen* aktiv ist.

Ist das iPad zwar bei MobileMe bekannt, die Funktion ***Mein iPad suchen*** *aber nicht aktiv, erscheint dieses Bild.*

Bei allen aktiven Geräten beginnt sofort die Ortung. Dies dauert eine Weile.

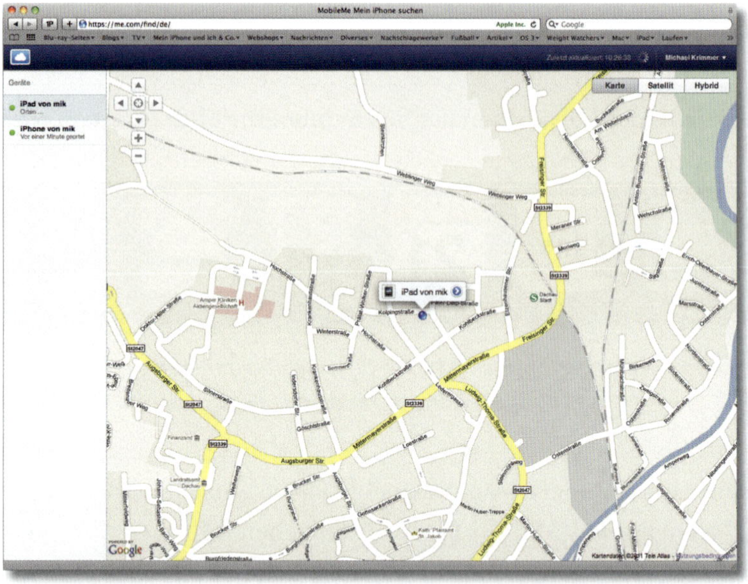

Ist die Funktion aktiv, beginnt sofort die Ortung des Geräts.

Sobald die Ortung beendet ist, erscheint per Google Maps der Standort. Klicken Sie auf das kleine Dreieck neben der Gerätebezeichnung, um auf die weiteren Optionen zugreifen zu können.

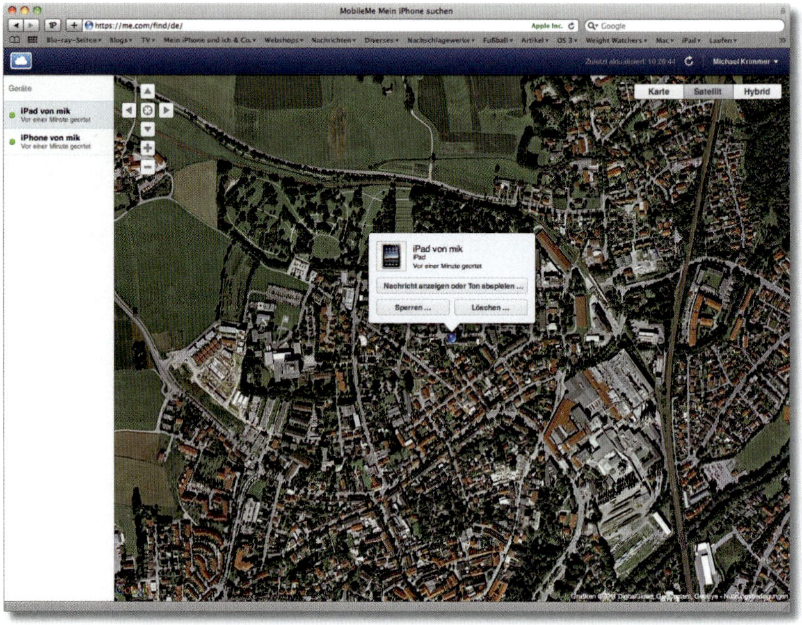

Hier liegt das iPad. Dank Google Maps lassen sich Karten, Satellitenbilder oder eine Kombination aus beidem anzeigen.

Jetzt muss entschieden werden, wie hoch die Gefahr ist, dass das Gerät für immer verloren geht. Wurde es zum Beispiel beim Abendessen im Restaurant vergessen, kann es durchaus sinnvoll sein, eine Nachricht an das iPad zu senden. Die kann der Finder dann lesen und darauf reagieren. Klicken Sie dazu auf *Nachricht anzeigen oder Ton abspielen...* und geben Sie im folgenden Dialog die Nachricht ein. Sie haben dazu Platz für 160 Zeichen.

Eine Nachricht anzeigen
iPad von mik
Hallo, ich hab' gestern Abend leider mein iPad bei euch liegen lassen. Würdet ihr mich bitte kurz anrufen? 089 - 1234567890. Danke. Michael
2 Minuten lang Ton abspielen.
Abbrechen
Senden

Um das iPad wieder zurückzubekommen, kann eine Nachricht an den Finder gesendet werden. Eine kurze Erklärung mit Rufnummer reicht.

Klicken Sie auf *Senden*, wird die Nachricht an das Gerät geschickt und als Bestätigung folgt eine Mail in das MobileMe-Postfach. Der Ton wird übrigens auch dann abgespielt, wenn das iPad lautlos gestellt ist.

Telekom.de
Lädt nicht
10:34
Dienstag, 15. März
Wichtige Nachricht
Hallo, ich hab' gestern Abend leider mein iPad bei euch liegen lassen. Würdet ihr mich bitte kurz anrufen? 089 - 1234567890. Danke. Michael
Entriegeln

Die Meldung erscheint am iPad. Ist die entsprechende Option aktiviert, ertönt zusätzlich ein Ton, der zwei Minuten lang dauert.

Erfolgt daraufhin kein Rückruf und lässt sich das iPad nicht mehr beschaffen, kann es über MobileMe durch einen vierstelligen Code gesperrt werden. Oder Sie löschen alle Daten auf dem iPad. Dann ist das Gerät zwar trotzdem verloren, aber zumindest kommt niemand an die Daten ran.

Für die Code-Sperre klicken Sie auf *Sperren*. Nach zweimaliger Eingabe eines Sperrcodes wird das iPad gesperrt. Nach erfolgreicher Sperre erhalten Sie eine E-Mail mit der Bestätigung der Sperre.

*Für die **Fernsperre** muss ein vierstelliger Code eingegeben werden (links). Das iPad kann nur noch durch den korrekten Code entsperrt werden (rechts).*

Nachdem Sie Ihr iPad wieder zurückbekommen haben, können Sie die Code-Sperre wieder aufheben oder den Sperrcode ändern. Unter *Einstellungen –> Allgemein* finden Sie die Funktion *Code-Sperre*. Damit können Sie die Sperre wieder deaktivieren.

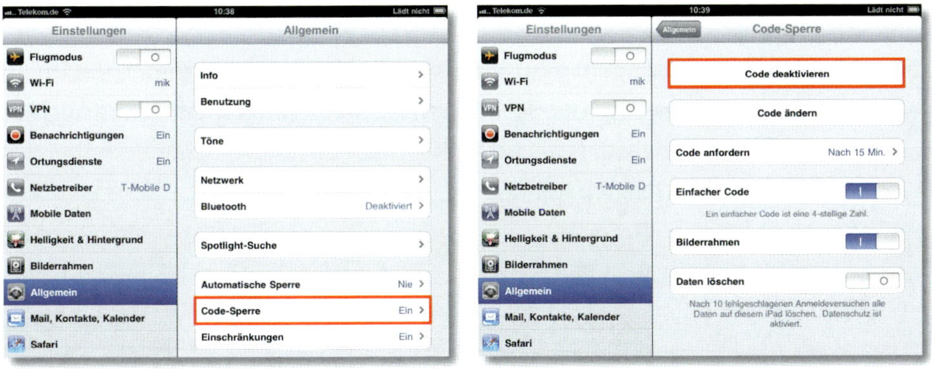

Die Code-Sperre kann auch wieder aufgehoben werden.

Möchten Sie das iPad löschen, klicken Sie auf *Löschen* setzen das nötige Häkchen und klicken anschließend auf *Alle Daten löschen*.

Zur Not lassen sich alle Daten und Einstellungen auf dem iPad löschen.

Dabei fährt das iPad herunter und muss per iTunes erneut aktiviert werden. Alle Programme, Kontakte und auch Mail-Accounts etc. gehen verloren.

Hat jemand anderes Ihr iPad Wi-Fi + 3G gefunden, kann er also wegen der unbekannten SIM-PIN nicht auf das iPad zugreifen. Allerdings kann er die Micro-SIM-Karte entnehmen und eine eigene einstecken.

Die iDisk nutzen

Mit der iDisk haben Sie eine Art virtuelle Festplatte, auf der Sie Daten ablegen und wieder herunterladen und so mit dem iPad Daten austauschen können.

Auf die iDisk unter Mac OS X zugreifen

Unter Mac OS X ist der Zugriff ganz einfach. Die iDisk wird automatisch im Finder unter *GERÄTE* angezeigt und Sie können sie benutzen wie eine ganz normale Festplatte. Sie können beispielsweise per Rechtsklick neue Ordner erstellen oder Dateien mit Copy und Paste kopieren.

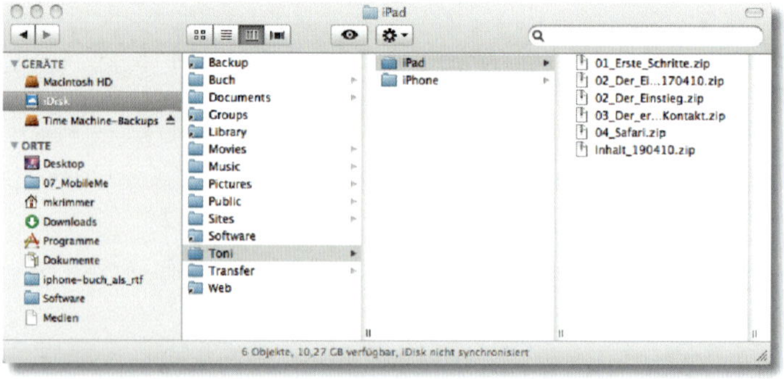

Am einfachsten geht der Zugriff auf die iDisk unter Mac OS X im Finder. Dort verhält sie sich wie eine Festplatte.

Ein alternativer Weg ist es im, Finder diesen Menüpunkt aufzurufen: *Gehe zu –> iDisk –> Meine iDisk*.

iDisk am Mac synchronisieren

Wählen Sie in den MobileMe-Einstellungen unter iDisk die Option *Synchronisierung der iDisk*, wird die komplette iDisk auf den entsprechenden Rechner heruntergeladen. Alles, was Sie danach in den neuen iDisk-Ordner kopieren, wird hochgeladen. Das hat den Vorteil, dass Sie auch auf die iDisk zugreifen können, wenn Sie vorübergehend keine Verbindung zum Internet haben.

iDisk auf dem iPad

Inzwischen gibt es für das iPad auch eine App mit dem Namen *MobileMe iDisk*. Diese App funktioniert auch am iPad. Damit können Sie auf die Daten Ihrer iDisk lesend zugreifen. Sie sehen die dort angelegten Ordner, können hineinbrowsen und ganz simpel die darin befindlichen Dateien auf dem iPad anschauen. Die App erhalten Sie kostenlos im App Store.

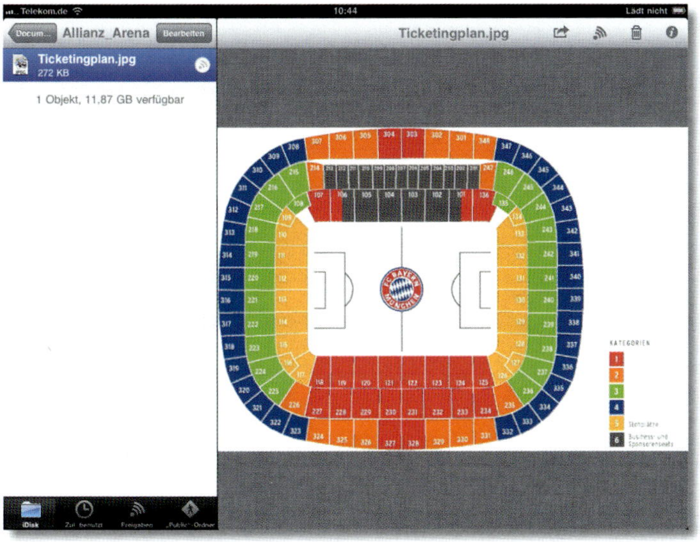

Per iDisk-App haben Sie auch am iPad Zugriff auf Ihre MobileMe-Daten.

iDisk als Laufwerk unter Windows 7 verbinden

Sie können die iDisk auch unter Windows Vista oder Windows 7 wie eine Festplatte benutzen. Dazu ist es erforderlich, dass Sie sie als Netzwerkvolume verbinden. So nehmen Sie die nötigen Einstellungen vor:

Klicken Sie auf *Start* und *Computer*. Wählen Sie in der oberen Funktionsleiste *Netzwerklaufwerk verbinden*. Suchen Sie sich einen Laufwerksbuchstaben aus und tragen Sie als Ordner *http://idisk.me.com/IHRBENUTZERNAME* ein. Möchten Sie, dass das Laufwerk beim Start von Windows immer automatisch zur Verfügung steht, lassen Sie *Verbindung bei der Anmeldung wiederherstellen* aktiv. Klicken Sie auf *Verbindung mit anderen Anmeldeinformationen herstellen* und klicken Sie auf *Fertig stellen*. Geben Sie im folgenden Fenster Ihren MobileMe-Benutzernamen und das Passwort an. Hier können Sie auch einstellen, ob Windows die *Anmeldedaten speichern* soll. Ein Klick auf *OK* bindet das Laufwerk in den Windows Explorer ein. Sie finden die iDisk nun unter dem vorher festgelegten Laufwerksbuchstaben.

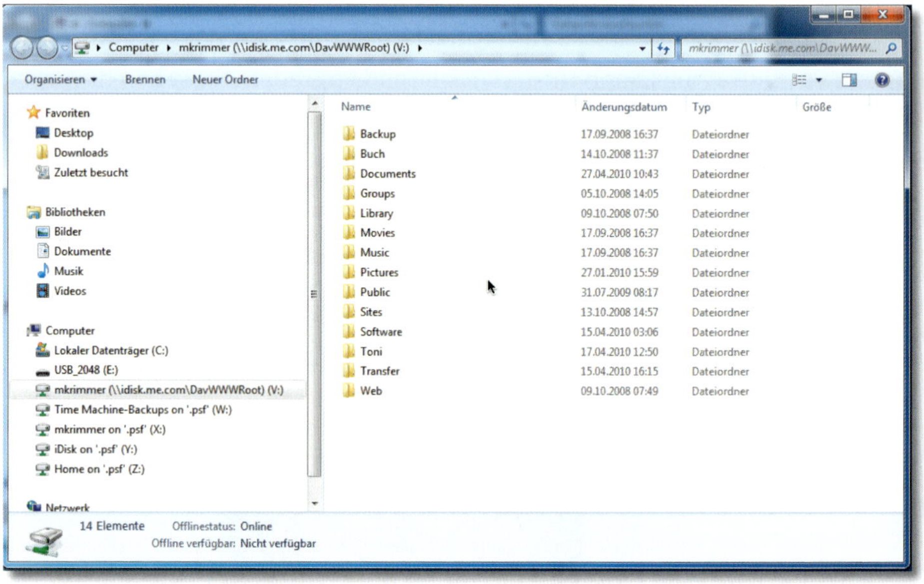

Auch unter Windows 7 lässt sich die iDisk wie eine Festplatte verwenden.

Unter Windows XP funktioniert es ebenfalls: Den Windows Explorer starten, dann auf *Extras* und *Netzwerklaufwerk verbinden* klicken. Dort einen Buchstaben (*Laufwerk*) auswählen und als Ordner *http://idisk.me.com/IHRBENUTZERNAME* eingeben. Dann *Verbindung unter anderem Benutzernamen herstellen* anklicken und im folgenden Fenster Log-in und Passwort von MobileMe eintragen und mit *OK* bestätigen. Auf Wunsch noch *Verbindung bei Anmeldung wiederherstellen* aktivieren und mit *Fertig stellen* abschließen.

Die iDisk lässt sich zusätzlich über das Webinterface aufrufen. Dort sind auch alle Funktionen verfügbar, so einfach wie über den Finder oder Explorer geht es aber dort nicht.

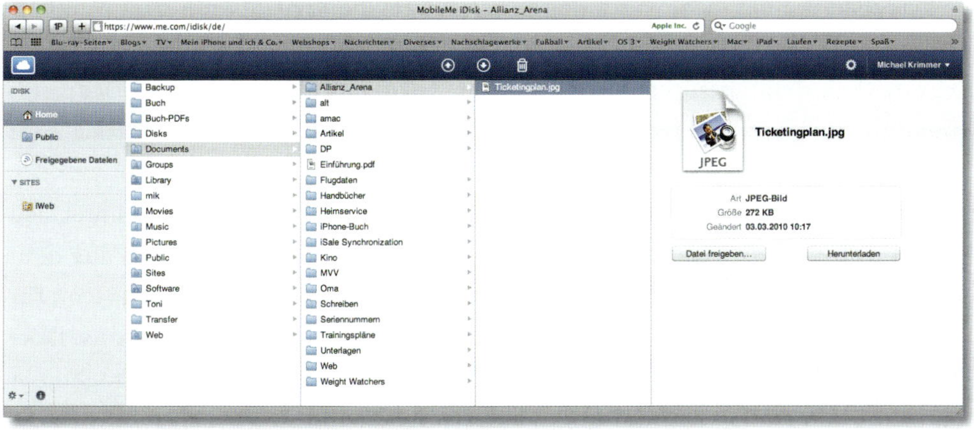

Das Webinterface von MobileMe mit der iDisk.

Bilder vom iPad aus senden

Sie können direkt vom iPad aus Fotos auf Ihre MobileMe-Galerie hochladen. Sofern es schon MobileMe-Alben gibt, können Sie eines dieser Alben als Ziel auswählen. Ansonsten legt das iPad eine Galerie mit dem Namen *iPad Album* an.

Schicken Sie nun per iPad neue Bilder in diese Galerie, werden sie automatisch auch von iPhoto heruntergeladen. Sie haben die gerade erstellte Galerie abonniert und gleichen die Inhalte immer wieder ab. Was nicht auf MobileMe ist, wird dann hochgeladen, was nicht in iPhoto ist, wird runtergeladen.

iPhoto gleicht die Inhalte der MobileMe-Alben automatisch ab und lädt fehlende Bilder hoch beziehungsweise runter.

Das iPad meldet sich, wenn das Bild hochgeladen wurde, mit drei Möglichkeiten, wie man weiter vorgehen kann. *Anzeigen auf MobileMe* öffnet ein Safari-Fenster mit dem entsprechenden Album. *Ankündigen* erstellt eine E-Mail mit dem Link zu diesem Album. *Schließen* führt ohne weitere Aktion zurück zum Foto.

Soweit die Meldung des iPads. Sie können aber auch direkt im Webinterface von MobileMe eine Galerie anlegen und diese für den Fotoversand aus dem iPad heraus nutzen. Klicken Sie im Webinterface von MobileMe auf das Icon für *Galerie* und wählen Sie dann das Zahnrad weiter rechts in der Leiste aus. Dort finden Sie den Punkt *Neues Album*, den Sie auch gleich auswählen. Tragen Sie nun den Namen des Albums ein und aktivieren Sie die gewünschten Optionen. Wichtig hierbei ist der Punkt *Fotos per E-Mail oder iPhone hinzufügen*.

Wichtig bei der Erstellung einer Galerie: ***Fotos per E-Mail oder iPad hinzufügen****.*

Wenn Sie das Album veröffentlicht haben, es in der Übersicht auswählen und dann auf das Reglersymbol klicken, sehen Sie die Mailadresse, an die die Bilder versendet werden müssen, damit sie in der Galerie landen.

Foto hochladen im Schnelldurchlauf: Nach der Auswahl des oder der Fotos auf dem iPad genügt das Anwählen von ***An MobileMe senden****.*

Es folgt die Eingabe eines Titels und einer Beschreibung. Nach der Auswahl des geeigneten Albums ...

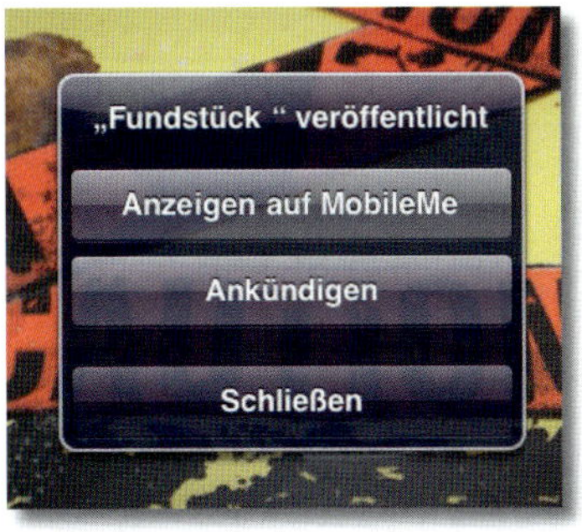

... wird daraus eine E-Mail mit dem selektierten Bild als Attachment. Ist dieses erfolgreich übertragen worden, so erhalten Sie diese Rückmeldung.

Hilfe! Die Daten sind weg. Was nun?

Synchronisieren ist eine feine Sache, wenn nichts Dummes passiert. Dumm wäre es zum Beispiel, wenn an einem Rechner versehentlich alle Kalendereinträge oder Kontakte gelöscht würden und danach eine Synchronisation durchgeführt wird. Dann werden die Daten auf MobileMe nämlich ebenfalls gelöscht. Denn wenn ein Gerät (Rechner oder iPad oder Webinterface) Daten ändert, dann werden diese Informationen sogleich an alle anderen Partner weitergeleitet. Wird also ein Termin oder Kalendereintrag entfernt, ist dieser bei aktiven *Push*-Verbindungen sofort überall verschwunden! So wären erst einmal alle Daten weg. Gut also, wenn man auf einem der Rechner die Daten noch vorliegen hat.

Dies kann zum Beispiel der Fall sein, wenn ein Computer nicht mit dem Internet verbunden war und so die letzten Änderungen noch nicht vollzogen wurden. Dieses Gerät ist also noch nicht auf dem neuesten Stand und die ursprünglichen Informationen können wieder zurückgespielt werden. Wechseln Sie hierzu an diesem Rechner in die MobileMe-Einstellungen und wählen Sie dort im Sync-Fenster *Erweitert* (am Windows-PC) beziehungsweise *Weitere Optionen* am Mac. In beiden Fällen klicken Sie auf *Sync-Daten zurücksetzen*. Geben Sie unter *Ersetzen:* an, welche Art von Information Sie wiederherstellen möchten. Sie können entweder alle Daten wählen oder nur Teile davon, etwa alle Kontakte. Ist das geschehen, legen Sie noch fest, ob die Daten vom Rechner auf MobileMe überschrieben werden sollen oder umgekehrt. In unserem Szenario wäre es vom Rechner auf MobileMe. Unter Windows wählen Sie die entsprechende Option, am Mac den Pfeil, der den Vorgang bezeichnet. Wählen Sie *Ersetzen* und wenden Sie damit das Drama ab.

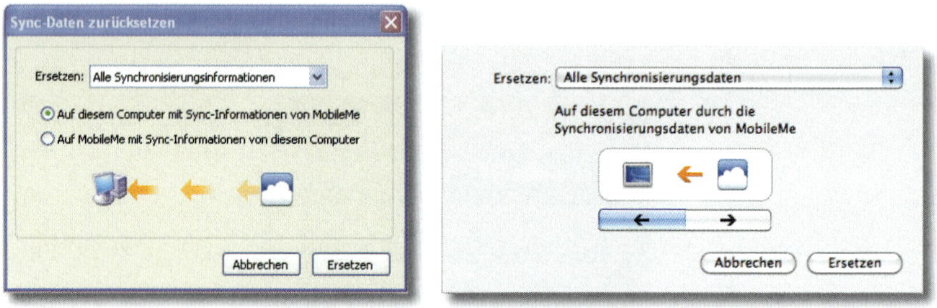

Zur Not lassen sich die Daten manuell überschreiben (links PC, rechts Mac).

Die Preise von MobileMe

MobileMe bietet zwei Mitgliedschaften an: Die Einzelmitgliedschaft umfasst 20 GByte kombinierten Speicherplatz für Mails und Daten, 200 GByte monatliches Datenvolumen und es gibt eine Mailadresse in der Form *mailadresse@me.com* dazu. Die Einzelmitgliedschaft kostet 79 Euro pro Jahr und Sie können damit fünf Geräte (Computer und/oder iPads) synchronisieren.

Die Familienlizenz bietet zusätzlich zu den Features der Einzelmitgliedschaft noch vier Unter-Accounts mit je 5 GByte Speicherplatz und einer eigenen Mailadresse. Der Preis liegt bei 119 Euro pro Jahr.

Wer mit einer Einzelmitgliedschaft startet und dann feststellt, dass eine Familienlizenz die bessere Wahl wäre, kann jederzeit aufrüsten. Auch lassen sich in beiden Fällen für 40 beziehungsweise 79 Euro pro Jahr 20 oder 40 GByte mehr Speicherplatz dazubuchen (Stand der Preise: Mai 2010).

VPN-Zugang einrichten

In den Netzwerkeinstellungen können Sie auch eine *VPN*-Verbindung einrichten. Das VPN oder Virtual Private Network ist ein reines Softwarenetzwerk und dient der Einbindung von Geräten eines fremden Netzes in das eigene Netzwerk. Die Netzwerke müssen dabei nicht kompatibel sein. Ein geläufiges Einsatzgebiet ist die Einbindung eines Homeoffices in das entfernte Netzwerk in den Firmenräumen. Tippen Sie in den Einstellungen auf *Allgemein –> Netzwerk –> VPN –> VPN hinzufügen* und konfigurieren Sie es in den daraufhin angezeigten Schritten.

VPN konfigurieren: Zugang zum Firmen- oder Hochschulnetzwerk

Ein sehr verbreitetes Protokoll ist *IPSec* (Cisco), das für *Internet Protocol Security* steht. Wir verwenden in der Beschreibung exemplarisch diese Netzwerkart. Sie können aber auch VPN über die Protokolle L2TP oder PPTP einrichten. Wählen Sie dazu lediglich den entsprechenden Punkt neben IPSec.

Geben Sie zuerst alle Daten ein, die in Schritt eins abgefragt werden. Das sind *Beschreibung*, *Server*, *Account* und das *Kennwort*. Wenn Sie diese Daten noch nicht zur Verfügung haben, bringen Sie sie vom Administrator des VPN-Netzwerks in Erfahrung. Geben Sie danach die weiteren Informationen an. Diese sind der *Gruppenname* und das entsprechende Passwort (*Shared Secret*).

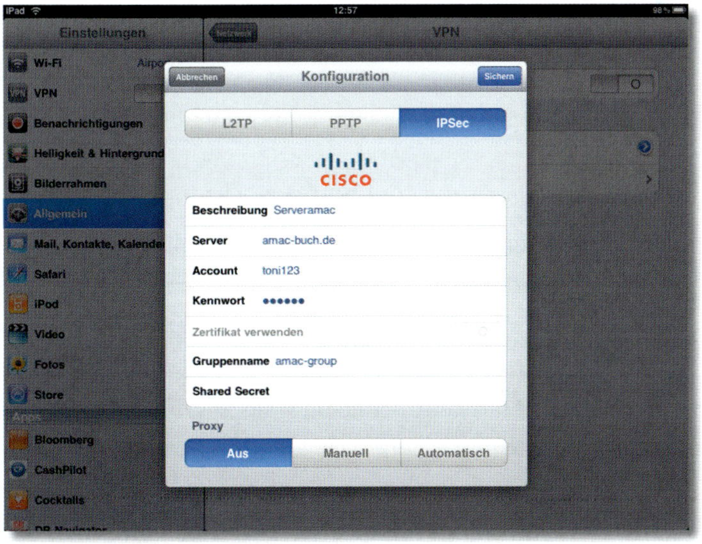

*Geben Sie alle nötigen Daten ein und sichern Sie mit **Sichern**.*

Haben Sie alle Daten eingegeben, speichern Sie die Daten mit *Sichern* ab. Danach ist das neu erstellte Profil verfügbar.

Sie können natürlich mehrere Profile erstellen, um zu verschiedensten Servern per VPN Verbindungen aufzubauen.

Wenn Sie auf das blau hinterlegte Dreieck neben dem VPN-Profil tippen, lassen sich die Einstellungen ändern. Dort können Sie den Eintrag auch komplett löschen. Schalten Sie jetzt VPN in den *Einstellungen* an.

*VPN schalten Sie in den Einstellungen zwischen **Wi-Fi** und **Benachrichtigungen** an. Ist es aktiviert, erscheint links neben der Uhr ein VPN-Zeichen.*

Wi-Fi bringt Sie wieder zu den WLAN-Einstellungen, die Sie bereits unter *Einstellungen –> Wi-Fi* kennengelernt haben.

VPN-Zugang am Beispiel des LRZ in München

Studierende an den Hochschulen in München erhalten bei Studienbeginn ihren Internetzugang. Dieser beinhaltet zudem einen VPN-Zugang über das sogenannte Leibniz-Rechenzentrum München.

Der Zugang kann mit einem Computer oder eben auch mit einem iPad, iPhone oder iPod touch verwendet werden. Die Installation ist sehr einfach. Zunächst steuert man in diesem Fall die Internetseite des LRZ an, auf der sich die VPN-Dateien befinden: *https://www.lrz-muenchen.de/services/netz/mobil/vpnclient*.

Die folgende Seite klärt dann auf, dass die Profildatei entweder direkt auf das Gerät oder via E-Mail zum iPad transportiert werden sollte.

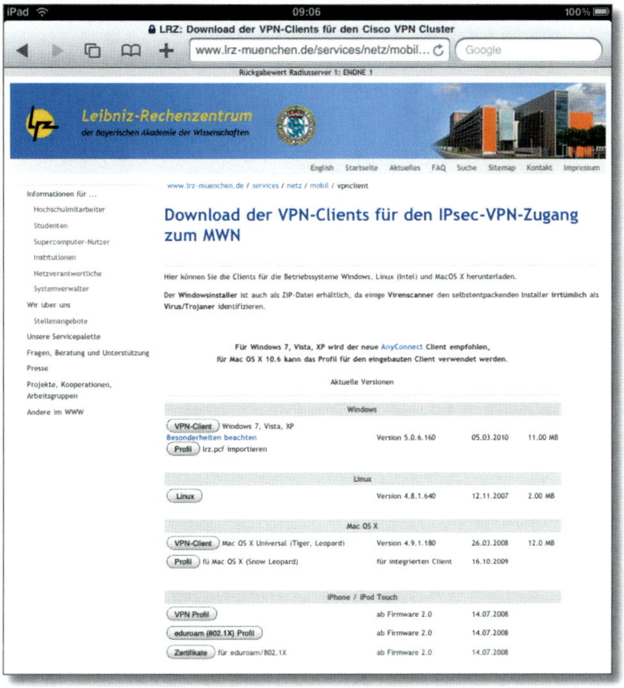

Laden der Profildatei.

Nach Eingabe der User-Daten gelangt man in den Downloadbereich und wählt dort die entsprechende Datei aus. Holt man diese über einen Rechner, ist sie hernach per E-Mail noch an das iPad zu übersenden.

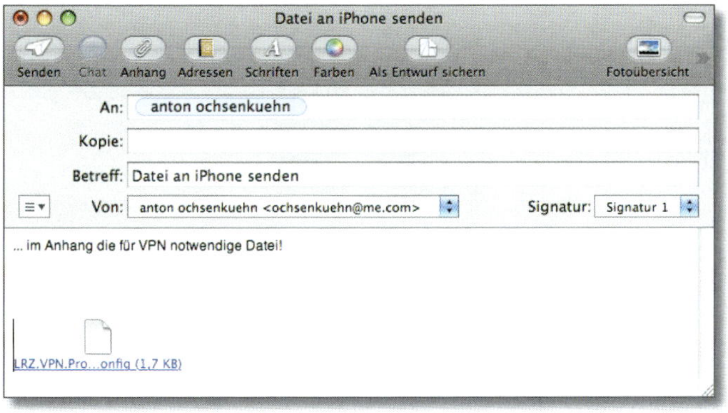

VPN-Datei an das iPad oder an das iPhone senden.

Da möglicherweise das iPad ohne VPN keinen Internetzugang aufweist, muss die Datei woanders (z. B. zu Hause) geladen werden. Schneller und besser ist es also, mit dem iPad über den Safari-Browser die Downloadseite unmittelbar über einen eigenen Wi-Fi-Zugang anzusteuern.

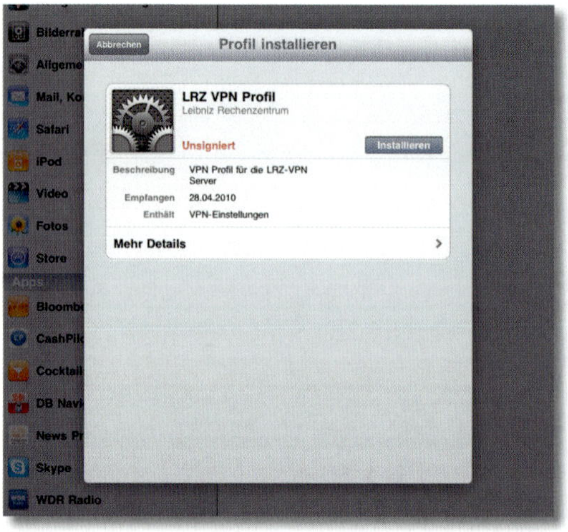

Die Profildatei muss nun installiert werden.

Sobald die Profildatei angeklickt ist, erscheint der Dialog, in dem nun *Installieren* auszuwählen ist. Anschließend bestätigen Sie noch, dass Sie sie tatsächlich installieren wollen. Es erfolgt nun die Abfrage des Usernamens und Kennworts.

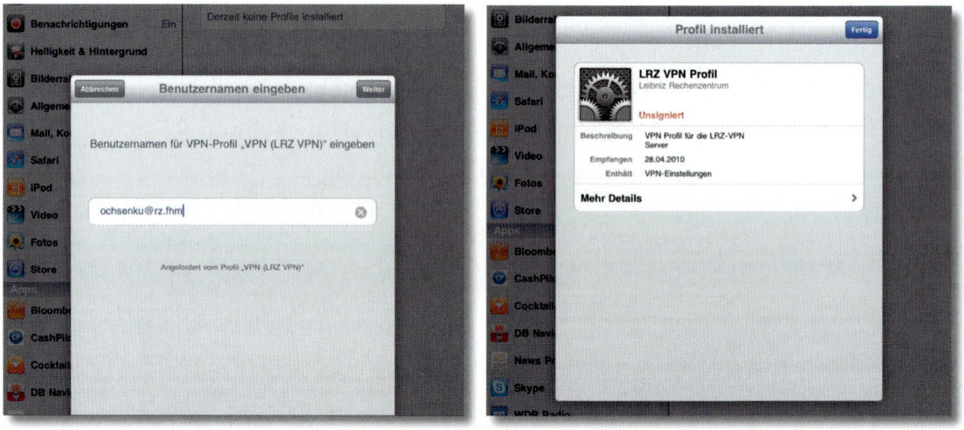

Eintrag des Usernamens und Kennworts, anschließend ist das Profil erfolgreich installiert.

Damit ist die Installation erfolgreich abgeschlossen. Wollen Sie zu einem späteren Zeitpunkt das Profil einsehen, dann gehen Sie zu *Einstellungen –> Allgemein –> Netzwerk –> VPN* oder zu *Einstellungen –> Allgemein –> Profile.* Bei Ersterem können Sie die Profileinstellungen einsehen und bei Zweiterem zum Beispiel das Profil wieder vom iPad entfernen.

Datenabgleich mit Google

Da sehr viele Anwender über einen Account bei Google verfügen, ist es an dieser Stelle sinnvoll, einmal die Einstellungen am iPad konkret anzugeben, um die Zusammenarbeit mit Google zu optimieren.

Zunächst einmal gibt es eine kostenlose Google App, mit der Sie rasch an entsprechende Google-Webseiten gelangen können.

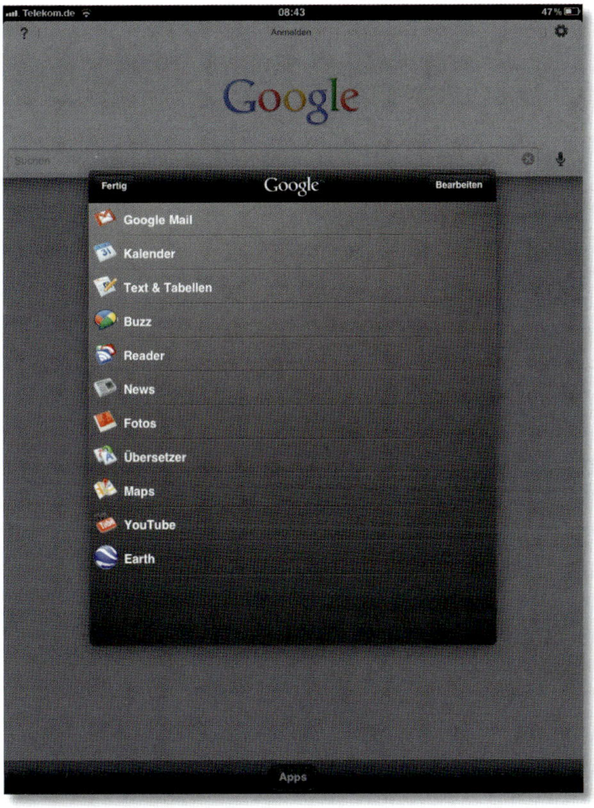

Übersicht wichtiger Google-Dienste für den schnellen Zugriff.

Weiterhin wäre es sinnvoll, die Zugangsdaten, die der Browser Safari jedes Mal abfragen wird, sich dem iPad merken zu lassen.

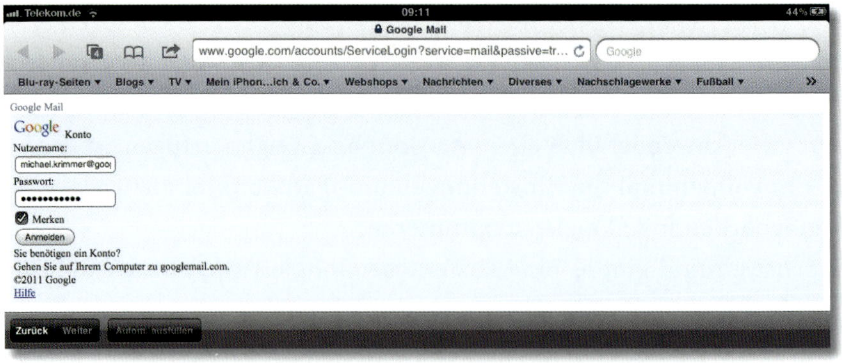

*Zugangsdaten können jedes Mal eingetragen werden (oben). Über **Einstellungen –> Safari** kann sich das iPad diese Daten aber auch merken (unten).*

Möchten Sie es noch einfacher und komfortabler haben, dann können Sie Ihre Google E-Mails auf das iPad herunterladen und damit an Mail übergeben sowie Ihre Kalenderdaten synchron halten.

Google E-Mails an Mail weitergeben

Um die E-Mails an Mail zu übergeben, muss der Account hierfür angelegt werden. Dazu gehen Sie einfach in den *Einstellungen* zu *Mail, Kontakte, Kalender* und wählen die Funktion *Account hinzufügen* aus. Klicken Sie nun auf das Google-Logo und geben Sie die gewünschten Daten ein.

Hernach können Sie sofort zum Programm Mail wechseln und Ihre E-Mails lesen, neue verfassen bzw. Nachrichten löschen.

Dabei haben Sie Zugriff auf E-Mail-Ordner und können mit dem iPad E-Mails in unterschiedliche Ordner ablegen. Das Erstellen von Ordnern innerhalb des Mailprogramms klappt leider nicht.

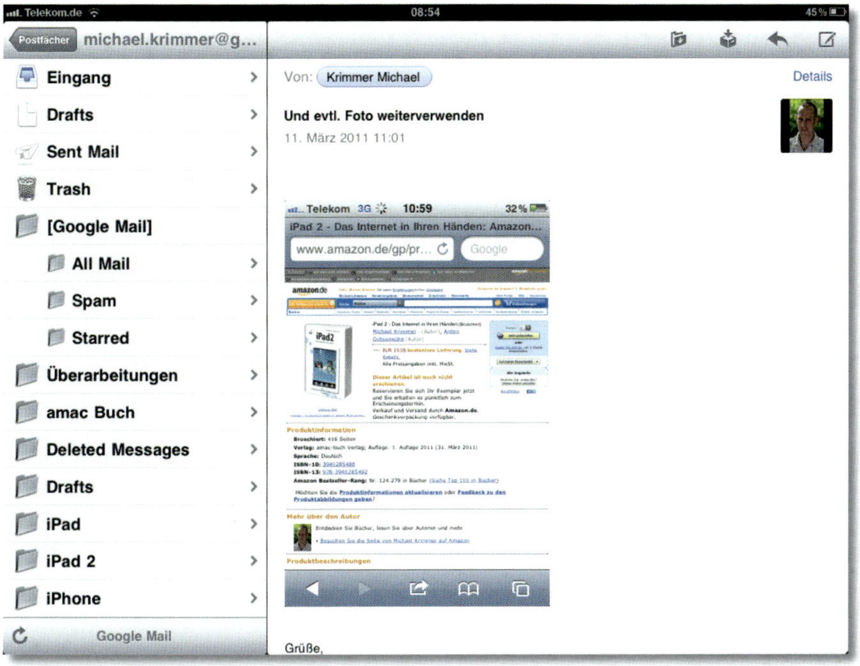

E-Mail-Ablagestruktur mit verschiedenen Ordnern und Unterordnern.

Google kennt im eigentlichen Sinne keine Ordner, sondern man nennt das dort Label. Damit hat der Anwender den Vorteil, dass er ein und derselben E-Mail mehrere Labels vergeben kann und diese dann in mehreren „Ordnern" erscheinen.

Jedoch können Sie via Safari ebenso auf Ihr Postfach zugreifen und dort die Einstellungen vornehmen.

Egal, ob Sie nun via Browser, über Ihren Rechner oder über das Mailprogramm des iPads arbeiten, Sie haben stets die gleichen Daten verfügbar. Wird also am iPad eine E-Mail gelöscht, werden auch alle anderen Geräte darüber informiert. Der Google-Account verhält sich also wie ein IMAP-Server.

Sie können ebenso auf POP umschalten, wenn Sie das möchten. Dazu müssen Sie die Einstellungen Ihres Mail-Accounts umdefinieren.

Googles Kalenderdaten mit dem iPad synchronisieren

Neben den E-Mail-Daten können auch die Kalenderinformationen mit dem iPad synchron gehalten werden.

Verwenden Sie hierzu erneut in den *Einstellungen* den Eintrag *Mail, Kontakte, Kalender* gehen Sie zu *Account hinzufügen* und wählen Sie dort *Andere* aus, um nun den Eintrag *CalDAV-Account hinzufügen* zu verwenden.

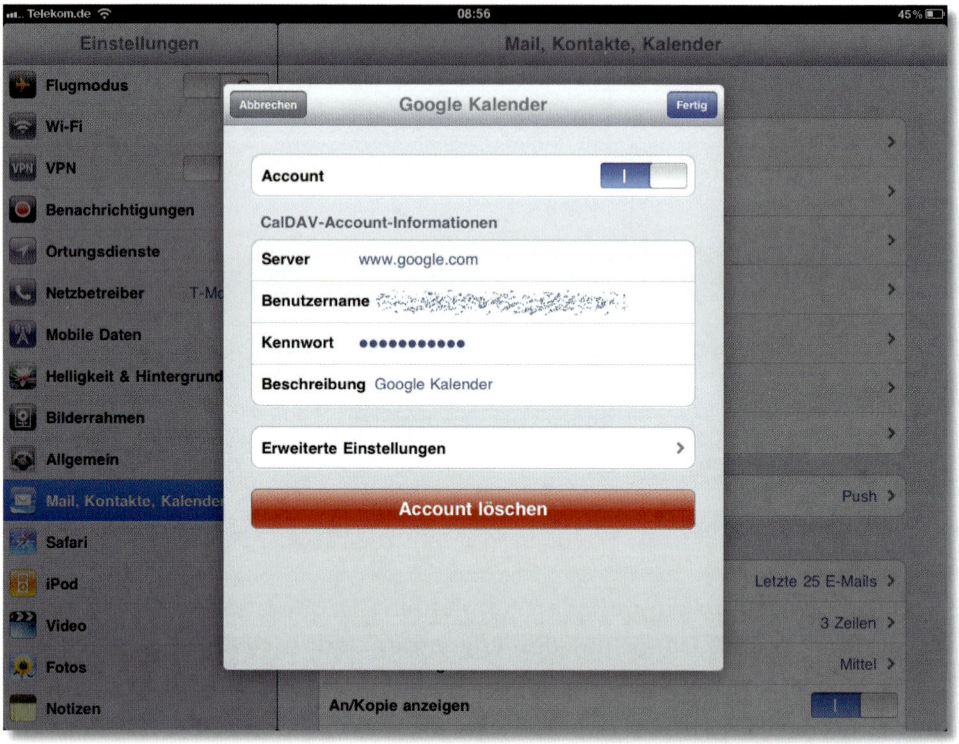

So richten Sie einen ***Google Kalender*** *ein.*

Wichtig hierbei sind der Eintrag des Servers mit www.google.com sowie Ihre Zugangsdaten in den beiden Zeilen darunter.

Nun können Sie in das Programm *Kalender* wechseln und dort Ihre Termine einsehen. Natürlich können auch neue Termine erstellt werden, die dann wiederum mit dem Internet abgeglichen werden.

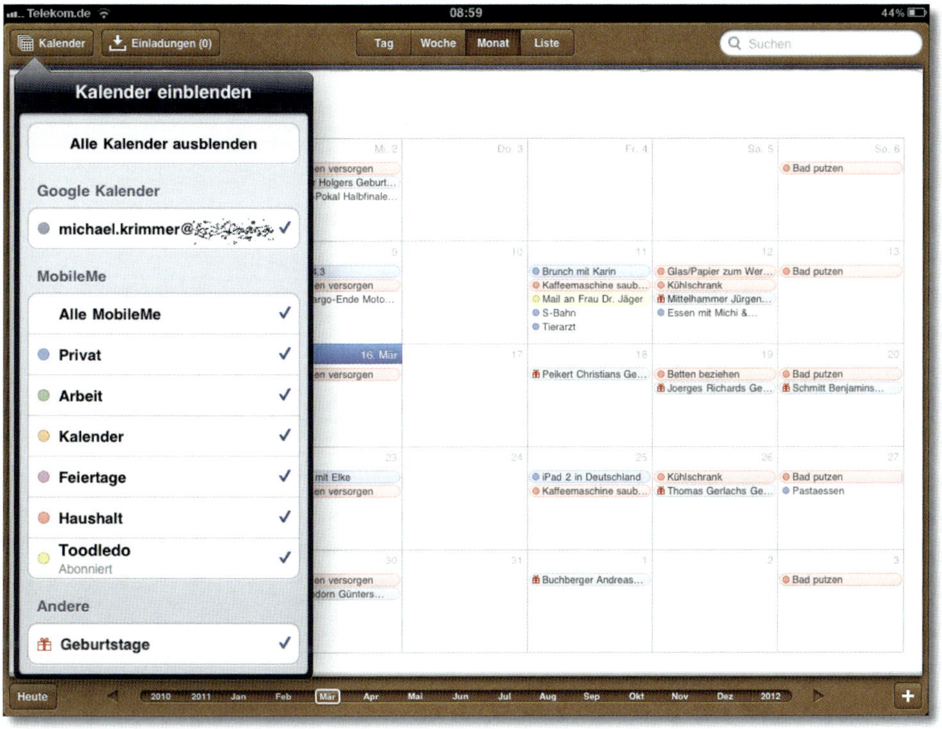

*Der Google Kalender im Programm **Kalender** auf dem iPad.*

Natürlich werden auch Termineinladungen, die an Sie gerichtet wurden, auf das iPad übertragen.

Was aber ist zu tun, wenn Sie bei Google mehrere Kalendarien führen? Sie haben sicher schon bemerkt, dass in diesem Fall nur der Hauptkalender mit dem iPad synchron gehalten wird.

Doch das Hinzufügen Ihrer weiteren Kalendarien ist ganz einfach.

1. Sie erzeugen nochmals den gleichen CalDAV-Account wie eben.
2. Nun müssen Sie über den Browser die Kalender-ID Ihres weiteren Kalenders ausfindig machen. Dazu wählen Sie die Einstellungen des dazugehörigen Kalenders aus und finden diese Information bei Kalenderadresse.

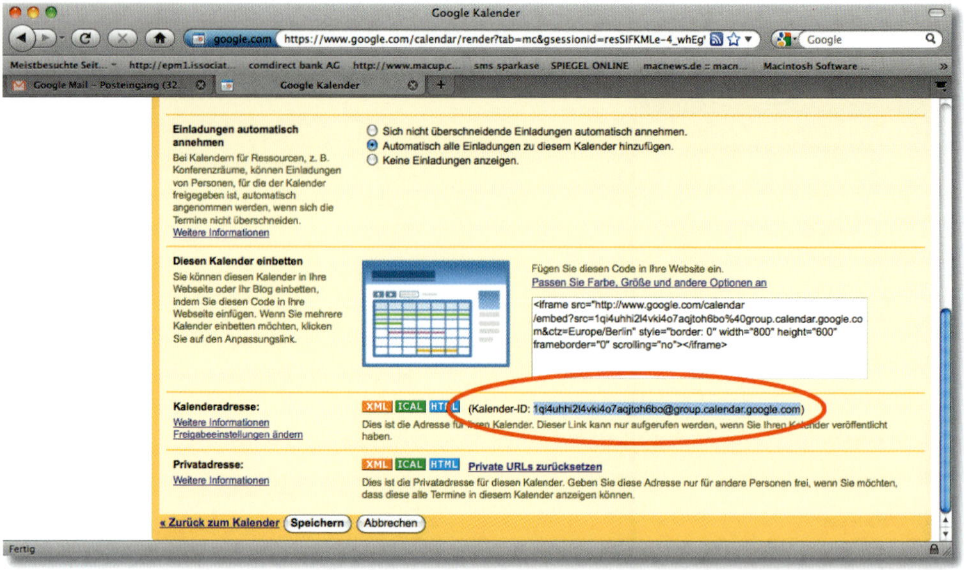
Google Kalender
https://www.google.com/calendar/render?tab=mc&gsessionid=resSIFKMLe-4_whEg'
Google Mail – Posteingang (32...
Google Kalender
Einladungen automatisch annehmen
Bei Kalendern für Ressourcen, z. B. Konferenzräume, können Einladungen von Personen, für die der Kalender freigegeben ist, automatisch angenommen werden, wenn sich die Termine nicht überschneiden.
Weitere Informationen
Sich nicht überschneidende Einladungen automatisch annehmen.
Automatisch alle Einladungen zu diesem Kalender hinzufügen.
Keine Einladungen anzeigen.
Diesen Kalender einbetten
Sie können diesen Kalender in Ihre Webseite oder Ihr Blog einbetten, indem Sie diesen Code in Ihre Webseite einfügen. Wenn Sie mehrere Kalender einbetten möchten, klicken Sie auf den Anpassungslink.
Fügen Sie diesen Code in Ihre Website ein.
Passen Sie Farbe, Größe und andere Optionen an
<iframe src="http://www.google.com/calendar/embed?src=1qi4uhhi2l4vki4o7aqjtoh6bo%40group.calendar.google.com&ctz=Europe/Berlin" style="border: 0" width="800" height="600" frameborder="0" scrolling="no"></iframe>
Kalenderadresse:
Weitere Informationen
Freigabeeinstellungen ändern
XML ICAL HTML
(Kalender-ID: 1qi4uhhi2l4vki4o7aqjtoh6bo@group.calendar.google.com)
Privatadresse:
Weitere Informationen
XML ICAL HTML
Private URLs zurücksetzen
Dies ist die Privatadresse für diesen Kalender. Geben Sie diese Adresse nur für andere Personen frei, wenn Sie möchten, dass diese alle Termine in diesem Kalender anzeigen können.
« Zurück zum Kalender
Speichern
Abbrechen
Fertig

Kalender-ID eines Google Kalenders.

3. Diese sollten Sie sich am besten per E-Mail selbst zusenden.
4. Nun kehren Sie zu den CalDAV-Einstellungen zurück, wählen dort *Erweiterte Einstellungen* und sehen nun die *Account-URL*. Tauschen Sie nun den rot hinterlegen Bereich aus, indem Sie die Kalender-ID aus der E-Mail an die entsprechende Position einfügen.
   Vorher:
   *https://www.google.com:443/calendar/dav/**anton.ochsenkuehn%40.googlemail.com**/user*
   Nachher:
   *https://www.google.com:443/calendar/dav/**1qi4uhhi2l4vki4o7aqjtoh6bo%40group.calendar.google.com**/user*

Mithilfe dieser Methode können Sie beliebige weitere Kalender hinzufügen. Es ist nur ein weiterer CalDAV-Account hierfür anzulegen.

Wenn Sie Ihre Google-Kontaktdaten auf dem iPad haben wollen, dann können Sie das bei iTunes einstellen, und bei der nächsten Synchronisation werden die Daten auf das iPad übertragen. Vorher werden diese zunächst am Mac ins Adressbuch gezogen und dann zum iPad gesendet.

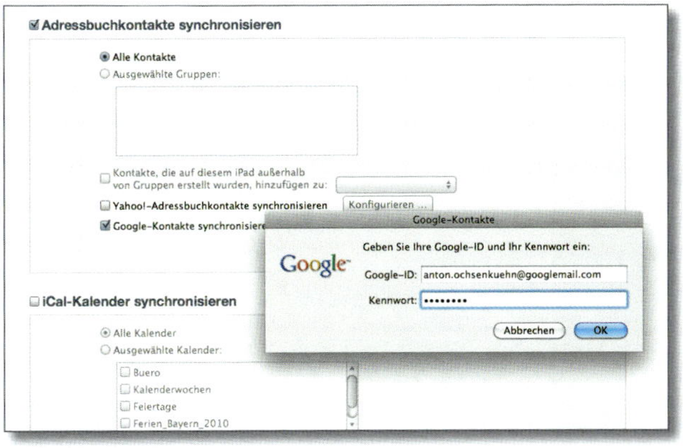

Google-Kontakte via iTunes auf das iPad bringen.

Datenabgleich via Exchange

Möchten Sie mit den E-Mail-Daten zugleich die Kalender- und auch Kontaktinformationen Ihres iPads mit Ihren Google-Daten synchron halten, dann sollten Sie dies über das sogenannte Active-Sync-Plug-in tun.

Wählen Sie bei *Mail, Kontakte, Kalender* den Eintrag *Account hinzufügen* und nun den Button *Microsoft Exchange* aus und übertragen Sie so die Daten, wie auf dem Screenshot zu sehen ist.

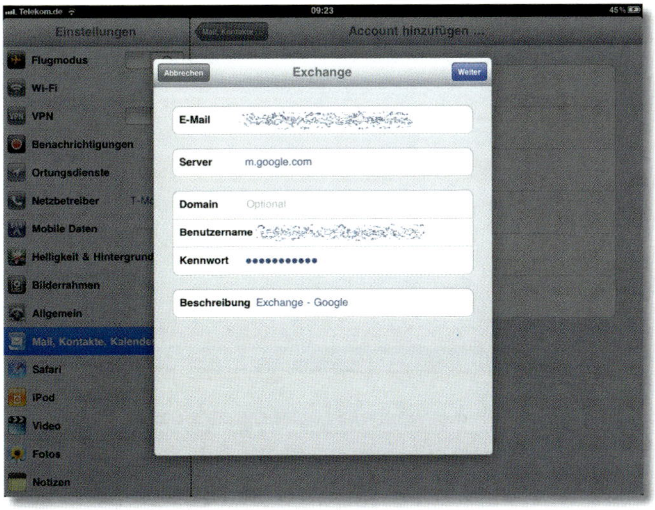

Abgleich der Google-Daten über die Microsoft-Exchange-Funktionalität.

Wichtig ist die Angabe des korrekten Servers (m.google.com) und eben die Eingabe der richtigen Benutzerdaten.

Spezifizieren Sie, welche Daten mit dem iPad abgeglichen werden sollen.

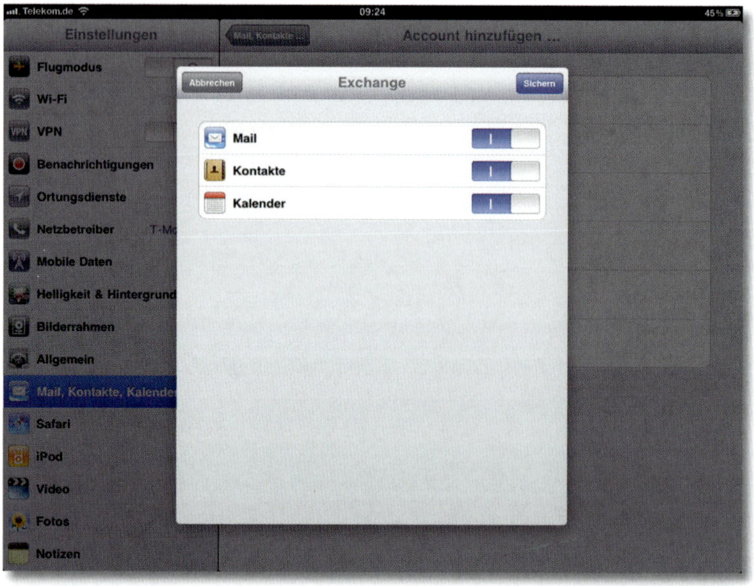

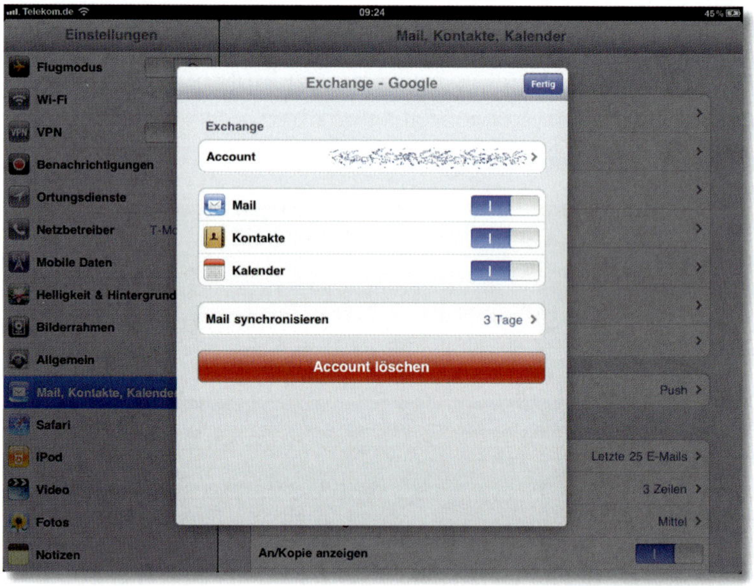

Entscheiden Sie hier, welche Daten sollen synchronisiert werden sollen.

Nun sollten Sie noch definieren, dass die Daten per Push – also mit geringstmöglicher Zeitverzögerung – von und zum iPad übertragen werden. Wählen Sie dazu unter *Mail, Kontakte, Kalender –> Datenabgleich* den Eintrag *Push* und aktivieren diesen. Via *Erweitert* sollten Sie für diesen Account noch prüfen, ob dort ebenfalls *Push* erscheint.

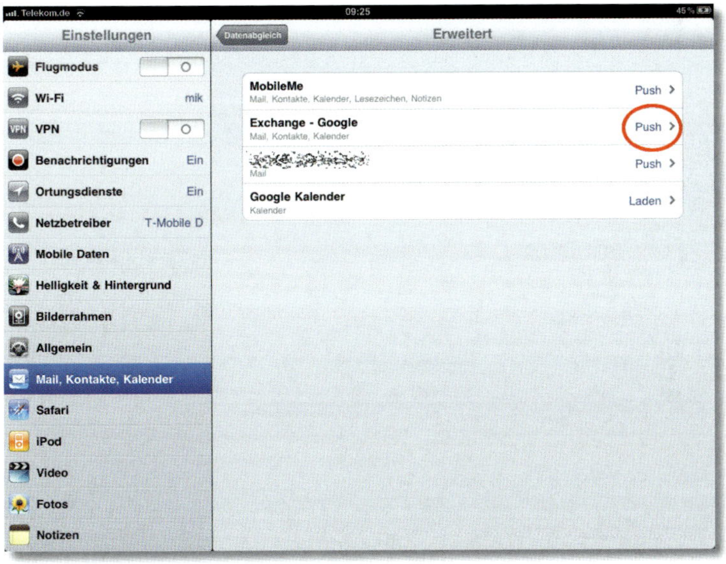

Der Push-Dienst kann generell aktiviert und für jeden Dienst einzeln variiert werden.

Damit haben Sie nun die perfekte Synchronisation Ihrer wichtigsten Daten mit Google eingestellt und können mit den Programmen Mail, Kalender und Kontakte alle Informationen einsehen und bearbeiten. Das Tolle an dieser Lösung ist zudem, dass Sie mit jedem internetfähigen Rechner über einen Browser diese Daten ebenso einsehen können.

Noch drei Hinweise zu dieser Thematik:

Hinweis 1: Im Gegensatz zu MobileMe kann Google keine Remote-Löschung des iPads veranlassen.

Hinweis 2: Wenn Sie nicht in einer Firma arbeiten, die Exchange verwendet, und auch Google nicht im Einsatz haben, aber dennoch die Vorteile der Active-Sync-Technologie (Push, identischer Datenbestand etc.) verwenden möchten, dann gibt es hierfür die Idee Hosted Exchange. Sie mieten sich also bei einem Exchange-Server ein und nutzen all die vorhin beschriebenen Vorteile und Funktionen. Einer der Anbieter ist die Firma cojama Infosystems GmbH (http://www.cojama-hosting.com/produkte/hosted-exchange-2007/).

Für nur wenige Euro pro Monat erhalten Sie den Zugriff per Internetbrowser via OutlookWebAccess, den Push-Dienst und damit die sofortige Verteilung von Informationen an alle Endgeräte wie Computer, iPads oder iPhones. Für Selbstständige, kleine Unternehmen und Arbeitsgruppen ist diese Lösung sehr kostengünstig und mit keinerlei Investitionen verbunden. Genauso wie mit MobileMe kann hier via Exchange ein iPhone oder ein iPad bei Verlust aus der Ferne gelöscht werden.

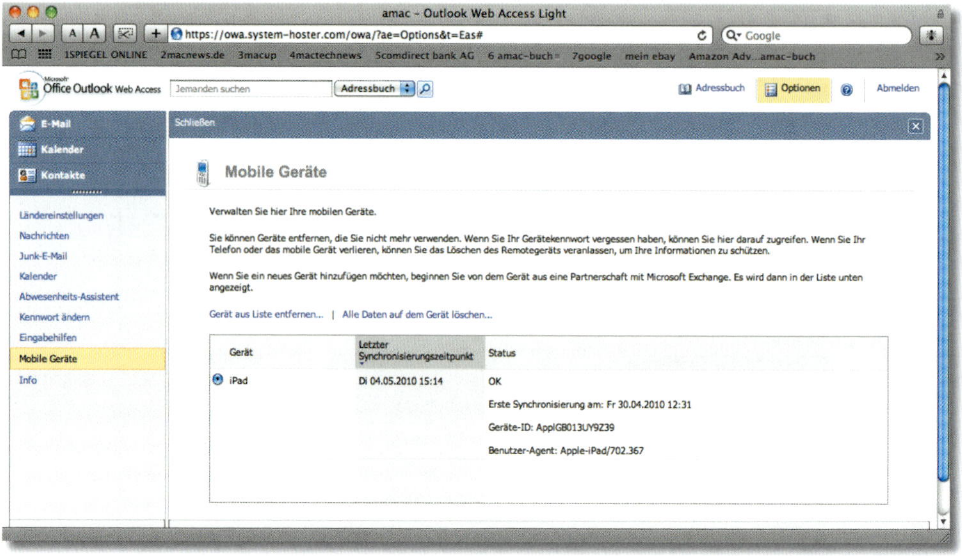
amac - Outlook Web Access Light
https://owa.system-hoster.com/owa/?ae=Options&t=Eas#
Office Outlook Web Access
Adressbuch
Optionen
Abmelden
E-Mail
Kalender
Kontakte
Schließen
Mobile Geräte
Verwalten Sie hier Ihre mobilen Geräte.
Sie können Geräte entfernen, die Sie nicht mehr verwenden. Wenn Sie Ihr Gerätekennwort vergessen haben, können Sie hier darauf zugreifen. Wenn Sie Ihr Telefon oder das mobile Gerät verlieren, können Sie das Löschen des Remotegeräts veranlassen, um Ihre Informationen zu schützen.
Wenn Sie ein neues Gerät hinzufügen möchten, beginnen Sie von dem Gerät aus eine Partnerschaft mit Microsoft Exchange. Es wird dann in der Liste unten angezeigt.
Gerät aus Liste entfernen... | Alle Daten auf dem Gerät löschen...
Ländereinstellungen
Nachrichten
Junk-E-Mail
Kalender
Abwesenheits-Assistent
Kennwort ändern
Eingabehilfen
Mobile Geräte
Info
Gerät
Letzter Synchronisierungszeitpunkt
Status
iPad
Di 04.05.2010 15:14
OK
Erste Synchronisierung am: Fr 30.04.2010 12:31
Geräte-ID: ApplGB013UY9Z39
Benutzer-Agent: Apple-iPad/702.367

iPhone oder iPad aus der Ferne löschen.

Hinweis 3: Seit iOS 4 können mehrere Exchange-Accounts gleichzeitig konfiguriert werden. Bis Version iOS 3 war lediglich ein Exchange-Account möglich. Somit können Sie nun Ihre Firmen-Exchange-Accounts neben dem z. B. privaten Google-Account verwenden. Sie erhalten dann eben in den Programmen wie Kalender, Kontakte und Mail in separaten Bereichen die jeweiligen Informationen. Termineinladungen von Firmenkollegen werden dann dabei direkt an den Exchange-Kalender des Firmen-Accounts gesendet.

An der Stelle ist der Verweis auf die kostenlose App iMExchange 2 sinnvoll, mit der dann zusätzlich noch Aufgaben und Notizen via Exchange synchronisiert werden.

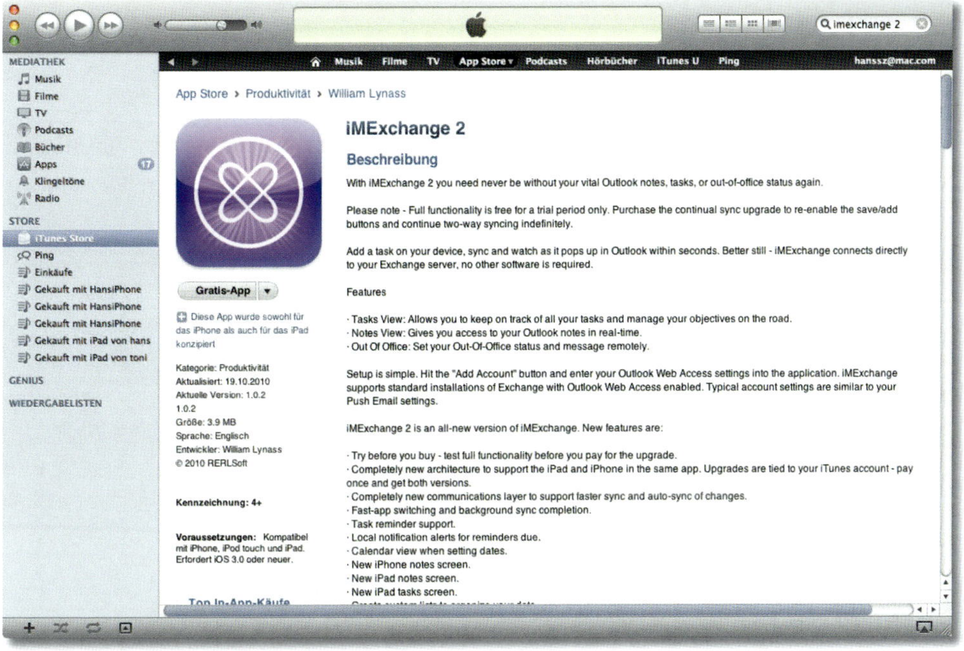
imexchange 2
MEDIATHEK
Musik
Filme
TV
Podcasts
Bücher
Apps
Klingeltöne
Radio
STORE
iTunes Store
Ping
Einkäufe
Gekauft mit HansiPhone
Gekauft mit HansiPhone
Gekauft mit HansiPhone
Gekauft mit iPad von hans
Gekauft mit iPad von toni
GENIUS
WIEDERGABELISTEN
Musik Filme TV App Store Podcasts Hörbücher iTunes U Ping
hanssz@mac.com
App Store › Produktivität › William Lynass
iMExchange 2
Beschreibung
With iMExchange 2 you need never be without your vital Outlook notes, tasks, or out-of-office status again.
Please note - Full functionality is free for a trial period only. Purchase the continual sync upgrade to re-enable the save/add buttons and continue two-way syncing indefinitely.
Add a task on your device, sync and watch as it pops up in Outlook within seconds. Better still - iMExchange connects directly to your Exchange server, no other software is required.
Features
· Tasks View: Allows you to keep on track of all your tasks and manage your objectives on the road.
· Notes View: Gives you access to your Outlook notes in real-time.
· Out Of Office: Set your Out-Of-Office status and message remotely.
Setup is simple. Hit the "Add Account" button and enter your Outlook Web Access settings into the application. iMExchange supports standard installations of Exchange with Outlook Web Access enabled. Typical account settings are similar to your Push Email settings.
iMExchange 2 is an all-new version of iMExchange. New features are:
· Try before you buy - test full functionality before you pay for the upgrade.
· Completely new architecture to support the iPad and iPhone in the same app. Upgrades are tied to your iTunes account - pay once and get both versions.
· Completely new communications layer to support faster sync and auto-sync of changes.
· Fast-app switching and background sync completion.
· Task reminder support.
· Local notification alerts for reminders due.
· Calendar view when setting dates.
· New iPhone notes screen.
· New iPad notes screen.
· New iPad tasks screen.
Gratis-App
Diese App wurde sowohl für das iPhone als auch für das iPad konzipiert
Kategorie: Produktivität
Aktualisiert: 19.10.2010
Aktuelle Version: 1.0.2
1.0.2
Größe: 3.9 MB
Sprache: Englisch
Entwickler: William Lynass
© 2010 RERLSoft
Kennzeichnung: 4+
Voraussetzungen: Kompatibel mit iPhone, iPod touch und iPad. Erfordert iOS 3.0 oder neuer.

*Selbst Abwesenheitsinformationen für Exchange können über das Programm **iMExchange 2** eingetragen bzw. geändert werden.*

Die besten Tools fürs iPad

Ergänzungen für das iPad

Sie haben bereits gesehen, dass sich das iPad nahezu beliebig mit weiteren Funktionen nachrüsten lässt. Das geschieht über sogenannte Apps, die man bequem im App Store kaufen oder kostenlos herunterladen kann. Aber es kann auch sinnvoll sein, dass man Zubehör dazukauft, beispielsweise einen Ersatzakku oder eine Möglichkeit, um das iPad aufrecht hinzustellen.

Sinnvolles Zubehör

Auf den folgenden Seiten stellen wir Ihnen sinnvolle Erweiterungen und nützliche Taschen für das iPad vor. Los geht's mit dem Zubehör.

Ersatzakku: Just Mobile Gum PRO

Es bereitet schon richtig Spaß, das Surfen und Spielen mit dem iPad. Wenn allerdings UMTS, Wi-Fi und Bluetooth aktiviert sind und das helle Display ständig Energie nachfragt, ist nach einigen Stunden der Akku leer. Besonders blöd ist das dann, wenn weder Steckdose noch Notebook in der Nähe sind und das iPad daher auf herkömmlichem Wege nicht aufgeladen werden kann.

Abhilfe schafft *Gum PRO*, ein portables USB-Power-Pack. Es ist zwar nicht explizit für das iPad konzipiert, verrichtet aber anstandslos seinen Dienst in Verbindung mit dem Apple-Gerät. Das System: Sie laden Gum PRO dann auf, wenn Sie noch Zugriff auf eine Stromquelle haben. Das kann entweder eine Steckdose übers Netzteil oder die USB-Schnittstelle eines Computers sein. LEDs an der Vorderseite informieren grob – sehr grob – über den Ladezustand des Geräts. Es gibt je ein Lämpchen für 1/3, 2/3 und die volle Ladung. Ist Gum PRO voll aufgeladen und das iPad braucht Energie, verbinden Sie beide Geräte über das Daten- und Ladekabel, das dem iPad beiliegt. Es funktioniert auch mit allen anderen Kabeln, die eine Ladung des iPads mit Strom ermöglichen. Schalten Sie den Ersatzakku ein und Gum PRO „entlädt" sich sozusagen in das iPad oder jedes andere Gerät, das Strom über ein USB-Kabel bekommen kann. Im Test hat eine volle Ladung Gum PRO ausgereicht, um das iPad zu 40 Prozent zu laden. Das reicht aus für eine weitere Ladung Spaß am iPad und bringt Sie locker über den Rest Ihrer Flugreise oder Zugfahrt. Möglich macht das ein 4400-mAh-Akku im Gum PRO.

Der Ersatzakku mit 4400 mAh Kapazität lädt das iPad fast zur Hälfte auf, bis er selbst wieder ans Netz muss.

Name:	Gum PRO
Hersteller:	Just Mobile
Info:	www.just-mobileonline.de
Preis:	45 Euro (www.amazon.de)

Apple iPad 2 Dock

Das iPad lässt sich auch mit einer kabellosen Tastatur betreiben. Das ist ein Umstand, der längeres Tippen sehr komfortabel gestaltet. Allerdings gibt es dann das Problem, dass das iPad flach auf dem Tisch liegt und man es ja normalerweise gewohnt ist, dass ein Display aufrecht vor einem steht. Klar, man kann das iPad mithilfe einer Wasserflasche aufrecht hinstellen. Das ist aber eine eher wacklige Angelegenheit.

Apple hat daher ein Zubehör im Angebot, das dieses Problem löst. Mit dem *iPad 2 Dock* kann man das iPad aufstellen und es bleibt auch sicher stehen, solange man nicht dagegenstößt. Und an der Rückseite des Geräts lässt sich ein Datenkabel anbringen, damit man es auch mit Strom versorgen oder mit dem Rechner synchronisieren kann. Es gibt weiter einen Line-out-Ausgang, über den sich Musik oder der Ton eines Films über externe Lautsprecher ausgeben lässt.

Das iPad 2 Dock erlaubt das Aufstellen des iPad 2. An der Rückseite befinden sich Anschlüsse für Daten- und Audiokabel.

Name:	iPad 2 Dock
Hersteller:	Apple
Info:	www.applestore.de
Preis:	29 Euro

Apple iPad Camera Connection Kit

Sie sind im Urlaub und machen jeden Tag eine große Anzahl an Fotos mit Ihrer Digitalkamera. Jetzt möchten Sie diese jeden Tag sichern, damit nichts verloren geht und am nächsten Tag die Karte wieder leer ist. Außerdem wäre es gut, wenn Sie beim Abendessen bereits die Fotos des Tages mit Freunden begutachten könnten.

Klar, das geht. Sie müssen nur die Kamera entweder per Datenkabel oder die Speicherkarte über ein Lesegerät mit Ihrem Notebook verbinden. Dann laden Sie die Bilder auf den Rechner und kopieren die Fotos per iTunes auf das iPad. Sie möchten aber kein Notebook mit in den Urlaub nehmen oder synchronisieren das iPad mit dem Rechner zu Hause? Pech gehabt. Dann bleibt doch nur das kleine Display der Kamera zur Bilderschau. Nicht sehr beeindruckend.

Verwenden Sie in dieser Situation lieber das iPad Camera Connection Kit. Das sind zwei kleine Stecker, jeweils nicht viel größer als eine SD-Speicherkarte. In den einen passt eben jene Speicherkarte, in den anderen ein USB-Kabel, z. B. das Ihrer Digitalkamera.

Außerdem können Sie das Kit mit dem USB-Anschluss dazu „missbrauchen", eine USB-Tastatur oder auch ein USB-Headset bzw. einen USB-Kopfhörer anzuschließen. ;-)

Welchen Stecker Sie verwenden, ist egal, das Ergebnis ist i
iPad 2 kopiert darüber direkt und schnell alle Fotos in di
Sofort sind die Bilder verfügbar und können angesehen v
wird die Karte gelöscht und ist bereit für den nächsten U
auch eine Diashow laufen lassen. Das wird beim Abend

Über das iPad Camera Connection Kit können Sie direkt eine SD-Karte an das iPad anstecken oder eine Kamera per USB-Kabel.

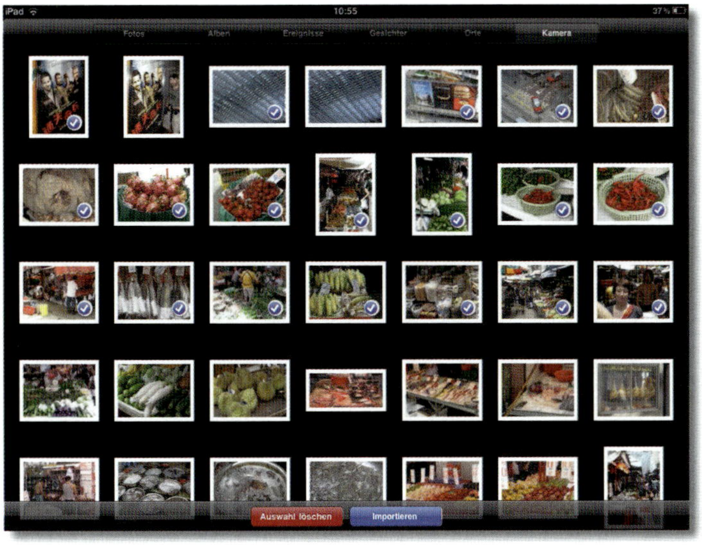

Sie können entweder Fotos zum Import markieren oder alle auf der Karte befindlichen Fotos in einem Rutsch importieren.

Name:	iPad Camera Connection Kit
Hersteller:	Apple
Info:	www.applestore.de
Preis:	29 Euro

Dock Connector-zu-VGA-Adapter

n das iPad an einen PC-Monitor oder einen Beamer mit VGA-Kabel anzustecken (Auflösung 1024 × 768 Pixel), benötigen ist den iPad Dock Connector-zu-VGA-Adapter. Stecken Sie das eine Ende an das iPad und verbinden Sie die andere Seite mit dem Kabel des Monitors oder Beamers. Schon haben Sie die Verbindung hergestellt.

Sie können das Kabel auch für einen Projektor oder ein TV-Gerät nutzen, sofern es einen VGA-Anschluss hat.

Folgende Inhalte des iPads werden über den Adapter auf ein externes Display weitergereicht:

- YouTube-Videos
- Videos
- Keynote-Präsentationen
- Fotos und Diashows
- nicht DRM-geschützte TV-Sendungen und Filme
- Apps, die den Adapter unterstützen

Über den Adapter kann der „normale“ iPad-Homescreen nicht weitergegeben werden.

Über dieses Kabel können Sie das iPad an einen VGA-Monitor anschließen.

Name:	iPad Dock Connector-zu-VGA-Adapter
Hersteller:	Apple
Info:	www.applestore.de
Preis:	29 Euro

Digital AV-Adapter

Mit dem Digital AV Adapter bringen Sie alle Inhalt, die gerade auf dem iPad 2 zu sehen sind, per HDMI-Kabel auf einen Flachbildschirm oder einen Monitor mit HDMI-Eingang. Und das Ganze mit einer Auflösung von bis zu 1080p (bei Video bis 720p). Bei dieser Lösung geht es aber nicht darum, Inhalte aus Anwendungen wie etwa Fotos oder Keynote-Präsentationen auf einem externen Display auszugeben. Viel mehr wird alles, was Sie am iPad machen, auch übertragen. Das eignet sich beispielsweise für Fortbildungen, bei denen es darum geht, die Handhabung von iOS zu erklären oder die Bedienung von Apps zu zeigen.

Zusätzlich zum HDMI-Kabel hat der Adapter noch einen Dock-Connector, damit das iPad auch während der Präsentation mit Strom versorgt werden kann. So bleibt der Akku geladen.

Über dieses Kabel können Sie alles, was am iPad-Bildschirm zu sehen ist, über ein TV-Gerät oder einen Monitor mit HDMI-Schnittstelle ausgeben.

Name:	iPad Digital AV Adapter
Hersteller:	Apple
Info:	www.applestore.de
Preis:	39 Euro

Die Unterschiede der beiden Adapter: Welcher der beiden vorgestellten Adapter der richtige für Sie ist, hängt vom geplanten Einsatzgebiet ab. Hier noch einmal die Unterschiede in Kürze: Mit dem Dock Connector-zu-VGA-Adapter lassen sich Inhalte bestimmter Apps auf einem Monitor oder über den Beamer ausgeben. Der Digital AV Adapter dagegen gibt alles aus, was auf dem iPad-Bildschirm zu sehen ist. Dazu gehören auch der Homescreen, die Einstellungen und so weiter.

Eine weitere Möglichkeit, Bilder und Videos am TV-Gerät auszugeben, ist die iOS-Funktion AirPlay. Haben Sie Apple TV an Ihrem Fernseher angeschlossen, können Sie sogar kabellos die Inhalte aus iPad, iPhone oder iTunes an den Fernseher schicken.

MiFi 2352 von Novatel Wireless

(Oder wie Sie ein iPad Wi-Fi in ein iPad Wi-Fi + 3G verwandeln)

Es gibt Produkte, die sind einfach nur pfiffig. Das *MiFi 2352* gehört in diese Kategorie. Das Produkt ist in Weiß und in Schwarz erhältlich und verfügt neben einem Micro-USB-Anschluss und einem Micro-SD-Kartenleser über einen SIM-Kartenslot, der sich im Inneren des Gerätes unterhalb des Akkufachs befindet.

Das MiFi 2352 in schwarzer Farbe inkl. Rückansicht.
Abmessungen: 62 mm × 98 mm × 15 mm, Gewicht: nur 81 g.

Was macht dieses Gerät für iPad-Besitzer nun so interessant? Ganz einfach: Durch das Einbringen einer normalen SIM-Karte, die z. B. über eine Internet-

Flatrate verfügt, kann dieser Internetzugang vom MiFi 2352 per WLAN dem Wi-Fi-iPad zur Verfügung gestellt werden. Und damit nicht genug – es können maximal fünf Geräte (Computer, iPhones, iPads etc.) per WLAN mit dem MiFi verbunden werden und den HSUPA/HSDPA/UMTS/EDGE/GPRS-Internetzugang des Geräts nutzen.

Besonders interessant ist zudem die Eigenschaft, dass die Wi-Fi-Funktion des Geräts über zehn Meter reicht. So kann das MiFi an einer Position angebracht werden, an der guter UMTS-Empfang herrscht, während Sie innerhalb der Wohnung bequem auf der Couch sitzend im Web surfen, wo normalerweise der Empfang leidlich schlecht ist.

Durch den Einsatz des auswechselbaren Lithium-Ionen-Akkus können Sie das Gerät auch für mehrere Stunden, z. B. bei einer Bahnfahrt oder im Auto, problemfrei einsetzen (ca. vier Stunden). Während einer Autofahrt können Sie das Gerät mit einem passenden Adapter auch aufladen.

Über den Micro-USB-Anschluss erfolgt die Stromversorgung, die entweder über eine Steckdose oder ein anderes USB-Gerät erfolgen kann. Zudem könnten Sie Ihren Computer mit USB an das MiFi anschließen, um drahtgebunden damit ins Internet zu gelangen. Besonders toll gelöst sind die sehr einfache Installation und Konfiguration des Geräts, die auch für Laien problemfrei durchzuführen ist:

1. SIM-Karte unterhalb des Akkufachs einlegen.
2. Akku wieder einbauen und zunächst mit dem mitgelieferten Ladekabel an die Steckdose anschließen.
3. Gerät durch den Einschalter auf der Oberseite aktivieren.
4. Nach wenigen Sekunden wird der Einschaltknopf durch grüne Farbe signalisieren, dass die SIM-Karte einen Internetanschluss etabliert hat. Blaues Licht auf der schmalen Vorderseite zeigt an, dass Wi-Fi zur Verfügung steht.
5. Ihr iPad muss nun noch eine Verbindung zum MiFi aufbauen. Wählen Sie dazu in den *Einstellungen –> Wi-Fi* und verbinden sich mit dem MiFi, indem Sie den entsprechenden Eintrag anklicken.

iPad nimmt Kontakt mit dem MiFi auf.

6. Im Regelfall ist auf Ihrer SIM-Karte ein PIN hinterlegt. Starten Sie also nun Safari, geben als Internetadresse 192.168.1.1 ein und tragen Sie dort die PIN ein.

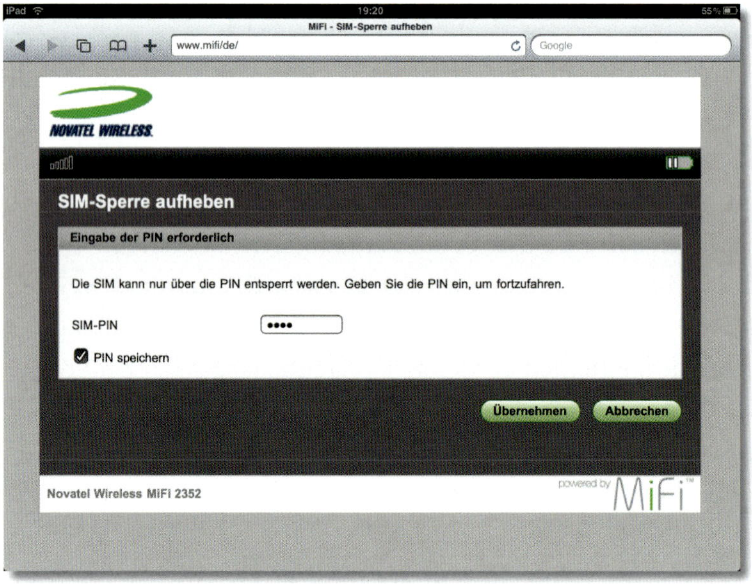

PIN-Eingabe via Safari.

Wenn Sie möchten, können Sie das Häkchen bei *PIN speichern* anbringen, um diese Eingabe in Zukunft überflüssig zu machen. Und nun können Sie nach Herzenslaune im Internet surfen, E-Mails bearbeiten etc.

Zudem hat sich das iPad das MiFi gemerkt, so dass es in Zukunft nach dem Einschalten das MiFi sofort erkennt.

Wenn Sie unterwegs sind und zusätzlich einen Computer dabei haben, dann können Sie auch diesen mit dem MiFi arbeiten lassen und ins Internet gelangen.

Das MiFi stellt Ihnen also einen mobilen Hotspot zur Verfügung, den Sie schlicht und ergreifend überall verwenden können.

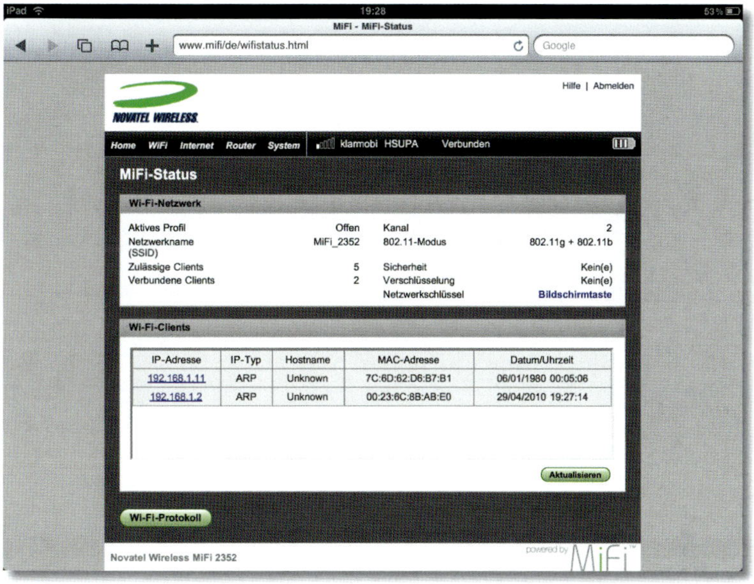

Ein iPad und ein iPhone nutzen zur gleichen Zeit den Internetzugang.

Noch drei Anmerkungen zur Verwendung des Geräts:

a) Sofern Sie die PIN-Speicherung aktiviert haben, könnte theoretisch jeder andere Anwender in der Reichweite des MiFi es zum Surfen verwenden. Das sollten Sie unterbinden, indem Sie das Wi-Fi mit einem Kennwort versehen. Dazu rufen Sie via Safari und die IP-Adresse 192.168.1.1 die Konfigurationsseite des Geräts auf. Geben Sie rechts oben das Admin-Kennwort ein, das in den mitgelieferten Unterlagen zu finden ist, und wählen dann den Menüpunkt *Wi-Fi-Profile* aus.

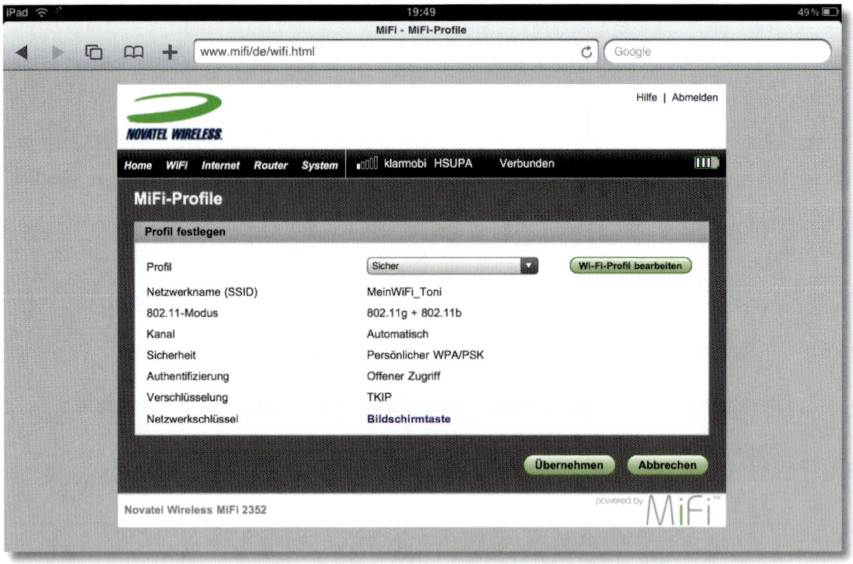

Ein sicheres Profil für den Wi-Fi-Zugang erstellen.

Dort klappen Sie neben *Profil* den Eintrag *Sicher* auf und geben darunter bei *SSID* Ihrem Hotspot einen neuen Namen, wählen bei *Sicherheit* die gewünschte Verschlüsselung und geben bei *Netzwerkschlüssel* das gewünschte Kennwort ein.

Hat alles geklappt, müssen bereits verbundene Geräte nochmals mit dem MiFi verbunden werden.

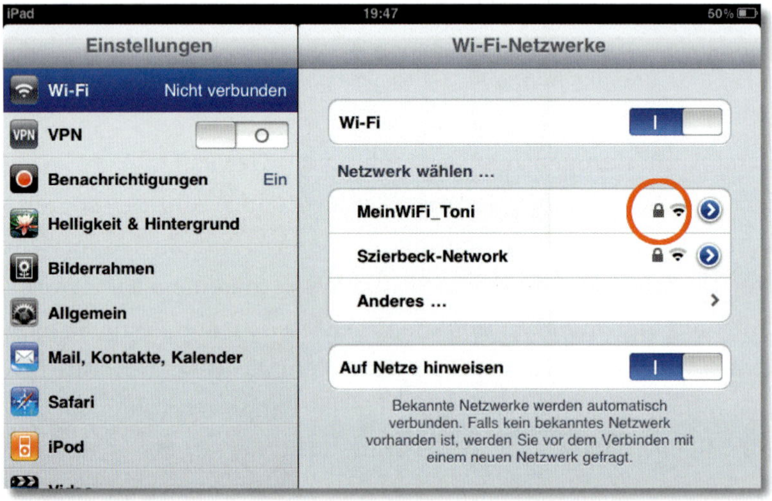

Das Schloss vor „MeinWiFi_Toni" zeigt den Erfolg der Aktion.

b) Das kennen Sie vielleicht auch:

Skype-Telefonate sind von vielen Anbietern bei Verwendung von 3G gesperrt.

Anders verhält es sich mit dem MiFi: Befindet sich also die SIM-Karte im Gerät und steht das iPad oder auch iPhone damit in Verbindung, so kann nunmehr problemfrei via Skype telefoniert werden.

Skype-Anruf auf dem iPad über das MiFi.

c) Darüber hinaus kann das iPad ebenso auf die Daten einer eingelegten Micro-SD-Karte zugreifen, aber leider nicht darauf schreiben:

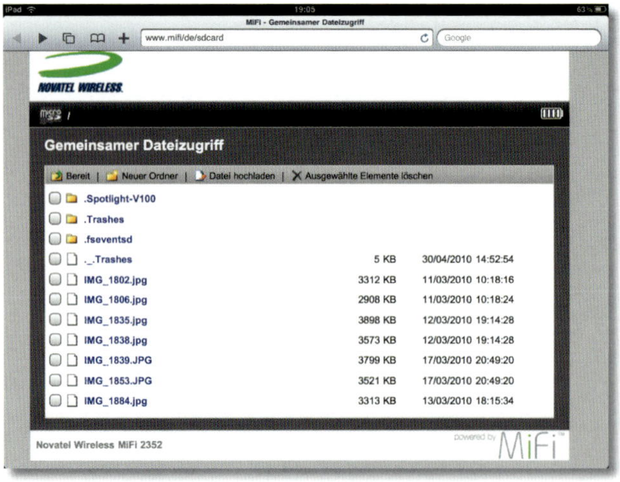

Noch ein letzter Hinweis: In einigen Fällen müssen Sie für Ihre SIM-Karte noch die Zugangsdaten (APN) für den Internetzugang eintragen. Dazu wählen Sie im Menü *Internet* den Eintrag *Profile* aus und geben dort die spezifischen Daten ein.

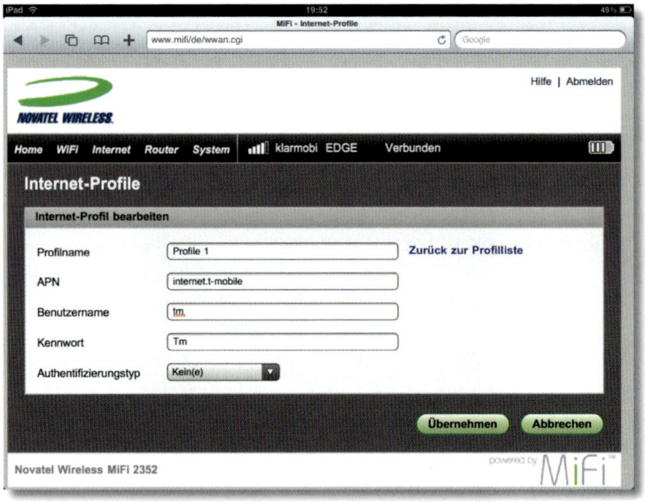

APN-Zugangsdaten für die SIM-Karte.

Eine Liste für potenzielle Zugangsdaten finden Sie in Kapitel 1.

Name:	MiFi 2352
Hersteller:	Novatel Wireless
Info:	http://www.novatelwireless.com/
Preis:	279 Euro

launch2net Version 2

Ähnlich wie das Produkt von Novatel Wireless bietet diese Software die Möglichkeit an, einen Internetzugang von einem USB-Surfstick per Wi-Fi z. B. an das iPad weiterzureichen. Notwendig hierfür ist zudem ein Mac-OS-X-Computer, denn nur für dieses System ist die Software verfügbar.

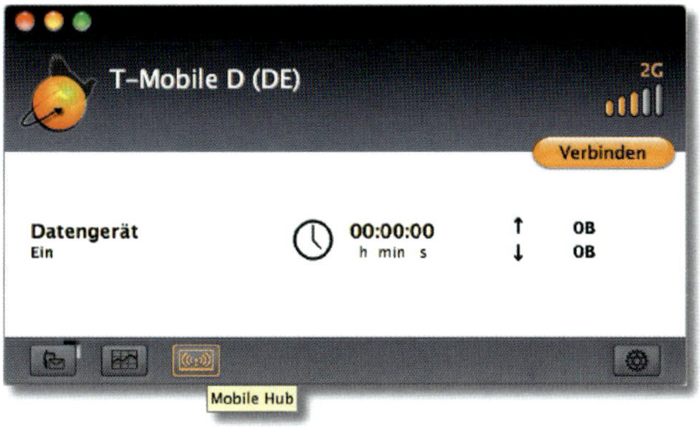

„launch2net 2" hat viele Treiber an Bord, so dass ein angeschlossener USB-Surfstick im Regelfall sofort erkannt wird. Eine vollständige Liste aller unterstützten Geräte finden Sie unter http://www.novamedia.de/devices/devices-launch2net-mac.html.

Ist die Internetverbindung aufgebaut, können Sie durch Klicken des Buttons ***Mobile Hub*** die Einstellungen vornehmen, um diese Verbindung per Wi-Fi auch anderen Geräten zur Verfügung zu stellen. Damit kann auch ein iPad-Wi-Fi-Modell ortsunabhängig ins Internet gelangen.

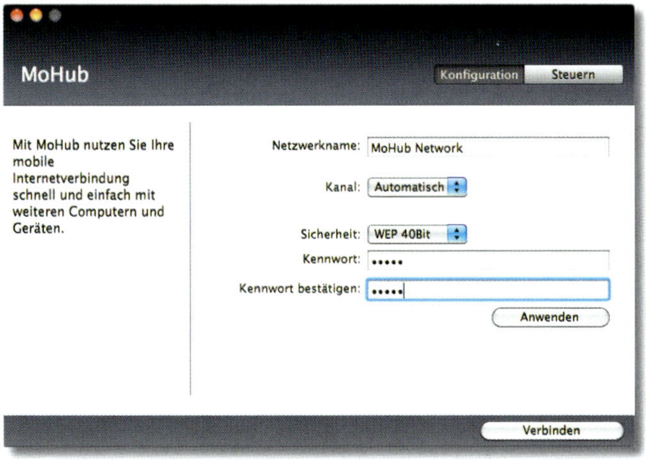

Mit wenigen Einstellungen stellt „launch2net" seine Internetverbindung per Wi-Fi zur Verfügung.

Wer einen iPhone-Vertrag inklusive Tethering hat, der kann ebenfalls via USB oder Bluetooth die Internetverbindung des iPhones für den Computer nutzen. Leider kann das iPad nicht per Bluetooth mit dem iPhone via Tethering verbunden werden.

Name:	launch2net Version 2
Hersteller:	nova media
Info:	http://www.novamedia.de
Preis:	49,90 Euro

Mit dem iPhone 4 einen WLAN-Hotspot erstellen

iOS 4.3 in Verbindung mit einem iPhone 4 ermöglicht es Ihnen, einen WLAN-Hotspot zu erstellen. Dann laufen die Datenverbindungen über die SIM-Karte im iPhone. Beachten Sie, dass diese Funktion mit dem Namen Personal Hotspot eventuell von Ihrem Mobilfunkanbieter gegen eine monatliche Extragebühr freigeschaltet werden muss.

o2-de E
09:48
80%
Einstellungen
Persönl. Hotspot
Persönlicher Hotspot
I
Jetzt sichtbar.
Andere Benutzer können mit Wi-Fi unter dem Namen „iPhone4 von toni" nach Ihrem freigegebenen Netzwerk suchen.
Wi-Fi-Kennwort
seal1687
Über Wi-Fi verbinden
1 Wählen Sie „iPhone" auf Ihrem Computer in der Liste der Netzwerkdienste in Ihren Einstellungen.
2 Geben Sie bei Aufforderung das Kennwort ein.
Über Bluetooth verbinden
1 Koppeln Sie das iPhone mit Ihrem

Die Funktion selbst wird am iPhone 4 in den Einstellungen aktiviert. Dort legen Sie auch gleich das dazugehörige Wi-Fi-Kennwort fest.

Am iPad ist dann das neue WLAN verfügbar und kann ausgewählt werden. Sie erkennen den Personal Hotspot an den beiden ineinander verschlungenen Kreisen (im Vergleich zum herkömmlichen WLAN-Symbol).

Sobald Sie mit dem iPad die Verbindung hergestellt haben, erkennt man dies auch am iPhone 4 an der blauen Leiste am oberen Bildschirmrand.

Und auch am iPad ist deutlich zu sehen, dass es sich nicht um ein herkömmliches WLAN handelt.

schen, Hüllen und mehr

Schutz im eigentlichen Sinne braucht das iPad nicht. Es ist recht robust gebaut, das Display verkratzt nicht so schnell und es wirkt trotz seiner edlen Anmutung nicht so, als würde es gleich kaputt gehen.

Aber trotzdem hat man das Gefühl, dem neuen technischen Juwel ein Täschchen oder eine Hülle spendieren zu müssen. Denn wenn das iPad doch mal runterfällt, ist selbst das beste Display-Glas nicht davor gefeit zu bersten. Hierzu ein paar Anregungen:

Apple iPad Smart Cover

Das iPad Smart Cover ist eine Schutzhülle für das iPad 2, die mithilfe von Magneten sehr einfach am iPad 2 befestigt werden kann. Sobald dieser Deckel zugeklappt wird, wechselt das iPad 2 in den stromsparenden Ruhezustand. Klappen Sie das Smart Cover wieder auf, ist das iPad auch sofort wieder aktiv.

Außerdem lässt es sich zusammenfalten und ergibt so eine Art Halterung für das iPad 2.

Die Apple iPad Smart Cover gibt es in verschiedenen Farben und als Material können Sie zwischen Polyurethan und Leder wählen.

Die Apple iPad Smart Cover sind Schutz für das Display und Halterung in einem. Die Befestigung ist innovativ über Magneten gelöst.

Name:	iPad Smart Cover
Hersteller:	Apple
Info:	www.apple.com/de
Preis:	39 Euro (Leder: 69 Euro)

booq Booqpad

booq ist ein deutsch-kalifornisches Unternehmen, das sich durch hochwertige Notebook-Taschen und Rucksäcke einen guten Namen gemacht hat. Das Booqpad ist eine hochwertige Transporthülle für das iPad, die zusätzlich noch Platz für einen großen Schreibblock bietet. Das ist für diejenigen eine sehr gute Lösung, die das iPad zu Demonstrationszwecken dabei haben, aber trotzdem Notizen auf einem Block festhalten möchten. Platz findet außerdem noch ein Stift und es gibt kleine Fächer für Visitenkarten oder Flyer.
Das Booqpad gibt es in den Farben Schwarz, Kaffee, Grau, Sand und Weiß.

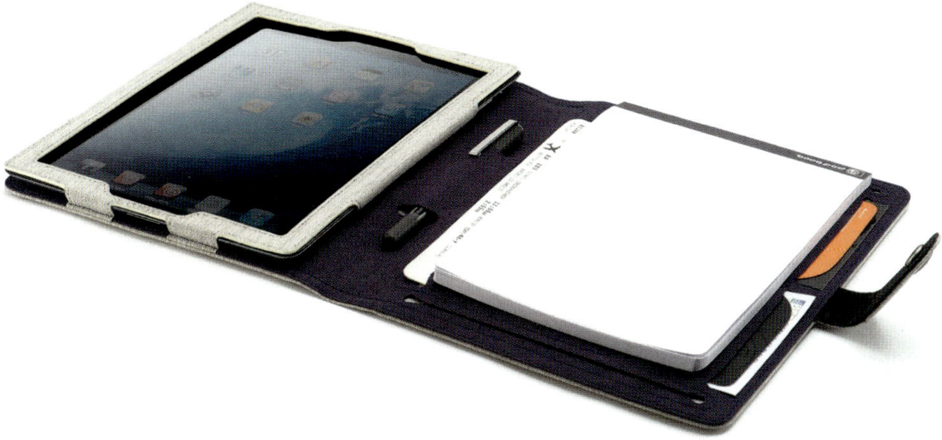

Gewohnt solide Qualität: Das Booqpad hat Platz für das iPad 2, einen Schreibblock mit Stift und weiteres Kleinzeug, etwa Visitenkarten.

Name:	Booqpad
Hersteller:	booq
Info:	www.booqeurope.de
Preis:	60 Euro

Griffin Technology Elan Folio Slim

Griffin Technology stellt viele unterschiedliche Zubehörteile für iPad & Co. her. Was sie aber wirklich gut beherrschen, sind Hüllen für das iPad. Die Materialen sind hochwertig und das Design schlicht und schön. Das elegante Äußere passt so perfekt zum außergewöhnlichen Inneren: Ihrem neuen iPad 2.

Diesem Anspruch wird auch das ***Elan Folio Slim*** gerecht. Hergestellt aus texturiertem Polyurethan sieht das Elan Folio Slim sehr edel aus. Das iPad 2 ist so gegen mechanische Einflüsse geschützt, und auch wenn Sie mal irgendwo anecken, passiert dem iPad 2 nichts. Der Deckel lässt sich nach hinten umklappen und dort befestigen, so dass aus der Hülle auch ein Ständer wird, mit dem sich bequem Filme oder Diashows ansehen lassen. Für Tasten und Stecker gibt es Aussparungen, so dass Sie auf keinerlei Funktionen verzichten müssen, wenn Sie das iPad in dieser Schutzhülle transportieren.

Griffin Technology hat mit dem Elan Folio Slim wieder eine hervorragende Hülle für das iPad entwickelt.

Name:	Elan Folio Slim
Hersteller:	Griffin Technology
Info:	www.griffintechnology.com
Preis:	23 Euro

Dismaq qCase silicone iPad 2

Schutzhüllen aus Silikon sind eine gute Möglichkeit, mit wenig Aufwand sehr viel mehr an Schutz zu erzielen. Bei Silikonhüllen sind die Ecken des iPads geschützt, der Rahmen liegt nicht komplett frei und auch die empfindliche Rückseite des iPads verkratzt nicht. Und: Das dünne iPad 2 wird nur ein kleines bisschen dicker. Da tragen Lederhüllen schon deutlich mehr auf.

Eine gute Schutzhülle aus Silikon bietet Dismaq mit dem qCase silicone. Das Material ist so flexibel, dass sich das iPad problemlos darin unterbringen lässt, und es behält aber trotzdem die Form. Ein weiterer Bonus: Wenn das iPad zu sehr auf dem Tisch oder in der Hand rutscht, löst der Einsatz eines Silikon-Cases auch dieses Problem.

Immer eine gute Wahl: eine Silikon-Schutzhülle für das iPad.

Name:	qCase silicone für iPad 2
Hersteller:	Dismaq
Info:	www.dismaq.de
Preis:	14,99 Euro

Artwizz ScratchStopper

Der *ScratchStopper* ist eine Schutzfolie, die das iPad-Display vor Kratzern schützen soll. Diese Folie wird auf das Display des iPads aufgeklebt und sorgt so für die Extraportion Schutz. Der ScratchStopper ist nahezu unsichtbar und schränkt die Bedienung des iPads nicht ein. Außerdem ist er kompatibel zum Smart Cover von Apple, Sie können also auch beides gleichzeitig nutzen. Für die beiden iPad-2-Modelle gibt es auch den ScatchStopper in Weiß und Schwarz. Auch wichtig: Die Folie lässt sich rückstandsfrei wieder entfernen.

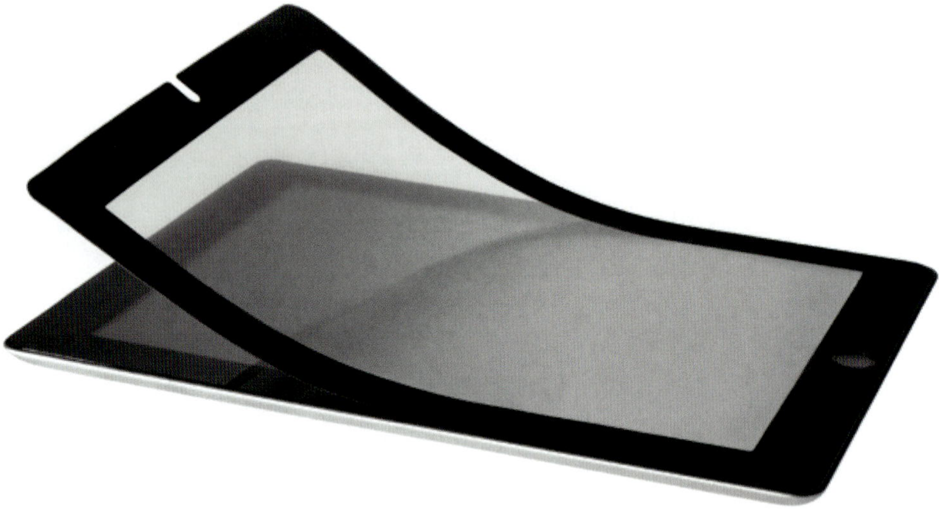

Der ScratchStopper sorgt dafür, dass das Display nicht so schnell verkratzt und seine makellose Brillanz lange behält.

Name:	ScratchStopper
Hersteller:	Artwizz
Info:	www.artwizz.de
Preis:	15 Euro

Just Mobile Slide

Halterungen für das iPad gibt es viele und der allergrößte Teil ist nicht an eine iPad-Generation gebunden. Somit lassen sich bestehende Ständer für das iPad auch mit dem iPad 2 weiterverwenden. Wer aber noch auf der Suche nach einem solchen Zubehör ist, sollte sich ***Slide*** von Just Mobile genauer ansehen. Diese Halterung ist sehr kompakt, sie nimmt also nicht viel Platz auf dem Schreibtisch ein. Das iPad kann sehr flach darin eingelegt werden, um beispielsweise längere Texte zu tippen. In das Slide ist eine Kunststoffrolle integriert, die der Halterung mehr Gewicht verleiht, und in Verbindung mit der gummierten Unterseite kann so nichts verrutschen. Die Rolle kann aber auch herausgenommen und zwischen Halterung und Slide geklemmt werden. So kann das iPad abhängig von der Position der Rolle in verschiedenen Winkeln ganz nach Belieben angebracht werden. Das ist eine intelligente und bemerkenswerte Idee.

Just Mobile hat sich mit der Halterung Slide eine gute Möglichkeit ausgedacht, das iPad flexibel in unterschiedlichen Winkeln aufzustellen.

Name:	Slide
Hersteller:	Just Mobile
Info:	www.just-mobileonline.de
Preis:	35 Euro

iTunes und Apple TV steuern per Remote-App

iTunes und Apple TV steuern per Remote-App

Apple hat eine App entwickelt, mit der sich iPad, iPod touch oder das iPhone zur Steuerung von iTunes am Rechner und Apple TV nutzen lassen. Sie bekommen zwar zu Apple TV eine Fernbedienung mitgeliefert, bedingt durch die Größe und die überschaubare Anzahl an Tasten lässt die Apple Remote jedoch nur sehr eingeschränkt eine komfortable Steuerung zu. Die Steuerung über das große Display des iPads und die vorhandene Softwaretastatur ist daher eine willkommene Alternative. Wir zeigen Ihnen die Installation und Steuerung anhand des iPads. Den Vorgang können Sie aber analog dazu für iPod touch oder iPhone nachvollziehen.

App aus dem Store laden

Starten Sie am iPad den App Store und suchen Sie nach dem Begriff *Remote*. Sie bekommen innerhalb der Suchergebnisse auch die App angezeigt, um die es geht: *Remote*. Diese App ist gleichermaßen geeignet für die drei mobilen Apple-Geräte und sie ist kostenlos. Laden Sie sie herunter und starten Sie die App.

Laden Sie die kostenlose Remote-App aus dem App Store herunter.

Neues Gerät hinzufügen

Wenn Sie die Remote-App zum ersten Mal starten, besteht noch keine Verbindung zu iTunes-Mediatheken oder anderen Geräten. Demzufolge begrüßt Sie die Remote-App mit diesem Bild:

Gleich zu Beginn erhalten Sie die Option, den Zugriff einzurichten.

Sie erhalten sofort die Möglichkeit, eine Verbindung herzustellen. Im ersten Schritt sollten Sie die ***Privatfreigabe aktivieren***. Tippen Sie auf den entsprechenden Punkt und geben Sie danach Ihre ***Apple-ID*** und das dazugehörige ***Kennwort*** an und bestätigen Sie die Eingabe mit ***Fertig***.

Geben Sie Ihre Apple-ID und das Kennwort an, um auf Ihre Mediatheken zugreifen zu können.

Apple TV findet daraufhin alle Mediatheken und Geräte, die mit Ihrer Privatfreigabe verknüpft sind. In unserem Beispiel ist es ein Apple TV (*Wohnzimmer*) und die iTunes-Mediathek am iMac (*Mediathek von mik*).

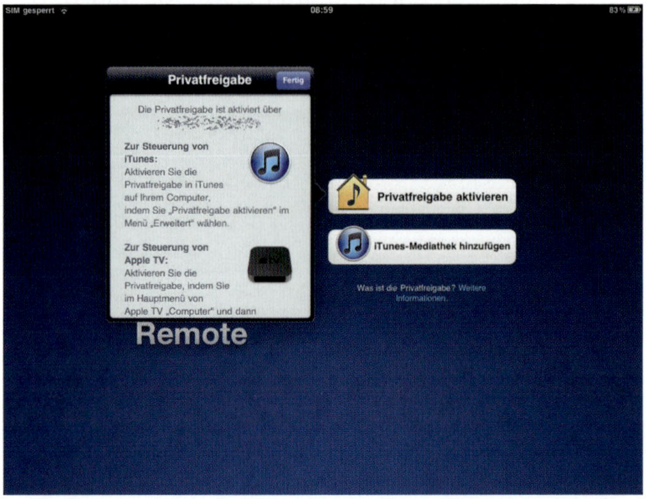
SIM gesperrt
08:59
83 %
Privatfreigabe
Fertig
Die Privatfreigabe ist aktiviert über
Zur Steuerung von iTunes:
Aktivieren Sie die Privatfreigabe in iTunes auf Ihrem Computer, indem Sie „Privatfreigabe aktivieren“ im Menü „Erweitert“ wählen.
Zur Steuerung von Apple TV:
Aktivieren Sie die Privatfreigabe, indem Sie im Hauptmenü von Apple TV „Computer“ und dann
Remote
Privatfreigabe aktivieren
iTunes-Mediathek hinzufügen
Was ist die Privatfreigabe? Weitere Informationen.

Die Remote-App informiert noch kurz darüber, wie die Freigabe an den anderen Geräten eingestellt werden kann.

Damit ist die Grundkonfiguration der Remote-App bereits erledigt. Wählen Sie eine der verfügbaren Möglichkeiten aus und Sie können sofort damit beginnen, die Mediathek zu steuern. Wir sehen uns die Optionen am Apple TV an und tippen auf dieses Icon.

iPad
10:11
92 %
Remote
Wohnzimmer
Mediathek von mik

Unabhängig von den Beschreibungen lässt sich anhand der Bilder erkennen, dass die eine Mediathek Apple TV ist und die andere iTunes.

Apple TV über das iPad steuern

Auch nach der Wahl der Quelle lässt Sie die Remote-App nicht im Stich und zeigt eine kurze Einführung. In der linken Spalte sehen Sie neben den Bedientasten den Eintrag *Wohnzimmer*. So erkennen Sie zu jeder Zeit, mit welchem Gerät Sie gerade verbunden sind und wo die Musik rauskommt, wenn Sie sie am iPad starten.

Links ist zu sehen, mit welcher Mediathek Sie gerade verbunden sind.

Der abgekürzte Eintrag *Mediathek von...* steht übrigens ebenfalls für *Mediathek von mik*. Lassen Sie sich davon nicht verwirren. Apple TV tut ja nichts anderes, als auf die freigegebene Mediathek zuzugreifen. Die Auswahl einen Schritt vorher sorgt also lediglich dafür, dass die Musik an unterschiedlichen Geräten ausgegeben wird. Die Quelle ist bei der Privatfreigabe dieselbe.

Tippen Sie also auf *Mediathek von...* und im rechten Bereich werden sofort alle verfügbaren Titel aufgelistet. Auf die Möglichkeit, Apple TV mit den Fingern zu steuern, gehen wir im Anschluss ein.

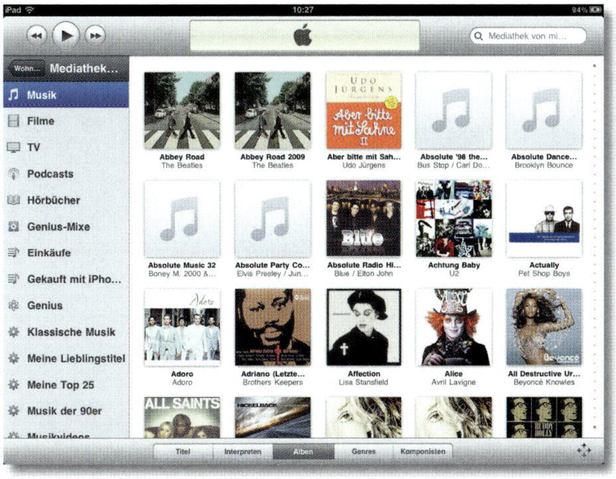

Zu Beginn sehen Sie alle verfügbaren Musiktitel. Sie können die Inhalte starten, als würden Sie vor dem Rechner mit iTunes sitzen.

In der linken Spalte können Sie neben *Musik* auch noch auf alle anderen Medien wie *Filme*, *TV* oder *Podcasts* zugreifen. Tippen Sie die gewünschte Rubrik an, um die darin befindlichen Inhalte zu sehen.

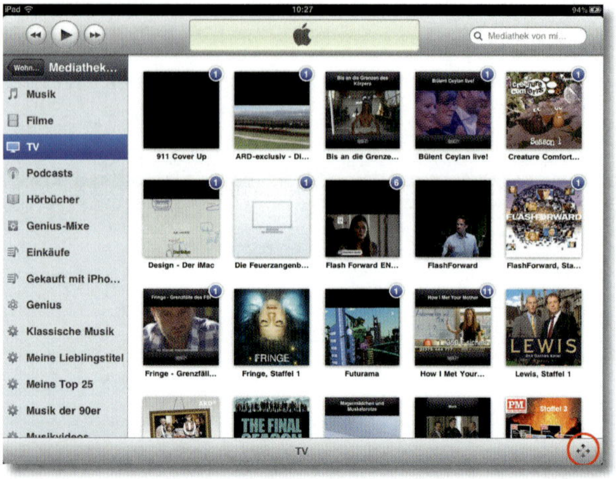

Und auch Fernsehsendungen sind verfügbar und können über das Fernsehgerät abgespielt werden.

Apple TV mit den Fingern steuern

Rechts unten im Bild sehen Sie ein Kreuz bestehend aus vier Pfeilen. Das ist das Symbol für die Fingersteuerung. Wählen Sie sie aus, um die Funktion zu starten. Und auch hier bekommen Sie gleich eine Einführung.

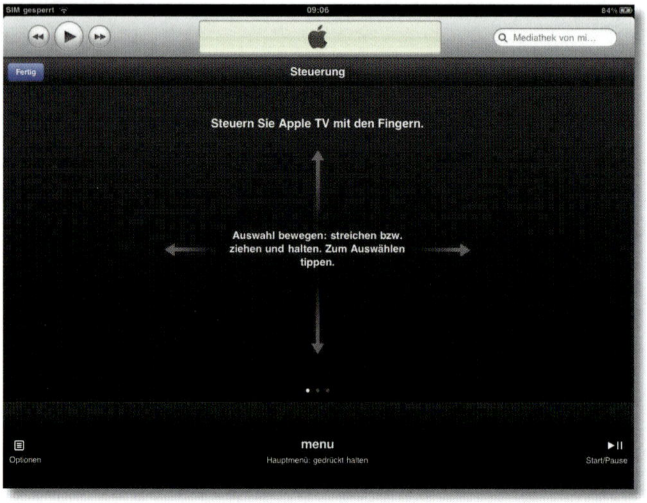

Die grundlegende Steuerung wird im ersten Bild gezeigt. Verschieben Sie den Hinweis nach links, um zum nächsten Tipp zu kommen.

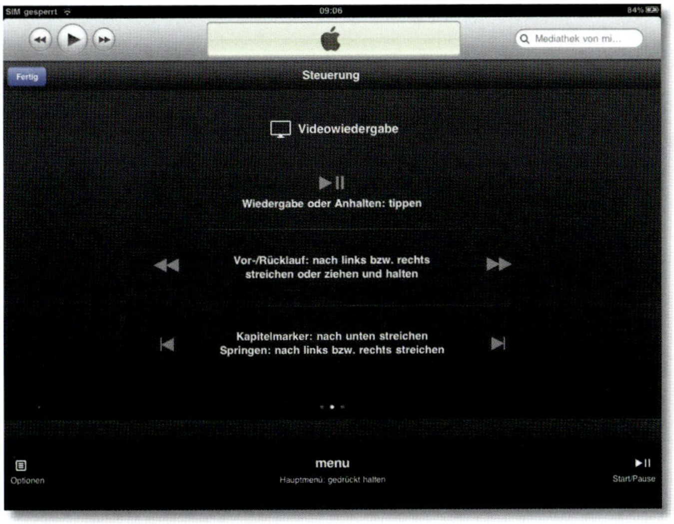
SIM gesperrt
09:06
84%
Mediathek von mi...
Fertig
Steuerung
Videowiedergabe
Wiedergabe oder Anhalten: tippen
Vor-/Rücklauf: nach links bzw. rechts streichen oder ziehen und halten
Kapitelmarker: nach unten streichen
Springen: nach links bzw. rechts streichen
menu
Hauptmenü: gedrückt halten
Optionen
Start/Pause

Welche Optionen Sie bei der Wiedergabe von Videos haben, zeigt Bild 2. Schieben Sie noch einmal nach links für den dritten Hinweis.

SIM gesperrt
09:06
84%
Mediathek von mi...
Fertig
Steuerung
Audiowiedergabe
Wiedergabe oder Anhalten: tippen
Vor-/Rücklauf: nach links bzw. rechts ziehen und halten
Nächster oder vorheriger Titel: nach rechts bzw. links streichen
menu
Hauptmenü: gedrückt halten
Optionen
Start/Pause

Bei der Audiowiedergabe gelten diese Befehle. Anhand der drei Punkte erkennen Sie, dass Sie beim letzten Hinweis angekommen sind.

Wenn Sie die einführenden Hinweise gelesen haben, tippen Sie auf *Fertig*, um zur Fingersteuerung zu gelangen. Ein weiteres *Fertig* beendet die Fingersteuerung und bringt Sie wieder zurück zur Mediathek.

Zwischen den Geräten wechseln

Möchten Sie eine andere Mediathek auswählen oder eine neue hinzufügen, können Sie das im Übersichtsbildschirm erledigen, in dem wir am Anfang exemplarisch Apple TV ausgewählt haben. Dorthin gelangen Sie in wenigen Schritten.

Wenn Sie sich gerade in einer Mediathek befinden, tippen Sie auf den Pfeil nach links, der neben der Mediathek angezeigt wird.

Im nächsten Schritt tippen Sie auf den Namen des gerade ausgewählten Ausgabegeräts beziehungsweise auf die beiden überlappenden Vierecke davor. In unserem Beispiel ist es immer noch Apple TV mit dem Namen *Wohnzimmer*.

Daraufhin gelangen Sie wieder zur Auswahl mit allen derzeit verfügbaren Geräten. Wenn Sie die Musik nun an einem anderen bereits verbundenen Gerät ausgeben möchten, tippen Sie darauf. Möchten Sie ein neues Gerät hinzufügen, tippen Sie auf das Zahnrad rechts oben.

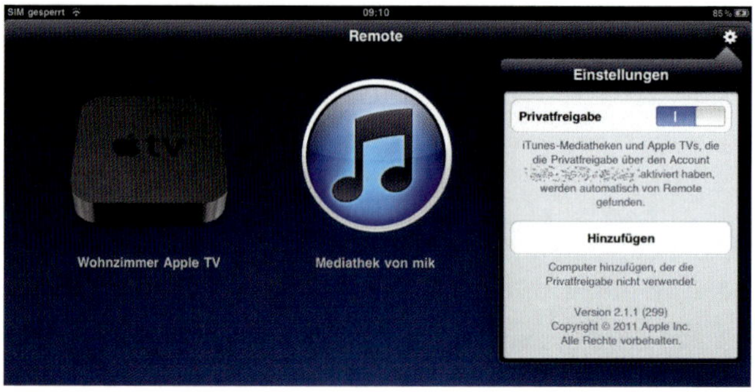

Geräte, die nicht im Rahmen der Privatfreigabe zugänglich sind, lassen sich manuell einbinden. Hier lässt sich auch die Privatfreigabe wieder deaktivieren und hinterher aktivieren.

Tippen Sie auf *Hinzufügen* und Sie erhalten im nächsten Schritt einen vierstelligen Zahlencode.

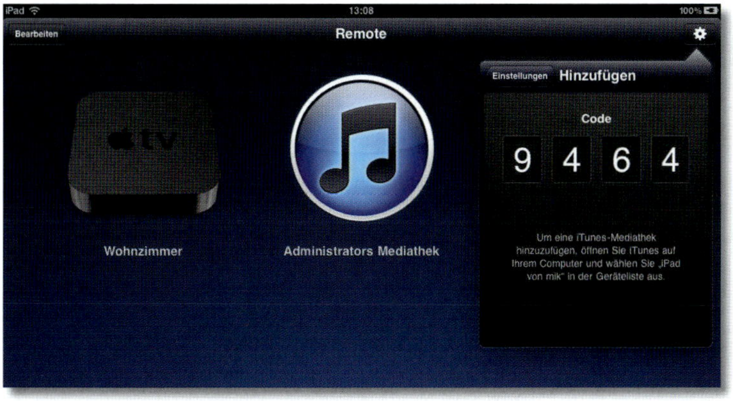

Dieser vierstellige Zahlencode ist für die Verbindung zu einer anderen Mediathek erforderlich.

Gleichzeitig erscheint in allen noch nicht verbundenen iTunes-Versionen im Netzwerk unter *GERÄTE* ein neuer Eintrag. In unserem Beispiel erscheint der Eintrag *iPad von [Name]*. Es kann aber auch *iPod touch* oder *iPhone* angezeigt werden, je nachdem welches Gerät die Verbindung anbietet und wie es benannt wurde.

iTunes merkt, dass eine Remote-App Kontakt sucht.

Um die Verbindung herzustellen, wählen Sie das neue Gerät aus und geben Sie genau den Code ein, den Ihnen die Remote-App gerade anzeigt.

Geben Sie nun exakt den Code ein, den Ihnen die Remote-App anzeigt.

Stimmen die beiden Codes überein, verbindet sich iTunes mit der Remote-App und Sie haben von diesem Zeitpunkt an Zugriff auf den neuen Rechner.

Von nun an haben Sie auch diesen Rechner iTunes-mäßig vom iPad aus im Griff.

Energie sparen und Troubleshooting

Goldene Regeln, um die Akkulaufzeit des iPads zu erhöhen

Der Akku des iPads ist schon recht stark. Apple gibt eine Laufzeit von bis zu zehn Stunden an, was auch in unseren Tests bestätigt werden konnte.

Das iPad Wi-Fi + 3G hält etwa eine Stunde weniger lang durch und hat damit eine Akkulaufzeit von etwa gut neun Stunden.

Um auf diese Zeiten zu kommen, ist ein sparsamer Umgang mit der vorhandenen Energie sinnvoll. Wir geben Ihnen ein paar Tipps, die Ihnen einen deutlich längeren Spaß mit dem iPad bescheren. Es gibt einige Maßnahmen, die den Akku merklich schonen. Ein paar Einstellungen sorgen dafür, dass Sie seltener von einer Steckdose abhängig sind.

- Reduzieren Sie die Displayhelligkeit. Damit verbraucht das iPad nicht so viel Energie, indem es das Display zu stark beleuchtet (*Einstellungen -> Helligkeit & Hintergrund*).
- Schalten Sie UMTS (3G) beim iPad Wi-Fi + 3G (*Mobile Daten* oder *Flugmodus*) aus, wenn Sie nicht surfen wollen. Möchten Sie beispielsweise nur spielen, ist eine Netzwerkverbindung nicht erforderlich und kostet nur unnötig Strom.

Der Flugmodus beim iPad Wi-Fi + 3G deaktiviert neben dem mobilen Datennetzwerk sofort auch Wi-Fi und Bluetooth und ist damit der optimale Modus für längere Flug- oder Zugreisen.

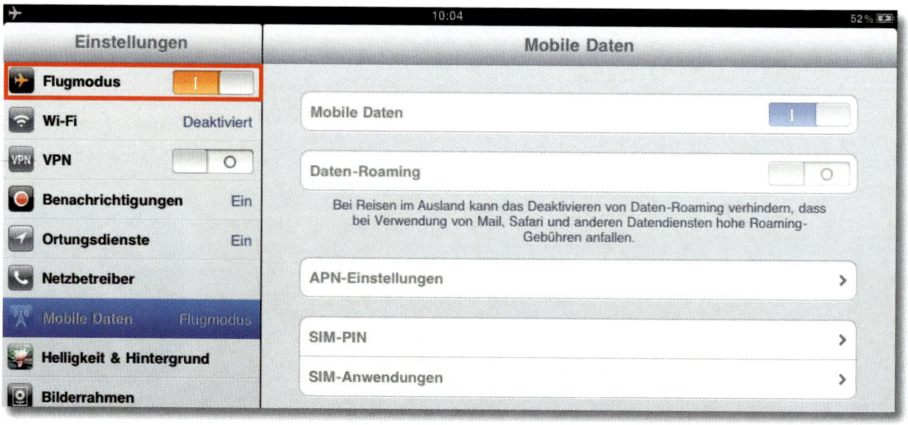

- Schalten Sie Wi-Fi aus. Wenn Sie sich nicht im Bereich eines nutzbaren WLANs befinden, sollten Sie diese Funktion deaktivieren. Das iPad wendet viel Energie dafür auf, ständig die verfügbaren WLANs im Auge zu behalten (*Einstellungen –> Wi-Fi*).
- Das gilt auch für Bluetooth. Sie möchten kein Bluetooth-Gerät mit dem iPad verbinden? Dann weg mit dieser Möglichkeit. Das kostet nur extra Strom (*Einstellungen –> Allgemein –> Bluetooth*).
- Reduzieren Sie die Intervalle für den Mailcheck: Wenn Ihr iPad alle 15 Minuten E-Mails abrufen möchte, kostet das mehr Strom, als wenn Sie das nur jede Stunde machen (*Einstellungen –> Mail, Kontakte, Kalender –> Datenabgleich*).
- Deaktivieren Sie den *Equalizer* im iPod. Auch das kostet mehr Strom. Wenn Sie darauf verzichten können, dann schalten Sie ihn aus (*Einstellungen –> iPod*). Reduzieren Sie zudem die Lautstärke des Geräts.
- Deaktivieren Sie sowohl die *Benachrichtigungen (Einstellungen)* als auch die *Ortungsdienste (Einstellungen –> Allgemein)*.

Was tun, wenn das iPad nichts mehr tut?

Das iPad verrichtet sehr zuverlässig seinen Dienst. Aber es kann schon mal vorkommen, dass es nicht mehr reagiert. Das kann verschiedene Gründe haben, die auch unterschiedliche Lösungen erfordern.

Ohne Strom geht nix

Ein ganz banaler, aber häufiger Grund ist der: Es gibt keinen Strom. Zwar zeigt das iPad an, wenn es geladen werden muss, aber wenn auch diese Phase überschritten ist, dann kann es schon mal sein, dass im wahrsten Sinn des Wortes gar nichts mehr geht.

Stecken Sie das iPad dann mit dem mitgelieferten Netzteil an die Steckdose. Nach wenigen Minuten sollte das iPad wieder starten. Übrigens: Verwenden Sie, wann immer es möglich ist, das mitgelieferte Netzteil. Zwar eignet sich auch ein iPhone-Netzteil zum Laden eines iPads, aufgrund der geringeren Leistung dauert es damit aber deutlich länger, bis die Akkus voll sind.

Und Vorsicht mit der USB-Schnittstelle älterer Rechner oder USB-Hubs mit keiner oder nicht ausreichender Stromversorgung. Da kann es vorkommen, dass die Leistung nicht reicht, um das iPad mit Strom zu versorgen.

Schlechtes Zeichen: Sehen Sie oben rechts diese Anzeige, bekommt das iPad keinen Strom. Das liegt meist an zu schwachen USB-Schnittstellen.

iPad neu starten

Wenn sich Ihr iPad verdächtig verhält, kann es helfen, wenn Sie das Gerät neu starten. Halten Sie dazu die *Standby*-Taste gedrückt, bis der Schieberegler erscheint. Schieben Sie den Regler nach rechts und warten Sie, bis das iPad ausgeschaltet ist. Dann drücken und halten Sie die Standby-Taste erneut, bis das Apple-Logo erscheint.

App gewaltsam beenden

Wenn das iPad während der Arbeit einfriert, kann die gerade aktive App dafür verantwortlich sein. Wenn diese abgestürzt ist, lässt sie sich auch nicht mehr auf dem herkömmlichen Weg beenden, und häufig ist auch ein Neustart nicht mehr über den herkömmlichen Weg möglich.

Nun haben Sie zwei Optionen:

1. Um ein Programm zu beenden, wechseln Sie mit einem Doppelklick auf den Home-Button in die Multitaskingleiste. Klicken Sie dort eine andere App an. Klicken Sie erneut doppelt auf den Home-Button. Tippen Sie dann auf die App, die vorher Probleme bereitet hat, und warten solange mit dem Finger bis das Minus am linken oberen Eck des Icons erscheint. Tippen Sie dieses an. Daraufhin wird die Anwendung geschlossen.

Programme können über die Multitaskingleiste manuell beendet werden.

2. Um die App zwangsweise zu schließen, drücken Sie oben rechts am Gerät die Standby-Taste und halten Sie sie gedrückt, bis der Schieberegler erscheint. Drücken Sie dann die Home-Taste und halten Sie diese gedrückt, bis die Anwendung beendet ist und das iPad neu startet.

iPad zurücksetzen

Führt auch das nicht zum Erfolg, setzen Sie das iPad wie folgt zurück: Halten Sie die beiden Tasten ***Standby*** und ***Home*** für mindestens zehn Sekunden gedrückt. Wenn das Apple-Logo erscheint, können Sie die Tasten loslassen.

Rotationssperre lösen

Wenn sich das Display nicht mehr vom Hoch- ins Querformat oder umgekehrt umschalten lässt, prüfen Sie nach, ob die Rotationssperre aktiviert wurde. Möglicherweise wurde die Taste irrtümlich gedrückt oder in der Multitaskingleiste die Sperre eingeschaltet. Sie erkennen das in der Regel auch am entsprechenden Symbol neben der Akkuanzeige.

30%

Wenn Sie dieses Schloss sehen, dreht sich das Display nicht mehr vom Hoch- ins Querformat oder andersherum.

Wie Sie die Rotationssperre einrichten, erfahren Sie im Kapitel 2.

iPad in den Wartungszustand versetzen

Wenn sich das iPad überhaupt nicht mehr zum Dienst überreden lässt und auch nicht mehr booten will, dann ist der Wartungszustand meistens die letzte verbleibende Möglichkeit, das iPad neu zu installieren.

Und so gelangen Sie in diesen Modus: Verbinden Sie das ausgeschaltete iPad mit dem Rechner, drücken Sie die *Standby*- und die *Home-Taste* gleichzeitig und halten Sie beide Tasten für etwa zehn Sekunden gedrückt. Lassen Sie dann die *Standby-Taste* los und drücken Sie weiterhin auf die *Home-Taste*. Nach weiteren zehn Sekunden können Sie auch diese Taste loslassen. iTunes meldet sich daraufhin mit dem Hinweis, dass ein iPad im Wartungszustand erkannt wurde und wiederhergestellt werden kann.

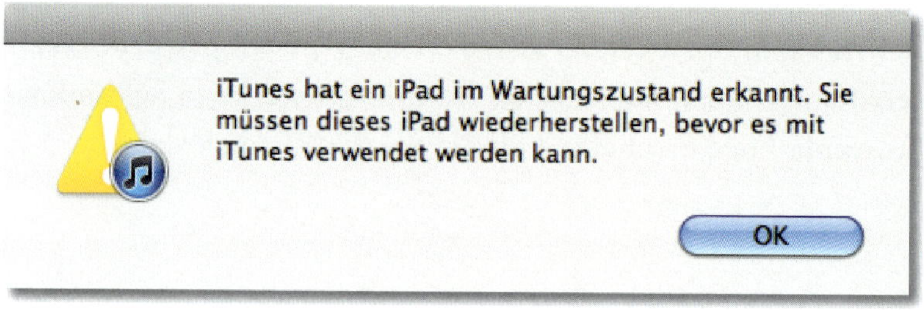
iTunes hat ein iPad im Wartungszustand erkannt. Sie müssen dieses iPad wiederherstellen, bevor es mit iTunes verwendet werden kann.
OK

Jetzt können Sie in iTunes die *Wiederherstellen*-Funktion aufrufen und das iPad neu installieren.

iPad-Software neu installieren

Wenn Ihr iPad ungewöhnlich langsam wird oder oft abstürzt, ist vielleicht etwas mit dem iPad-Betriebssystem nicht in Ordnung. Über iTunes können Sie diese Software neu aufspielen.

Stecken Sie das iPad an den Rechner, starten Sie iTunes und wählen Sie das iPad unter *GERÄTE* aus. Im rechten Bildschirmbereich klicken Sie auf *Wiederherstellen*. iTunes lädt daraufhin die aktuelle Version des Betriebssystems herunter und installiert es neu. Folgen Sie den Anweisungen am Bildschirm, bis das iPad wieder gestartet wird.

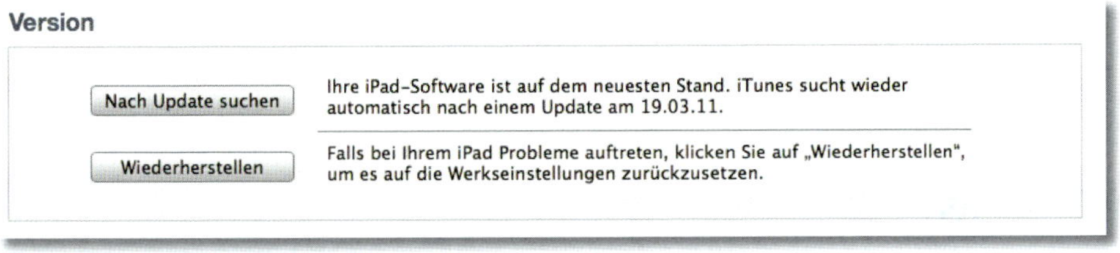
Version
Nach Update suchen
Ihre iPad-Software ist auf dem neuesten Stand. iTunes sucht wieder automatisch nach einem Update am 19.03.11.
Wiederherstellen
Falls bei Ihrem iPad Probleme auftreten, klicken Sie auf „Wiederherstellen", um es auf die Werkseinstellungen zurückzusetzen.

Manchmal kann es helfen, die Software des iPads neu zu installieren. Wählen Sie in diesem Fall ***Wiederherstellen****.*

Backup aufspielen

Das Problem beim *Wiederherstellen* der Software ist es, dass das iPad hinterher zwar frisch installiert, aber auch leer ist. Glücklicherweise erstellt iTunes bei jeder Kontaktaufnahme eine Sicherung des iPad-Inhalts. Und dieses Backup können Sie nun wieder aufspielen (siehe Kapitel 1).

Verbinden Sie das iPad mit dem Rechner und starten Sie iTunes. Klicken Sie unter *GERÄTE* mit der rechten Maustaste auf das iPad und wählen Sie den Punkt *Aus Backup wiederherstellen*. Im nächsten Fenster wählen Sie den *iPad-Namen* aus und starten den Vorgang mit *Wiederherstellen*. Das dauert dann eine Weile, aber hinterher erkennen Sie Ihr iPad wieder als das Gerät, das es vor der Neuinstallation war.

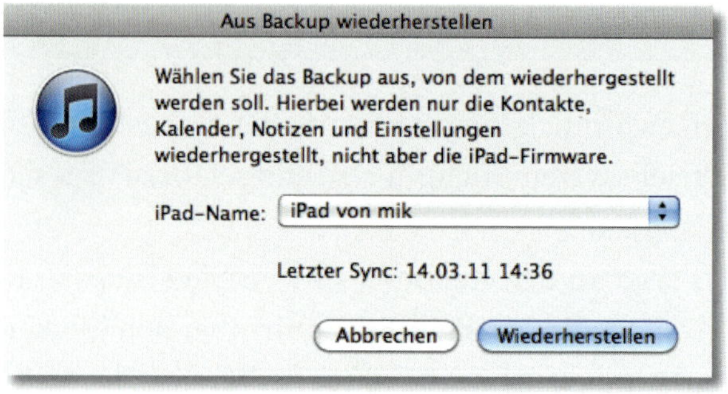
Aus Backup wiederherstellen
Wählen Sie das Backup aus, von dem wiederhergestellt werden soll. Hierbei werden nur die Kontakte, Kalender, Notizen und Einstellungen wiederhergestellt, nicht aber die iPad-Firmware.
iPad-Name:
iPad von mik
Letzter Sync: 14.03.11 14:36
Abbrechen
Wiederherstellen

Das Aufspielen eines Backups versetzt Ihr iPad wieder in den Zustand, den es vor der Neuinstallation hatte.

Sie müssen unter Umständen die Bluetooth-Geräte noch einmal mit Ihrem iPad pairen, damit diese wieder anstandslos ihren Dienst verrichten.

Bildschirmfoto machen

Möchten Sie einen Screenshot vom aktuellen Inhalt des iPad-Bildschirms machen, drücken Sie zuerst die *Home*- und dann die *Standby*-Taste. Der Bildschirm flackert kurz auf und das Bild wird in die Foto-Bibliothek des iPads in das Album *Gesicherte Fotos* kopiert. Von dort aus können Sie es weiterverwenden, wie jedes andere Foto auch. Sofern Sie über einen Mac verfügen, wird bei der nächsten Kontaktaufnahme mit dem USB-Kabel iPhoto gestartet und bietet den Import der Screenshots an.

Sollten Sie also einmal ein Problem am iPad haben, das Sie nicht selbst lösen können, schießen Sie einfach ein Bildschirmfoto, übertragen es auf den Rechner und verschicken es per E-Mail an die zuständige Stelle.

Index

A

Abkürzungen 52
Abonnement eines Kalenders 116
Account im iTunes Store 292
Accounts 147
AirPlay 189, 198, 211
AirPrint 169, 219
AirPrint-Drucker 220
Air Sharing HD 350
AirVideo 349
Akkulaufzeit 436
Alle Daten auf MobileMe ersetzen 362
Als neues iPad konfigurieren 20
Amazon Kindle 354
APN-Einstellungen 33
Apple-ID 425
Apple-Newsletter 293
Apple TV 198, 428
App-Ordner 87
  anpassen 89
  im Dock 90
  in iTunes 93
  umbenennen 88
App Store 301, 335
  updaten 306
App verschenken 309
Aufladen 28
Ausblenden der Tastatur 51
Ausrichtungssperre 268
Ausschalten 107
Ausschneiden 64
Auto-Helligkeit 253
Auto-Korrektur 55, 56
Automatisch ausfüllen 217
Automatische Blindkopie 162
Automatische Sperre 263
Automatische Synchronisation 360

B

Background Audio 47
Background Location 47
Backup 20, 23, 441
Batterieladung in Prozent 273
Beatwave 355
Bedienungshilfen 269
Benachrichtigungen 248
Benutzung 258
Bilderrahmen 253, 265
Bilderrahmen konfigurieren 199
Bilderstapel aufziehen 192
Bilder vom iPad aus senden 379
Bildschirmfoto 442
Blindkopie 161
Bluetooth 259, 437
Bluetooth-Geräte-ID 256
Bluetooth-Tastatur 261
booq Booqpad 417
Buch aussuchen und kaufen 317
Buch durchblättern 324
Buch durchsuchen 320
Bücherregal 326
Buch lesen 318

C

Cache 280
CalDAV 140
CalDAV-Account 390
Camera Connection Kit 190
Charts 303
Click&Buy 293
Code-Sperre 263, 375
Cookies 280
Cover 297
Cursor im Text verschieben 53

D

Data Detector 124
Dateianhänge 165
Dateifreigabe 345
Dateitypen 75
Datenabgleich 74, 367
Datenkabel 20
Daten löschen 265
Daten synchronisieren 358
Datum & Uhrzeit 268
Debug-Konsole 280
Diashow 195, 283
Digital AV Adapter 405
Digitaler Bilderrahmen 199

Displayhelligkeit 436
Dock Connector-zu-VGA-Adapter 404
Doppelklick 60
Download der Software 305
Drucken auf dem iPad 352
Drucker freigeben 221

E

Easy Task 340
eBook-Reader 354
Einblenden der Tastatur 51
Eindeutige Netzwerkkennung 256
Einfacher Code 264
Einkäufe sichern 332
Einschränkungen 266
Einsetzen 64
Elan Folio Slim 418
E-Mail Entwurf 163
E-Mails löschen 157
E-Mails verschieben 157
E-Mails vom Server laden 157
Entfernte Bilder laden 277
Ersatzakku 400
Exchange 104, 393
Exchange-Account 136
Exchange-Einstellungen 143
Exchange-Zugang 143

F

Facebook 249, 336
FaceTime 284
FaceTime-Gespräch starten 125
FaceTime starten 126
Fast App Switching 48
Feeddler RSS Reader Pro 341
Fernsperre 375
Feststelltaste 57
Filme kaufen 298
Filme leihen 298
Filmwiedergabe steuern 188
Flash-Format 212
Flugmodus 34, 436
Fokusbereich 227
Fotokamera 226
Fotos 283
Fotos per E-Mail versenden 195
Fotos synchronisieren 76
Fotos vom Windows-PC 78
Freenet 142
Fring 249

G

Game Center 237
Genius 296
Geschenk kaufen 311
GMX 142
Google 387
  Kalenderdaten 390
  Kontaktdaten 392
Google Mail 142
Google Maps 170
Google-Suche 213
GPS-Modul 250
Großschreibung am Satzanfang 55
Groß- und Kleinschreibung 51
Gruppen 120, 146
Gum PRO 400
Gutschein 307

H

Hauptbildschirm 41
Helligkeit 253
High Definition 299
High-Definition-Auflösung 79
Hintergrundbild 94
Home 40, 41
Home-Bildschirm 95
Home-Dreifachklick 273
Homescreen 83, 86
Home-Taste 86
Hörbücher 204, 295
Hosted Exchange 396

I

iBooks 167, 314
iBooks Store 314
Icons verschieben 85
iDisk 362, 376
iDisk unter Windows 7 377
iKiosk 340

IM+ 354
IMAP 136, 140
IMAP-E-Mails 153
IMAP-Server 141
Info 255
Inhaltsverzeichnis des Buchs 320
Internationale Tastaturen 57
Internetadresse 212
Internet Protocol Security 383
iPad 2 Dock 401
iPad aktivieren 19
iPad-Apps 337
iPad Camera Connection Kit 402
iPad durchsuchen 97
iPad-Informationen 255
iPad-Name 21
iPad neu starten 438
iPad-Sicherung 22
iPad Smart Cover 416
iPad zurücksetzen 274, 439
iPhone-Apps 335
iPod 200, 280
iPod-Steuerung 49
IPSec 383
iTunes 16, 90
  Account 299
  Installation 16
  laden und installieren 16
iTunes-Gutschein 307
iTunes Store 292, 295
iTunes-Store
  Account 286
iTunes U 296

J

JavaScript 279

K

Kalender 110
  durchsuchen 113
  Neuer Termin 114
Kamera 226
Karten 170
Kartentypen 181
Konfiguration 20
Kontakte 120
  synchronisieren 80
Kontakte bearbeiten 123
Kontaktinfos benutzen 217
Kontakt löschen 124
Kopieren 64
Kopplung 261
Korrektur 56

L

L2TP 383
Landeseinstellungen 268
launch2net 413
Laut/Leiser 40, 41
Lautstärke 258
LDAP 140
Lesezeichen 214, 215
Lesezeichenleiste immer anzeigen 214
Lexikon 321
Lied kaufen 297
Local Notification 48

M

MAC-Adresse 27
Mail 136
Mail-Account 80, 136
Mail, Kontakte, Kalender 154, 162, 275, 393
Markierung 65
Maximale Lautstärke 281
Mehrere Webseiten 213
Mehrfach belegte Tasten 53
Mein iPad suchen 370
Microsoft Exchange 393
MiFi 2352 406
Mindestschriftgröße 276
MobileMe 74, 104, 137, 358
  am iPad einrichten 366
  am Mac 359
  am Windows-PC 363
  Control Panel 363
  iDisk 377
  konfigurieren 359
  Mail-Account einrichten 367
  Preise 382

Mono-Audio 272
Multiplayer-Spiele 242
Multitasking 45
Multitaskingleiste 48, 211
Musik hören 200

N

Name des iPads 255
Netzwerk 259
Neue E-Mail erstellen 161
Nimbuzz 249
Notizblock 129
Notizen 285, 321
  synchronisieren 131
NTSC 282

O

Office²HD 344
Ortungsdienste 250
Outlook 368
OutlookWebAccess 396

P

PAL 282
Passwort 339
PCalc Lite 346
PDF-Dateien 167, 329
Photo Booth 234
PIN 260
Ping 295, 312
Plants vs. Zombies 347
Plug-ins 212
Podcast 185, 210, 295
Podcasts ansehen 300
POP 136, 140
POP3-E-Mails 153
POP-Server 141
Pop-up 279
PPTP 383
Privatfreigabe 205, 425
Problem mit POP-Accounts 154
Programme beenden 49
Programm starten 44
Push 153, 249
Push-E-Mail 136
Push-Notification 47

Q

qCase silicone iPad 2 419
Querformat 42, 61, 83
QuickTime 18

R

Ranglisten 241
Real Racing 2 HD 343
Regeln des Filmverleihs 300
Remote 424
Return 54
Rotationssperre 40, 42, 49, 440
Route berechnen 170
Routenplanung 175
RSS 341
Ruhemodus 107
Ruhezustand 41

S

Safari 212, 278
Sammlungen 315
Satzzeichen 52
Schrift 285
Schriftgröße 270
ScratchStopper 420
Screens hinzufügen 85
Scrollen 58
Scrubbing 204
SD-Speicherkarte 190
Seriennummer des iPads 256
Shufflesymbol 203
Sicherheitskopie 333
Sicherungskopie
  Backup 23
Signatur 162, 277
SIM-PIN 35
Skalieren 63
Skype 335
Slide 421
Softwaretastatur 50
SoundHood 348
Speicherkapazität 75
Sperrbildschirm 95, 251

Spiele im Game Center 239
Spotlight 96
    konfigurieren 101
Spotlight-Suche 262
Standby 40
Standby-Taste 19
Standort ermitteln 173
Stecknadel 171, 180
Store 286
Street View 182
Suche beschränken 103
Suche im Web 98
Suchergebnisse 101
Superschnelles Scrollen 59
Synchronisieren mit MobileMe 360
Systemeinstellungen 359

T

Tap-to-Fokus-Funktion 227
Task Finishing 48
Tastatur 50, 268
Termin löschen 116
Tippen 58
Töne 258
T-Online 142
TV-Sendungen 185, 187

U

Untertitel 189, 282
URL der Seite senden 216

V

vcf-Format 121
Verkehrsinformationen 182
Verlauf 215, 280
Video 282
Videokamera 226
Video-Player 224
Videos 185
Videos aufnehmen 228
Videos trimmen 229
Visitenkarte 121
VoiceOver 269
Voice over IP 47
VPN hinzufügen 383
VPN-Profil 384
VPN-Zugang 383

W

Wartungszustand 440
Websuche 98
Weiß auf Schwarz 272
Wi-Fi 25
    Adresse 27
Wikipedia 98
Wikipedia-Suche 99
Wischen 58
WLAN-Hotspot 414
Wörterbuch 55

Y

YouTube 222

Z

Zeitzonensupport 278
Zoomen 270
Zum Home-Bildschirm hinzuzufügen 216
Zwischenablage 67

Sonstige

1Password 339
3-Achsen-Gyrosensor 30
3G 31
„.“-Kurzbefehl 57